Gehrig/Zimmermann (Hrsg.)

Fit for Finance

Bruno Gehrig / Heinz Zimmermann (Hrsg.)

Fit for Finance

Theorie und Praxis der Kapitalanlage

Frankfurter Allgemeine Buch

Die Deutsche Bibliothek – CIP Einheitsaufnahme

Fit for Finance . Theorie und Praxis der Kapitalanlage /
Bruno Gehrig/Heinz Zimmermann (Hrsg.). – Frankfurt am Main
Frankfurter Allgemeine Zeitung. Verl.-Bereich Buch. 2001
ISBN 3-933180-41-4

Frankfurter Allgemeine Zeitung
Verlagsbereich Buch

© 2001, Verlag Neue Zürcher Zeitung, Zürich
Alle Rechte, auch die des auszugsweisen Nachdrucks, vorbehalten

Lizenzausgabe für Deutschland und Österreich:
Frankfurter Allgemeine Zeitung GmbH, 2001
60267 Frankfurt am Main
Umschlaggestaltung: F.A.Z.-Marketing/Grafik

7.Auflage 2001

ISBN 3-933180-41-4

Vorwort

Die erste Auflage des vorliegenden Buches wurde im Jahre 1996 herausgeben und ist auf ein sehr positives Echo gestossen. Ob als Begleitung zu dem vom Schweizerischen Institut für Banken und Finanzen der HSG angebotenen, gleichnamigen Kurszyklus in Zürich, Frankfurt am Main, München und St. Gallen oder als Einführungslektüre in die moderne Finanzmarkttheorie: Die modulare und überblicksmässige Behandlung der zwanzig ausgewählten Themen hat sich sehr bewährt. Dementsprechend sind seit der ersten Auflage insgesamt drei unveränderte Neudrucke des Buches erschienen.

Inzwischen drängt sich allerdings eine grundlegende Überarbeitung auf. In der vorliegenden fünften Auflage wurde die Gelegenheit wahrgenommen, eine thematische Straffung vorzunehmen und aktuelle Themen neu aufzunehmen. An der bewährten Konzeption des Buches, das heisst der Beschränkung auf zwanzig Themen und am überblicksmässigen Charakter der Darstellung, wurde jedoch nichts geändert.

Die Veränderungen gegenüber der ersten Auflage liegen zunächst in der Aufnahme neuer Kapitel: über internationale Finanzmärkte (Kapitel 7); über Währungsrisiken bei internationalen Investitionen (Kapitel 8); über Portfolio Insurance (Kapitel 11); über Investitionsentscheidungen auf der Grundlage realer Optionen (Kapitel 14); ein Kapitel über modernes Kreditrisikomanagement (Kapitel 18). Um den Umfang und die Grundkonzeption des Buches nicht zu verändern, wurden einige Kapitel weggelassen oder verändert: Das Kapitel über die Bewertung realer Investitionsprojekte (capital budgeting) wurde weggelassen, jenes über Aktienindexinstrumente in das neue Kapitel 11 integriert, die internationale Asset Allocation in zwei Kapitel (7 und 8) aufgeteilt; dasselbe trifft für das Kapitel über das Management derivativer Risiken zu, dessen Inhalt in den neuen Kapiteln 12 und 13 zu finden ist. Eine substantielle Überarbeitung haben u.a. die Kapitel 15 (Bondportfoliomanagement), 6 (Dividend Discount Model) und 12 (Optionspreisbewertung) erfahren. Zudem wurden sämtliche Kapitel einer redaktionellen Überarbeitung unterzogen und, wo es sich aufgedrängt hat, die Literatur aktualisiert.

Als neue Autoren resp. Autorinnen können Stéphanie Bilo, Jacqueline Henn, Wolfgang Drobetz, Felix Maag, Thomas Portmann und Patrick Wegmann, allesamt Mitarbeiter/innen am Schweizerischen Institut für Banken und Finanzen der HSG, begrüsst werden.

Wir danken Eveline Weyermann-Krüsi für die redaktionelle Mitarbeit. Dank gebührt schliesslich dem Verlag für die stets freundliche und entgegenkommende Zusammenarbeit. Wir hoffen, dass das Buch bei der Leserschaft weiterhin auf ein positives Echo stösst. Anregungen und Kommentare nehmen die Herausgeber und Autorenschaft gerne entgegen.

Heinz Zimmermann
St. Gallen

Inhaltsübersicht

Inhaltsverzeichnis

Kapitel 11

205

Absicherung mit Aktienindexderivaten – Portfolio Insurance

Stéphanie Bilo und Heinz Zimmermann

Kapitel 12

229

Optionspreisbildung

Thomas Kraus

Kapitel 13

265

Risikomessung mit Value at Risk-Methoden

Alfred Bühler

Inhaltsverzeichnis

Kapitel 20
Corporate Finance und Financial Engineering   419
Heinz Zimmermann

Die moderne 'Finance'

von Heinz Zimmermann

Das vorliegende Buch befasst sich mit einigen grundlegenden Aspekten der Finanzmarkttheorie, auf Englisch kurz und bündig als 'Finance' bezeichnet. Den Gegenstandsbereich der Finance einzugrenzen, ist ein schwieriges Unterfangen. Die Finance ist ein Teilgebiet der Wirtschaftswissenschaft, also eine wissenschaftliche Disziplin. Vom *Gegenstand* her befasst sie sich mit Fragen im Zusammenhang mit dem Finanzmanagement, den Finanzmärkten und den dort existierenden Finanzinstrumenten:

Charakterisierung der 'Finance'

- *Finanzinstrumente:* Analyse von Aktien, Bonds, Warrants, komplexen Derivaten, Geldmarktanlagen, Anlagefonds, MBS (mortgage backed securities), Kreditverträgen etc.: deren Investitions- und Risikocharakteristiken, Preisbildung, Liquidität, Schuldnerqualität, steuerliche Konsequenzen, u.a.

- *Finanzmanagement:* Entwicklung effizienter Verfahren zur Portfoliodiversifikation (Asset Allocation), Investitionsentscheidung (Capital Budgeting), Finanzierung, Steuerplanung, Risikosteuerung, Steuerung von Aktiven und Passiven für Banken und Vorsorgeeinrichtungen (Asset- & Liability Management), Risikoabsicherung (Hedging), Limitenzuteilung, Bonitätsanalyse, kurz- und langfristigen Finanzplanung, u.a.

- *Finanzmärkte:* Analyse der strukturellen Merkmale und institutionellen Rahmenbedingungen von Primär- und Sekundärmärkten, Basis- und Derivatmärkten, Präsenz- und elektronischen Märkten, Händler- und Auktionsmärkten: Folgen zunehmenden Wettbewerbs, Ursachen und Formen von Produkt- und Prozessinnovationen, Liquidität, Preisfindung und Preisstabilität, allokative Funktionen, regulatorische Erfordernisse respektive Effekte regulatorischer Eingriffe.

Finance als wissenschaftliche Disziplin

Verschiedene der hier beispielhaft erwähnten Themen bilden auch den Gegenstand des vorliegenden Buches. Die drei beschriebenen Teilbereiche finden dabei in den einzelnen Kapiteln eine jeweils unterschiedliche Gewichtung. Dabei ist es unumgänglich, an der einen oder anderen Stelle eine mathematische Formel zu verwenden. Andere Texte zur Finanzmarkttheorie sind noch sehr viel mehr von mathematischen Ausdrücken durchdrungen. Ist dies nötig? Die nachfolgenden Abschnitte sollen mit der Beantwortung dieser Frage einige grundsätzliche *methodische* Merkmale der Finanzmarktforschung aufzeigen. Über moderne Finanzinstrumente, Anlagetheorien, Börsenprognosen u.a. spricht heutzutage jedermann. Der Finanzjournalismus blüht wie kaum je zuvor. Gleichzeitig ist der mit Finanzfragen direkt betroffene Personenkreis - teilweise bedingt durch die Vorsorgesysteme - breiter denn je. Wenn sich eine wissenschaftliche Disziplin, die Finance, mit denselben Fragestellungen beschäftigt, so liegt der Unterschied zur alltäglichen Diskussion in methodischer Hinsicht.

Zur wissenschaftlichen Methodik gehören insbesondere zwei Dinge: Zunächst einmal, dass vermutete Tatbestände und Zusammenhänge (in Form sogenannter Hypothesen und Theorien) nicht einfach unreflektiert übernommen werden, sondern mit Hilfe einer *systematischen, empirischen Analyse*, also auf der Basis von Fakten und Zahlen, überprüft werden. Zudem wird man von einer wissenschaftlichen Disziplin erwarten, dass das Know-how aus verwandten wissenschaftlichen Bereichen (Ökonomie, Statistik, Operations Research, Entscheidungstheorie) für die Lösung der Probleme eingesetzt wird. Beides erfordert das Arbeiten mit *Modellen*, welche sich häufig der Sprache der *Mathematik* bedienen.

In der Finance werden viele Theorien und Zusammenhänge durch Formeln und Gleichungen zum Ausdruck gebracht. Eine oftmals aufgeworfene Frage lautet, ob sich denn Finanzmarktprozesse wirklich durch mathematische Ausdrücke beschreiben lassen. Ist es nicht viel mehr die Psychologie, welche den Alltag der Finanzmärkte und die Handlungen der dort tätigen Akteure bestimmt?

Vorweg festgehalten werden muss, dass zwischen mathematischen und statistischen Modellen unterschieden werden sollte. Die Verwendung *mathematischer Modelle* ergibt sich aus der Natur der Finanzen: Die Zinseszins- und Rentenrechnung bildet die unentbehrliche Grundlage der Finanzmathematik; Optimierungsverfahren bilden die unentbehrliche Grundlage für das Auffinden von Investitions-, Absicherungs- und Diversifikationsstrategien. Mathematische Modelle repräsentieren in dieser Hinsicht Rechenverfahren, ohne diese viele Fragestellungen bestenfalls intuitiv - nicht aber präzise - gelöst werden können.

Finanzmärkte und Mathematik?

Von eben solchem Interesse sind jedoch *statistische Modelle*. Da sich die Statistik der Sprache der Mathematik bedient, muten auch diese Modelle häufig sehr „mathematisch" an. Bei einem statistischen Modell werden Vorgänge durch die „Brille" der Wahrscheinlichkeitsrechnung betrachtet. Das folgende Beispiel einer Aktienkursprognose soll dies illustrieren:

Statistische Modelle

- Fall *A*: „Der Aktienkurs von Allianz wird am 31.12.1999 bei 3000 liegen";

- Fall *B*: „Der Aktienkurs von Allianz wird am 31.12.1999 zwischen 2900 und 3100 liegen";

- Fall *C*: „Der Aktienkurs von Allianz wird am 31.12.1999 mit der Wahrscheinlichkeit von 70% zwischen 2600 und 3600 liegen - und mit je 15%-iger Wahrscheinlichkeit ober- oder unterhalb".

Im Fall *A* handelt es sich um eine exakte Prognose; aber die Wahrscheinlichkeit, dass sie zutrifft, ist verschwindend klein. Sollte sich ein Kurs von 2999 einstellen, ist die Prognose im strikten Sinn falsch. Aber vielleicht ist gar keine exakte Kursprognose gemeint, sondern vielmehr eine Grössenordnung, wie im Fall *B*. Man vermutet, dass sich der Kurs mit einer grösseren Wahrscheinlichkeit innerhalb des Bereichs 2900 und 3100 befindet als ausserhalb. Versucht man, diese Wahrscheinlichkeit genau(er) festzulegen, ist man auf ein *Modell* angewiesen. Man nimmt beispielsweise an, dass die Häufigkeits- oder Wahrscheinlichkeitsverteilung der prozentualen Kursveränderungen als *Gauss'sche Glockenkurve* (Normalverteilung) charakterisiert werden kann. Ein solches Modell erlaubt es, eine Aussage wie im Fall *C* zu formulieren. Welche Aussage ist nun präziser, *A* oder *C*? A *wirkt* auf den ersten Blick vielleicht genauer, aber *C* ist in statistischer Hinsicht aufschlussreicher. Es können auf dieser Grundlage Aussagen darüber gewonnen werden, welche Erträge mit wie hoher Sicherheit innerhalb einer bestimmten Zeitperiode auf verschiedenen Kapitalmarktanlagen erwirtschaftet werden können.

Gesetze der Wahrscheinlichkeit

Kursentwicklungen lassen sich auch mit den Mitteln der Mathematik (und Statistik) gewiss nicht voraussagen - aber es ist möglich, die Bewegungen mit den Gesetzen der Wahrscheinlichkeit mathematisch zu beschreiben und daraus Schlüsse zu ziehen. Wer am Zahlenlotto teilnimmt, geht von einer bestimmten Wahrscheinlichkeitsverteilung über das Auftreten der verschiedenen Nummern (Kugeln) aus: Bei einer „fairen" Maschine wird jede Nummer mit derselben Wahrscheinlichkeit gezogen. Auf dieselbe Weise können die Erträge auf Kapitalmarktanlagen durch Wahrscheinlichkeitsverteilungen charakterisiert werden. In *Abbildung 1.1* findet man eine Häufigkeitsverteilung der jährlichen Aktienrenditen (*compound yield*: Dividende plus Kursgewinn/-verlust) im schweizerischen Aktienmarkt von 1926 bis 1990. Diese Darstellung erlaubt in keiner Weise eine Kursprognose resp. Prognose des jährlichen Ertrages auf einem schweizerischen Aktienportfolio für die Jahre nach 1990. Nicht desto weniger ermöglicht diese Darstellung eine Abschätzung einer durchschnittlichen Rendite (bei etwa 7.5%) sowie der Streuung der einzelnen Jahresrenditen um diesen Durchschnitt: Man erhält bereits beim Betrachten dieser Abbildung - ohne formales statistisches Modell - eine grobe Vorstellung davon, mit welcher Sicherheit (oder vielleicht besser: Unsicherheit) die langjährige Durchschnittsrendite in einem einzelnen Jahr erwartet werden kann. Mit den Instrumenten der Statistik lassen sich diese Charakteristika vereinfacht beschreiben. In Kapitel 3 werden diese Konzepte eingeführt.

Abbildung 1.1: Verteilung der realisierten, stetigen Renditen des schweizerischen Aktienmarktes, aufgrund des Pictet-Rätzer-Aktienindex von 1926 bis 1990 (Quelle: JAEGER, 1994)

Die Anwendung statistischer und wahrscheinlichkeitstheoretischer Modelle zur Analyse von Finanzmärkten ist keineswegs ein neuer Modetrend. Bahnbrechend dafür war die Doktorarbeit des französischen Mathematikers LOUIS BACHELIER, die an der Pariser Ecole Normale Supérieure im Januar des Jahres 1900 vorgelegt wurde. Nicht zufällig hat sich der Autor mit der Bewertung von Optionen auseinandergesetzt. Er hat früh erkannt, dass die Analyse des Optionsgeschäfts, namentlich die Preisbildung von Optionen, grundlegende Erkenntnisse über die Funktionsweise von Finanzmärkten liefert und ein breites Tätigkeitsfeld für die Forschung eröffnet. Für die Bewertung von Optionen benötigte er ein Modell zum Verhalten der Aktienkurse: der *Random Walk* wurde geboren - also jenes Modell, wonach sich Aktienkurse ohne „Gedächtnis" nach oben oder nach unten bewegen, völlig unabhängig von den vorher realisierten Kursen.

Louis Bachelier 1870-1946

Ob Aktienkurse tatsächlich einem Random Walk Prozess folgen oder nicht, wird im 2. Kapitel dieses Buches diskutiert. An dieser Stelle aufschlussreicher sind aber die einleitenden Worten von BACHELIER's Arbeit, wo man die folgenden, äusserst aufschlussreichen und heute unverändert gültigen Bemerkungen über den Stellenwert mathematischer Modelle für die Analyse von Finanzmärkten findet:

> *„Le Calcul des probabilités ne pourra sans doute jamais s'appliquer aux mouvements de la cote et la dynamique de la Bourse ne sera jamais une science exacte. Mais il est possible d'étudier mathématiquement l'état statique du marché à un instant donné, c'est-à-dire d'établir la loi de probabilité des variations de cours qu'admet à cet instant le marché. Si le marché, en effet, ne prévoit pas les mouvements, il les considère comme étant plus ou moins probables, et cette probabilité peut s'évaluer mathématiquement".*

(LOUIS BACHELIER: Théorie de la Spéculation, 1900).

Jedes Modell lebt von der Vereinfachung. Ein Modell ist kein Abbild der Wirklichkeit, sondern es ist ein Arbeitsinstrument, dessen man sich bedient, um einen Ausschnitt aus (oder einen besonderen Aspekt) der Wirklichkeit *unter vereinfachenden Annahmen* zu analysieren. Dieser Vereinfachung steht ein hoher Ertrag gegenüber. Beispielsweise: Der Annahme normalverteilter Aktienkursveränderungen ermöglicht beispielsweise eine einfache Analyse von Diversifikationseffekten, die Bewertung von Optionen, und vieles mehr. Aktienkursveränderungen sind in der Wirklichkeit nicht exakt normalverteilt - aber man nimmt die Ungenauigkeit genau dann respektive deshalb in Kauf, wenn das, was man durch die Vereinfachung gewinnt, zweckmässige und nützliche Einsichten und Lösungen bringt.

Interdisziplinäre Finance

Die Finance hat als wissenschaftliche Disziplin immer sehr stark von anderen Bereichen, innerhalb und ausserhalb der Wirtschaftswissenschaft, *profitiert* - aber im Gegenzug stets auch andere Bereiche *befruchtet* oder gar mitentwickelt. Diese Wechselwirkung lässt sich an verschiedenen Beispielen aufzeigen.

Das beste Beispiel dafür dürfte - erneut - die vorher erwähnte Dissertation des Franzosen LOUIS BACHELIER sein. In dieser Arbeit werden nicht nur die Grundsteine zur modernen Spekulations- und Optionspreistheorie gelegt; der Autor entwickelt vor allem die dafür unerlässlichen Fundamente der Wahrscheinlichkeitstheorie: die Theorie der stetigen stochastischen Prozesse, konkret der sogenannte Brown'schen Bewegung, mit Hilfe derer beispielsweise das Aktienkursverhalten auf einfache Weise modelliert werden kann[1]. Mehr als ein halbes Jahrhundert später sollten sich die Früchte dieser Arbeit in der modernen Optionspreistheorie von FISCHER BLACK, ROBERT C. MERTON und MYRON S. SCHOLES voll entfalten.

BACHELIER hat für seine Random Walk Theorie keine empirischen, sondern rein „logische" Argumente angeführt: „Le marché ne croit, à un instant donné, ni à la hausse, ni à la baisse du cours vrai"; „l'espérance mathématique du spéculateur est nulle" (BACHELIER 1900, p. 16 und p. 18). Demgegenüber fanden andere Persönlichkeiten, Finanzexperten wie Forscher primär ein Interesse an der *empirischen* Relevanz allfälliger Zyklen, Regelmässigkeiten und Random Walks auf Aktien- und Futuresmärkten. Schon vor der Jahrhundertwende entwickelte JAMES DOW seine Theorie über Aktienmarkttrends. Er ging davon aus, dass ähnliche Erscheinungen und Zyklen, wie sie in der Natur zu beobachten sind, auch auf Finanzmärkten existieren. Um Phänomene wie „Flut und Ebbe" an den Aktienmärkten zu identifizieren, entwickelte er mit seinem Geschäftspartner EDDIE JONES einen Indikator aus dem Durchschnitt von elf bekannten Aktienkursen - damit war der bis heute gebräuchliche *Dow-Jones-Index* geboren. In ihrem täglich erscheinenden „Afternoon News Letter" analysierten sie ihren Index auf Zyklen und Regelmässigkeiten; und schon bald danach (1885) wurde der Newsletter, mit wachsender Popularität und Verbreitung, zur heute führende

---

1 Der Nutzen für die Physik wurde später von ALBERT EINSTEIN („On the Theory of Brownian Movement", Annalen der Physik 19, 1906) und NORBERT WIENER entdeckt, notabene ohne Verweis auf BACHELIER's Arbeit.

Finanzzeitung der USA, dem *Wall Street Journal*, umgestaltet.

Die Prognostizierbarkeit von Aktienkursen interessierte in den dreissiger Jahren aber auch eine ganz andere Persönlichkeit, der die Entwicklung der Wirtschaftswissenschaft nachhaltig beeinflusste: ALFRED COWLES. Selbst sehr wohlhabend, widmete sich vorab in seiner Freizeit dem Studium über das Verhalten von Aktienkursen und veröffentlichte in der Erstausgabe der von ihm begründeten Zeitschrift „Econometrica" eine Arbeit über die Einträglichkeit von Aktienkursprognosen und schliesst diese mit der aufschlussreichen Bemerkung: „It is doubtful" (COWLES 1933), womit er die wesentlichste Schlussfolgerung der späteren Markteffizienzdiskussion bereits vorweggenommen hat. Mit der Entwicklung der Nationalökonomie dürfte der Name von COWLES nicht nur im Zusammenhang mit der von ihm lancierten Zeitschrift verbunden bleiben, sondern auch mit der von ihm begründeten und finanzierten *Cowles Commission for Research in Economics*, einer Stiftung, welche bis zum heutigen Tag namhaften Ökonomen ein Forum für wissenschaftliches Arbeiten geboten hat - unter anderem auch dem späteren Nobelpreisträger HARRY M. MARKOWITZ - doch zu ihm weiter unten.

Die für die Finanzanalyse hochrelevante Frage, ob Aktien- und Futureskurse wirklich einem Random Walk Prozess folgen, hat eine Vielzahl von Arbeiten ausgelöst, welche die statistische Theorie der Zeitreihen wesentlich befruchtet hat und gleichzeitig der Finanzmarkttheorie eine klar empirische Ausrichtung gegeben hat. Verschiedene Statistiker, darunter etwa der weltberühmte MAURICE G. KENDALL (1953), haben ihre Verfahren zur Zeitreihenanalyse häufig mit Datenmaterial aus Finanz- und Warenterminmärkten einer konkreten Anwendung unterzogen. Die Gründe dafür sind naheliegend: Nicht nur weisen Finanzmarktdaten eine (im Vergleich zu anderen Wirtschaftsdaten) hohe Messgenauigkeit und Datenqualität auf, sondern die damit verbundenen Erkenntnisse sind von grosser praktischer Relevanz. Schon früh hat man in den USA darum begonnen, Finanzmarktdaten systematisch zu sammeln, aufzubereiten und für Forschungs- und Analysezwecke nutzbar zu machen. Diese empirische Ausrichtung der Finance erhielt in den sechziger und siebziger Jahren durch die Forschungsarbeiten an der University of Chicago im CRSP (Center for Research in Securities Prices) einen besonderen Schwerpunkt. Hier sind vor allem die Arbeiten von EUGENE F. FAMA und seiner Mitarbeiter zu erwähnen. Nicht nur in seiner vielbeachteten Dissertation (FAMA 1965), sondern auch in den unzähligen darauffolgenden Arbeiten untersuchte er empirische Aspekte effizienter Kapitalmärkte. Zusammen mit der makroökonomischen Forschung zur Theorie der rationalen Erwartungen haben diese Arbeiten die moderne Zeitreihenanalyse ganz erheblich mitgeprägt. Dies gilt in neuster Zeit noch verstärkt, wo ARCH-, GARCH-, etc. Modelle eine starke Verankerung und Weiterentwicklung in der Finanzmarktanalyse erfahren haben (siehe ENGLE 1993).

Einen Beitrag ganz anderer Art stellen die Arbeiten von HARRY M. MARKOWITZ im Bereich der Portfoliotheorie dar[2]. Nach dem zweiten Weltkrieg haben sich die Methoden des Operations Research (OR) schnell zur Optimierung von Unternehmungsabläufen etabliert. Die Arbeiten von MARKOWITZ, nämlich Algorithmen zur Identifikation effizient diversifizierter Portfolios unter einer quadratischen Zielfunktion und Nebenbedingungen, haben innerhalb des OR einen hohen Stellenwert erfahren. Eine grundlegende Weiterentwicklung haben diese Arbeiten durch PAUL A. SAMUELSON und ROBERT C. MERTON erfahren, welche mit der Einführung stetiger stochastischer Prozesse die intertemporale Analyse von Portfoliooptimierungs- und Absicherungsentscheidungen wesentlich vorangetrieben haben. Das wichtigste „Produkt" dieser Entwicklung ist zweifellos die Optionspreistheorie, welche zum grundlegenden Instrument zur Analyse derivativer Finanzmärkte und ihrer Risiken geworden ist.

---

2 Siehe MARKOWITZ (1959) und (1987).

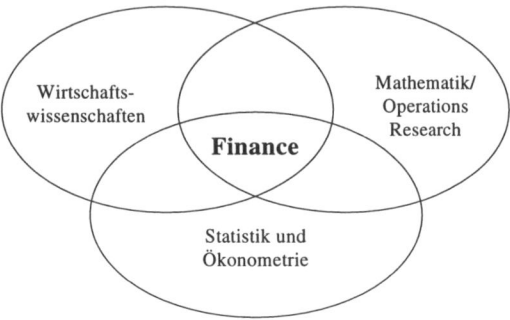

Abbildung 1.2: Interdisziplinäre Finance

Man erkennt, dass sich die Finance immer wieder als *treibende Kraft* neuer Methoden und Verfahren in verschiedenen wissenschaftlichen Bereichen etabliert hat, und nicht bloss als passive Konsumentin bereits bestehender Methoden aufgetreten ist. Die Finance darf deshalb als eine echt *interdisziplinäre* wissenschaftliche Disziplin betrachtet werden.

Interaktion von Modellen, Daten und Rechensystemen

Die Verwendung mathematischer oder statistischer Modelle bildet ein wesentliches Kernelement und Charakteristikum der Finance. Für den Erfolg und die Verbreitung der Finanzmarkttheorie verantwortlich war jedoch nicht die analytische Eleganz oder Rigorosität der Modelle und Theorien ausschlaggebend, sondern vielmehr ihr *empirischer* oder unmittelbar *praktischer Bezug*. Ein gutes Beispiel dafür ist das Capital Asset Pricing Model (CAPM), das im Kapitel 4 des vorliegenden Buches eine zentrale Rolle spielen wird. Das Modell wurde in den sechziger Jahren von WILLIAM F. SHARPE und anderen Autoren entwickelt. Es erlaubt, die langfristig erforderliche Rendite einer Anlage in Abhängigkeit ihres systematischen Risikos zu bestimmen. Das CAPM wurde in den sechziger Jahren entwickelt. Es fand in der Praxis sehr schnell Beachtung, nicht wegen seiner analytischen Eleganz, sondern aufgrund einer aufsehenerregenden empirischen Untersuchung von MICHAEL C. JENSEN (1968), der das CAPM dazu verwendet hat, um die Performance professioneller Vermögensanlagen zu analysieren. Dabei zeigte sich, dass von den

115 untersuchten amerikanischen Anlagefonds nur gerade ein einziger Fonds eine Nettorendite aufwies, die sich statistisch signifikant von einer passiven Diversifikationsstrategie unterschied. Die Differenz zwischen der aufgrund des CAPM zu erwartenden Rendite mit der tatsächlichen Rendite ging deshalb unter der Bezeichnung *Jensen's Alpha* in die Literatur ein.

Die der Untersuchung zugrundeliegende Methodik besteht in der Schätzung des Achsenabschnitts einer einfachen Regressionsgleichung. Entscheidend für die Verbreitung der Masszahl war offensichtlich weniger die analytische Eleganz des CAPM noch die Komplexität des Schätzverfahrens zur Bestimmung der Alphas, sondern die *Verfügbarkeit von Daten*, welche es erlaubten, ein abstraktes Modell für die Analyse einer interessanten, ja für die Finanzwelt hochrelevanten Problemstellung zu gewinnen.

Unzählige Beispiele vermögen zu belegen, dass letztlich stets die Konfrontation von Modellen mit Finanzmarktdaten den Erkenntnisfortschritt und die Anwendung finanzmarkttheoretischer Konzepte vorangetrieben hat. FRANCO MODIGLIANI's und MERTON H. MILLER's Theorie der Dividendenirrelevanz wurde durch unzählige empirische Studien über das Aktienkursverhalten bei Dividendenzahlungen weiterentwickelt. In Hunderten von Untersuchungen wird der Frage nach der Informationsverarbeitung auf Kapitalmärkten („Markteffizienz") nachgegangen, woraus im Laufe der Jahre eine wesentlich differenziertere Theorie effizienter Märkte entstanden ist, als sie in den sechziger Jahren von EUGENE F. FAMA und anderen Autoren erstmals formuliert wurde[3]. Voraussetzung dafür war die Aufbereitung und die Verfügbarkeit langer Zeitreihen historischer Kapitalmarktdaten.

Als extreme Variante empirischer Implementation kann das BLACK-SCHOLES-Modell der Optionsbewertung betrachtet werden. Dieses wurde anfangs der siebziger Jahre entwickelt und fand über die ersten programmierbaren Taschenrechner den direkten Weg in den Optionshandel - und erfuhr auf die-

---

3 Der Unterschied wird in den beiden Übersichtsartikeln von EUGENE F. FAMA deutlich; vergleiche FAMA (1970) und (1991).

sem Weg einen schnellen und schonungslosen empirischen Test. Der persönliche finanzielle Erfolg der Erfinder des Modells mit dem Modell lässt sich im Buch von PETER L. BERNSTEIN (1992) in amüsanter Weise nachlesen. Eine etwas fortgeschrittenere Technologie als Taschenrechner erfordert heutzutage der moderne Handel mit Derivaten und die Überwachung der damit verbundenen Risiken.

Die Optionspreistheorie begründete eine neue Ära des computergestützten Börsenhandels: Leistungsstarke Rechner werden benötigt, um die Preisstellungen unzähliger Optionsserien an den Börsen in Sekundenschnelle mit Hilfe komplexer Preisbildungsmodelle dem Geschehen an den zugrundeliegenden Kassamärkten anzupassen. Die Verfügbarkeit entsprechender Informations- und Rechensysteme ist in diesem Geschäft zu einem zentralen Wettbewerbsfaktor geworden. Dieses Erfordernis wird immer mehr auch von der Finanzmarktaufsicht verlangt.

Finanzmarkttheorie und Finanzinnovationen

Am Beispiel der Optionspreistheorie lässt sich besonders deutlich zeigen, dass die Finanzmarkttheorie eine notwendige *Voraussetzung* für den Boom von Finanzinnovationen darstellt. Von einem Gegensatz zwischen Theorie und Praxis kann - zumindest in diesem Bereich - keine Rede sein: Beide Bereiche befruchten sich gegenseitig. Der riesige Boom im Derivatgeschäft war nur möglich, weil die analytischen Grundlagen hinsichtlich Bewertung und Risikomanagement unterstützend entwickelt worden sind. Viele Finanzprodukte, allem voran der riesige Boom im Fondsgeschäft, wurde ganz entscheidend durch die Erkenntnis getrieben, dass ein diversifiziertes Portfolio für den durchschnittlichen Anleger von grösserem Nutzen ist als die Selektion einzelner Papiere aufgrund gut gemeinter Tips (*stock picking*). Die Erkenntnis, dass unter den Fonds die passiv an einen Index ausgerichteten Aktienfonds regelmässig eine bessere Performance aufweisen, ist nicht nur eine Bestätigung der Markteffizienzthese, sondern wird mittelfristig die Nachfrage nach den verfügbaren Fondsprodukten erheblich bestimmen.

Das Vorangehende bedeutet, dass innovative Finanzprodukte sowie die moderne Technologie des Finanzmanagements nur *vor dem Hintergrund eines minimalen Verständnisses finanzmarkttheoretischer Erkenntnisse* gewinnbringend genutzt werden können. Die Folgen fehlenden finanzmarkttheoretischen Know-hows, unzweckmässiger Strategien, Illusionen oder fehlender Kenntnisse der Chancen und Risiken von Finanzinstrumenten wurden in den letzten Jahren leider nur all zu offensichtlich. Häufig wurden die Fehler den verwendeten Finanzinstrumenten, meistens Derivaten, zugeschrieben, statt dem Know-how oder der Fahrlässigkeit der zuständigen Verantwortungsträger.

Missverständnisse, Fehleinschätzungen über Vorgänge auf Finanzmärkten, ein unerschütterlicher Glaube an herumliegendes Geld im Börsengeschäft oder eine naive Einschätzung des Verhaltens der anderen Marktteilnehmer sind eine schlechte Basis, moderne Verfahren des Finanzmanagements und Finanzinstrumente gewinnbringend zu nutzen. Die Bedeutung und Unfehlbarkeit finanzmarkttheoretischer Erkenntnisse sollen dabei bestimmt nicht überbewertet werden und können nicht über alle Zweifel erhaben sein. Die folgenden Kapitel werden aber zu zeigen versuchen, weshalb die Finance bei verschiedenen Fragestellungen einen etwas anderen Standpunkt vertritt, als man es sich aus der täglichen Diskussion vielleicht gewohnt ist.

Einige Missverständnisse ...

- Jedermann, der eine Aktie erworben hat, glaubt irgendwo im Unterbewusstsein, dass sich der spätere Aktienkurs daran erinnert, zu welchem Kurs die Aktie erworben wurde. Stimmt nicht: Der Aktienkurs erinnert sich an gar nichts. Und selbst wenn er es täte, ist es immer noch besser, wenn sich der Durchschnittsanleger so verhält, als ob er es nicht täte[4]. Mehr dazu in Kapitel 2.

- Jedermann glaubt, dass gerade der todsichere Tip von Onkel Fritz zum grossen Geld verhilft. Tut er nicht, auch wenn Onkel Fritz nachweisbar an der Börse selbst zu grossem Vermögen gekommen ist. Man wird nie hinreichend

---

4 Diese treffende Formulierung des Sachverhalts stammt von PAUL A. SAMUELSON.

viele Informationen haben um zu unterscheiden, ob es Glück oder Können gewesen ist. Und nur weil es Onkel Fritz ist, muss es noch lange nicht Können gewesen sein. Am besten ist es, ein nach Titeln, Branchen, Ländern, Währungen und Anlagekategorien diversifiziertes Portfolio zu halten. Mehr dazu in Kapitel 3.

- Technologie- und Pharmawerte sowie Wachstumsfonds verzeichneten in den letzten Jahren eine - gemessen am Index - überdurchschnittliche Kursentwicklung. Sie sind der sichere Weg zu mehr Ertrag. Falsch: Die erwähnten Anlagen haben ein hohes Beta, was bedeutet, dass sie in einem fallenden Markt ein beträchtliches Verlustpotential aufweisen. Mit hohen Risiken verdient man nur im Durchschnitt, also über eine relativ lange Haltedauer (über deren Länge man streiten kann...) mehr als mit einer phantasieloseren Anlage. Aber der sichere Tip zu einem risikolosen, hohen Ertrag ist es bestimmt nicht. Mehr dazu im Kapitel 5.

- Warten reduziert das Risiko. Aktien sind kurzfristig sehr risikoreich, aber wenn man sie lange genug im Portefeuille hält, wird ein langfristiger Kursgewinn immer sicherer. Falsch. Der lange Anlagehorizont alleine bringt gar nichts, wenn er nicht auch eine grössere zeitliche Flexibilität zum Halten der Werte bedeutet. Eine Pensionskasse hat meistens einen langen Planungshorizont, aber keine grosse Flexibilität. Merke: Aktien sind auch langfristig risikoreich. Die Flexibilität kann man sich allenfalls mit Optionen erkaufen - aber das ist mit Kosten verbunden. Mehr dazu in Kapitel 4.

- Jedermann kauft Bankaktien, wenn der Price-Earnings-Ratio (P/E) unter 14 liegt und verkauft sie, wenn der P/E über 14 liegt. Unabhängig von einer Theorie über den inneren Aktienwert sind solche Regeln völlig nutzlos. Zudem: Ist es wirklich erwiesen, dass der Kapitalmarkt den P/E überhaupt mit einem Zusatzertrag entschädigt? Weisen Portfolios mit einem tiefen P/E wirklich eine grössere Durchschnittsrendite auf als solche mit einem hohen? Mehr dazu in den Kapiteln 6 und 9.

- Der Optionsmarkt ist eine Geldmaschine: Durch das fortgesetzte gedeckte Schreiben von Calls lässt sich beliebig viel Geld verdienen. Richtig - vorausgesetzt, dass man systematisch bereit ist, Aktien zu einem bestimmten Höchstpreis abzutreten und auf weitere Gewinnchancen zu verzichten. Die eingenommenen Prämien sind die Entschädigung des Marktes für den Gewinnverzicht. Bescheidenheit zahlt sich aus - aber eine Geldmaschine liegt nicht vor: „low risk - low return". Mehr dazu in den Kapiteln 10 bis 12.

Zerstörte Illusionen?

Die Finanzmarkttheorie zerstört, zugegebenermassen, manche Illusion; vielleicht zu viele, denn so „perfekt", wie die Finanzmarkttheorie annimmt, ist die (Finanz-) Welt tatsächlich häufig nicht. Aber immer mehr! Über Finanzinformationssysteme verfügt man über ungeheure Datenmengen und Wirtschaftsinformationen, *real-time* natürlich. Gesetzliche Auflagen definieren Informationsveröffentlichungspflichten gegenüber Unternehmungen, Aktionären , Börsen etc. viel weitgehender als früher, so dass Informationsunterschiede tendenziell kleiner werden. Die Transaktionskosten sind durch die Deregulierung massiv gefallen und werden dies im Prozess der Standardisierung von Finanzdienstleistungen weiter tun. Und die Infrastruktur des Börsenhandels kommt mit zunehmender Elektronisierung, ununterbrochenem Handel, wachsender Differenzierungsmöglichkeit von Aufträgen, professionellem Market-Making, Börsenpflicht, freiem Zutritt etc. weitgehend an das Idealbild eines *idealen*, friktionslosen Marktes - zumindest für die professionell tätigen Marktteilnehmer. So mögen nach wie vor verschiedene Annahmen der Finanzmarktmodelle eine Vereinfachung darstellen - aber die Entwicklung der Rahmenbedingungen des Finanzgeschäfts geht zumindest *nicht* in die gegenteilige Richtung. Interessanterweise nähert sich hier die Realität der Theorie an.

Es wird argumentiert, dass die Erkenntnisse der Finance häufig nicht nur sehr ernüchternd seien, sondern geradezu nihilistische[5] Züge aufweisen. Ist ein Anleger, der von der Gültigkeit von Random Walks und effizienten Märkten (Kapitel 2 und 4), dem Erfolg indexierter Diversifikationsstrategien (Kapitel 11) oder MODIGLIANI/MILLER's Theoremen (Kapitel 20) ausgeht, notwendigerweise ein Nihilist? Kaum - er vereinfacht in relativ zentralen Bereichen des Finanzmanagements sein Leben, ohne dabei im Durchschnitt falsch zu liegen: Ein *Durchschnittsanleger* kann sich verhalten, *wie wenn* diese Prinzipien tatsächlich gelten würden. Sie gelten nicht für alle - nicht für die professionellen Marktteilnehmer, welche sich unter einem grossen zeitlichen und finanziellen Ressourceneinsatz darauf spezialisiert haben, die Abweichungen der Realität von diesen vereinfachenden Prinzipien gewinnbringend auszunutzen. Der Random Walk hat mit Nihilismus nichts zu tun: er widerspiegelt das Ergebnis eines äusserst effizienten Informationsverarbeitungsprozesses und stellt somit eine Qualifikation für den Finanzmarkt dar. Wer einen Random Walk unterstellt, vereinfacht sich sein Leben, indem er den Wert einer Anlage aufgrund des zuletzt bezahlten Kurses, also unabhängig von der vorangehenden Kursgeschichte, bestimmt. Wer gemäss eines Index diversifiziert, unterstellt, dass sich der ganze Aufwand, der mit der Fundamentalanalyse der im Index enthaltenen Werte verbunden ist, für ihn nicht lohnt. Eine Unternehmensleitung, welche von der Gültigkeit der MODIGLIANI/MILLER-Theoreme ausgeht, kann sich mit wichtigeren Dingen beschäftigen als mit Dividenden-, Kapitalstruktur- und Absicherungsentscheidungen; sie kann dies getrost den Aktionären überlassen.

Kernthemen der Finance

Im vorliegenden Buch wird ein Gleichgewicht zwischen Konzepten, Management-Instrumenten und Produkten angestrebt. Die Kernthemen werden in loser Reihenfolge behandelt, mit einer durchaus subjektiven Gewichtung der verschiedenen Themen. Fragen der Unternehmensfinanzierung werden nur am Rande behandelt, obwohl dieses Thema innerhalb der Finance eine wichtige Rolle spielt. Beim vorliegen-

---

5 Nihilismus [aus lat. nihil „nichts"], Standpunkt der Verneinung; dtv-Lexikon, Band 13.

den Text handelt es sich nicht um ein umfassendes Lehrbuch, sondern um einen Querschnitt in Form einzelner Mosaiksteine. Dabei wird der Leser feststellen, dass einzelne Themen immer wiederkehren und den eigentlichen Kern der Finanzmarkttheorie darstellen. Im weit verbreiteten Lehrbuch von RICHARD A. BREALEY und STEWART C. MYERS (siehe BREALEY/MYERS 1991, p. 915) wird im abschliessenden Kapitel unter dem Titel „What we know and do not know about finance" eine Bilanz über den Erkenntnisstand in verschiedenen zentralen Themenbereichen der Finance gezogen. In Anlehnung daran sollen nachfolgend jene Kernthemen umrissen werden, welche für die Finanzpraxis eine zentrale Rolle spielen und ältere Paradigmen (Lehrmeinungen) in Frage gestellt haben.

- *Bewertung und Shareholder Value:* Reale wie auch finanzielle Investitionen werden nach dem Barwertprinzip bewertet. In den achtziger Jahren wurde dieses Prinzip zur universellen Maxime zur Bewertung des Aktionärsnutzens strategischer Unternehmungsentscheidungen (Shareholder Value). Siehe Kapitel 5, 6, 14, 15, 20.

- *Portfoliotheorie:* Risiken lassen sich durch Diversifikation des Vermögens über unkorrelierte Ereignisse und Anlagen reduzieren. Nicht jede Diversifikation ist jedoch gleichermassen attraktiv: die effizienten Diversifikationsmöglichkeiten lassen sich durch Portfoliooptimierungsverfahren auffinden. Siehe Kapitel 3, 4, 7, 8, 9.

- *Capital Asset Pricing Model (CAPM):* Da Investoren nur diversifizierte Portfolios halten, bewertet der Kapitalmarkt nur die nicht-diversifizierbaren, d.h. systematischen Risiken der Anlagen. Das systematische Risiko bestimmt die erwartete Rendite einer Anlage. Bei Aktien entspricht diese den risikoadjustierten Eigenkapitalkosten der Unternehmung. Siehe Kapitel 5, 7, 9, 20.

- *Markteffizienz:* Mit öffentlich und kostenlos verfügbaren Informationen lässt sich auf einem informationseffizienten Kapitalmarkt keine Rendite auf Anlagen erzielen, welche systematisch über der „normalen", risikogerechten Verzinsung liegt. Finanzanalyse und aktive Titelselektion hat unter dieser Perspektive nur einen ziemlich begrenzten ökonomischen Wert. Siehe Kapitel 2, 5, 9, 20.

- *MODIGLIANI/MILLER-Theoreme:* Unter den Annahmen eines perfekten, friktionslosen Kapitalmarktes ist die Finanzierungsstruktur und die Höhe der Dividendenzahlungen irrelevant für das Aktionärsvermögen. Allgemeiner formuliert: Verfügen die Aktionäre bezüglich Investitionen, Diversifikation, Finanzierung und Absicherung denselben Zugriff zum Kapitalmarkt wie die Unternehmung, und gelten für sie dieselben Rahmenbedingungen (Steuern, Transaktionskosten, Informationen, u.a.), so erzeugen finanzielle unternehmerische Aktionen keinen Aktionärswert. Siehe Kapitel 6, 20.

- *Arbitrage* bezeichnet das risikolose Ausnützen inkonsistenter Preisstrukturen am Kapitalmarkt: Anlagen mit identischen zukünftigen Auszahlungsmustern müssen heute zu demselben Preis gehandelt werden. Arbitrage hat sich nicht nur für Derivate, sondern zu einem generell anwendbaren Preisbildungsprinzip entwickelt. Siehe Kapitel 7, 9, 10, 12, 17, 20.

- *Optionspreistheorie:* Optionskontrakte lassen sich durch andere Finanzinstrumente replizieren und deshalb per Arbitrage bewerten. Verschiedene vertragliche Strukturen mit asymmetrischen und bedingten Zahlungsstrukturen (Garantien, Verlustbeschränkungen, Management-Fees, etc.) weisen Optionscharakter auf und können durch Optionspreismodelle bewertet werden. Siehe Kapitel 11, 12, 14, 17, 20.

- *Risikomanagement:* Die Risiken moderner Finanzmarktinstrumente können i.d.R. nur auf der Grundlage spezifischer Bewertungsmodelle festgestellt werden. Die Methoden der Portfolio- und Optionspreistheorie finden eine deshalb unmittelbare Anwendung im quantitativen Risikomanagement. Verfahren wie Value-at-Risk haben sich bereits zum (nicht unbestrittenen) Standard bei der Berechnung aggregierter Marktrisiken entwickelt und erfüllen immer mehr

auch wichtige Funktion bei der Regulierung von Finanz-
marktinstitutionen (Eigenmittelanforderungen, Asset- &
Liability Management, u.a.). Besonders aktuell ist die Anwendung finanzmarkttheoretischer Verfahren im Kreditrisikomanagement. Siehe Kapitel 4, 11, 13, 16, 18, 19.

* *Agency-Theorie:* Aus der Trennung von Eigentum und
  Kontrolle an Unternehmungsressourcen entstehen reale
  Kosten für Unternehmung und Aktionäre: Etwa aufgrund
  von Informationsunterschieden, unvollständiger Überwachung und Interessenskonflikten. Durch multiple Kapitalgebergruppen mit unterschiedlichen Interessenlagen (Banken, nachrangige Kreditoren, etc.) oder durch stakeholders
  (Arbeitnehmer, Lieferanten, etc.) mit unterschiedlichen
  vertraglichen Anrechten werden diese Kosten erhöht.
  Durch anreizkompatible Verträge oder die Einschaltung
  von Intermediären können die Kosten teilweise reduziert
  werden. Siehe Kapitel 20.

Die Finanzmarkttheorie („Finance") ist eines der faszinie-
rendsten Gebiete der angewandten Wirtschaftsforschung. A-
ber gerade auch für die Praxis hat die Finance immer wieder
neue und wichtige Erkenntnisse geliefert, Denkanstösse vermittelt und direkt umsetzbare Theorien und Modelle entwickelt. Umgekehrt haben die rasanten Entwicklungen an den
Finanzmärkten die Forschung stets befruchtet. So bleibt zu
hoffen, dass der Dialog zwischen Theorie und Praxis weiterhin stattfinden wird und für beide Seiten gewinnbringend ist:
Gegenseitiges Interesse und direkte Kommunikation bilden
die unentbehrliche Voraussetzung dafür.

**Theorie und
Praxis im
Dialog**

Literaturhinweise

Einführende Literatur:

BERNSTEIN, PETER L. (1992): „Capital Ideas", Free Press, New York.

BERNSTEIN, PETER L. und ASWATH, DAMODARAN (1998): „Investment Management", Wiley, New York.

BREALEY, RICHARD A. und STEWART C. MYERS (1991): „Principles of Corporate Finance", McGraw Hill, New York.

HAAKE, SVEN und HEINZ ZIMMERMANN (1994): „Finanzmärkte im Umfeld der Banken", in: Kurt AEBERHARD UND RENÉ KÄSTLI (Hrsg.): „Die Bank. Unternehmung im Spannungsfeld ihrer Märkte", Band 1, Schweizerische Kommission für Bankfachprüfungen, 3. Kapitel.

Weiterführende Literatur:

BACHELIER, LOUIS (1900): „Théorie de la Spéculation", Dissertation, Ecole Normale Supérieure, Paris, Gauthier-Villars.

COWLES, ALFRED 3RD (1933): „Can stock market forecasters forecast?", Econometrica 1, pp. 309-324.

ENGLE, ROBERT F. (1993): „Statistical models for financial volatility", Financial Analysts Journal, Januar/Februar, pp. 72-78.

FAMA, EUGENE F. (1965): „The behavior of stock market prices", Journal of Business 38, pp. 34-105.

FAMA, EUGENE F. (1970): „Efficient capital markets: A review of theory and empirical work", Journal of Finance 25, pp. 383-417.

FAMA, EUGENE F. (1991): „Efficient capital markets: II", Journal of Finance 46, pp. 1575-1617.

JAEGER, STEFAN (1994): „Leistungsorientierte Anlagestrategien für Vorsorgeeinrichtungen", Paul Haupt, Bern.

JENSEN, MICHAEL C. (1968): „The performance of mutual funds in the period 1945-1964", Journal of Business 23, pp. 389-416.

KENDALL, MAURICE G. (1953): „The analysis of time series, Part I: Prices", Journal of the Royal Statistical Society 96, pp. 11-25.

MARKOWITZ, HARRY M. (1959, Nachdruck 1991): „Portfolio Selection", Blackwell, Cambridge, MA.

MARKOWITZ, HARRY M. (1987): „Mean-variance Analysis in Portfolio Choice and Capital Markets", Blackwell, Cambridge, MA.

ZIMMERMANN, HEINZ (1992): „Editorial", Finanzmarkt und Portfolio Management 6, pp. 359-361.

ZIMMERMANN, HEINZ (1992): „Editorial: Über „kapitale Ideen", Modelle und Daten", Finanzmarkt und Portfolio Management 7, pp. 1-4.

Die moderne 'Finance'   21

Kapitel 2

Lassen sich Aktienkurse prognostizieren?

von Peter Oertmann

Der Kapitalmarktforscher sagt: Natürlich nicht! Der Leiter der Abteilung für Kursprognosen in der Grossbank vertritt vermutlich eine andere Meinung. - Wem soll man also glauben? - Beide verdienen ihren Lebensunterhalt zum Teil damit, dass sie entsprechende Standpunkte vertreten. Grundsätzlich geht es um die Frage, ob relevante Informationen jederzeit und vollständig in den Marktpreisen für Aktien verarbeitet sind. Wenn beobachtbare Börsenkurse quasi „vollen Informationsgehalt" besitzen, so ist der Erfolg von Strategien anzuzweifeln, die aufgrund bestimmter Prognoseverfahren systematisch höhere Renditen versprechen, als die am Markt üblichen. Anleger, Kundenberater, Fondsmanager, Bankdirektoren, Journalisten - damit ist nur ein kleiner Teil der Personenkreise genannt, die das tägliche Geschehen an den Börsen genauestens beobachten. Und tatsächlich sind es vor allem die Prognosen über die „Aktienkurse von morgen", welche die Diskussionen unter ihnen anheizen. Bekanntlich lebt nahezu jede Anlagestrategie von den ihr zugrundeliegenden Erwartungen über die weitere Entwicklung des Marktes. Häufig werden dann die sogenannten fundamentalen Daten der Aktiengesellschaften in die Argumentationen eingebracht, über Über- und Unterbewertung diskutiert. Fast noch häufiger werden aber markttechnisch ermittelte „Signale" oder sogar die Psychologie ins Spiel gebracht.

Was ist von den in der Praxis verbreiteten, diversen Ansätzen zur Kursprognose zu halten? Welchen Standpunkt vertritt die Wissenschaft? - Wie schon einleitend angeführt: Die Positionen von Wissenschaft und Praxis sind in bezug auf die

Frage nach der Prognostizierbarkeit von Aktienkursen zum Teil recht kontrovers.

Dow, Jones & Co.

Seit es Börsen gibt, ist man auf der Suche nach Methoden zur Beschreibung und Prognose der Kursveränderungen von Aktienanteilen. Schon um die Jahrhundertwende faszinierte das Spiel in den Märkten Tausende von Börsianern rund um den Globus. Ganz gleich, ob Spekulant oder Anleger, alle wollten reich werden und suchten nach Rezepten dazu. Im Zentrum der Diskussion stand nur eine Frage: Wie werden die Aktienkurse am nächsten Tag, in der nächsten Woche, im nächsten Monat, im nächsten Jahr stehen? - Verlässliche Antworten darauf waren gefragt!

Um Erwartungen über die „Kurse von morgen" zu entwikkeln, bedurfte es vordringlich erst einmal an Informationen über die „Kurse von heute". Natürlich gab es noch keinen bereits beim morgendlichen Frühstück verfügbaren seitenstarken Zeitungsbund zum Thema „Börsen und Märkte". Woher sollte man also wissen, wie die Börse am Vortag geschlossen hatte, wenn man nicht selber auf dem Parkett war? Die Zeichen der Zeit erkennend, entschlossen sich CHARLES DOW, EDDIE JONES und CHARLES M. BERGSTRASSER in New York City einen Nachrichtendienst zu gründen. Direkt an der Wall Street entstand 1882 die Firma *Dow, Jones & Co.*, die fortan täglich einen *Afternoon News Letter* zum Börsengeschehen produzierte. Der Bedarf an Information war überwältigend, so dass die Firma in wenigen Jahren eine stattliche Grösse erreichte. Im Jahre 1885 wurde der allabendliche Börsenbrief in das *Wall Street Journal* umgewandelt, und 1887 installierten DOW und seine Partner an der Wall Street den ersten Börsenticker. Die Entwicklungen nahmen also einen schnellen Lauf, entsprachen damit dem vom boomenden Markt erwarteten Innovationstempo.

„Dow Theory"

Die Marktteilnehmer drängten jedoch nicht nur auf eine immer umfassendere und schnellere Informationsbereitstellung. Gleichermassen gab es quasi seit den frühen Anfängen einen wachsenden Bedarf an Informationsverdichtung. CHARLES DOW gehörte auch auf diesem Gebiet zu den Pionieren. Bereits in den *Dow, Jones & Co. Afternoon News Letters* fanden sich immer wieder „Interpretationen" DOWS zum Marktgeschehen. Dabei formulierte der Autor seine Ideen zu Börsenzyklus und ökonomischen Rahmenbedingungen, führte Analysen durch, die um die Jahrhundertwende noch höchst unüblich waren. Später erschienen seine Kommentare regelmässig im Editorial des *Wall Street Journal*. Grundsätzlich ging es DOW nicht darum, Kursverläufe zu prognostizieren respektive ein entsprechendes Instrumentarium dafür bereitzustellen. Doch fassten die Adressaten seiner Publikationen dies ganz anders auf. Schon früh sprach man in Marktkreisen mit Blick auf die Kommentare DOWS von der „Dow Theory" zur Marktprognose. Denn in den besagten Leitartikeln entwickelte der Autor ein einfaches Regelwerk zur Analyse von Trends im Aktienmarkt, das vielfach auch als Grundlage zur Kursvorhersage genutzt wurde. DOWS Grundaussage war einfach: Trends halten an, bis im Markt ein bestimmtes „Umkehrsignal" auftritt. Interessanterweise wurde der Börsen-Crash von 1929 („*The turn in the tide*") wenige Tage vorher auf Basis dieser Axiomatik vorhergesagt. Noch heute zehren ganze Scharen von technischen Analysten von dieser Sichtweise, stets auf der Suche nach „Umkehrsignalen".

Obschon die von CHARLES DOW durchgeführten Analysen in bezug auf die Methodik dem damaligen Zeitgeist durchaus entsprachen, markiert den Anfang aller wissenschaftlichen Auseinandersetzung mit der Preisbildung auf Aktienmärkten sicherlich die im Jahre 1900 abgeschlossene Doktorarbeit von LOUIS BACHELIER. Diese trägt den Titel „*Théorie de la spéculation*" und ist bedauerlicherweise erst in der zweiten Hälfte des 20. Jahrhunderts entsprechend gewürdigt worden. Wenige Jahre nach dem grossen Crash von 1929 gruppierte sich um ALFRED COWLES allerdings ein Team von amerikanischen Wissenschaftlern, welche die Kursprozesse auf Aktienmärkten - hauptsächlich auf dem U.S.-Markt - erstmals mit Hilfe quantitativer Methoden untersuchen wollten. Unter dem Motto „science is measurement" wurden erste Forschungsfragestellungen für die Finanzmarktanalyse aufgeworfen, Methoden entwickelt und eine neue Fachzeitschrift - die inzwischen renommierte *Econometrica* - gegründet. Wenig später erschienen darin die ersten Untersuchungen über die Perfor-

Anfänge in der Forschung

mance von Anlagefonds. Dabei ging es vordringlich um die Frage, ob professionelle Fondsmanager tatsächlich über herausragende Prognosefähigkeiten verfügen. Schon in diesen frühen empirischen Befunden verfestigte sich immer mehr die Einsicht, das die Rendite des Gesamtmarktes auch durch die geschickteste Titelselektion in der Regel nicht systematisch, d.h. langfristig und verlässlich übertroffen werden kann.

Efficient Market Hypothesis

In der modernen Finanzmarktforschung werden einerseits Konzepte entwickelt, die kurzfristige Renditeschwankungen von Aktien oder Indizes *im Zeitablauf* erfassen, also beispielsweise tägliche, wöchentliche oder monatliche Kursveränderungen erklären. Andererseits geht es um Theorien, die Unterschiede zwischen langjährigen *Durchschnittsrenditen in einem Querschnitt* verschiedener Aktien oder Portfolios beschreiben. Die Wissenschaft beschäftigt sich also eher mit Modellen, die das Geschehen in den Märkten abbilden, und weniger mit der Frage, ob die Aktienkurse kurzfristig steigen oder fallen. Zumeist wird in diesen Modellierungen unterstellt, dass die in den Aktienmärkten beobachtbaren Preise bzw. Kurse *effizient* sind.

Was ist nun ein *effizienter Preis*? Die „Qualität" von Preisen wird in der Regel auf Basis der Informationsmenge definiert, die von den Marktteilnehmern bei Angebot und Nachfrage von Aktien berücksichtigt werden konnte, d.h. in den Prozess der Preisbildung eingeflossen ist. Sind zu jedem Zeitpunkt alle im Markt verfügbaren relevanten Informationen vollständig in den Kursen verarbeitet, so sind diese *effizient* und frei von Verzerrungen. Der Kapitalmarkt wird dann gleichermassen als *effizient* bezeichnet. Eine frühe Definition des amerikanischen Wissenschaftlers EUGENE F. FAMA zeigt den Zusammenhang auf: *A market in which prices always „fully reflect" available information is called „efficient".*[1]

Die Effizienz eines Kapitalmarktes leitet sich somit aus seiner Informationseffizienz ab, anders ausgedrückt, aus der Funktion der darin beobachtbaren Preise als Medium zur Informationsbereitstellung und -verarbeitung. Diese Sichtweise

---

1 FAMA, EUGENE F.: „Efficient Capital Markets: A Review of Theory and Empirical Work", The Journal of Finance 25, 1970, p. 383.

wird etwa seit Beginn der zweiten Hälfte dieses Jahrhunderts in der wissenschaftlichen Literatur als *Efficient Market Hypothesis* (EMH) diskutiert. Dabei wurde immer wieder die Frage aufgeworfen, ob die Preisbildung auf den Kapitalmärkten tatsächlich diesem Postulat entspricht. Wenn die Hypothese jedoch zutrifft, so ergibt sich eine wichtige Erkenntnis hinsichtlich der Prognostizierbarkeit von Aktienkursen. Mehr dazu im folgenden.

Gegen Ende des Jahres 1969 befasste sich die renommierte *American Finance Association* auf ihrer jährlichen Konferenz erstmals umfänglich mit der Thematik effizienter Märkte. Dort brachte EUGENE F. FAMA die Idee ein, Informationseffizienz von Kapitalmärkten nicht pauschal zu verstehen, sondern dabei gewisse „Ausprägungen" zu unterscheiden. Sein Konzept besteht darin, schwächere Formen der Effizienz auf Basis von bestimmten Eingrenzungen der relevanten Informationsmenge zu definieren. Danach gibt es drei Grade der Markteffizienz:

Grade der Markteffizienz

Weak form efficiency: Eine schwache Form der Kapitalmarkteffizienz liegt vor, wenn alle verfügbaren Informationen über *vergangene Kursentwicklungen* vollständig in gegenwärtigen Preisen verarbeitet sind. Auf der Basis historischer Kurse lassen sich keine Handelsstrategien entwickeln, mit denen sich systematisch überdurchschnittliche Renditen erzielen lassen.

Semi-strong form efficiency: Bei der mittelstarken Form der Informationseffizienz wird die relevante Informationsmenge erweitert. In diesem Sinne effizient ist ein Kapitalmarkt, wenn in den aktuellen Kursen alle *öffentlich verfügbaren Informationen* verarbeitet sind. Als öffentlich verfügbare Informationen werden neben historischen Kursen auch Bilanzdaten, Geschäftsberichte, Publikationen in Zeitungen oder Mitteilungen der Börseninformationsdienste angesehen. Diese Form der Markteffizienz unterstellt, dass sich Aktienkurse bei Auftreten einer neuen, öffentlich zugänglichen Information sofort entsprechend anpassen.

Strong form efficiency: Die starke Form der Informationseffizienz ist hinsichtlich der unterstellten Informationsverarbeitung sehr restriktiv. Dabei sind nicht nur öffentlich zugängliche Informationen jederzeit in Kursen verarbeitet, sondern auch noch nicht veröffentlichte oder monopolistische Informationen - also das vieldiskutierte „Insiderwissen". Jegliches unternehmensrelevante Wissen schlägt sich sozusagen im Zeitpunkt seiner Generierung in der börsenmässigen Unternehmensbewertung nieder, so dass Handelsstrategien basierend auf unternehmensinternen oder sogar geheimen Informationen wertlos sind.

Diese von FAMA vorgeschlagene Klassifizierung von Formen der Kapitalmarkteffizienz hat sich weitgehend durchgesetzt. Die wichtige Erkenntnis besteht darin, dass der Grad der Informationseffizienz mit der Erweiterung der relevanten Informationsmenge zunimmt. In der *Abbildung 2.1* ist der Zusammenhang nochmals aufgezeigt.

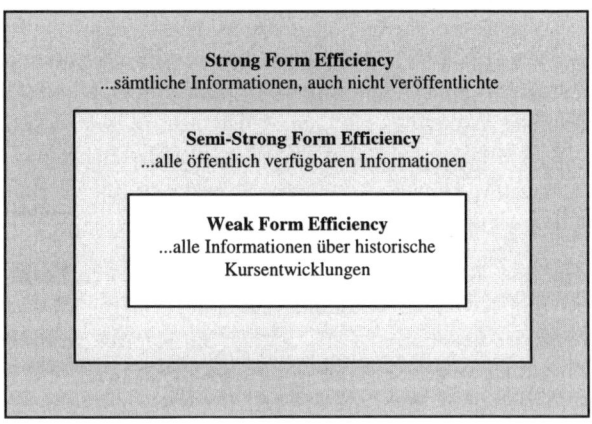

Abbildung 2.1: Grade der Informationseffizienz. Der Grad der Informationseffizienz eines Kapitalmarktes ergibt sich aus der Teilmenge an Informationen, die für die Preisbildung als relevant betrachtet wird.

Auf Basis der Abstufungen FAMAS können Betrachtungen über die Effizienz von Märkten differenzierter vorgenommen werden. Die relevante Frage lautet dann nicht mehr: Sind Märkte effizient? Sondern: *Wie* effizient sind Märkte? Die meisten wissenschaftlichen Studien der letzten Jahrzehnte kommen zu dem Schluss, dass die schwache Form der Markteffizienz vollumfänglich und die mittelstarke Form fast immer erfüllt sind. Mit anderen Worten, Kapitalmärkte weisen in der Regel keine „groben Ineffizienzen" auf; zumindest sind Abweichungen von einer effizienten Informationsverarbeitung nicht gross genug, um sie durch Handelsstrategien systematisch ausnützen zu können.

Wie effizient sind Märkte?

Nun mag eingewendet werden, dass insbesondere die in den letzten Jahren aufgedeckten Bewertungsanomalien wie beispielsweise der Size Effect an der mittelstarken Form der Effizienz von Aktienkursen zweifeln lassen. Zu bedenken ist in diesem Zusammenhang, dass die in entsprechenden Untersuchungen verwendeten Bewertungsmodelle (z.B. das *Capital Asset Pricing Model*) die „wahren" Gegebenheiten in den Märkten möglicherweise nicht korrekt abbilden. In einem solchen Fall kann dann nicht eindeutig beurteilt werden, ob die Kapitalmärkte tatsächlich Informationen unverarbeitet lassen oder die Modellierung fehlspezifiziert ist. Das Fazit bleibt vorläufig: Systematisch überdurchschnittliche Renditen lassen sich aufgrund öffentlich verfügbarer Informationen nicht erzielen.

Welche Relevanz hat die Hypothese effizienter Märkte nun für die Fragestellung dieses Kapitels? - In effizienten Kapitalmärkten entsprechen die vorherrschenden Aktienkurse jederzeit dem verfügbaren Informationsstand. Neu auftretende Informationen werden stets unverzüglich und vollständig in den Kursen verarbeitet. Mit anderen Worten passen sich die Preise von Finanzanlagen mit quasi unendlicher Geschwindigkeit an jeweils neue Gegebenheiten an. Da sich der Informationsstand im allgemeinen zufällig (unvorhersehbar) ändert, bewegen sich auch Aktienkurse auf einem Zufallspfad. Dieser wird in der Wissenschaft zumeist als *Random Walk* bezeichnet und kann wie folgt in einfacher Form notiert werden:

Random Walk

$$P_{t+1} = \mu + P_t + \varepsilon$$

Nach dieser Gleichung entspricht der zukünftige Preis einer risikobehafteten Finanzanlage (P_{t+1}) dem heutigen Preis dieser Anlage (P_t) zuzüglich einer für die betrachtete Periode erwarteten Wertsteigerung (μ) sowie einer Zufallskomponente (ε). Während die sogenannte Trendkomponente μ nach klassischer Auffassung fix und deterministisch ist, erfasst der Term ε die aufgrund neuer Informationen regelmässig induzierten Umbewertungen der risikobehafteten Anlage. Vor dem Hintergrund des Zusammenspiels von μ und ε innerhalb des Modells lässt sich die Wertentwicklung einer risikobehafteten Finanzanlage dann als *Random Walk mit Trend* auffassen. Der in *Abbildung 2.2* dargestellte Verlauf des *Swiss Market Index* (SMI) repräsentiert einen solchen Zufallspfad mit langfristig positiver Wertsteigerungskomponente.

Abbildung 2.2: Random Walk mit Trend. *Verlauf des Swiss Market Index (SMI) vom 2.1.1990 bis zum 5.10.1998 auf Basis von täglichen Indexständen.*

Das *Random Walk*-Modell ist das wichtigste Konzept zur Beschreibung der Veränderung von Aktienkursen. Die These, dass Kapitalmärkte Informationen weitgehend effizient verarbeiten und die Preise für Aktien am besten durch einen Zufallsprozess beschrieben werden können, ist ein anerkanntes

Paradigma der modernen Finance. Folglich bleibt kaum noch Raum, denen Glauben zu schenken, die behaupten, im Zufallsverlauf von Aktienpreisen bestimmte „Muster" oder „psychologische Barrieren" zu erkennen.

Gibt es eventuell doch Informationen, die in herrschenden Marktpreisen noch nicht vollständig abgebildet sind? - Und gibt es tatsächlich Personen, die ein vermeintliches Defizit des Marktes bei der Informationsverarbeitung zu ihrem Vorteil auszunützen vermögen? - Antworten auf diese Fragen sind umstritten. Doch ist in nahezu jedem grösseren Finanzinstitut eine Gruppe oder gar eine ganze Abteilung damit beschäftigt, fortlaufend Kursprognosen für Aktienmärkte zu erstellen. Insbesondere in Kreisen des professionellen Fondsmanagements geht man von einer „gewissen Prognostizierbarkeit" der Aktienkursverläufe aus. Dabei werden Vorhersagen häufig auf historische Kursentwicklungen abgestützt. Im Rahmen der in der Praxis verbreiteten Chartanalyse wird versucht, in den Preisverläufen der Vergangenheit bestimmte „Muster" und „Trends" zu erkennen. Dabei werden die Zickzack-Kurven von Indizes oder einzelnen Kursen durch Anlegen von Geraden oder sonstigen Gebilden geometrisch ausgewertet, sozusagen „begradigt". Die Betrachtung ist also rein technisch, bezieht sich lediglich auf die Börsenkurse der Vergangenheit. Fundamentaldaten über die Aktiengesellschaften gehen nicht in eine solche technische Analyse ein. Vor allem geht es darum, bestimmte „Signale" für den Kauf und Verkauf von Aktien abzuleiten.

Das Regelwerk für derartige Analysen geht hauptsächlich auf die oben bereits erwähnte, um die Jahrhundertwende entwickelte „Dow Theory", zurück. Doch hat sich im Laufe der Jahrzehnte ein schier unüberblickbares Instrumentarium von zum Teil grotesken Analyse- und Interpretationsformeln herausgebildet. Diese haben wohlklingende Bezeichnungen wie „Head and Shoulder", „Descending Triangle", „Double Top", „Breakaway Gap" oder „Trend Channel". Selbst wenn man an Kapitalmarktforschung interessiert ist und sich bereits durch einige komplexe Theorien dieser Disziplin durchgekämpft hat, wirken Bücher zur technischen Analyse verwirrend und schwer zugänglich. Die Anhänger und Anwender dieser

„Muster" statt Random Walk?

Analysetechniken, die sogenannten Chartisten, umgeben sich auch gern mit einer speziellen Aura. Ist der Chartismus mit Fug und Recht eine Kunst, oder hüllen sich die technischen Analysten in nebulöse Methodik, weil sie den Diskurs mit der Wissenschaft fürchten? Gehört die technische Analyse zur Finance, oder ist es eher ein Voodoo-Zauber?

Chartismus und Markteffizienz

Aus wissenschaftlicher Sicht sind die Methoden der Chartisten kritisch zu beurteilen. Chartismus hat mit wissenschaftlicher Forschung im Bereich der Finanzmärkte nichts zu tun. Die „Dow Theory" und ihre Weiterentwicklungen sind strenggenommen keine wirklichen Theorien. Der Hauptkritikpunkt der Wissenschaft geht aus dem Effizienzpostulat hervor und sei kurz umrissen: Wenn sich durch die geometrische Auswertung von historischen Kursverläufen nach dem Gusto der technischen Analysten tatsächlich eine treffsichere Prognose für zukünftige Aktienpreise gewinnen liesse, so hätte dies eine bedeutsame Implikation für die „Qualität" der an der Börse beobachtbaren Kurse. In einem solchen Fall wären anscheinend noch nicht einmal alle verfügbaren Informationen über historische Aktienkurse verarbeitet - gar die schwächste Form der Markteffizienz wäre verletzt! Mit anderen Worten, eine Chartanalyse kann nur dann erfolgreich sein, wenn der Markt als Ganzes ein Informationsdefizit hat - und zwar eines der einfachsten Art. Nun, wer mag wirklich daran glauben, dass einzelne Anwender der technischen Analyse mehr Informationen über *vergangene* (!) Marktentwicklungen besitzen und diese besser verarbeiten als das Aggregat von Marktteilnehmern, also der „Markt selbst"? - Jeder Student der Wirtschaftswissenschaften hätte spätestens nach seiner dritten Vorlesung in Finanzmarkttheorie mit dieser Glaubensfrage ein Problem.

Aktienkurse und Psychologie

In den zahllosen Börsenbriefen und Empfehlungslisten werden nicht nur markttechnische Formationen und Strukturen beschrieben, sondern oftmals auch sogenannte „psychologische Widerstandslinien" für Aktienindizes. Dahinter steckt die Idee, dass bestimmte Schwellenwerte aus irgendwelchen Gründen nicht ohne weiteres überschritten werden. Am 21. November 1995 berichtet z.B. die *Neue Zürcher Zeitung*, dass der Dow-Jones-Industrial-Index „[...] die als immerhin psychologisch bedeutsam geltende Grenze von 5000 Zählern überwunden" hat. Ähnliche Meldungen gab es, als die Indexstände 1000, 2000, 3000, usw. erreicht wurden. Nicht nur dem Dow-Jones-Index werden „psychologische Barrieren" zugeordnet. Gleiches gilt beispielsweise auch für den Deutschen Aktien Index (DAX) oder den Swiss Performance Index (SPI). Vielfach werden sogar den 100er-Schwellen von Indizes derartig „magische" Eigenschaften zugeordnet. Marktmechanismen und Psychologie: Was ist davon zu halten? - Ähnlich wie die Methoden der Chartanalyse können auch „psychologische Widerstandslinien" kaum in die Axiomatik der Finanzmarkttheorie integriert werden. Bei tatsächlicher Existenz von Widerstandslinien wären Aktienkurse nämlich bis zu einem gewissen Grad prognostizierbar.

Nehmen wir einmal an, der Zählerstand 2000 sei ein „psychologischer Schwellenwert" für den SPI. Für den Fall, dass die Schweizer Börse an einem Tag knapp unterhalb dieses Indexstandes schliesst, so wäre ein stagnierender oder fallender Markt die Prognose für den jeweils nächsten Tag. Empirische Evidenz für die Treffsicherheit derartig abgeleiteter Prognosen gibt es jedoch nicht. Dies lässt sich anhand der 100er-Schwellen des SPI belegen. Dazu werden handelstägliche Indexstände für den Zeitraum vom 2. Januar 1988 bis zum 11. Dezember 1995 betrachtet. Einerseits geht es um die Frage, ob der SPI tatsächlich relativ häufiger knapp unterhalb der jeweiligen 100er-Schwellen schliesst, beispielsweise unterhalb von 1700, 1800, 1900, usw. Wären Indexstände mit den Endziffern 90-99 häufiger als beispielsweise 10-19 oder 30-39, so ergäbe sich ein erster Hinweis auf gewisse Barrieren. Andererseits wird untersucht, ob sich aus der vorletzten Ziffer des SPI, also aus der Nähe zu einem möglichen Schwellenwert, eine Prognose für die Aktienmarktrendite des darauffolgenden Handelstages ableiten lässt. Die Ergebnisse sind gesamthaft in der *Tabelle 2.1* dargestellt.

Gibt es „psychologische Schwellen" für den SPI?

SPI schliesst in den Endziffern...	Auftrittshäufigkeit	SPI-Rendite am folgenden Handelstag
00 - 09	259	-0.016 %
10 - 19	261	0.056 %
20 - 29	239	-0.054 %
30 - 39	177	0.079 %
40 - 49	158	-0.065 %
50 - 59	144	0.130 %
60 - 69	188	0.142 %
70 - 79	176	0.075 %
80 - 89	194	0.071 %
90 - 99	204	0.141 %

Tabelle 2.1: Gibt es „psychologische Widerstandslinien" im SPI? Untersuchung der letzten beiden Ziffern der wöchentlichen Indexstände vom 02.01.1988 bis 11.12.1995 (2000 Beobachtungen). SPI-Renditen sind als stetige wöchentliche Veränderungen des Index berechnet.

Der Zeitraum umfasst insgesamt 2000 Handelstage. In 259 Fällen schliesst der SPI bei einem Zählerstand mit den Endziffern 00-09, in 261 Fällen mit 10-19, in 239 Fällen mit 20-29, usw. Am häufigsten schliesst der SPI im 10er-Bereich, am seltensten in den 50ern. Indexstände knapp unterhalb einer 100er-Schwelle, d.h. in den 90ern treten genau 204 mal auf. Dieser Wert entspricht in etwa der Auftrittshäufigkeit, die bei einer Gleichverteilung der Indexstände über den gesamten Bereich (00-99) erwartet werden kann; diese beträgt bei 2000 Beobachtungen genau 200. Insgesamt entspricht die beobachtete Verteilung der beiden Endziffern des SPI der Auffassung, dass Aktienkurse grundsätzlich einem nicht-prognostizierbaren Zufallsprozess gehorchen. Vor allem gibt es keinen Hinweis auf überdurchschnittlich häufige Zählerstände knapp unterhalb einer 100er-Schwelle. In den Fällen, in denen der SPI in den 90ern endete, war die Rendite am Folgetag sogar recht hoch. Dieser stieg dann um 0.141 Prozent, während für

den durchschnittlichen Tag eine Indexrendite von lediglich
0.051 Prozent gemessen wird. Mit anderen Worten, wenn der
SPI im untersuchten Zeitraum unterhalb einer vermeintlichen
100er-Schwelle schloss, wurde diese am darauffolgenden
Handelstag aufgrund eines hohen Indexanstiegs häufig sogar
übersprungen. Aus der hier durchgeführten kleinen Studie
ergeben sich kaum Hinweise auf „psychologische Widerstandslinien" im SPI-Verlauf. Vielleicht gibt es sie eher im
Swiss Market Index (SMI). Aber wer weiss schon so genau,
von welchem Index sich die Marktteilnehmer gerade psychologisch leiten lassen.[2] Auch amerikanische Studien zeigen,
dass sich aus den Schlussziffern von Marktindizes eindeutig
keine treffsicheren Prognosen hinsichtlich zukünftiger Aktienkursverläufe gewinnen lassen.[3] Sicherlich sind „psychologische Widerstandslinien" eher ein Phänomen des Wirt-
schaftsjournalismus als eines, das in wissenschaftlichen Kreisen Beachtung findet.

Prognostizieren Profis besser?

Anhand eines Charts oder eines Indexstandes sieht man am
Besten, was gestern war und heute ist. Das ist jedoch alles!
Strategien allein darauf aufzubauen ist tollkühn und ohnehin
eher eine Sache von Scharlatanen. Nun sind Fondsmanager
aber fast jeden Tag dazu aufgefordert, erfolgversprechende
Anlagestrategien zu erkennen oder bereits implementierte zu
überdenken. Die Messlatte ist dabei zumeist die Rendite des
Gesamtmarktes oder auch eines bestimmten Segmentes - sie
gilt es in der Regel allerdings zu übertreffen! Gelingt es den
Anlageexperten, systematisch den Markt zu schlagen?
Das *Wall Street Journal* veranstaltet regelmässig einen interessanten Wettbewerb unter dem Titel „*The experts, the
darts, and the efficient market hypothesis*". Dabei geht es darum, die Performance der Anlageempfehlungen von Experten
mit einem Portfolio zufällig ausgewählter Aktien zu verglei-

---

2 Eine ausführlichere Darstellung und Diskussion der Ergebnisse der
  Studie findet sich bei OERTMANN, PETER: „Über die psychologische
  Wirkung eines Indexstandes", *Finanzmarkt und Portfolio Management*, 1996, pp. 357-362.
3 Eine Untersuchung für den Dow-Jones-Index liefern LEY, EDUARDO
  und HALL R. VARIAN: „Are there psychological barriers in the Dow-
  Jones index?", Applied Financial Economics, 1994, pp. 217-227.

---

chen. Zu Beginn eines Durchlaufs des Wettbewerbs dürfen vier Anlageprofis jeweils einen Titel auswählen, von dem sie in den nachfolgenden sechs Monaten die beste Performance erwarten. Gegenübergestellt werden dann vier alternative Aktien, die mittels Wurf eines Dart-Pfeiles auf die Kursspalten des *Wall Street Journals* ermittelt wurden. Die beiden besten Experten kommen zudem in die jeweils nächste Runde. Im Contest stehen also das Wissen und die Erfahrung qualifizierter Fondsmanager und die Zufälligkeit. Eine Auswertung der Ausgänge von insgesamt 30 dieser Wettbewerbe liefert verblüffende Ergebnisse:[4] Das jeweilige Portfolio der Experten schlug den Markt in bezug auf die Rendite genau 18 mal, das Dart-Portfolio entsprechend 15 mal. Allerdings lieferte das Experten-Portfolio in nur 16 Fällen eine höhere Rendite als das zufällig ausgewählte; folglich war in 14 Fällen das Dart-Portfolio besser! Im Mittel schlagen die Anlageprofis zwar Markt und Zufallsauswahl, doch lässt sich in Anbetracht des eher knappen Ausgangs nicht von einer „systematischen Outperformance" sprechen.

Anscheinend kann auch bei den Professionals nicht von jederzeit verlässlichen Prognosefähigkeiten ausgegangen werden. Daher spricht vieles dafür, dass die Kapitalmärkte Informationen weitgehend effizient bereitstellen und verarbeiten. Allerdings hat die Fondsindustrie gerade in den letzten 10 Jahren bestimmte Marktsegmente entdeckt, in denen sich über relativ lange Zeiträume eine bessere Performance erreichen liess als im Marktmittel; als Beispiel seien die Small Caps genannt. Lassen sich also aus der Analyse von Fundamentaldaten gewisse Informationen gewinnen, die zum Teil noch nicht vollständig in den Kursen für Aktien verarbeitet sind? - Eine abschliessende Antwort darauf kann auch die Finanzmarktforschung noch nicht geben, da an den Konzepten für die langfristige Bewertung von Aktien noch gearbeitet wird. Empirische Befunde haben jedoch inzwischen gezeigt, dass auch die auf bestimmten fundamentalen Charakteristika

---

4 Diese Auswertung ist dokumentiert in METCALF, GILBERT E. und BURTON G. MALKIEL: „The Wall Street Journal contests: the experts, the darts, and the efficient market hypothesis", Applied Financial Economics, 1994, pp. 371-374.

basierenden Anlagestrategien bestimmten Performancezyklen unterliegen. Somit brauchen auch die Fondsmanager mit der „richtigen Nase" für erfolgreiche Marktsegmente am Ende wieder eine gehörige Portion Glück.

Anleger, Analysten und Finanzmarktforscher beschäftigen sich nahezu ein ganzes Jahrhundert mit der Frage, ob sich Aktienkurse prognostizieren lassen. Die Wissenschaft bezieht eine klare Position: Kapitalmärkte verarbeiten kursrelevante Informationen schnell und weitgehend vollständig. Dies zeigt ein umfassender empirischer Befund, wobei im Laufe der Zeit die untersuchten Datensätze erheblich ausgeweitet und angewandte Methoden verfeinert wurden. Folglich lassen sich Aktienkurse durch einen Zufallsprozess beschreiben, der naturgemäss nicht systematisch vorhergesagt werden kann. Die Praxis hat die Ergebnisse der Finanzmarktforschung zwar weitgehend anerkannt, doch kann sich ein grosser Teil des Börsenpublikums nicht der Faszination von Chartauswertungen oder dem Glauben an psychologische Einflüsse entziehen. Von dem Methodenzauber um die scheinbare „Begradigung" von Zickzack-Bewegungen durch Anlegen von Linien lebt inzwischen eine ganze Branche von Börsenbrief- und Empfehlungslisten-Schreibern. So manche Anleger finden in der technischen Analyse etwas „Greifbares" in einer für sie undurchschaubaren Komplexität. Natürlich ist auch der Standpunkt des Journalisten verständlich, der gern über „psychologische Widerstandslinien" schreibt, weil er weiss, dass seine Artikel dann gelesen werden.

Bei all den Zweifeln und der zum Teil notwendigen Kritik an den immer wieder eingesetzten Methoden zur Kursprognose darf jedoch eines nicht vergessen werden: Sämtliche Anstrengungen in der Szene um das Börsenparkett zur Vorhersage künftiger Marktentwicklungen tragen dazu bei, dass die beobachtbaren Kurse in der Regel einen „hohen Informationsgehalt" aufweisen. Es ist die Summe aller Versuche des Unmöglichen, die es dann am Ende tatsächlich unmöglich machen, Aktienkurse systematisch vorherzusagen.

Standpunkte

Literaturhinweise

Einführende Literatur:

BERNSTEIN, PETER L. (1992): „Capital Ideas: The Improbable Origins of Modern Wall Street", The Free Press, New York.

MALKIEL, BURTON G. (1990): „A Random Walk Down Wall Street", Norton, New York.

Weiterführende Literatur:

FAMA, EUGENE F. (1991): „Efficient Capital Markets II", The Journal of Finance 46, pp. 1575-1671.

GROSSMAN, SANFORD J. (1989): „The Informational Role of Prices", MIT-Press, Cambridge.

Diversifikation

von Thomas Kraus

,*I was struck with the notion that you should be interested in risk as well as return*'. Diese Einsicht von Nobelpreisträger HARRY MARKOWITZ steht am Anfang von dem, was die Finance zu einem späteren Zeitpunkt als moderne Portfolio Theorie (MPT) kennenlernen sollte. Besagter HARRY MARKO-WITZ suchte als junger Doktorand am renommierten *economics department* der University of Chicago nach Wegen, risikobehaftete Anlagen in möglichst attraktiver Weise zu streuen oder eben zu diversifizieren. Dabei gelangte er zur zitierten Einsicht, dass es im Rahmen von Investitionsüberlegungen wohl kaum sinnvoll sein kann, nur auf die erhoffte Rendite einer Anlage zu schauen, vielmehr gilt es, das damit einhergehende Risiko mit in Betracht zu ziehen. Es ist das Verdienst von MARKOWITZ, eben diese beiden kritischen Grössen in systematischer Art und Weise herangezogen zu haben, um nach einer optimalen Kapitalstreuung über risikobehaftete Anlagen hinweg zu suchen.

Risiko und Rendite

Das grundlegende Wertesystem ist dabei ein recht einfaches: Investoren werden immer – bei gleichem Risiko - eine Anlage mit hoher erwarteter Rendite einer solchen mit tiefem Renditepotential vorziehen. Gleichzeitig verhalten sich die meisten Leute bei der Vermögensanlage aber auch ,risikoavers', d. h. sie ziehen – bei gleichem, erwarteten Ertrag - eine stabile Anlage einer risikoreichen vor. Als sich HARRY MARKOWITZ nun daran machte, ein System zur optimalen Kombinationen von verschiedenen Anlagen zu suchen, wusste er, dass die resultierende Vermögensverteilung entweder für eine gegebene Rendite das kleinstmögliche Risiko oder aber für ein gegebenes Risiko den grösstmöglichen Ertrag einbringen muss. Diese Suche nach den optimalen – oder wie Markowitz sie nannte *effizienten* – Portfoliozusammensetzungen mündete in der Begründung der bereits erwähnten *modern portfolio theory*, welche als einer der wohl wichtigsten Marksteine der modernen Finance im Jahre 1990 mit dem Nobelpreis für Wirtschaftswissenschaften ausgezeichnet wurde. Der Aufbau und die Einsichten eben dieser modernen Portfolio Theorie sind Inhalt des vorliegenden Kapitels.

Wie wird Risiko gemessen?

Die beiden kritischen Grössen ‚Risiko' und ‚Rendite' gilt es, für die Bedürfnisse der Kapitalanlage konkreter greifbar zu machen. Während die Rendite einer Anlage eine sehr intuitive Grösse ist, muss für das Risiko etwas weiter ausgeholt werden. Das Mass hierfür ist die sogenannte Volatilität. Sie erfasst, wie stark die Renditen einer Anlage streuen können: Je grösser die Streuung der Renditen, umso risikoreicher die Anlage und entsprechend höher die Volatilität. *Abbildung 3.1* veranschaulicht dies für langjährige Durchschnittswerte von schweizerischen Aktien und Obligationen.

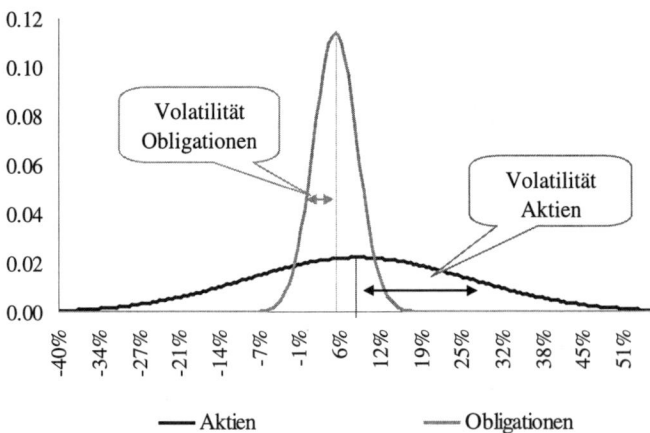

Abbildung 3.1: Approximative, historische Verteilung von stetigen Renditen am schweizerischen Kapitalmarkt von 1925 - 1997. Durchschnittsrendite Aktien: 8.2 %, Volatilität: 18.9 %, Durchschnittsrendite Obligationen: 4.5 %, Volatilität: 3.5 %. Daten: Pictet & Cie., Banquiers.

Man sieht deutlich, wie die Renditen der Aktien wesentlich breiter gestreut sind als jene der Obligationen. Aktien sind entsprechend risikoreicher als Obligationen und haben folgerichtig eine - um fast 4 % - höhere Durchschnittsrendite.

Die Volatilität der beiden Anlagen wird erfasst als die Standardabweichung der gezeigten Verteilungen von jährlichen Renditen.[1] Für normalverteilte Renditen ergibt dies eine sehr zugängliche Interpretation, denn rund 2/3 aller Rendite-Realisationen liegen dann innerhalb einer Standardabweichung vom Mittelwert aus gesehen. Bei einer Durchschnittsrendite am schweizerischen Aktienmarkt von 8.2 % und einer Volatilität von 18.9 % wird ein Aktienengagement somit in ungefähr zwei von drei Jahren Renditen einbringen, die zwischen – 10.7 % und + 27.1 % liegen. Bei einer Anlage in Schweizer Obligationen liegen die gleichen Konfidenzgrenzen entsprechend bei + 1 % und + 8 % Rendite pro Jahr.

Wie wird nun das Risiko bei der Kapitalanlage durch die Diversifikation über verschiedene Titel hinweg beeinflusst? Dazu sei das Beispiel in *Abbildung 3.2* betrachtet. Dargestellt sind die wöchentlichen Renditen der Aktien von ABB und CS Group in der Zeit von März bis September 1998. Für ABB ermittelt man eine Volatilität von 38.2 % und für CS Group eine solche von 42.5 %. Man sieht deutlich, dass beide Aktien zwar stark schwanken, aber dies keineswegs in perfektem Gleichschritt tun. Dies erstaunt nicht weiter, unterscheiden sich doch die Geschäftstätigkeiten der betrachteten Firmen substantiell voneinander, und entsprechend werden die Aktien auf neue Informationen im Markt auch unterschiedlich reagieren.

Naive Diversifikation

---

1 Streng genommen ist die Volatilität die annualisierte Standardabweichung der stetigen Renditen einer Anlage, was im diskutierten Beispiel aber zum gleichen Ergebnis führt. Ein Beispiel zur Berechnung: Die Standardabweichung der wöchentlichen (stetigen) Renditen einer Anlage betrage 3.5 %. Diese wird annualisiert durch Multiplikation mit der Wurzel der Anzahl Beobachtungen in einem Jahr, d. h. mit $\sqrt{52}$, womit sich eine Volatilität von 3.5 % $\times \sqrt{52} = 25.2$ % ergibt.

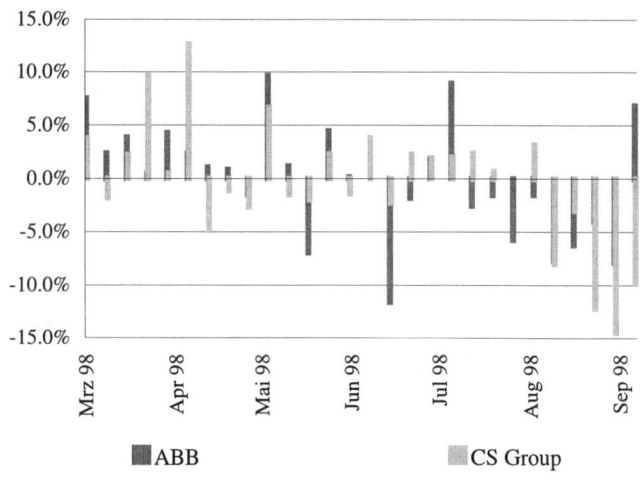

15.0%
10.0%
5.0%
0.0%
-5.0%
-10.0%
-15.0%

Mrz 98   Apr 98   Mai 98   Jun 98   Jul 98   Aug 98   Sep 98

■ABB   ▨CS Group

Abbildung 3.2: Wöchentliche Renditen der Einzelaktien ABB (I) und CS Group (N). Daten: Datastream.

Wie hätte sich nun ein Aktienengagement in der gleichen Zeit entwickelt, das gleichmässig zu je 50 % in beide Titel investiert war?[2] *Abbildung 3.3* zeigt die aus einem derartigen Engagement resultierenden Wochenrenditen für den schon zuvor betrachteten Zeitraum. Man sieht nur schon aufgrund des ersten Eindrucks, dass die Renditeausschläge durch diese sehr simple Diversifikationstechnik deutlich zurückgingen. Tatsächlich hat das gleichmässig diversifizierte Portfolio eine Volatilität, die mit 34.1 % um über 4 % unter derjenigen der stabileren Einzelaktie liegt.

---

2 Man sollte sich an dieser Stelle ganz kurz überlegen, was es eigentlich bedeutet, zu je 50 % in zwei Anlagen investiert zu sein. Damit kann nicht gemeint sein, die Anfangsinvestition je zur Hälfte auf die beiden Titel aufzuteilen, und das Portfolio dann ruhen zu lassen. Vielmehr bedingt eine konsequente Investitionspolitik gemäss einer Quotenvorgabe ein dauerndes Umschichten, da laufend diejenigen Titel zugekauft werden müssen, die gerade im Kurs gefallen sind, und jene verkauft werden müssen, die gestiegen sind. Nur so kann eine bestimmte, anteilsmässige Vorgabe durchgängig aufrecht erhalten werden.

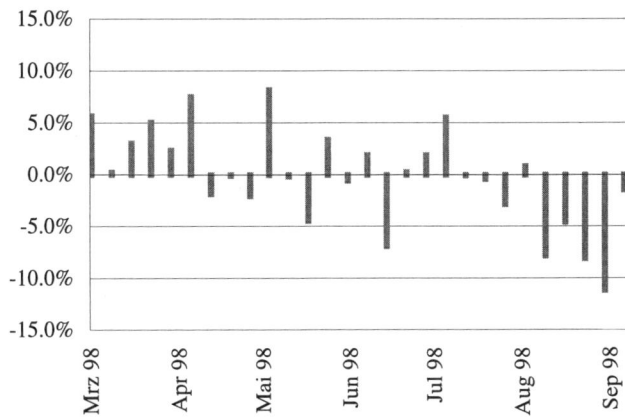

Abbildung 3.3: Wochenrenditen eines gleichmässigen Aktienengagements in ABB und CS Group. Daten: Datastream.

Wie bereits erwähnt, kommt dieser Diversifikationsvorteil aus der Andersartigkeit der beiden betrachteten Firmen. Ein maximaler Diversifikationseffekt würde resultieren, wenn sich die Geschäftstätigkeiten der betrachteten Firmen genau entgegengesetzt verhielten. So gibt es in der Stadt St. Gallen – wie in vielen anderen auch – eine Hausecke, an der je nach Witterungsverhältnissen abwechslungsweise ein Marroni- oder ein Glacé-Stand steht. Dies ist ein extremes Beispiel für zwei Geschäftsfelder, die für einen Investor einen maximalen Grad an Diversifikation aufweisen. Sie sind, wie man sagt, fast perfekt negativ korreliert: Ein schlechter Tag für den Eis-Verkauf ist vermutlich ein guter für den Kastanien-Absatz und umgekehrt. Das Schlechtwetterrisiko ist durch diese Kombination nahezu perfekt wegdiversifiziert[3].

---

3 Um der Wahrheit die Ehre zu tun, vermute ich allerdings, dass die beiden Stände in St. Gallen von unterschiedlichen Personen betrieben werden. Somit hat der einzelne Standbesitzer überhaupt keinen Diversifikationsvorteil, ausser er einigt sich mit seinem Pendant im Vorfeld auf einen bilateralen Risikoausgleich.

Diversifikation

Korrelation

Ein derartig extremes Ausmass an sich kompensierenden Risiken wird man bei Aktienanlagen aber kaum je finden. Tatsächlich sind Aktien in der Regel zwar positiv, aber eben nicht perfekt positiv korreliert, so auch die betrachteten Titel von ABB und CS Group – es entsteht wie gezeigt wurde auch für diese beiden ein substantieller Diversifikationsvorteil. Wie erfasst man nun aber diese Korrelation von verschiedenen Anlagen statistisch?

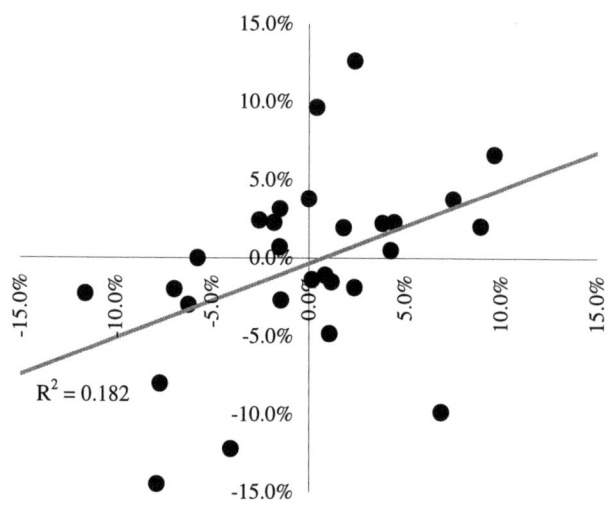

Abbildung 3.4: Scatterplot der wöchentlichen Renditen von CS Group (vertikale Achse) und ABB (horizontale Achse). Daten: Datastream.

Abbildung 3.4 zeigt einen Scatterplot der wöchentlichen Renditen von CS Group und ABB sowie die Linie, welche den Zusammenhang zwischen den jeweiligen Renditeausprägungen am besten beschreibt. Der Korrelationskoeffizient gibt an, wie gut diese Linie die Punktewolke abzubilden vermag. Eine Punktwolke, die sich sehr eng an die Linie anschmiegt, ist gleichbedeutend mit einer hohen (absoluten) Korrelation, eine unsystematische Verteilung der Einzelpunkte hingegen ist mit einer tiefen Korrelation gleichzusetzen. Der in der Grafik eingetragene R^2-Wert von 0.182 gibt an, dass die eingezeichnete Gerade 18.2 % der Varianz der abhängigen Variablen zu erklären vermag. Der Korrelationskoeffizient berechnet sich als Wurzel dieses R^2-Wertes, im gezeigten Beispiel als 0.43.

Wie entwickeln sich diese Diversifikationseffekte nun, wenn nicht nur über zwei sondern über mehrere Aktien diversifiziert wird? *Abbildung 3.5* veranschaulicht das anhand einer sehr einfachen Diversifikationsregel. Die Regel besteht darin, in einen Aktienbestand einfach immer die nächste Aktie des Alphabets gleichgewichtet aufzunehmen. Die Grafik zeigt die Entwicklung der resultierenden Portfoliovolatilitäten.

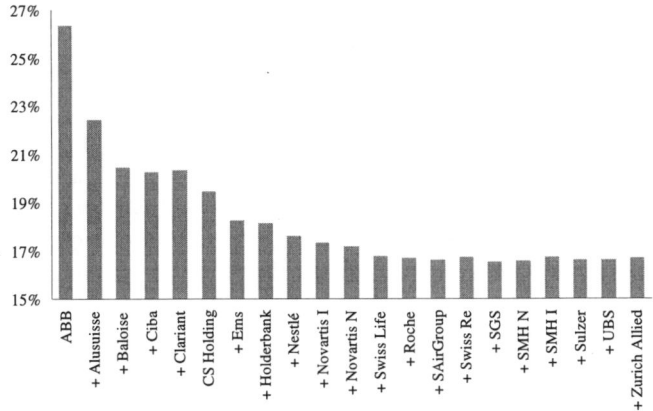

Abbildung 3.5: Volatilität von Portfolios, in die immer die nächste Anlage des Alphabets zusätzlich aufgenommen wird. Historische Daten von Januar 1990 bis September 1998. Daten: Datastream.

Man sieht deutlich, wie die Volatilität der Gesamtposition – ausgehend von einem reinen Engagement in ABB – durch Aufnahme der ersten paar zusätzlichen Aktien substantiell zurückgeht. Dieser Rückgang ist allerdings nicht monoton und flacht nach den ersten paar Aktien klar ab. Dieses Abflachen wird derart ausgepärt, dass man zusätzlich zu den hier aufgeführten *blue chips* noch sämtliche kleineren Aktien hätte hinzu nehmen können, ohne dass sich für das in *Abbildung 3.5* dargestellte Portfolio die Volatilität substantiell weiter hätte reduzieren lassen. Der Risikoreduktion durch Diversifikation sind somit Grenzen gesetzt: Der kombinierte Marroni/Glacé-Stand, um auf das zuvor genannte Beispiel zurückzukommen, ist zwar fast immun gegen Wetterschwankungen, wenn das Publikum aber ganz allgemein weniger konsumiert, gehen auch ihre Verkäufe zurück. Es bleibt eine nicht diversifizierbare Risikokomponente.

Das Risiko einer einzelnen Anlage zerfällt somit, wie man sagt, in das diversifizierbare (oder unsystematische) und in das nicht-diversifizierbare (oder systematische) Risiko. Es wird eine wesentliche Einsicht des Kapitels über das *capital asset pricing model* (CAPM) sein, dass jeder Investor natürlich nur das *systematische* Risiko einer bestimmten Aktie tragen muss, da er das unsystematische ja weg-diversifizieren kann. Entsprechend wird er im Durchschnitt nur für das Übernehmen des systematischen Risikos eine Risikoprämie erhalten.

Die Welt von
μ **und** σ

Wieder zurückkommend auf die eigentliche Ausgangsproblematik, gilt es nun, die gemachten Risikoüberlegungen mit den entsprechenden Renditeabwägungen zusammenzuführen. Dies geschieht am anschaulichsten durch die Darstellung in einer Ebene, wobei auf der einen Achse die erwarteten Renditen[4] und auf der anderen das Risiko – oder eben die Volatilität - einer Anlage abgetragen werden. Die erwartete Rendite wird mit dem griechischen Buchstaben μ abgekürzt und die Volatilität mit σ; die Ebene in der sich die nachfolgende Diskussion abspielt wird entsprechend als μ-σ-Ebene bezeichnet. *Abbildung 3.6* zeigt die Position der SMI-Komponenten[5] in dieser *mean-variance*-Welt.

---

4 Da man für die Diskussion von effizienten Portfolios natürlich strikt mit *erwarteten* Renditen arbeiten muss, braucht es an dieser Stelle bereits ein Gleichgewichtsmodell, das deren konsistente Ermittlung erlaubt, obschon ein derartiges Modell erst in einem späteren Kapitel diskutiert wird. Nachfolgend wird zur Bestimmung der erwarteten Renditen immer das CAPM verwendet; dies mit einer im September 1998 aktuellen risikolosen Verzinsung von 3 %, Betas, die über drei Jahre hinweg geschätzt wurden, und einer Risikoprämie von 4 %.
5 Per September 1998.

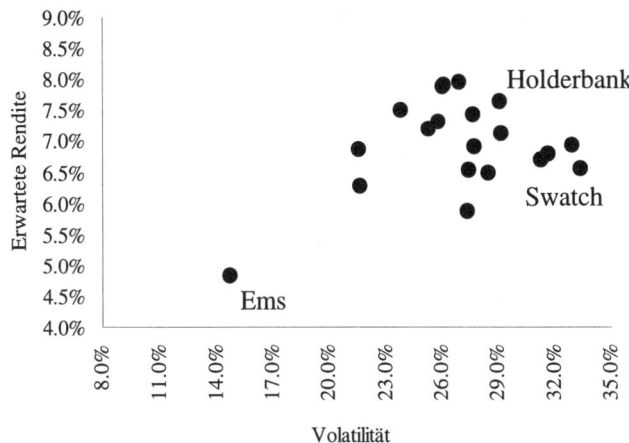

Abbildung 3.6: SMI-Titel in der μ-σ-Ebene. *Höheres Risiko scheint keineswegs mit höheren erwarteten Renditen einherzugehen, wie man dies erwarten würde. Grundlage: Wöchentliche Daten September 1995 – September 1998. Daten: Datastream.*

Beim Blick auf die Punktewolke mag erstaunen, dass es den viel beschworenen Zusammenhang zwischen Risiko und Rendite kaum zu geben scheint: Höhere Volatilitäten gehen eher zufällig mit höheren erwarteten Renditen einher. Noch frappierender ist die genauere Anlayse der drei einzeln eingetragenen Titel Ems Chemie, Holderbank und Swatch Group. Während die Aktien von Ems und Holderbank in einem Verhältnis stehen, wie man es intuitiv erwarten würde - die höhere Rendite auf Holderbank muss mit einem höheren Risiko erkauft werden -, sind die Verhältnisse bei Holderbank und Swatch genau umgekehrt: Trotz eines höheren Risikos weist die Inhaber Aktie der Swatch Group eine tiefere erwartete Rendite auf. Welcher Investor käme auf die Idee eine solche, scheinbar unattraktive Aktie zu halten? Die Frage spricht einen sehr grundlegenden Zusammenhang an, der von der modernen Portfoliotheorie angegangen wird. Es wird sich nämlich zeigen, dass das Risiko einer einzelnen Anlage praktisch irrelevant ist, weil nur noch zählt, wie sich diese Anlage im Portfoliokontext verhält.

Diversifikation über zwei Anlagen

Die bisherigen Überlegungen zur Diversifikation sollen dahingehend erweitert werden, dass zum einen nicht mehr nur 50/50-Portfolios betrachtet und zum andern auch die Renidte-Auswirkungen der Diversifikation in die Überlegungen miteinbezogen werden. Untersucht werden soll in einem ersten Schritt ein Portfolio, das aus 60 % Ems und 40 % Holderbank besteht. Wie sieht die Risiko-Rendite-Struktur dieser Position aus?

Die Renditeerwartung eines Portfolios lässt sich sehr einfach als gewichtetes Mittel der Einzelrenditen bestimmen. Bei einer erwarteten Rendite von 4.8 % auf Ems und einer solchen von 7.6 % auf Holderbank berechnet sich die erwartete Rendite des 60/40-Mixes somit als

$$0.6 \times 4.8\,\% + 0.4 \times 7.6\,\% = 5.9\,\%.$$

Die Ermittlung der Portfoliovolatilität ist etwas aufwendiger. In diese geht neben den Volatilitäten der einzelnen Aktien auch die Korrelation bzw. die Kovarianz zwischen den Titeln ein. *Abbildung 3.7* stellt die Berechnung der Volatilität schematisch dar.

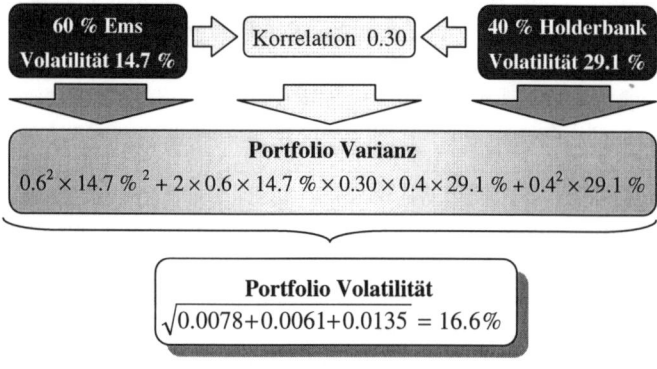

Abbildung 3.7: Berechnung der Volatilität eines Portfolios bestehend aus zwei Aktien. Die Kovarianz spielt hierbei eine entscheidende Rolle; sie bildet den mittleren Summanden bei der Varianzberechnung.

Die erwartete Rendite des Portfolios von 5.9 % zusammen mit der Volatilität von 16.6 % bildet einen neuen Punkt in der μ-σ-Welt. Im gleichen Stil lassen sich natürlich beliebige andere Portfolios der beiden Aktien bilden. *Abbildung 3.8* gibt all diese Kombinationen in Form einer Linie wieder.

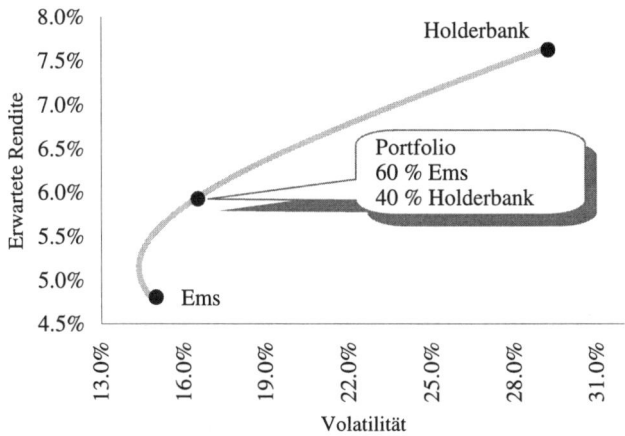

Abbildung 3.8: *Sämliche Risko/Rendite-Kombinationen von Ems und Holderbank liegen auf einer gekrümmten Linie zwischen den beiden Endpunkten.*

Wie man sieht, liegen die Portfoliokombinationen auf einer gekrümmten Linie zwischen den beiden Einzelaktien. Was bedeutet dies nun? Diese Krümmung des Zusammenhangs ist für den Investor etwas sehr attraktives, denn ausgehend z. B. von einem reinen Engagement in Holderbank reduziert sich das Risiko der Position durch Aufnahme von Ems wesentlich stärker als die erwartete Rendite zurückgeht. Technisch ausgedrückt geht die Renditererwartung proportional, das Risiko hingegen überproportional zurück. Dieser Effekt erreicht seinen Höhepunkt im sogenannten Minimum-Varianz-Portfolio (MVP), derjenigen Portfoliokombination, welche ganz links aussen auf der Kurve liegt. Man sieht grafisch sehr schön, dass ausgehend von diesem Punkt ein weiteres Hinzufügen von Ems Aktien sowohl zu einem Rückgang der erwarteten Rendite als auch zu einer Erhöhung der Volatilität führen würde – offensichtlich eine extrem unattraktive Veränderung! Ganz allgemein wird man Portfoliokombinationen auf dem unteren Ast vermeiden, da man immer einen anderen Aktienmix finden kann, der mit genau dem gleichen Risiko eine höhere Rendite verspricht. Die Kombinationen unterhalb des Minimum-Varianz-Portfolios werden entsprechend als *ineffiziente*, jene darüber als *effiziente Portfolios* bezeichnet.

Effiziente Diversifikation

Man ist im weiteren nicht darauf beschränkt, nur zwei Anlagen in die Überlegungen miteinzubeziehen. Zusätzlich zu den Zweierportfolios der drei weiter oben betrachteten Aktien Ems, Holderbank und Swatch Group können auch Zweierkombinationen von Zweierkombinationen, also Portfolios von Portfolios, gebildet werden. *Abbildung 3.9* zeigt, wie dies vor sich geht. Wiederum ausgehend von einem reinen Engagement in Holderbank, besteht das optimale Portfolio zuerst nur aus einer Kombination dieser Anlage mit Aktien der Swatch Group. Bei einer Volatilität von ca. 26 % und darunter, wird es aber attraktiv, zusätzlich die dritte Aktie, Ems, ins Portfolio mitaufzunehmen. Die optimalen Kombinationen bestehen sodann bis über das Minimum-Varianz-Portfolio hinaus aus allen drei Anlagen. Erst kurz vor dem tiefsten Punkt entsteht wiederum ein sogenanntes *corner*-Portfolio: Die Linie mit den Dreierkombinationen geht in der Kurve auf, die ausschliesslich von Ems und Swatch gebildet wird.

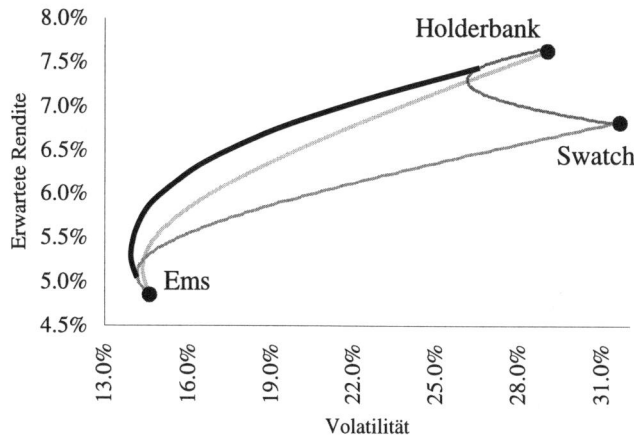

Abbildung 3.9: Zweierportfolios können wieder zu Portfolios von Portfolios kombiniert werden. Je tiefer zwei Aktien miteinander korreliert sind, umso gebogener ist der entsprechende Zusammenhang. Die Punkte, in denen die neuen efficient frontiers die alten verlassen, werden corner-Portfolios genannt.

Die Überlegungen von vorhin kommen auch hier zum Zuge. Attraktiv sind nur Portfoliokombinationen, die auf dem oberen Ast zu liegen kommen. Für alle anderen Zusammensetzungen – sowie natürlich auch für alle eingeschlossenen Einzelaktien – lässt sich immer ein Portfolio identifizieren, das bei gleicher erwarteter Rendite ein geringeres Risiko in Kauf nimmt, und somit im Sinne eines Risiko-Rendite-Optimierers effizienter ist. Die in der Grafik wiedergegebene Linie wird daher als *efficient frontier* oder auch *Effizienzgrenze* bezeichnet. In analoger Art und Weise liesse sich eine *efficient frontier* für sämtliche zuvor betrachteten SMI-Titel ermitteln, wobei natürlich wiederum die Diversifikation nicht bei den grossen Schweizer Titeln zu enden braucht.

Es ist nun auch möglich, die an früherer Stelle aufgeworfene Frage nach dem Risiko-Rendite-Verhältnis der betrachteten Aktien zu beantworten. Zur Diskussion stand das Problem, dass die Aktie der Swatch Group ein höheres Risiko als jene von Holderbank aufweist und trotzdem eine tiefere Ren-

Diversifikation

dite verspricht. Das scheinbare Rätsel löst sich sehr einfach, wenn man auf der *efficient frontier* den Bereich zwischen dem Minimum-Varianz-Portfolio und einer 100 %-Position in Holderbank betrachtet: Dieses ganze (effiziente!) Segment ist überhaupt nur erreichbar durch den Miteinbezug der gegenüber Holderbank scheinbar unattraktiven Swatch-Aktie. Man sieht somit klar, dass es nicht sinnvoll sein kann, das Risiko-Rendite-Verhältnis einzelner Aktien miteinander zu vergleichen. Vielmehr muss das Risko-Rendite-Profil strikt im Portfoliokontext betrachtet werden, denn auf der gezeigten *efficient frontier* gilt der Zusammenhang wieder in genau der Art, wie man ihn erwartet: eine höhere Rendite kann nur erwarten, wer bereit ist, ein zusätzliches Risiko in Kauf zu nehmen.

Wenn der Investor einmal an diesem Punkt angelangt ist, stellt sich für ihn die Frage, welche Portfoliokombination er denn nun genau wählen soll. Soll er ins Minimum-Varianz-Portfolio, in eine reine Holderbank-Position oder in irgendeine andere Kombination auf der Effizienzgrenze investieren? Die Anwort auf diese Frage ist recht einfach und deshalb vielleicht auch unbefriedigend: Es kommt einfach auf seine Risikobereitschaft an! Ist man einmal bei den effizienten Kombinationen, weiss man ja, dass zusätzliches Risiko auch tatsächlich entschädigt wird. Entsprechend muss sich der Investor lediglich darüber im klaren sein, welches Risiko er tragen kann bzw. will und die Portfoliokombination mit der höchsten, zugehörigen Rendite wählen.[6]

Sektordiversifikation

Bis hierher wurden die Diversifikationsüberlegungen der modernen Portfoliotheorie strikt auf einzelne Aktien angewendet. Da die strategische *asset allocation* aber typischerweise auf einem aggregierteren Niveau von statten geht, macht es Sinn, effiziente Portfolios z. B. auf Länderstufe zu ermitteln. Im Zuge der europäischen Wirtschafts- und Wäh-

---

6 Diese subjektive Komponente bei der Portfoliowahl fällt allerdings weg, sobald man zusätzlich noch eine risikolose Anlage zur Verfügung hat. Die zusätzliche Investitionsmöglichkeit lässt einem eine bestimmte Portfoliokombination identifizieren, welche allen anderen klar überlegen ist.

rungsunion muss allerdings auch diese Vorgehensweise hinterfragt werden. Mit einer gemeinsamen Währung und einem offenen Wirtschaftsraum ist nicht einzusehen, warum ein französischer Autoproduzent in einem anderen Aggregat erfasst werden soll als sein deutscher Konkurrent. Diese Überlegungen führten in den 90er Jahre zu einer starken Tendenz hin zur Sektorensichtweise auf das Aktienspektrum. Vor allem für die europäischen Märkte wurden neue Indexfamilien lanciert, welche die konkrete Umsetzung dieser neu orientierten Sichtweise erleichtern sollen. Wie eine solche sektororientierte Strategie aussehen kann, sei nachfolgend dargestellt.

Von Dow Jones & Co. wurde in Zusammenarbeit mit drei europäischen Börsen die Familie der STOXX-Indices eingeführt, welche 19 Industrien quer durch die europäischen Aktienmärkte erfasst.[7] Ein Portfolio bestehend aus diesen Indizes wurde gemäss den vorangegangenen Überlegungen regelmässig effizient diversifiziert, und das Ergebnis dieser Strategie mit einem gleichgewichteten Portfolio, bestehend aus genau den gleichen Anlagen, sowie dem Gesamtindex verglichen. Für das effizient diversifizierte Portfolio wurde die defensivste aller möglichen Strategien, das Minimum-Varianz-Portfolio, gewählt. Dies bringt den Vorteil, dass keinerlei Renditeerwartungen, und somit auch kein Gleichgewichtsmodell, benötigt werden, da die Kovarianz-Matrix der Renditen genügt, um die Anteile im Minimum-Varianz-Portfolio exakt zu bestimmen. Zur Schätzung der Korrelationen wurde ein rollendes 3-Jahres-Fenster herangezogen. Die Gewichtungen wurden von Januar 1995 bis Oktober 1998 wöchentlich angepasst. *Abbildung 3.10* zeigt, wie sich die drei Strategien – die eine naiv, die andere effizient diversifiziert und schliesslich der Gesamtmarkt – über die Zeit hinweg entwickelt hätten. Die Berechnungen wurden alle in ECU durchgeführt.

---

7 Dabei gibt es zwei Unterfamilien: Die eine erfasst nur Aktienmärkte in der Europäischen Union, die andere berücksichtigt alle europäischen Länder. Für die nachfolgenden Berechnungen wurde die zweite Indexkategorie gewählt. Für aktuelle Informationen zu den STOXX-Indizes siehe http://www.stoxx.com.

Diversifikation   53

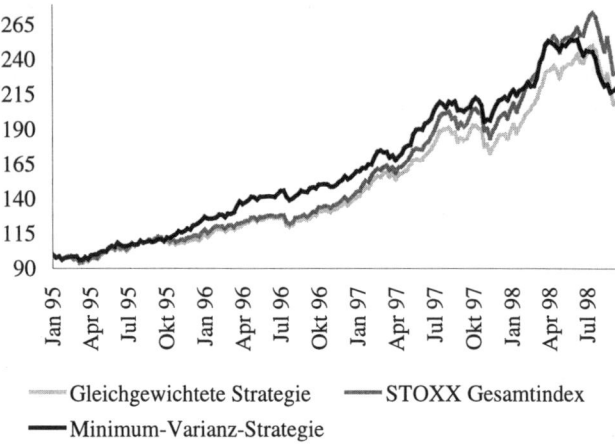

——— Gleichgewichtete Strategie   ——— STOXX Gesamtindex
——— Minimum-Varianz-Strategie

Abbildung 3.10: *Vergleich einer Investition von ECU 100.- im Januar 1995 in ein gleichgewichtetes Branchenportfolio, in den STOXX Gesamtindex und schliesslich in ein Minimum-Varianz-Portfolio. Daten: Datastream.*

Tabelle 3.1 zeigt die beschreibenden Statistiken der drei zu vergleichenden Strategien. Alle Angaben sind dabei annualisiert.

	Gleichgewichtetes Portfolio	STOXX Gesamtindex	Minimum-Varianz-Portfolio
Rendite	16.9 %	19.5 %	19.8 %
Volatilität	12.8 %	13.1 %	10.8 %
Rendite-Risiko-Verhältnis	**1.3**	**1.5**	**1.8**

Tabelle 3.1: Beschreibende Statistiken von drei Investitionsstrategien in die STOXX-Branchenindices (Gesamteuropa). Zugrundeliegende Zeitperiode: Januar 1995 bis Oktober 1998. Daten: Datastream.

Wie es die vorangegangenen, theoretischen Überlegungen erwarten liessen, weist die Minimum-Varianz-Strategie tatsächlich die deutlich kleinste Volatilität auf. Die Unterschiede zu beiden Vergleichsstrategien sind statistisch auf dem 1 %-Niveau signifikant und können somit kaum dem Zufall zugeschrieben werden. Von der durchschnittlichen Rendite her ist das Minimum-Varianz-Portfolios vergleichbar mit dem Gesamtindex, nur die gleichgewichtete Strategie liegt hier deutlich zurück. Wiederum beträgt die Irrtumswahrscheinlichkeit hierfür nur 1 %.

Aggregiert man nun die beiden kritischen Grössen Return und Volatilität indem man das Rendite-Risiko-Verhältnis[8] ermittelt, so fällt die Minimum-Varianz-Strategie mit einem Wert von 1.8 deutlich besser aus als jedes der beiden Vergleichsportfolio. Ein systematisches Optimieren brachte rund die Hälfte mehr Rendite pro Risikoeinheit als ein naives Streuen über genau die gleichen Anlagen. Ein recht beeindruckendes Ergebnis! Aber auch eine passive Indexanlage wurde von der Minimum-Varianz-Strategie deutlich geschlagen; ein Resultat, das vor dem Hintergrund der Markteffizienzhypothese etwas nachdenklich stimmt.

Das vorangegangene Beispiel zeigt sehr schön, dass es eben nicht damit getan ist, nach Gutdünken über verschiedene Anlagen hinweg zu diversifizieren, wie dies häufig getan wird. Die moderne Portfoliotheorie zeigt vielmehr, dass es eine Methode der systematischen Diversifikation gibt, die zu nachhaltig besseren Ergebnissen führt. Schon eine einfach zu bewerkstelligende Umsetzung der modernen Portfoliotheorie resultiert für den Investor in einer substantiell besseren Performance.

Kerneinsichten

Fast ein halbes Jahrhundert nach der Begründung der modernen Portfoliotheorie gehören die Kerneinsichten der effizienten Diversifikation immer noch – vielleicht mehr denn je! - zum Rüstzeug eines jeden, der in der einen oder anderen Form mit Fragen der Vermögensverwaltung konfrontiert ist. Die rein technischen Aspekte der effizienten Diversifikation,

---

8 Dabei wird die erwirtschaftete Rendite pro Jahr durch die in Kauf genommene Volatilität dividiert.

---

wie sie in diesem Kapitel besprochen wurden, stellen aber nur den Anfang dar. Die grossen Herausforderungen liegen in der praktischen Umsetzung. Es gilt, erwartete Renditen gehaltvoll zu ermitteln, künftige Volatilitäten zu schätzen und schliesslich Korrelationsbeziehungen zwischen verschiedenen Anlagen einigermassen zuverlässig zu beurteilen, damit effiziente Kombinationen von risikobehafteten Anlagen tatsächlich identifiziert werden können. Ohne aussagekräftige Inputgrössen bleibt die moderne Portfoliotheorie eine interessante, aber letztlich inhaltslose Hülle. Diese Hülle mit Leben zu füllen, stellt für die akademische Forschung wie für die Praxis der Kapitalanlage heute wie vor fünf Jahrzehnten eine grosse Herausforderung dar.

Literaturhinweise

Einführende Literatur:

ELTON, EDWIN J. und GRUBER, MARTIN J. (1995): "Modern Portfolio Theory and Investment Analysis", John Wiley & Sons, New York.

GARZ, H., GÜNTHER, S. und MORIABADI (1997): „Portfolio-Management: Theorie und Anwendung", Bank Akademie-Verlag.

HERI, ERWIN (1996): "Was Anleger auch noch wissen sollten", Helbing & Lichtenhahn, Basel und Frankfurt a. Main.

Weiterführende Literatur:

KLEEBERG, JOCHEN M. und REHKUGLER, HEINZ (1998): "Handbuch Portfoliomanagement", Uhlenbruch Verlag, Bad Soden.

MARKOWITZ, HARRY M. (1959): „Portfolio Selection", Blackwell (Nachdruck 1991), Cambridge, MA.

MARKOWITZ, HARRY M. (1987): „Mean-variance Analysis in Portfolio Choice and Capital Markets", Blackwell, Cambridge, MA.

UHLIR, HELMUT und STEINER, PETER (1994): „Wertpapieranalyse", Physica-Verlag, Heidelberg.

ROY, ANDREW D. (1952): „Safety First and the Holding of Assets", Econometrica 20, pp. 431 – 449.

RUDOLF, MARKUS (1994): „Algorithms for Portfolio Optimization and Portfolio Insurance", Paul Haupt, Bern.

Diversifikation

Kapitel 4

Asset Allocation, Zeithorizont und Shortfall-Risk

von Thomas Portmann und Markus Rudolf

Der Begriff der *Asset Allocation* bezeichnet die Aufteilung des Vermögens auf verschiedene Anlagekategorien. Als ein zentrales Ergebnis der Diversifikation lässt sich festhalten, dass die Aufteilung des Vermögens auf verschiedene, nicht perfekt miteinander korrelierte Anlagen das Gesamtrisiko eines Portfolios zu reduzieren vermag. Dabei wird Risiko als Volatilität der Portfoliorenditen gemessen. Diese Annahme wird in der Folge modifiziert: Obwohl die Volatilität aus theoretischer Sicht eine exakte Definition des Risikos darstellt, erweist sich diese aus der Sicht des Praktikers oft als ein zu abstrakter Begriff. Intuitiver ist vielmehr eine Risikoperzeption, welche sich nur am Verlust aus einem Engagement orientiert. In diesem Kapitel soll deshalb der Zusammenhang zwischen der Volatilität und einem Risikomass gezeigt werden, welches sich am *Ausfallrisiko* einer Anlage orientiert. Dabei versteht man unter Ausfallrisiko die Wahrscheinlichkeit, eine vorgegebene Mindestrendite (den sog. Threshold Return) zu verfehlen. In Anlehnung an den Aufsatz von LEIBOWITZ/HENRIKSSON (1989) wird dieses Risiko auch als *Shortfall-Risk* bezeichnet. Die Idee wurde bereits früher unter dem Begriff der Desasterwahrscheinlichkeit von ROY (1952) in der Literatur diskutiert.

Die Höhe der Ausfallwahrscheinlichkeit kann darüberhinaus in Beziehung zu einem festgesetzten Investitionshorizont gebracht werden. Insbesondere wird gezeigt, dass unterschiedliche Anlagestrategien für unterschiedliche Anlagehorizonte optimal sind. Dies gilt vor allem dann, wenn sich ein Investor am Shortfall-Risk orientiert. Eine Anlagestrategie kann dabei umso volatiler ausfallen, je länger der Zeithorizont

Einführung

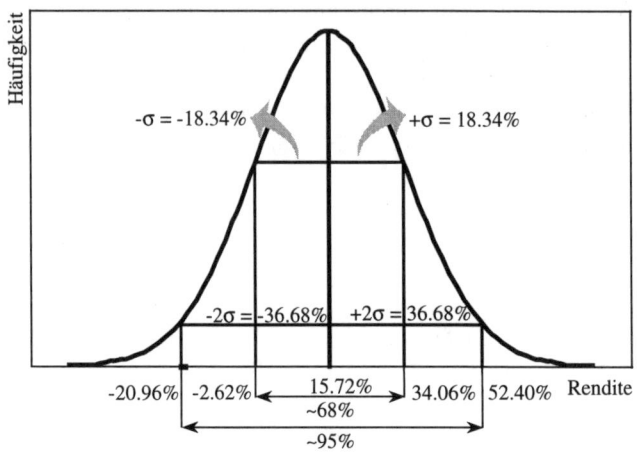

Abbildung 4.1: Konfidenzintervalle einer Normalverteilung. Die Berechnungen basieren auf den Monatsschlusskursen des Morgan Stanley Capital International Index für die Schweiz zwischen 01.1985 und 07.1998, wobei die Resultate in annualisierter Form ausgewiesen werden.

ist, ohne eine Erhöhung der Ausfallwahrscheinlichkeit hinnehmen zu müssen. Derartige Zeithorizonteffekte werden im zweiten Teil dieses Kapitels näher untersucht.

Ausfallwahr-scheinlichkeit und Normalver-teilung

Dem Konzept des Ausfallrisikos liegt die Vorstellung zugrunde, dass Anlagerenditen näherungsweise normalverteilt[1] sind. In *Abbildung 4.1* wird eine Normalverteilung der stetigen annualisierten Monatsrenditen[2] des Morgan Stanley Capital International Index (MSCII) für die Schweiz - basierend auf der Zeitperiode vom Januar 1985 bis Juli 1998 - dargestellt. Daraus lassen sich die wesentlichen Eigenschaften dieser Verteilung diskutieren: Kennzeichnend ist, dass die maximale Häufigkeit bei der durchschnittlichen Rendite auftritt.

---

[1] ROY (1952) hat gezeigt, dass diese Annahme nicht zwingend ist, wenn nur eine Obergrenze für die maximale Ausfallwahrscheinlichkeit gefunden werden soll.

[2] Stetige Renditen lassen sich durch Bildung der logarithmierten Kursdifferenzen berechnen.

Im Umfeld von einer Volatilität resp. Standardabweichung σ links und rechts vom Durchschnittswert liegen rund 68% aller Beobachtungen. Wird das betrachtete Intervall auf beiden Seiten der Durchschnittsrendite auf zwei Standardabweichungen ausgedehnt, so werden damit bereits 95% aller Renditeausprägungen eingeschlossen. Im Falle des MSCII findet man daher auf Basis der vergangenen dreizehn Jahre eine mittlere Rendite von jährlich 15.72% bei einer Volatilität von 18.34%. Berechnet man aus diesen Informationen ein Konfidenzintervall, welches sich über den Bereich von jeweils zwei Standardabweichungen um den Mittelwert erstreckt, so lässt sich auf Basis der untersuchten Stichprobe folgern, dass in 95 von hundert Fällen die erzielte Rendite zwischen -20.96% und 52.40% zu liegen kommt. Aufgrund dieses gewaltigen Spektrums wird klar, dass die damit verbundenen Risiken kaum abschätzbar sind, da es bei einem einjährigen Investitionshorizont keineswegs unwahrscheinlich ist, bei einer Anlage in den schweizerischen Aktienmarkt eine massiv negative Rendite hinnehmen zu müssen. Immerhin muss gemäss den Ergebnissen aus *Tabelle 4.1* damit gerechnet werden, dass rund einmal in acht Jahren ein Verlust akzeptiert werden muss, welcher das Ausgangskapital um mehr als 5% vermindert.

Eine Folgerung aus den Erkenntnissen der Portfoliotheorie besteht darin, dass Aktienindizes ein vergleichsweise geringes Volatilitätsrisiko beinhalten, weil sie als besonders gut diversifizierte Wertpapierkombination betrachtet werden können. *Tabelle 4.1* zeigt, dass unter einem ausfallorientierten Blickwinkel die Risikosituation für schweizerische Einzelaktien weit dramatischer ausfällt. So weisen die Aktien von Jelmoli, SAir Group und Schindler beinahe jedes zweite Jahr eine Wertverminderung von mehr als 5% auf. Zudem vermögen nicht einmal die in den vergangenen Jahren stark haussierenden Pharmawerte Novartis und Roche den Index bezüglich der Ausfallwahrscheinlichkeit zu schlagen. Einzig der Pictet Bondindex weist ein im Vergleich zum MSCII (Schweiz) niedrigeres Shortfall-Risk auf.

Anlage	durchsch. Rendite	Volatilität	Ausfallwahr- scheinlichkeit
ABB	17.52	30.31	33.98
Alusuisse	14.91	29.27	36.75
Bâloise	20.54	28.05	28.98
CS Group	12.80	22.54	36.46
Ems-Chemie	24.57	29.46	25.32
Helvetia Patria	15.97	25.28	33.22
Holderbank	14.86	23.36	33.64
Jelmoli	6.27	31.48	48.39
Nestlé	16.46	21.20	29.44
Novartis	24.70	24.73	21.28
Roche	21.89	23.67	23.77
Rück	22.69	24.59	23.60
SAir Group	7.96	29.38	45.98
Schindler	11.45	32.27	42.08
Sulzer	15.27	31.05	37.05
UBS	12.29	22.82	37.46
Zurich Allied	18.99	24.09	28.07
MSCII (Schweiz)	15.72	18.34	12.93
Pictet Bondindex	0.45	2.81	2.62

Tabelle 4.1: Renditen, Volatilitäten und Ausfallwahrscheinlichkeiten. Die Berechnungen basieren auf Monatsschlusskursen des Zeitraumes 01.1985 bis 07.1998, wobei die Renditen und Volatilitäten auf annualisierter Basis ausgewiesen sind. Die jeweiligen Ausfallwahrscheinlichkeiten sind relativ zu einem Threshold Return von -5% berechnet. Insgesamt sind alle Werte in Prozenten dargestellt.

Messung der Ausfallwahr- scheinlichkeit

Wie misst man jedoch die Ausfallwahrscheinlichkeit? Das Prinzip ist einfach zu verstehen. Zur Berechnung von Wahrscheinlichkeiten bei einer Normalverteilung ist es üblich, die beobachtete Rendite zu standardisieren. Dadurch erreicht man eine Normierung der Volatilität der standardisierten Rendite auf Eins und der durchschnittlichen Rendite auf Null. Die Standardisierung erlaubt einen besseren Vergleich verschiedener Portfolios mit unterschiedlichen Volatilitäten und Durchschnittsrenditen. Diese standardisierte Rendite wird häufig als z-Wert bezeichnet. Er ergibt sich, indem man die durchschnittliche Rendite μ von der beobachteten subtrahiert und das erhaltene Resultat durch die Volatilität σ teilt. Möchte man beispielsweise die standardisierte Rendite zu einer Mindestrendite τ bestimmen, so ergibt sich der z-Wert gemäss folgender Formel:

$$z = \frac{\text{Threshold Return } \tau - \text{Durchschnittsrendite } \mu}{\text{Volatilität } \sigma}$$

$$\Rightarrow \quad \mu = \tau - \sigma \cdot z$$

Threshold Return des MSCI-Index (Schweiz)	z-Wert	Ausfallwahr- scheinlichkeit
-39.30	-3.000	0.13
-30.13	-2.500	0.62
-26.94	-2.326	1.00
-20.96	-2.000	2.28
-14.45	-1.645	5.00
-11.79	-1.500	6.68
-7.79	-1.282	10.00
-2.62	-1.000	15.87
6.55	-0.500	30.85
15.72	0.000	50.00
24.89	0.500	69.15
34.06	1.000	84.13
39.23	1.282	90.00
43.23	1.500	93.32
45.89	1.645	95.00
52.40	2.000	97.72
58.38	2.326	99.00
61.57	2.500	99.38
70.74	3.000	99.87
Durchschnittsrendite	15.72	
Volatilität	18.34	

Tabelle 4.2: Threshold Returns, standardisierte Renditen und Ausfallwahrscheinlichkeiten. Basis der Berechnungen bilden die MSCII (Schweiz)-Monatsschlusskurse des Beobachtungszeitraumes 01.1985 bis 07.1998, wobei die jeweiligen Prozentwerte annualisiert ausgewiesen werden.

Durch eine einfache Umformung erreicht man, dass die durchschnittliche Portfoliorendite linear als Funktion des Threshold Returns und der Volatilität dargestellt werden kann. Eine Schlüsselgrösse der obigen Gleichung stellt der z-Wert dar, da zu jedem dieser z-Werte eine spezifische Ausfallwahrscheinlichkeit gehört. *Tabelle 4.2* zeigt, welche Ausfallrisiken zu welchen z-Werten gehören. So kann eine Ausfallwahrscheinlichkeit von 1% mit einem z-Wert von -2.326 verbunden werden, welcher sich im Falle des MSCI-Index dann ergibt, wenn ein Verlust von 26.94% als Threshold Return unterstellt wird. Umgekehrt wäre in rund 30% aller Fälle mit einer Unterschreitung der Mindestrendite von +6.55% zu rechnen, da damit ein z-Wert von -0.5 einhergeht. Aufgrund der Charakteristik der Normalverteilung ist es sofort einleuchtend, dass eine Ausfallwahrscheinlichkeit von exakt 50% resultiert, wenn die Durchschnittsrendite als Mindestziel formuliert wird, da der z-Wert Null beträgt. Zudem lässt sich ersehen, dass mit zunehmendem z-Wert die entsprechende Ausfallwahrscheinlichkeit ebenfalls anwächst. Es macht jedoch wenig Sinn, den Threshold Return grösser als die Durchschnittsrendite zu wählen, weil damit Ausfallwahrscheinlichkeiten resultieren, welche grösser als 50% sind. Folgt man einer derartigen Investitionspolitik, bei der in mehr als der Hälfte der Zeit Ausfälle zu verzeichnen sind, so kann von Optimierung kaum noch die Rede sein; vielmehr ist ein Übertreffen des Threshold Returns als pures Glück zu bezeichnen. Entsprechend sei in der Folge strikte von negativen z-Werten ausgegangen.

Shortfall-Gerade

Aus der Gleichung für den z-Wert wird klar, dass die beiden Grössen *Threshold Return* und *z-Wert* (und damit implizit die Ausfallwahrscheinlichkeit) graphisch als Gerade in einem Rendite/Volatilität-Diagramm dargestellt werden können. Man bezeichnet eine derartige Gerade häufig als *Shortfall-Gerade*. Alle Portfolios, die innerhalb eines solchen Diagramms auf dieser Geraden liegen, verfehlen den Threshold Return exakt mit der durch den z-Wert festgelegten Ausfallwahrscheinlichkeit. Dies wird durch *Abbildung 4.2* verdeutlicht.

Einerseits wird in dieser Abbildung die bereits aus dem Diversifikationskapitel bekannte Minimum Varianz-Linie dargestellt, deren oberhalb des volatilitätsminimalen Portfolios verlaufender Teil als Efficient Frontier bezeichnet wird. Andererseits sind vier Shortfall-Geraden A, B, C und D eingezeichnet. Shortfall-Gerade A ist am wenigsten steil. Aus der Gleichung der Shortfall-Geraden wird klar, dass eine geringe Steigung einem z-Wert entspricht, welcher nahe bei Null liegt, womit die Ausfallwahrscheinlichkeit (zu einem bestimmten Threshold Return) für jedes Portfolio auf A rela-

Shortfall-Gerade und Roy-Kriterium

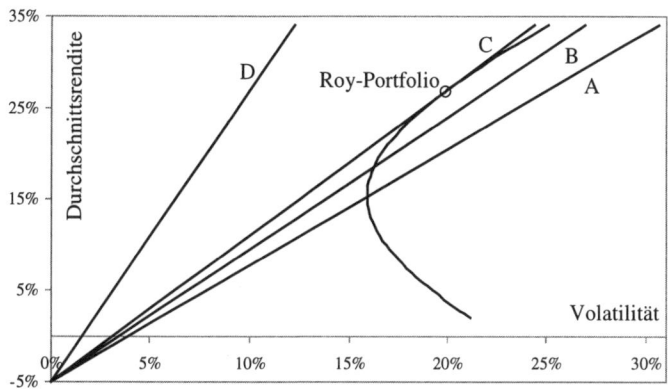

Abbildung 4.2: Shortfall-Gerade, Efficient Frontier und Roy-Kriterium. *Das Roy-Portfolio bildet dasjenige Portfolio mit der geringstmöglichen Ausfallwahrscheinlichkeit unter einer gegebenen Mindestrendite τ ab. Die Darstellung beruht auf Monatsschlusskursen der in Tabelle 4.1 aufgeführten Einzelaktien während der Periode 01.1985 bis 07.1998.*

tiv gross ist. Gerade B ist etwas steiler, womit automatisch ein vergleichsweise kleinerer z-Wert und somit eine geringere Ausfallwahrscheinlichkeit ableitbar wird. Die kleinste Ausfallwahrscheinlichkeit besitzen alle Portfolios auf der Geraden D. Allerdings ist D derart steil, dass kein Schnittpunkt mit der Efficient Frontier besteht: Somit existiert auch kein Portfolio, welches die festgelegte Mindestrendite mit der zu D gehörigen Ausfallwahrscheinlichkeit verfehlt.

Wenn anstelle der Volatilität die Ausfallwahrscheinlichkeit als Risikokriterium herangezogen werden soll, dann ist es sinnvoll, diese zu minimieren. Dabei sucht man das Portfolio, welches auf der Efficient Frontier liegt und den Threshold Return mit minimaler Wahrscheinlichkeit unterschreitet. Entsprechend muss die Steigung der gesuchten Shortfall-Geraden so gross wie möglich sein, wobei zu beachten ist, dass immer noch ein Berührungspunkt mit der Efficient Frontier besteht. In Anlehnung an den Artikel von ROY (1952) bezeichnet man das geschilderte Optimierungskriterium als *Roy-Kriterium*. Dies wird bei der Shortfall-Geraden C erfüllt. Hier existiert ein Tangentialpunkt mit der Efficient Frontier, welcher ein Portfolio mit minimal möglicher Ausfallwahrscheinlichkeit repräsentiert. Naheliegenderweise wird dieses als *Roy-Portfolio* bezeichnet.

Capital Market Line und Roy-Kriterium

Ein zentrale Botschaft des Capital Asset Pricing Model (CAPM) besteht darin, dass eine Kombination aus risikobehafteten und einer risikolosen Anlage in einer - gegenüber rein riskanten Portfolioinvestitionen - überlegenen Anlagestrategie mündet. Insbesondere lässt sich zeigen, dass bei Existenz einer risikolosen Anlage das Marktportfolio das einzige effiziente, nur aus risikobehafteten Wertpapieren zusammengesetzte Portfolio darstellt. Mischt man das Marktportfolio

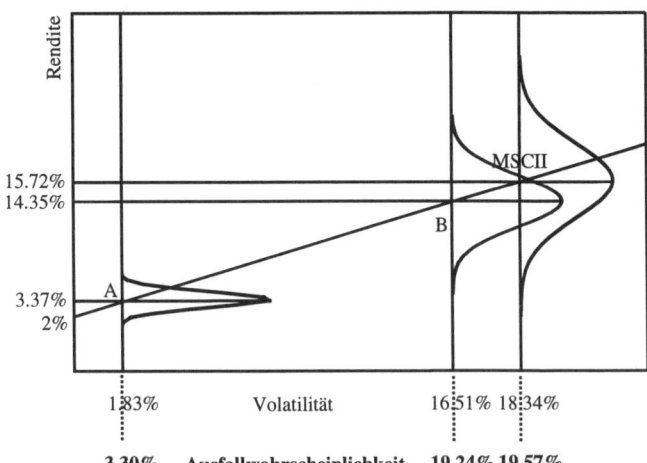

Abbildung 4.3: Ausfallwahrscheinlichkeit und Capital Market Line. Es wird ein risikofreier Zinssatz von jährlich 2% und ein Threshold Return von 0% unterstellt. Als Marktportfolio wird der MSCI-Aktienindex (Schweiz) verwendet, wobei die annualisierten Renditen auf Monatsschlusskursen des Zeitraumes 01.1985 bis 07.1998 beruhen.

mit der risikolosen Anlage in variierenden Portfolioanteilen, so erhält man eine Gerade, welche die Kombinationsmöglichkeiten der durchschnittlichen Renditen und Risiken widerspiegelt. *Abbildung 4.3* zeigt eine solche Gerade, welche als Capital Market Line bezeichnet wird. Dabei interessiert die Frage, wie sich die Wahl verschiedener Positionen auf der

	Portfolio A	Portfolio B
Anteil sichere Anlage	90%	10%
Anteil MSCII (Schweiz)	10%	90%
Durchschnittsrendite	3.37%	14.35%
Volatilität	1.83%	16.51%
Ausfallwahrsch. ($\tau = 0\%$)	3.30%	19.24%

Tabelle 4.3: Charakteristika der Beispielportfolios auf der Capital Market Line.

Capital Market Line auf die Ausfallwahrscheinlichkeit auswirkt. Portfolio A in *Abbildung 4.3* besteht beispielsweise zu 10% aus dem - durch den MSCII (Schweiz) repräsentierten - Marktportfolio und zu 90% aus der risikolosen Anlage, für welche eine jährliche Rendite von 2% angenommen wird. Diese Konstellation ergibt für A die in *Tabelle 4.3* aufgeführten Portfolio-Eigenschaften bezüglich Rendite, Volatilität und Ausfallwahrscheinlichkeit bei einem Threshold Return von 0%.

Es ist unmittelbar ersichtlich, dass aufgrund des hohen Anteils der risikolosen Anlage sowohl Portfoliorendite als auch -volatilität mit 3.37% resp. 1.83% relativ gering ausfallen. Unter der Normalverteilungsannahme der Portfoliorenditen lässt sich aus *Abbildung 4.3* die Verteilung der Renditen relativ zur Capital Market Line entnehmen. Für Portfolio A erhält man eine sehr schmale Verteilung mit einer entsprechend kleinen Ausfallwahrscheinlichkeit von 3.30%. Eine Erhöhung des Marktportfolioanteil auf 90% führt in Portfolio B - neben der Erhöhung der Durchschnittsrendite (14.35%) - aufgrund der gestiegenen Portfoliovolatilität (16.51%) zu einer breiteren Normalverteilung und somit zu einer grösseren Ausfallwahrscheinlichkeit von 19.24%. Dies ist allerdings immer noch sicherer als bei einer 100%-Investition in den

Marktindex: Zwar erhöht sich dabei die Durchschnittsrendite auf 15.72%, doch muss für die zu erwartende Mehrrendite eine gestiegene Volatilität von 18.34% sowie ein Shortfall-Risk von 19.57% in Kauf genommen werden. Damit wird die enge Verbindung zwischen Volatilität und Ausfallrisiko offensichtlich, da mit erhöhter Volatilität auch die Wahrscheinlichkeit steigt, einen bestimmte Mindestrendite zu verfehlen.[3] Dennoch erscheint das Ausfallwahrscheinlichkeitskonzept intuitiver als das Mean-Variance-Kriterium.

Binomialer Random Walk

Im nächsten Schritt werden Zeithorizonteffekte, die mit Investitionen verbunden sind, näher beleuchtet. Investoren mit langem Anlagespektrum sollten nicht die gleiche Investment-Strategie verfolgen wie Anleger mit kurzem Zeithorizont. Dies ist intuitiv verständlich und lässt sich mit Hilfe des Shortfall-Risk-Konzeptes gut nachvollziehbar darstellen. Zu diesem Zweck wird zunächst das Konzept des *Random Walk* eingeführt: Häufig geht man davon aus, dass Aktienkurse - ausgehend von ihrem gegenwärtigen Kurs - sich trivialerweise nur in zwei Richtungen verändern können: nach oben oder nach unten. Von jedem neuen Preis ausgehend sind wiederum nur zwei mögliche Entwicklungen denkbar. Aufgrund dieses unterstellten Preisverhaltens werden Aktienkurse deshalb durch ein sogenanntes Binomialmodell abgebildet. Zweifellos kann dieser Vorstellung des Aktienkursverhaltens mangelnder Realitätsbezug unterstellt werden. Diesem Einwand kann jedoch begegnet werden, indem die Zeitintervalle, auf die sich eine solche binomiale Bewegung bezieht, derart klein gewählt werden, dass im Grenzfall anstelle vieler solcher kleiner Schritte ein kontinuierlicher Aktienkursprozess steht.

---

[3] Das trifft allerdings für einige Portfolios nicht zu: So besitzt das Roy-Portfolio ein niedrigeres Ausfallrisiko als das Minimum Varianz-Portfolio. Gelten alle Portfolios zwischen dem varianzminimalen und dem Roy-Portfolio unter dem Mittelwert-Varianz-Kriterium als effizient, so gilt dies mit der Ausfallwahrscheinlichkeit als Risikomass nicht. Vergleiche dazu RUDOLF (1994a und b) oder allgemeiner in BAWA (1978). Eine auf dem Ausfallrisiko basierende Variante der Efficient Frontier ist im Aufsatz von JAEGER/RUDOLF/ZIMMERMANN (1995) zu finden.

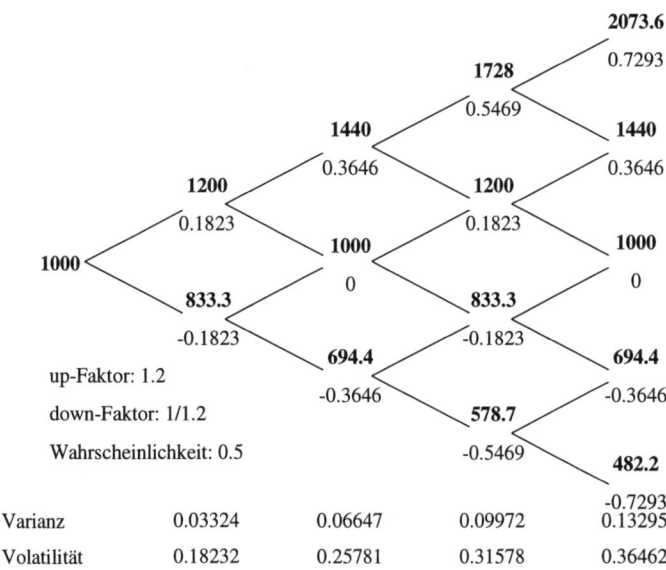

	2073.6
	0.7293
1728	
0.5469	
1440	1440
0.3646	0.3646
1200	1200

(figure values below)

up-Faktor: 1.2

down-Faktor: 1/1.2

Wahrscheinlichkeit: 0.5

Varianz	0.03324	0.06647	0.09972	0.13295
Volatilität	0.18232	0.25781	0.31578	0.36462

Abbildung 4.4: Binomialer Random Walk. *Unterhalb der hypothetischen Aktienkurse werden die entsprechenden Renditen auf stetiger Basis ausgewiesen. Ausserdem werden Varianz resp. Volatilität für unterschiedliche Zeithorizonte dargestellt, wobei die Wahrscheinlichkeit einer Aufwärtsbewegung mit 50% angenommen wird.*

Abbildung 4.4 zeigt einen derartigen binomialen Prozess, wobei von einem Kurs von 1000 ausgegangen wird und vier Zeitperioden aufgezeichnet sind, an deren Ende das Spektrum der Wertpapierpreise zwischen 482.2 und 2073.6 variiert. In der Abbildung wird unterstellt, dass sich der momentane Aktienkurs entweder um 20% erhöht oder um die gleiche einfache Rendite verringert. Unterhalb der - fettgedruckten - Aktienpreise stehen die jeweiligen stetigen Renditen. Dabei erzeugen die Auf- und Abwärtsbewegungen jeweils symmetrische Veränderungen. Geht man in der Realität von annähernd normalverteilten Renditen aus, so ist die Symmetrie der Renditebewegungen im binomialen Prozess eine durchaus adäquate Annahme.

Varianz und Volatilität im Zeithorizont	In den unteren beiden Zeilen von *Abbildung 4.4* sind die Varianz und die Volatilität über alle Zeithorizonte dargestellt. Dabei wird unterstellt, dass die Wahrscheinlichkeit einer Auf- resp. Abwärtsbewegung einheitlich bei 0.5 liegt: Nach einer Periode hat man eine Varianz von 3.32% resp. eine Volatilität von 18.23%. Bei einer Zweiperiodenbetrachtung verdoppelt sich die Varianz auf 6.65%, während die Volatilität nur um den Faktor $\sqrt{2}$ auf 25.78% angestiegen ist. Nach einer weiteren Periode hat sich die Varianz gegenüber der Einperiodenvarianz auf 9.97% verdreifacht; die Volatilität ist wiederum nur mit der Wurzel von 3 angewachsen. Im Vierperiodenfall hat sich die Varianz im Vergleich zum Einperiodenwert vervierfacht (13.30%) und die Volatilität verdoppelt (36.46%). Aus diesen Ausführungen wird eine Grundregel für das mittels der Volatilität quantifizierte Risiko im Zeitablauf deutlich: Wächst die Durchschnittsrendite proportional mit dem unterstellten Zeitintervall, so erhöht sich die Volatilität nur mit der Quadratwurzel desselben.
Ausfallrisiko im Zeithorizont	Aufgrund dieser Erkenntnis interessiert sofort die Frage, wie sich der Zeithorizont auf das Ausfallrisiko von Aktienrenditen auswirkt. Diese Frage wurde überblicksartig bereits in ZIMMERMANN (1991) untersucht. Zieht man wieder die Definition der standardisierten Rendite (z-Wert) heran, so ergibt sich nach T Perioden ein Wert von:

$$z\left(T - \text{Perioden}\right) = \frac{T \cdot \tau - T \cdot \mu}{\sqrt{T}\,\sigma} = \frac{T(\tau - \mu)}{\sqrt{T}\,\sigma} = \sqrt{T}\,\frac{\tau - \mu}{\sigma}$$

$$\Rightarrow \quad z\left(T - \text{Perioden}\right) = \sqrt{T} \cdot z\left(1\,\text{Periode}\right)$$

Der z-Wert wächst folglich - ebenso wie die Volatilität - mit der Quadratwurzel des betrachteten Zeitintervalles. Da man von einem negativen z-Wert ausgehen darf, wird dieser somit mit steigendem Zeithorizont immer kleiner. Entsprechend liegen die Auswirkungen für die Ausfallwahrscheinlichkeit auf der Hand: Mit zunehmendem Anlagehorizont nimmt auch das Shortfall-Risk ab.

Abbildung 4.5 zeigt diesen Sachverhalt auf: Darin wird das Verhalten der Ausfallwahrscheinlichkeit in Abhängigkeit des jeweiligen Anlagehorizontes für eine Anlage abgebildet, welche in der Vergangenheit eine jährliche Durchschnittsrendite von 8% bei einer Volatilität von 19% erzielt hat.[4] Für die Berechnungen wird ein Threshold Return von 0% unterstellt.

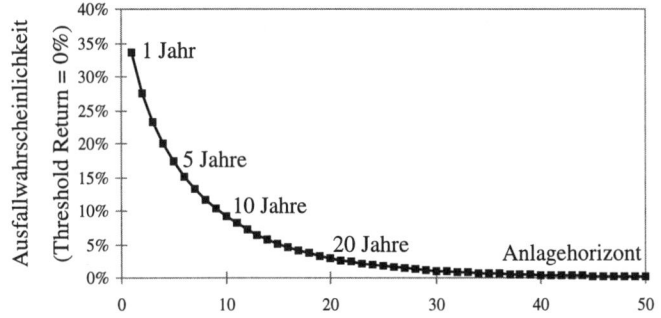

Abbildung 4.5: Ausfallwahrscheinlichkeit im Zeitablauf. *Den Berechnungen wird eine Normalverteilung unterstellt, welche eine Durchschnittsrendite von 8% und eine Volatilität von 19% aufweist.*

Wird beispielsweise der Anlagehorizont von einem auf fünf Jahre erhöht, so reduziert sich die Gefahr einer Kapitalverminderung um rund die Hälfte von 33.69% auf 17.32%. Wird der Zeithorizont auf 10 Jahre erhöht, so resultiert daraus eine Verminderung der Ausfallwahrscheinlichkeit auf 9.15%. Durch eine nochmalige Verdoppelung des Anlagehorizontes auf 20 Jahre wird nach Ablauf dieser Zeitspanne das anfangs eingesetzte Vermögen nur noch mit einer Wahrscheinlichkeit von rund 3% geringer als zu Beginn ausfallen.

Natürlich sind die Darstellungen des vorangehenden Abschnittes eher theoretischer Natur. Deshalb soll an dieser Stelle das Problem der empirischen Überprüfbarkeit diskutiert werden, indem untersucht wird, ob historische Daten die Hypothese im Zeitablauf abnehmender Ausfallrisiken stützen.

Empirische Ausfallrisiken im Zeitablauf

---

[4] Diese Werte sind nicht zufällig gewählt, sondern entsprechen in etwa den Parametern des Pictet-Rätzer-Index der Beobachtungsperiode 1925-1997.

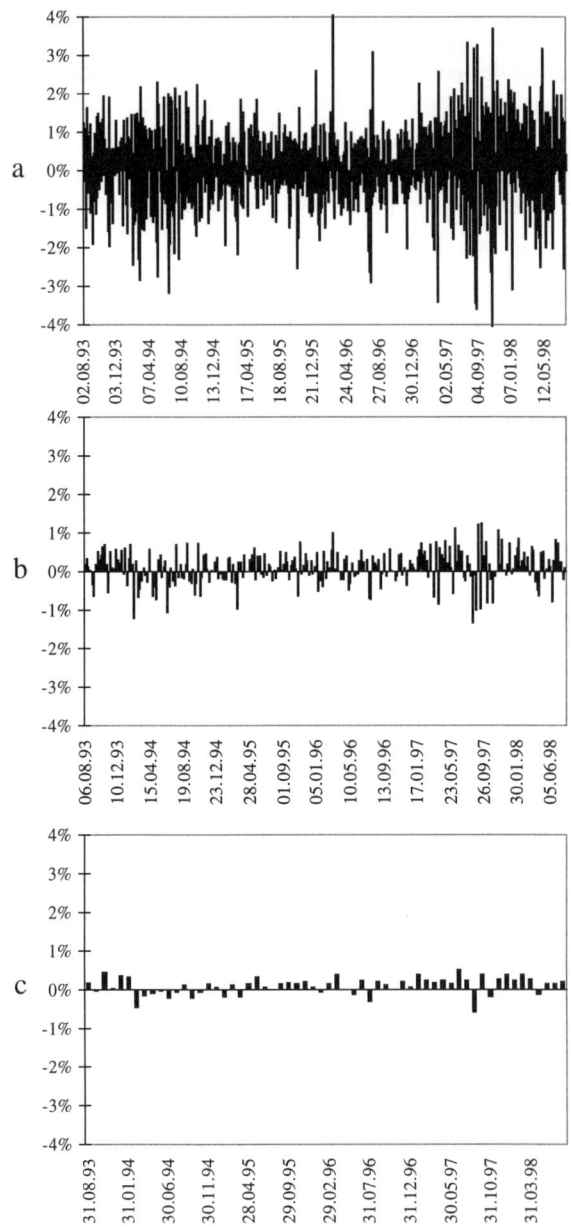

Abbildung 4.6a-c: Zeithorizonteffekte von SMI-Renditen. *Stetige Ta-*
gesrenditen auf Basis von Tages- (a), Wochen- (b) und Monatskursen
(c) der Beobachtungsperiode 02.08.1993 bis 31.07.1998.

Kapitel 4

Zu diesem Zweck werden in den *Abbildungen 4.6a-c* die stetigen Renditen des Swiss Market Index (SMI) über den Zeitraum 02.08.1993 bis 31.07.1998 dargestellt, indem auf Basis von Tages-, Wochen- und Monatskursen die täglichen Renditen berechnet werden. Dabei lässt sich aus der Aufzeichnung der Tagesrenditen in *Abbildung 4.6a* ein enormes Schwankungspotential erkennen. Diese beidseitigen Ausschläge fallen bei Betrachtung von Tagesrenditen (*Abbildung 4.6b*) auf Wochenbasis bereits wesentlich geringer aus, während bei Berücksichtigung von Renditen auf Monatsbasis (*Abbildung 4.6c*) die Schwankungen nur noch gering und zudem mehrheitlich positiv ausfallen. Daraus lässt sich folgern, dass die Wahrscheinlichkeit für negative Renditen bei Daten täglicher Frequenz offenbar wesentlich höher ausfällt als bei monatlichen Daten. Dies unterstützt die Hypothese fallender Ausfallrisiken mit zunehmendem Zeithorizont eindrücklich.

Die bisherige Argumentation lässt den Schluss zu, dass mit der Fähigkeit zu warten, Ausfallrisiken vermindert werden können. Natürlich lässt sich diese Folgerung umkehren: Ein Investor kann sich auf den Standpunkt stellen, dass er in der Lage ist, ein bestimmtes Ausfallrisiko zeithorizontunabhängig zu verkraften. Entsprechend lässt sich ein Portfolio für ein vorgegebenes Ausfallrisiko optimieren. Wenn Portfolios in der langen Frist tatsächlich geringere Risiken aufweisen, so lässt sich daraus ableiten, dass damit eine volatilere und somit ertragreichere Anlagepolitik verfolgt werden kann, ohne die zu Beginn vorgegebene Ausfallwahrscheinlichkeit zu überschreiten.

Zeithorizont-abhängige Anlagepolitik

In der Folge wird deshalb ein aus zwei Anlagen (Pictet Bond- und Swiss Market Index) bestehendes Portfolio betrachtet, wobei sich der Untersuchungszeitraum wiederum vom 02.08.1993 bis zum 31.07.1998 erstreckt. Für die Berechnungen werden tägliche Daten verwendet. *Abbildung 4.7* zeigt die optimale Portfoliopolitik bei einem einjährigen Investitionshorizont, wenn eine Mindestrendite von -3% und eine konstante Ausfallwahrscheinlichkeit von 0.5% angenommen wird. Es ist offensichtlich und in *Tabelle 4.4* leicht überprüfbar, dass der Bondanteil mit 85.76% vergleichsweise gross ausfällt. Entsprechend besitzt das Portfolio bei einer Volatilität von 2.66% eine Durchschnittsrendite von nur gerade 3.85%.

Wird der Zeithorizont auf zwei Jahre ausgeweitet, so zeigt sich in *Abbildung 4.8* ein verändertes Bild: Der Schnittpunkt zwischen der Shortfall-Geraden (mit dem Threshold Return von -6% resp. -3% pro Jahr) und der Efficient Frontier liegt wesentlich weiter oben, was einen niedrigeren Bond-Anteil impliziert. Tatsächlich setzt sich das entsprechende Portfolio nur noch aus 32.40% Bonds zusammen. Obwohl die Ausfall-wahrscheinlichkeit weiterhin nur gerade 0.5% beträgt, liegt die Durchschnittsrendite des Portfolios neu bei jährlich 16.14% mit einer annualisierten Volatilität von 7.43%.

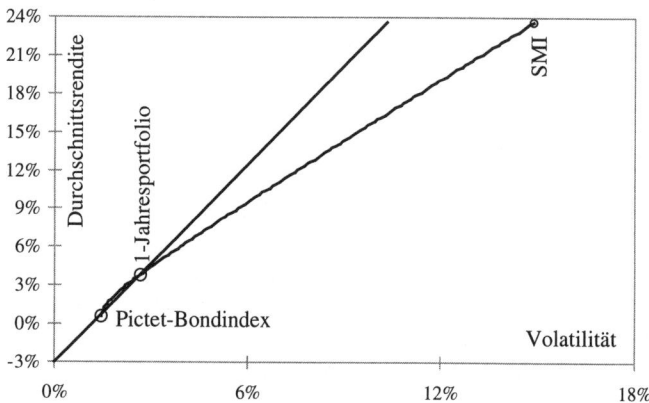

Abbildung 4.7: Zeithorizontabhängige Asset Allocation - Periode: 1 Jahr. Grundlage der Berechnungen bilden die täglichen Schlusskurse des Swiss Market Index resp. des Pictet Bondgesamtindex der Periode 02.08.93 bis 31.07.98, wobei die Darstellung in annualisierter Form ausgewiesen ist.

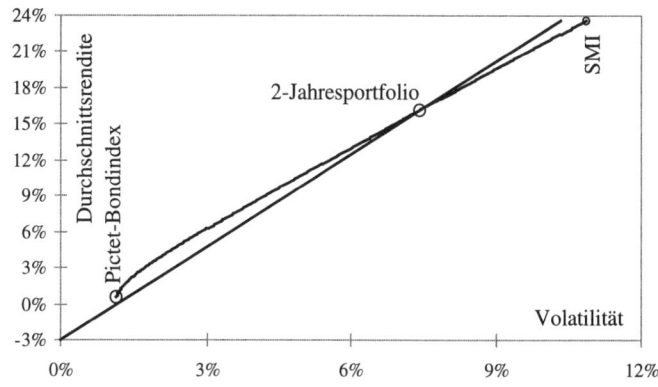

Abbildung 4.8: Zeithorizontabhängige Asset Allocation - Periode: 2 Jahre. Grundlage der Berechnungen bilden die täglichen Schlusskurse des Swiss Market Index resp. des Pictet Bondgesamtindex der Periode 02.08.93 bis 31.07.98, wobei die Darstellung in annualisierter Form ausgewiesen ist.

Diese Resultate mögen überraschen, da sie verdeutlichen, dass durch gesetzliche Vorschriften (beispielsweise für Vorsorgeeinrichtungen) eine effiziente Allokation des Vermögens verhindert werden kann. Wird ein Vermögensausweis in jährlichen Abständen unter Einhaltung einer bestimmten Mindestrendite vorgeschrieben, dann wird mit einem Zeithorizont investiert, welcher von demjenigen der Begünstigten erheblich abweichen kann. So wissen Pensionskassen relativ exakt, zu welchen Zeitpunkten welche Verpflichtungen an ihre Destinatäre zu leisten sind. Bilden junge Personen den Hauptanteil der Versicherten einer Vorsorgekasse, so erleidet diese durch die gesetzlichen Vorschriften Einbussen in Form

	1 Jahr	2 Jahre
Annualisierte Durchschnittsrendite	3.85%	16.14%
Annualisierte Volatilität	2.66%	7.43%
Annualisierter Threshold Return	-3%	-3%
Ausfallwahrscheinlichkeit	0.5%	0.5%
Aktienanteil	14.24%	67.60%
Bondanteil	85.76%	32.40%

Tabelle 4.4: Zeithorizontabhängige Zusammensetzung optimaler Portfolios.

Asset Allocation, Zeithorizont und Shortfall-Risk 75

entgangener Erträge, da nicht mit einem längeren - und somit ertragreicheren - Zeithorizont operiert werden kann, ohne dabei höhere Ausfallrisiken in Kauf nehmen zu müssen.

Zusammen-fassung

Das Konzept der Ausfallwahrscheinlichkeit stellt ein intuitiv besser verständlicheres Konzept zur Messung von Risiko als die Volatilität dar. Gleichwohl hängen beide Risikobegriffe eng miteinander zusammen. So besitzen Portfolios mit zunehmender Volatilität meist auch eine höhere Ausfallwahrscheinlichkeit bezüglich einer bestimmten Mindestrendite, wenn dabei die Annahme getroffen wird, dass die Renditen einer Normalverteilung unterliegen. Insbesondere lässt sich das Ausfallwahrscheinlichkeitskonzept mit der klassischen, auf der Volatilität als Risikomass basierenden Selektionsidee von MARKOWITZ (1952) derart kombinieren, dass an die Menge der die Efficient Frontier bildenden Portfolios Anforderungen geknüpft werden können, eine vorgegebene Ausfallwahrscheinlichkeit nicht zu überschreiten.

Zweifellos besitzt der unterstellte Anlagehorizont einen entscheidenden Einfluss auf die konkrete Portfolioentscheidung. Wird dabei auf Basis der Ausfallwahrscheinlichkeit argumentiert, so lässt sich einfach darlegen, dass mit zunehmendem Anlagehorizont die Gefahr abnimmt, eine bestimmte Mindestrendite zu verfehlen. Darüberhinaus kann mit dem Konzept des Shortfall-Risk eindrücklich aufgezeigt werden, dass sich Investoren mit einem langen Zeithorizont ein besseres Volatilitäts-Risiko leisten können als Investoren mit kürzerem Anlagespektrum, ohne dass für sie die Gefahr dabei ansteigt, eine gewisse Mindestrendite zu verfehlen.

Literaturhinweise

Einführende Literatur:

JAEGER, STEFAN, MARKUS RUDOLF und HEINZ ZIMMERMANN (1995): „Efficient shortfall frontier", Zeitschrift für betriebswirtschaftliche Forschung 47, Nr. 4, pp. 355-365.

LEIBOWITZ, MARTIN L. und ROY D. HENRIKSSON (1989): „Portfolio optimization with shortfall constraints: a confidence-limit approach to managing downside risk", Financial Analysts Journal, March/April, pp. 34-41.

MARKOWITZ, HARRY M. (1952): „Portfolio selection", Journal of Finance 7, pp. 77-91.

ZIMMERMANN, HEINZ (1991): „Zeithorizont, Risiko und Performance: Eine Übersicht", Finanzmarkt und Portfolio Management 5, Nr. 2, pp. 164-181.

Weiterführende Literatur:

BAWA, VIJAY S.(1978): „Safety first, stochastic dominance, and optimal portfolio choice", Journal of Financial and Quantitative Analysis 13, pp. 255-271.

ROY, ANDREW D. (1952): „Safety first and the holding of assets", Econometrica 20, pp. 431-449.

RUDOLF, MARKUS (1994a): „Efficient Frontier und Shortfall Risk", Finanzmarkt und Portfolio Management 8, Nr. 1, pp. 88-101.

RUDOLF, MARKUS (1994b): „Algorithms for Portfolio Optimization and Portfolio Insurance", Paul Haupt, Bern.

Kapitel 5

Capital Asset Pricing Model

von Peter Oertmann

„Auf Ihrem Aktienportfolio konnten wir im letzten Jahr eine Rendite von 7.8% erzielen" - so die freudige Mitteilung des Vermögensverwalters an den Anleger. Nun sind Investoren denkbar, die bei Erhalt einer solchen Nachricht sofort Freudensprünge vollziehen. Andere sind möglicherweise enttäuscht. Vielfach werden Anleger jedoch etwas mehr an Information fordern, um zu entscheiden, ob sie die Freude des Portfoliomanagers zu teilen geneigt sind. Denn der alleinige Hinweis auf die Rendite einer Anlage lässt noch keinen Schluss auf die tatsächliche Performance zu. Relevant wären Angaben beispielsweise über die eingegangenen Risiken sowie den Ertrag von alternativen Anlagen. Oftmals wird eine erzielte Rendite fälschlicherweise mit „Performance" gleichgesetzt.

Die entscheidende Frage ist, wie hoch das mit einer bestimmten Anlage *eingegangene Risiko* durch Ertrag entschädigt wurde. Dazu sind das relevante Risiko sowie die dafür am Kapitalmarkt üblicherweise zu erwartende Rendite zu bestimmen. Mit anderen Worten ums ein Portfolio identifiziert werden, das ein gleich hohes bewertungsrelevantes Risiko aufweist wie die zu beurteilende Anlage - ein sogenannter *Benchmark*. Insofern ist ein Benchmark eine Anlage, die ein bestimmtes „Bündel von bewertungsrelevanten Risiken" repräsentiert. Einzig im Vergleich zur Rendite eines Benchmark-Portfolios lässt sich eine Aussage über die Performance einer Vermögensanlage ableiten.

Die Rendite des Benchmarks entspricht üblicherweise der am Kapitalmarkt für eine entsprechende Risikoexposition zu erwartenden Kompensation. Doch an sich kann jede denkbare Anlage als Benchmark fungieren, solange sich der Asset Ma-

Der Benchmark - die Messlatte für den Anlageerfolg

nager und der Anleger darauf einigen. Zumeist dienen jedoch publizierte Aktienindizes als Benchmarks, da es sich dabei jeweils um breit (perfekt) diversifizierte Portfolios handelt. Immer noch sind Investoren geneigt, nationale Indizes als Benchmark zu verwenden: Schweizer Investoren den *Swiss Performance Index*, deutsche Anleger den *Deutschen Aktienindex*, usw. Doch vor dem Hintergrund der sich zunehmend globalisierenden Märkte, in denen eine Vielzahl von Aktien von einer internationalen Anlegerschaft gehalten werden, sind auch internationale Indizes, wie von *Morgan Stanley* (MSCI-Indizes) oder *Financial Times Actuaries* (FTA-Indizes) bereitgestellt, denkbar. Ein einfacher Benchmark wäre die Vorgabe einer Rendite von 0% - d.h. nominal soll kein Vermögensverlust eintreten. Falls der Anleger auch real sein Vermögen erhalten will, könnte der Benchmark durch die Inflationsrate bestimmt sein. Bei der Wahl der „Messlatte" für den Anlageerfolg ist der Kreativität also keine Grenzen gesetzt.

Der Benchmark ist somit eine Art „Kommunikationsinstrument" zwischen Anleger und Vermögensverwalter. Der Benchmark gibt dem Portfoliomanager einen Anhaltspunkt hinsichtlich der Risiko-Rendite-Präferenzen des Investors und weist ihm Richtungen für eine mögliche Asset Allocation. Später wird der Benchmark zum laufenden „Kontrollinstrument" für die Performance.

Welche Risiken sind relevant ?

Welche Risiken sind nun *relevant* für die Beurteilung der Performance? Und wie können daraus Renditebenchmarks abgeleitet werden? - Aus der modernen Portfoliotheorie ist bekannt, dass Anleger lediglich das *systematische Marktrisiko* tragen müssen. Spezifische, mit bestimmten Aktientiteln verbundene Renditerisiken können *diversifiziert* werden und sind deshalb nicht entschädigungswirksam. Die Begründung ist einfach: Da niemand unsystematisches Risiko tragen muss, ist auch kein Prämienanreiz erforderlich, um Marktteilnehmer dazu zu bewegen. Lediglich das nicht-diversifizierbare, systematische Risiko muss über zu erwartende langfristige Renditeaufschläge im Markt verteilt werden.

Nun lässt sich argumentieren, dass nicht jeder Anleger perfekt diversifizieren kann. Denn im allgemeinen vermag niemand das gesamte Marktportfolio zu erwerben. Dies ist strenggenommen zwar richtig. Allerdings gibt es eine Vielzahl von Fonds, deren Risiko-Rendite-Strukturen hinreichend „nah am Markt" sind. Zudem ist es irrelevant, ob Anleger diversifiziert sind oder nicht. Allein aus der Tatsache heraus, dass sie ihr Vermögen diversifizieren *könnten*, wird das Marktrisiko zum alleinig bewertungswirksamen.

Doch wie hoch ist die für die Übernahme von Marktrisiko im Mittel zu erwartende Rendite? - Eine Antwort liefert das *Capital Asset Pricing Model* (CAPM), das Mitte der sechziger Jahre hauptsächlich von WILLIAM F. SHARPE und JOHN LINTNER entwickelt wurde.[1] Das CAPM stellt eine Beziehung her zwischen dem Ausmass des vom Anleger übernommenen Marktrisikos und der dafür im Mittel zu erwartenden Rendite, liefert also einen *Benchmark für Marktrisiko*. Das Modell stellt gleichzeitig ein Instrumentarium zur Performance-Messung bereit.

Das CAPM ist ein auf der Portfoliotheorie aufgebautes Bewertungsmodell für *einzelne* Aktien oder Portfolios. Es bestimmt die Höhe der erwarteten Renditen für sämtliche einzelnen Anlagen in einem Markt, wenn der Markt geräumt sein soll, d.h. alle Anlagen in Portfolios gehalten werden. Demnach basiert das CAPM grundsätzlich auf Gleichgewichtsüberlegungen, die sich unmittelbar an die Aussagen der modernen Portfoliotheorie anschliessen. Das daraus abgeleitete Bewertungsprinzip ist ein analytisches Resultat, deshalb per se richtig. Wenn man die Annahmen und Implikationen der Portfoliotheorie akzeptiert, muss man auch die Aussagen des CAPM akzeptieren! Die wichtigste Annahme und das wichtigste Ergebnis der Portfoliotheorie seien nochmals genannt: Risikoaverse Anleger stützen ihre Investitionsentscheidungen auf Basis der Grössen „Erwartungswert" und „Standardabweichung" von Anlagerenditen; wenn eine risikolose Anlagemöglichkeit (Festgeldanlage) existiert, gewichten Anleger

Der Ursprung des CAPM

---

1 Die „klassischen Literaturstellen" sind: SHARPE, WILLIAM F.: „Capital Asset Prices: A Theory of Market Equilibrium under Conditions of Risk", The Journal of Finance 19, 1964, pp. 425-442; LINTNER, JOHN: „Security Prices, Risk, and Maximal Gains from Diversification", The Journal of Finance 20, 1965, pp. 587-615.

die Aktien in ihrem Portfolio entsprechend dem Marktwert der Aktien - sie halten anteilig das Marktportfolio.

Bewertungs-gleichung

Das CAPM postuliert nun einen *linearen Zusammenhang* zwischen dem Ausmass übernommenen Marktrisikos und der dafür zu erwartenden Rendite. Dieser lässt sich wie folgt notieren:

$$E(R_i) = R_f + \beta_i \cdot \left[E(R_M) - R_f \right]$$

wobei $E(R_i)$ für die zu erwartende Rendite einer Anlage i steht. Die auf dem Marktportfolio zu erwartende Rendite ist mit $E(R_M)$ bezeichnet, während R_f der Verzinsung einer Festgeldanlage entspricht. Der *Betafaktor* β_i quantifiziert das Ausmass des mit der Anlage i übernommenen Marktrisikos und wird berechnet als

$$\beta_i = \frac{Cov(R_i, R_M)}{Var(R_M)}$$

wobei $Cov(R_i, R_M)$ für die Kovarianz zwischen der Rendite der Anlage i und der Marktrendite steht; $Var(R_M)$ ist die Varianz der Marktrendite. Demnach ergibt sich das bewertungsrelevante, systematische Risiko einer Aktie aufgrund des Beitrags ihrer Renditeschwankungen zum Risiko des Marktportfolios; die Varianz im Nenner des Risikomasses dient lediglich zur Normierung. Wie schon im Rahmen der Portfoliotheorie ausgeführt: innerhalb eines Portfolios sind nur die *Kovarianzrisiken* relevant. Hier zeigt sich nun, dass das CAPM nichts anderes ist als die Fortführung dieser Theorie. Denn es ist wiederum nur das systematische Marktrisiko, das in die Bewertungsgleichung eingeht.

Wie hoch ist die Risikoprämie?

Das CAPM zerlegt die für eine Anlage zu erwartende Rendite in zwei Komponenten: die „risikolose Verzinsung" und eine „Marktrisikoprämie". Erstere erwarten Anleger immer dann, wenn sie aus ihrem gegenwärtigen Vermögen investieren. Die zusätzliche Risikoprämie kann als Kompensation für die Investition in den unsichere Renditen aufweisenden Aktienmarkt angesehen werden. Diese Risikoprämie hängt ganz wesentlich davon ab, in welcher Höhe ein Anleger das Risiko des Aktienmarktes als Ganzes übernimmt. Die Regel ist jedoch einfach: Je höher das Beta der Anlage, desto höher fällt die Renditeerwartung aus.

Hält eine Anlegerin ein Portfolio mit exakt dem gleichen systematischen Risiko wie ein Marktindex, so hätte die Anlage ein Beta von 1.0 und die Renditeerwartung entspräche der des Gesamtmarktes. Weist das Portfolio der Anlegerin dagegen ein Beta von 0.0 auf, so ist dessen Rendite unabhängig von Marktschwankungen und der Erwartungswert entspricht der Höhe des Festgeldzinses. Partizipiert die Anlegerin nur mit einem bestimmten Anteil am Marktrisiko, liegt also das Beta zwischen 0.0 und 1.0, so variiert die Renditeerwartung entsprechend zwischen Festgeldzinssatz und Marktrendite. Wird in ein Portfolio mit einem Beta höher als 1.0 investiert, so übersteigt die Renditeerwartung „Festgeldzins plus Marktrisikoprämie".

Zahlenbeispiel: Angenommen der Festgeldzinssatz betrage konstant 4% für eine Anlage auf Jahresfrist. Für den gleichen Zeitraum wird eine Aktienmarktrendite von 12% erwartet. Gemäss CAPM entsprechen Renditeerwartungen für Portfolios dann der folgenden Gleichung:

$$E(R_{Portfolio}) = 4\% + \beta_{Portfolio} \cdot [12\% - 4\%]$$

Dabei wird die Höhe der von Investoren für die Übernahme von Marktrisiko geforderten Kompensation *einzig und allein* durch das Beta der Anlage bestimmt. Wird das entsprechende Beta in die obige Gleichung eingesetzt, so berechnet sich die zu erwartende Portfoliorendite wie in *Tabelle 4.1*:

Beta	CAPM-Gleichung	Erwartete Rendite
0.0	4 % + 0.0 [12 % - 4 %] =	4.0 %
0.3	4 % + 0.3 [12 % - 4 %] =	6.4 %
1.0	4 % + 1.0 [12 % - 4 %] =	12.0 %
1.2	4 % + 1.2 [12 % - 4 %] =	13.6 %

Tabelle 4.1: Rechenbeispiel zum CAPM. Annahmen: Festgeldverzinsung 4%, erwartete Marktrendite 12%.

Capital Asset Pricing Model

**Security
Market Line**

    Das CAPM postuliert also eine positive, lineare Beziehung zwischen dem systematischen Marktrisiko einer Anlage und der dafür zu erwartenden Rendite. Graphisch werden sämtliche Risiko-Rendite-Kombinationen durch die *Security Market Line* (SML) erfasst. Wie in *Abbildung 4.1* dargestellt, ist dies eine Gerade mit positiver Steigung im (β,μ)-Koordinatensystem. Über die SML lässt sich für jede Anlage die entsprechende Renditeerwartung (Gleichgewichtsrendite) bestimmen. Die Höhe des Betas der Anlage bestimmt dabei die erste Koordinate.[2]

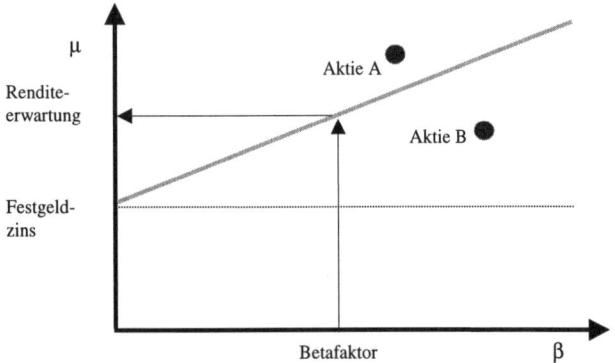

Abbildung 4.1: Security Market Line. Die aufsteigende Line (SML) ordnet jedem möglichen Beta (auf der horizontalen Achse) eine bestimmte langfristige Renditeerwartung (auf der vertikalen Achse) zu, wie durch die Pfeile angedeutet wird. Der vertikale Abstand zwischen der SML und der gestrichelten Linie bestimmt jeweils die anteilige Marktrisikoprämie.

    An dieser Stelle muss angemerkt werden, dass es sich beim CAPM um eine reine *ex ante Theorie* handelt - es sind die Erwartungen, die abgeleitet werden können. *Ex post* sind durchaus Abweichungen von der SML denkbar: In diesen Fällen weichen die über bestimmte Perioden gemessenen Renditen einer Anlage von dem ihrem Beta entsprechenden Niveau ab. Sind diese Perioden relativ kurz, so widerspricht

---

2 Die SML sollte nicht mit der Capital Market Line (CML) verwechselt werden, die eine Beziehung zwischen dem totalen Risiko (der Volatilität) einer Anlage und der Renditeerwartung herstellt.

eine solche Beobachtung den Implikationen der Theorie im Grunde nicht. Denn der Zusammenhang sollte allenfalls *im Mittel*, zudem über eher *längere Zeiträume* erfüllt sein. Lässt sich die Beta-Rendite-Kombination einer Aktie jedoch langfristig über der SML liegend eintragen (Aktie A), so ist dies ein Hinweis auf eine mögliche Unterbewertung des Titels: für das Marktrisiko der Anlage ist die langfristig gemessene Rendite zu hoch. Liegt die Beta-Rendite-Kombination einer Aktie unterhalb der SML (Aktie B), so ist sie möglicherweise überbewertet. Der Kurs der ersteren Aktie ist damit zu niedrig, der letzteren zu hoch (der Zusammenhang lässt sich über das *Dividend Discount Model* ableiten). Wie eine solche Beobachtung interpretiert werden kann, wird noch diskutiert.

Wie ermittelt man den für die Berechnung der Renditeerwartung eines Aktienportfolios notwendigen Betafaktor? - Das relevante Risikomass lässt sich mit Hilfe eines statistischen Verfahrens ermitteln, sofern eine Zeitreihe mit Renditebeobachtungen für das Portfolio und eine solche für einen Marktindex verfügbar sind. Das Beta ergibt sich dann als Steigungskoeffizient aus der linearen Regression der stetigen Renditen des Aktienportfolios auf die (periodengleichen) stetigen Renditen des Marktindexes. Dieses Regressionsmodell - seiner Spezifikation entsprechend als *Marktmodell* bezeichnet - wurde im Jahr 1963, noch vor dem CAPM, ebenfalls von WILLIAM F. SHARPE in die Finanzmarktliteratur eingebracht.[3] Es kann wie folgt notiert werden:

Wie schätzt man Betas?

$$R_{it} = a_i + \beta_i \cdot R_{Mt} + \varepsilon_{it}$$

wobei R_{it} die stetige Rendite des Aktienportfolios i in der Periode t beschreibt. R_{Mt} steht für die entsprechende stetige Rendite des Marktindex.

Die Funktionsweise der Marktmodellregression soll an einem Beispiel verdeutlicht werden. Zur Ermittlung des Marktbetas für die Aktie der *Deutsche Lufthansa AG* wird die stetige monatliche Rendite dieses Titels auf die stetige monatliche

---

3 SHARPE, WILLIAM F.: „A Simplified Model for Portfolio Analysis", Management Science, 1963, pp. 277-293.

Rendite des *Deutschen Aktienindex (DAX)* regressiert. Die Beobachtungspaare monatlicher Portfolio- und Indexrenditen sind in der *Abbildung 4.2* durch Kreuze dargestellt.

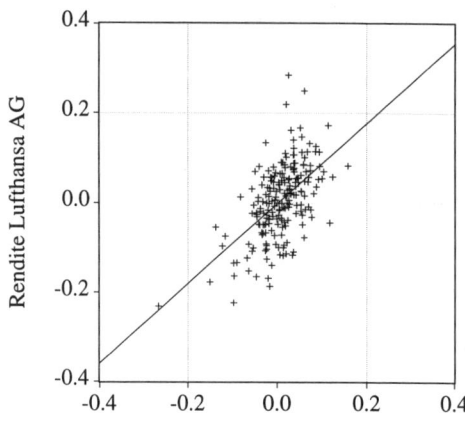

Rendite Deutscher Aktienindex

Abbildung 4.2: Marktmodellregression. Auf der horizontalen Achse ist die Rendite des DAX abgetragen, während auf der vertikalen Achse die periodengleiche Rendite der Lufthansa-Aktie angegeben ist. Jedes Kreuz repräsentiert ein Beobachtungspaar monatlicher stetiger Renditen im Zeitraum von 01.1980 bis 12.1996. Die eingetragene Linie ist die Regressionsgerade.

Nun gilt es eine Gerade zu bestimmen, die den in der „Punktwolke" vorhandenen Zusammenhang zwischen Markt- und Portfoliorendite bestmöglich beschreibt. Die Lage dieser Regressionsgerade wird durch die Parameter a_i und β_i für Achsenabschnitt und Steigung beschrieben. Diese werden über ein Verfahren ermittelt, das die „Summe der quadrierten Abweichungen" der Beobachtungspunkte von der Geraden minimiert. Eine solche Gerade optimaler Anpassung ist in der Abbildung eingetragen; der geschätzte Steigungskoeffizient dieser Gerade beträgt 0.89, womit das Beta der Lufthansa-Aktie gegeben ist. Selbstverständlich kann die ermittelte Gerade nicht die gesamte Streuung innerhalb der „Punktwolke" erfassen: Einige Punkte liegen direkt auf der Regressionsgeraden, andere liegen der Geraden sehr nahe, während einige

Punkte stark abweichen. Die Abweichung wird jeweils durch das Residuum ε_{it} erfasst. Diese Restgrösse entspricht dem in einer Periode (hier: ein Monat) durch das Marktmodell nicht erklärten Anteil der Rendite des Portfolios.

Eine Regressionsrechnung wie hier beschrieben kann mit nahezu jedem Personal Computer durchgeführt werden. Dabei lässt die moderne Standardsoftware für statistische Analysen kaum noch Wünsche offen. Betas lassen sich quasi per Knopfdruck ermitteln, solange die entsprechenden Zeitreihen vorhanden sind.

Betas werden also durch Auswertung historischer Renditebeobachtungen gewonnen. Deren Ermittlung erfolgt durch Regressionsanalyse im Rahmen des Marktmodells. In eine solche Regressionsrechnung kann sich jedoch eine Fülle von statistischen Fehlern einschleichen. Diese können dann zu Verzerrungen in den geschätzten Betas führen. Mit der Präzision geschätzter Betas steht und fällt natürlich auch die Genauigkeit der aus dem CAPM abgeleiteten Aussagen.

Wie schätzt man Betas richtig?

Wie schätzt man Betas also richtig? - Mit dieser Frage haben sich viele Autoren auf mehreren hundert Seiten wissenschaftlicher Literatur beschäftigt, so dass hier nur einzelne Schlaglichter auf die Problematik geworfen werden können: Betas sind nicht zeitstabil, sie verändern sich im Zeitablauf teils sogar beträchtlich. Eine wesentliche Rolle spielt zudem die Periodizität der im Marktmodell verwendeten Daten. Eine Schätzung auf Basis monatlicher Renditebeobachtungen kann grundlegend andere Risikomasse hervorbringen als eine solche auf Basis täglicher Daten. Hinzu kommt die Entscheidung über Länge des Schätzzeitraumes: Sollten die Zeitreihen 1 Jahr, 2 Jahre, 5 oder 10 Jahre lang sein? Die Wahl der Länge des Zeitintervalls oder auch die gewählte Periode können auf die Höhe eines statistisch ermittelten Betas einen grossen Einfluss haben.

Die Problematik bei der empirischen Bestimmung von Betafaktoren ist immens. Am Ende ist jedoch wieder alles erlaubt, solange das empirische Setting ausführlich dokumentiert wird. Eine seriöse Analyse zeichnet sich gerade dadurch aus; und nur eine solche kann dem Anwender sinnvolle Entscheidungshilfen geben. Deshalb sollte jede Tabelle mit Beta-

Jensen-Alpha

faktoren insbesondere im Hinblick auf das Untersuchungsdesign „unter die Lupe" genommen werden!

Auf Basis des CAPM lässt sich nun die Performance von Anlagen analysieren. Denn mit der Security Market Line sind Rendite-Benchmarks für verschiedene Ausmasse übernommenen Marktrisikos gegeben. Eines der aus dem CAPM abzuleitenden Performance-Masse wurde bereits in Ansätzen beschrieben. Aus der Lage der Aktien A und B relativ zur SML in *Abbildung 4.1* wurde eine qualitative Aussage hinsichtlich ihrer Performance abgeleitet. Man erinnere sich: die Aktie A ist aus Sicht des CAPM tendenziell unterbewertet, während Aktie B überbewertet ist.

Die exakte Differenz zwischen der langfristig beobachteten Rendite einer Anlage und dem CAPM-Benchmark bezeichnet man als *Jensen-Alpha*. Ein derartiges Mass wurde im Jahr 1968 erstmals von MICHAEL C. JENSEN zur Untersuchung der Performance von amerikanischen Anlagefonds verwendet. Positive Alphas deuten auf eine Outperformance, während negative Werte eher ein Hinweis auf Underperformance sind. Das Jensen-Alpha (oder einfach: Alpha) einer Aktie oder eines Portfolios lässt sich - gleichzeitig mit dem Beta - direkt über eine Zeitreihenanalyse bestimmen, wenn folgendes Modell verwendet wird:

$$R_{it} - R_{ft} = \alpha_i + \beta_i \cdot \left[R_{Mt} - R_{ft} \right] + \varepsilon_{it}$$

wobei die Überschussrenditen der Anlage auf die Überschurenditen des Marktindex regressiert werden. Dieses Regressionsmodell entspricht im wesentlichen der CAPM-Bewertungsgleichung. Genauer gesagt, es verkörpert eine *empirische Form* des CAPM. Der Unterschied liegt darin, dass zusätzlich der Term α_i eingebaut ist. Dieser erfasst die *systematische*, in vielen Perioden beobachtbare Abweichung einer Anlagenrendite vom CAPM-Benchmark. Die residuale Grösse ε_{it} hingegen erfasst *unsystematische*, nur in einzelnen Perioden auftretende Abweichungen von der SML.

Die Höhe des Jensen-Alphas einer Anlage beinhaltet eine Information über ihre Performance im Markt. Kann beispielsweise zwischen mehreren Investmentfonds ausgewählt werden, für die entsprechende Performance-Masse angegeben sind, so ist die folgende Entscheidungsregel denkbar: Wähle das Portfolio mit dem höchsten Alpha. - Doch Vorsicht! Ein solches Vorgehen garantiert noch keinen Anlageerfolg. Zu bedenken ist, dass ein irgendwo abgedrucktes Alpha stets auf historischen Gegebenheiten beruht. Denn der „Performance-Sieger von heute" könnte der „Verlierer von morgen" sein. Wie empirische Studien zeigen, kann im allgemeinen nicht davon ausgegangen werden, dass das Management eines beliebigen Investmentfonds im Marktvergleich fortdauernd gute Arbeit leistet. Performance ist oftmals *nicht persistent*. Daher bieten Performance-Masse wie das Jensen-Alpha allenfalls eine Entscheidungs*hilfe* für die Anlageentscheidung.

Treynor-Ratio

Wie hoch wird das übernommene systematische Risiko einer Anlage entschädigt? Oder auch: Bei welcher Anlage wird das übernommenen systematische Risiko am höchsten entschädigt? - Insbesondere letztere Frage lässt sich auf Basis eines Performance-Masses beantworten, das auf eine Idee von JACK TREYNOR zurückgeht. Das sogenannte *Treynor-Ratio* ist definiert als

$$TR_i = \frac{R_i - R_f}{\beta_i}$$

wobei R_i die für eine Anlage erzielte Periodenrendite beschreibt. Die Festgeldrendite für den gleichen Zeitraum ist mit R_f bezeichnet. Die somit ermittelte Überschussrendite wird ins Verhältnis zur Höhe des systematischen Marktrisikos der Anlage, also zum Beta gesetzt. Damit erhält der Anleger eine Information über den mit seinem Portfolio *pro Einheit systematischen Risikos erzielten Überschussertrag*. Sind Treynor-Ratios für Investmentfonds angegeben, aus denen beispielsweise einer ausgewählt werden soll, so ist folgende Entscheidungshilfe gegeben: Wähle den Fonds mit der höchsten Treynor-Ratio. Voraussetzung ist auch hier, dass die Verhältnisse für die Zukunft erhalten bleiben.

Sharpe-Ratio

Ein weiteres Performance-Mass ist nach dem schon mehrfach erwähnten WILLIAM F. SHARPE benannt. Obschon die

Sharpe-Ratio mit dem CAPM eigentlich nichts zu tun hat, soll es hier behandelt werden. Denn sie gleicht vom Konzept her der zuvor diskutierten Treynor-Ratio und rundet die Diskussion über einfache Performance-Masse in sinnvoller Weise ab. Im Rahmen dieses Masses wird die Überschussrendite einer Anlage mit ihrem totalen Risiko normiert, was sich wie folgt notieren lässt

$$SR_i = \frac{R_i - R_f}{\sigma_i}$$

wobei - im Gegensatz zur Treynor-Ratio - im Nenner nun die Standardabweichung, d.h. die Volatilität der Rendite eingesetzt ist. Der Anleger erfährt, wie hoch das totale Risiko seines Investments - also das systematische und das (verbleibende) unsystematische - entschädigt wird: den *erzielten Überschussertrag pro Einheit Risiko*. Auch hier werden risikoaverse Investoren Anlagen mit höheren Sharpe-Ratios vorziehen.

Risiko, Rendite, Performance schweizerischer Aktienwerte

Das CAPM liefert dem Anwender ein einfaches Instrumentarium zur Performance-Messung. In den Benchmarks widerspiegelt sich grundsätzlich die Auffassung, dass die Sensitivität einer Anlagerendite gegenüber Schwankungen der Marktrendite das *einzig bewertungsrelevante Risiko* darstellt. Masszahlen wie das Jensen-Alpha, die Treynor-Ratio oder die Sharpe-Ratio beinhalten Informationen über die historische Performance einer Anlage. Werden die im Markt angebotenen Investment Fonds oder gar einzelne Aktientitel auf Basis dieser Kriterien analysiert, so ergeben sich nützliche Entscheidungshilfen für die Investitionsentscheidung. Eine Garantie für den zukünftigen Erfolg einer daraufhin gewählten Anlage kann jedoch nicht gegeben werden. Einen Eindruck betreffend Risiko, Rendite und Performance für eine Auswahl von Schweizer Aktien liefert *Tabelle 4.2*. Die Auswahl des Titels mit der jeweils besten Performance nach einem bestimmten Kriterium bleibt dem Leser überlassen.

	Risiko-Rendite-Kennzahlen			CAPM-Kennzahlen		
Aktientitel	Rendite p.a.	Vola p.a.	Sharpe Ratio	Jensen Alpha	Beta	Treynor Ratio
ABB I	11.17%	24.14%	0.255	-4.34%	0.852	0.073
Alusuisse N	16.48%	26.56%	0.430	-0.53%	0.973	0.118
Credit Suisse N	14.44%	24.55%	0.383	-3.73%	1.067	0.089
Ems-Chemie I	20.28%	23.37%	0.652	4.77%	0.852	0.180
Elektrowatt I	8.07%	20.98%	0.147	-4.72%	0.632	0.049
Holderbank I	14.56%	25.65%	0.372	-3.36%	1.046	0.092
Nestlé N	15.53%	18.02%	0.580	-0.56%	0.899	0.117
Novartis I	21.14%	21.76%	0.738	3.26%	1.042	0.155
Roche Hld. G	25.40%	19.98%	1.022	9.73%	0.865	0.236
Swiss Re N	23.61%	26.05%	0.711	5.24%	1.083	0.172
Sulzer N	10.35%	29.03%	0.185	-6.34%	0.948	0.057
Zürich Vers. N	19.12%	23.49%	0.598	-0.56%	1.189	0.119

Tabelle 4.2: Risiko und Rendite von Schweizer Aktien. Alle Angaben *beziehen sich auf den Zeitraum 1.1.1990 bis 1.6.1998. Renditen und Volatilitäten sind annualisiert. Der Festgeldzins ist durch den 1-Monats-Satz für Eurodepositen in SFr bestimmt. Die ausgewiesenen Werte insbesondere für das Jensen-Alpha enthalten Schätzfehler und können daher nur als grobe Indikation betrachtet werden.*

Gilt das CAPM überhaupt?

Im Rahmen des CAPM wird postuliert, dass es nur *einen* bewertungsrelevanten Risikofaktor gibt - das Marktrisiko. Die Höhe der Exposition eines Investments gegenüber diesem Risiko bestimmt den relevanten Renditebenchmark. Für den Fall, dass sich nicht alle bewertungsrelevanten Risiken im Marktindex widerspiegeln, ist der Benchmark irreführend und

Capital Asset Pricing Model

eine darauf aufbauende Performance-Messung nur bedingt sinnvoll. Nun wird seit Beginn der achtziger Jahre in einer Vielzahl von wissenschaftlichen Arbeiten dokumentiert, dass es neben dem Marktbeta noch eine Vielzahl weiterer Charakteristika von Aktien gibt, die in einer Beziehung zu deren langfristigen Renditen stehen. Hinsichtlich dieser zusätzlichen Faktoren ist allen voran die Unternehmensgrösse (gemessen an der Börsenkapitalisierung) zu nennen. Ein immer noch anwachsender empirischer Befund weist darauf hin, dass Portfolios aus Aktien kleiner Unternehmen signifikant höhere Renditen aufweisen als die grösserer Unternehmen - und zwar bei *identischen* Marktbetas. Übertragen auf das oben eingeführte Instrumentarium bedeutet dies: die Aktien kleiner Gesellschaften haben höhere Alphas als die grosser Gesellschaften.

Dieser sogenannte *Size Effect* (oder auch *Small Cap Effect*) wurde für nahezu alle Aktienmärkte dieser Welt dokumentiert und hat auf breiter Basis Eingang in die Strategien des professionellen Fondsmanagements gefunden. Die Tatsache, dass die Unternehmensgrösse - sicherlich ein Risikofaktor der sich im Portfolio diversifizieren lässt - neben dem Marktbeta durchschnittliche Renditen erklärt bzw. das Beta in den meisten Fällen diesbezüglich sogar dominiert, macht dem CAPM das Leben gehörig schwer. Damit steht der empirische Befund gegen ein immer noch herrschendes Paradigma in der Finance. Es ist aber nicht nur die Unternehmensgrösse, deren Wirksamkeit für die Bewertung von Anlagen in der Forschung diskutiert wird. Beispielsweise scheinen auch das Marktwert-Buchwert-Verhältnis einer Aktie, das *Price-Earnings-Ratio* oder die Sensitivität gegenüber Zinsänderungen - dies sind nur einige Beispiele - durchschnittliche Renditen zu beeinflussen. Man erhält den Eindruck: Die „Performance des CAPM-Betas" ist eher schlecht.

Das Ansehen des CAPM in der Praxis

Durchaus berechtigt sind also Zweifel daran, dass das CAPM-Beta die Beziehung zwischen systematischem Risiko und langfristig erzielbaren Renditen perfekt beschreibt. Neben dem Beta gibt es offensichtlich noch eine Reihe anderer bewertungswirksamer Faktoren, die ins Kalkül zur Ermittlung von Benchmarks mit einbezogen werden sollten. Diese auf wissenschaftlichem Befund basierende Einsicht entspricht insbesondere aber auch dem Empfinden vieler Praktiker im Investment Management bei der Anwendung des CAPM. Denn zumeist ist man wenig geneigt, Anlageentscheidungen lediglich auf Basis irgendwelcher geschätzter Betafaktoren zu treffen. Es sind in der Regel doch eine Vielzahl von Faktoren, die in den Anlageentscheidungsprozess einfliessen. Ganz bestimmt bietet das Beta eines Investments jedoch einen ersten, wenn nicht den wichtigsten Anhaltspunkt für die eingegangenen Risiken.

Letztlich ist die gesamte Diskussion über die Validität des CAPM pathologisch. Aus theoretischer Perspektive kann das Modell nicht angezweifelt werden, da es als analytisches Resultat per se nicht falsifizierbar ist. Die empirische Forschung befasst sich mehr mit der Frage, ob beobachtbare Anlagenrenditen mit den Aussagen des CAPM *weitgehend* konsistent sind. Im letzten Satz liegt die Betonung auf „weitgehend", denn im empirischen Test des Modells ergibt sich ein nicht unwesentliches Problem: das in der Theorie zur Berechnung von Betafaktoren instrumentalisierte effiziente Marktportfolio ist in der Realität nicht beobachtbar! Im Test können allenfalls Aktienindizes verwendet werden, die das „wahre" Marktportfolio im besten Fall approximieren. Eine ganz wesentliche Annahme des CAPM kann für empirische Untersuchungen also nicht umgesetzt werden, so dass aus einer Datenanalyse im Grunde weder Annahme noch Verwerfung des Modells gefolgert werden kann. In jeder empirischen Studie des CAPM werden zwei Hypothesen gleichzeitig getestet: die Implikationen des Modells für die Bewertung von Anlagen und (!) die Effizienz des verwendeten Marktindexes. Stimmt die gefundene Bewertung nicht mit den Aussagen des CAPM überein, so kann es durchaus am verwendeten Index liegen. Damit ist es unmöglich, die Bewertungsaussagen des Modells exakt zu überprüfen.

Eine harte Nuss für Empiriker ...

Als klassisches Bewertungsmodell der Finance hat das CAPM seine Zeit bestimmt noch nicht überlebt. Auch wenn der empirische Befund hinsichtlich anderer bewertungsrelevanter Faktoren noch anwächst, darf nicht aus den Augen

Lässt sich mit dem CAPM also etwas anfangen?

verloren werden, dass das CAPM die Vorteile eines einfachen Modells in sich birgt. Seine Schwächen lassen sich gut lokalisieren und man kann lernen, damit umzugehen. Modelle auf Basis mehrerer Faktoren liefern sicherlich „vollständigere Benchmarks", doch können sich auch mehr Fehler einschleichen. Letztlich geht es in der Praxis ja immer nur um Entscheidungshilfen, sicherlich wird sich kein Portfolio Manager die Anlageentscheidung von einem Modell aus der Hand nehmen lassen. Als Analyseinstrument leistet das CAPM jedoch einen wertvollen Beitrag, der in der Praxis nicht ignoriert werden sollte.

Literaturhinweise

Einführende Literatur:

ELTON, EDWIN J. und MARTIN J. GRUBER (1995): „Modern Portfolio Theory and Investment Analysis", John Wiley, New York.

LOFTHOUSE, STEPHEN (1994): „Equity Investment Management: How to Select Stocks and Markets", John Wiley, New York.

ZIMMERMANN, HEINZ (1992): „Performance-Messung im Asset Management", in: SPREMANN, KLAUS UND EBERHARD ZUR (Hrsg.): „Controlling", Gabler, Wiesbaden.

OERTMANN, PETER und HEINZ ZIMMERMANN (1998): „Risk and Return: Vom CAPM zur modernen Asset Pricing Theory", in: BRUNETTI et. al. (Hrsg.): „Economics Today: Konsens und Kontroverse in der modernen Ökonomie", NZZ, Zürich.

Weiterführende Literatur:

FAMA, EUGENE F. (1991): „Efficient Capital Markets II", The Journal of Finance 46, pp. 1575-1617.

JENSEN, MICHAEL (1972): „Studies in the Theory of Capital Markets", Praeger, New York.

Kapitel 6

Das Dividend Discount Modell

von Wolfgang Drobetz

Die Theorie zur Bewertung von Finanzanlagen stellt eine der Hauptstossrichtungen der modernen Finance dar. Die Frage, was denn der „faire" Preis einer Aktie ist, bleibt aber verständlicherweise keine rein akademische. Es ist wahrscheinlich vielmehr *die* Problemstellung, welche private und institutionelle Anleger immer wieder beschäftigt. Um aber gehaltvolle Aussagen darüber zu treffen, ob ein Aktienkurs tatsächlich „fair" ist, benötigt man stets ein Bewertungsmodell. Letzteres liefert einen theoretisch korrekten Preis und dient deshalb in weiterer Folge als Messlatte (Benchmark). Ein einfaches und in der Praxis sehr verbreitetes Bewertungsmodell, das Dividend Discount Modell oder kurz DDM, soll im vorliegenden Kapitel dargestellt werden.

Wieso hat eine Aktie überhaupt einen Wert ?

Im Gegensatz zu Anleihenschulden muss das vom Aktionär zur Verfügung gestellte Kapital im Prinzip niemals zurückgezahlt werden. Dass eine Aktie dennoch einen Wert hat, und ein Aktionär den an der Börse notierten Preis zu bezahlen bereit ist, liegt natürlich an den hoffentlich in regelmässigen Abständen erfolgenden Dividendenzahlungen. Dieser zukünftige Einkommensstrom muss zusätzlich auf den heutigen Zeitpunkt abgezinst werden. Damit ist der Grundgedanke des Dividend Discount Modells aber auch schon beschrieben. Es beruht nämlich letztlich auf dem aus der Investitionstheorie bekannten Barwertkonzept. Demnach ist eine Aktie nicht mehr und nicht weniger wert als ihre abdiskontierten Ausschüttungen in der Zukunft. Sämtliche Spielformen und Verfeinerungen des DDM beruhen letzten Endes auf diesem sehr einfachen Prinzip.

Der Wert einer Aktie gemäss DDM wird durch zwei Einflussfaktoren bestimmt:

Das Dividend Discount Modell   **97**

- *Cash-flows* resp. *Dividenden*: um konkrete Zahlenwerte für die erwarteten Zahlungsströme zu erhalten, werden Annahmen über zukünftige Wachstumsraten und Ausschüttungsquoten gemacht.

- *Renditeerwartungen*: diese werden in der Regel aus dem Capital Asset Pricing Modell (CAPM) abgeleitet und sodann für eine Bewertung von Aktien eingesetzt, indem sie als risikoadäquate Abdiskontierungsfaktoren für die Dividenden dienen.

Damit wird auch klar, dass zwischen der traditionellen Aktienanalyse, bei der die Bewertung einzelner Papiere im Vordergrund steht, und der modernen Kapitalmarkttheorie, welche risikoadäquate Abdiskontierungsfaktoren liefert, kein Widerspruch existiert. Beide bilden vielmehr Voraussetzungen für das jeweils andere.

Eine erste Annäherung an den „fairen" Preis...

In einem ersten Beispiel soll diese Bewertungsmethodik für die Aktie von Novartis angewendet werden. Für das Geschäftsjahr 1999 wird von den Analysten eine Dividende in der Höhe von 30 CHF erwartet. Für Novartis wird ein Betafaktor gegenüber dem SPI-Index von 1.07 ermittelt. Mit Hilfe des CAPM wird daraus ein risikoadjustierter Abdiskontierungszinssatz ρ von 11.56% errechnet[1]. Nun wird angenommen, Novartis behält die gleiche jährliche Ausschüttung vom nächsten Jahr an bis in alle Ewigkeit bei. Dann berechnet sich der Barwert dieser Dividendenzahlungen und somit der theoretische Wert der Aktie mit der Abdiskontierungsformel

$$P_{98} = \frac{30}{(1+0.1156)^1} + \frac{30}{(1+0.1156)^2} + \frac{30}{(1+0.1156)^3} + \dots$$

---

[1] Sämtlichen Berechnungen liegen Renditezeitreihen von 1990.01 bis 1998.07 zugrunde. Für den schweizerischen Gesamtmarkt wird eine langfristige Risikoprämie von 8% angenommen. Der risikolose Zinssatz sei 3%.

Mathematisch handelt es sich hierbei um eine einfache geometrische Reihe. Mit der Perpetuitätsformel kann dieser Ausdruck wesentlich vereinfacht geschrieben werden als

$$P_{98} = \frac{Div_{99}}{\rho} = \frac{30}{0.1156} = 259.52 \text{ CHF}$$

Der ermittelte Preis liegt allerdings deutlich unter dem an der Börse notierten Preis von 2432 CHF per 14.8.1998. Gemäss diesem sehr einfachen Bewertungsmodell ist der Preis von Novartis keineswegs fair, vielmehr scheint die Aktie stark überbewertet. Dem Anleger eröffnen sich vermeintlich unendliche Arbitragegewinne. Ist dieses Modell aber wirklich realistisch? In der Praxis wird es denn wohl angebracht sein, die Möglichkeit eines in der Zukunft wachsenden Dividendenstromes zu berücksichtigen.

Im einfachsten Fall nimmt man an, dass die Dividenden der analysierten Unternehmung mit einer konstanten Wachstumsrate g anwachsen. In der Literatur spricht man vom *Constant Growth* Modell. Dieses geht ursprünglich auf JOHN BURR WILLIAMS (1938) zurück, wurde aber erst von MYRON GORDON (1956) wieder entdeckt und einem breiteren Anlegerpublikum zugänglich gemacht. Die Tatsache, dass die Dividende jährlich um einen fixen Prozentsatz g anwächst, ändert jedoch nicht die Grundstruktur des DDM. Man lässt lediglich die Dividendenzahlung - beginnend ein Jahr nach der nächsten Dividendenzahlung - immer um den gleichen Prozentsatz g wachsen. Dadurch ergibt sich die Formel für den heutigen Aktienkurs als

$$P_0 = \frac{Div_1}{(1+\rho)} + \frac{Div_1(1+g)}{(1+\rho)^2} + \frac{Div_1(1+g)^2}{(1+\rho)^3} + ...$$

wobei ρ wiederum das risikoadjustierte Renditeerfordernis bezeichnet, welches mit dem Halten der Aktie verbunden ist. Ein Subskript 0 bedeutet, dass es sich um einen „laufenden" Wert handelt, während ein nachschüssiger Wert, also ein Wert in einem Jahr, mit dem Subskript 1 bezeichnet wird.

Mathematisch kann gezeigt werden, dass sich dieser Ausdruck zu

$$P_0 = \frac{Div_1}{\rho - g}$$

vereinfachen lässt. Der heutige Wert der zukünftigen Ausschüttung berechnet sich also, indem man die nächstjährige Dividendenzahlung durch die Differenz des relevanten Zinssatzes ρ und des Wachstumsfaktors g dividiert. Natürlich macht diese Formel nur Sinn, solange der Abdiskontierungssatz grösser als der Wachstumsfaktor ist. Andernfalls resultiert nämlich ein negativer Aktienpreis, was aus Arbitrageüberlegungen nicht möglich sein kann.

Konstantes Dividendenwachstum der Novartis-Aktie

Wie wirkt sich nun die Annahme eines konstanten Dividendenwachstums auf den theoretisch korrekten Preis der Novartis-Aktie aus? Stets muss man sich der eingegrenzten Fragestellung bewusst sein. Natürlich ist es nicht möglich, die Dividendenpolitik von Novartis exakt zu prognostizieren. Man geht hingegen vereinfacht davon aus, das Wachstum bleibe über die Jahre hinweg konstant. Die Ausschüttung für 1999 wird von den Analysten immer noch in der Höhe von 30 CHF erwartet. Für die Zeit danach wird von einem jährlichen Wachstum von 10% ausgegangen. Im Durchschnitt erwartet der Markt deshalb für das Jahr 2000 eine Dividende von $30 \times 1.1 = 33$ CHF, usw. Dann ergibt sich der Wert der Novartis-Aktie mittels des GORDON Growth Modells als

$$P_{98} = \frac{Div_{99}}{\rho - g} = \frac{30}{0.1156 - 0.1} = 1923 \text{ CHF}$$

was dem Börsenkurs per 14.8.1998 von 2432 CHF schon sehr viel näher kommt. Es zeigt sich, dass Wachstumserwartungen eine wesentliche Grundlage bei der Bewertung von Aktien darstellen.

Es ist leicht einzusehen, dass die entscheidende und unsicherste Annahme des GORDON Growth Modells in der Schätzung der Wachstumsrate des Dividendenstromes besteht. Das GORDON Growth Modell kann daher lediglich für Unternehmen mit konstanter Wachstumsrate angewandt werden. Es wird sich in erster Linie für etablierte Unternehmen anbieten. Wichtig ist auch die Einsicht, dass die Anwendung des Modells auch mit der Gewinnwachstumsrate erfolgen kann. Wäre nämlich das Dividendenwachstum langfristig grösser als das Gewinnwachstum, würden die Dividenden irgendwann den Gewinn übersteigen. Wäre das Gewinnwachstum hingegen grösser als das Dividendenwachstum, konvergiert die Ausschüttungsquote - und damit langfristig der Preis der Aktie - gegen Null. Ausserdem gilt es zu beachten, dass die Rate des nominalen Wirtschaftswachstums eine natürliche Obergrenze für das langfristige Wachstumspotential (und im Rahmen des GORDON Growth Modells handelt es sich gar um eine ewige Wachstumsrate) eines Unternehmens darstellt. Wäre die Dividendenwachstumsrate grösser als das nominale Wirtschaftswachstum, dann würde die Unternehmung langfristig grösser werden als die gesamte Volkswirtschaft. Für multinationale Unternehmen stellt das nominale Weltwirtschaftswachstum eine natürliche Obergrenze dar. Umgekehrt gibt es aus ökonomischer Sicht aber kein Argument, dass die Dividendenwachstumsrate nicht langfristig unter jener des Wirtschaftswachstums sein könnte. Die Unternehmung wird in diesem Fall relativ zur gesamten Ökonomie kleiner.

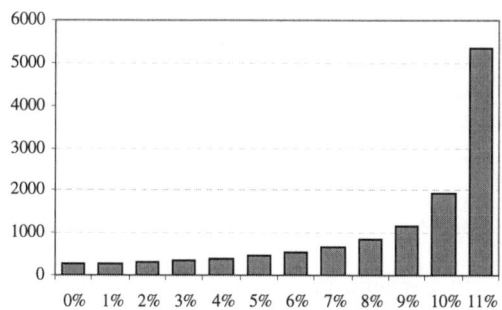

Abbildung 6.1: Wert einer Novartis-Aktie und Wachstumserwartung.

Wie sensibel reagiert der berechnete Preis ?

Der Wert einer Aktie, wie er gemäss dem GORDON Growth Modell errechnet wird, reagiert sehr sensibel auf die unterstellte Wachstumserwartung. Die anhand unterschiedlicher Wachstumsraten mit dem Modell berechneten Preise für die Novartis-Aktie sind in *Abbildung 6.1* dargestellt. Auf der horizontalen Achse ist dabei die Wachstumsrate der Dividenden abgetragen, auf der vertikalen Achse der jeweils resultierende innere Wert der Novartis-Aktie. Man erkennt die Sensitivität des Modellpreises bezüglich der Wachstumsrate deutlich.

Das zweistufige Dividend Discount Modell

Nun ist es in der Regel so, dass sich die Dividendenentwicklung für einen bestimmten Titel lediglich für einen beschränkten Zeithorizont in der Zukunft sinnvoll abschätzen lässt. Je nach Unternehmung oder Branche kann ein Analyst das Dividendenwachstum für vielleicht fünf oder zehn Jahre seriös abschätzen. Danach ist es sicherlich sinnvoll, die Einschätzung für einzelne Titel jener für den Gesamtmarkt anzupassen. Aus dieser Überlegung erhält man das zweistufige Dividend Discount Modell, welches in *Abbildung 6.2* dargestellt ist.

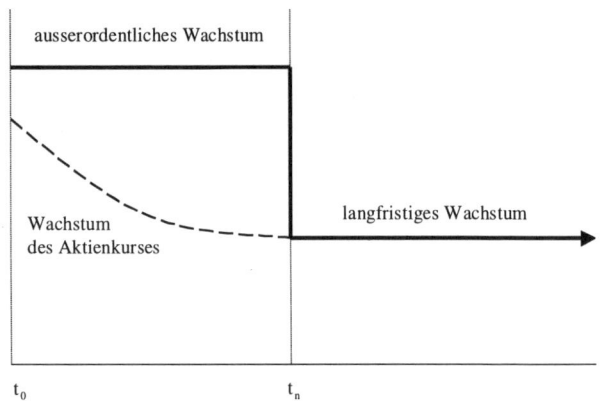

Abbildung 6.2: Das zweistufige Dividend Discount Modell.

Es wird unterstellt, in der ersten Stufe (vom Zeitpunkt t_0 bis t_n) wachse die durchschnittliche Ausschüttungsentwicklung stark an. Diese ausserordentliche Wachstumsrate wird mit g bezeichnet. In der Zeit nach t_n besteht die beste Dividendenprognose hingegen in einer Anpassung an den Durchschnittswert für den Gesamtmarkt, g_n. Der Wert einer Aktie kann dann in zwei Komponenten aufgeteilt werden

$$P_0 = \underbrace{\frac{Div_1 \times \left(1 - \frac{(1+g)^n}{(1+\rho)^n}\right)}{\rho - g}}_{\substack{\text{Phase des überdurchschnittlichen} \\ \text{Wachstums}}} +$$

$$+ \underbrace{\frac{Div_1}{(\rho - g_n)} \times \left(\frac{(1+g)^n}{(1+\rho)^n}\right)}_{\substack{\text{Phase des durchschnittlichen} \\ \text{Wachstums}}}$$

Im GORDON Growth Modell wachsen Dividenden und Aktienpreis mit derselben (konstanten) Rate. Im zweistufigen DDM ist dies hingegen nicht der Fall. Man kann sehr einfach zeigen, dass in der ersten Modellstufe die Wachstumsrate des Aktienkurses kleiner ist als jene der Dividenden. Die Wachstumsrate des Aktienkurses sinkt während der Phase des überdurchschnittlichen Dividendenwachstums beständig und erreicht schliesslich den Durchschnittswert des Gesamtmarktwachstums, g_n, sobald auch das Dividendenwachstum letzteren (sprunghaft) erreicht. In der zweiten Modellphase wachsen Dividenden und Aktienkurs mit derselben (konstanten) langfristigen Rate g_n.

Dieser verfeinerte Bewertungsansatz soll nun wiederum am Beispiel der Novartis-Aktie angewandt werden. Die Analysten erwarten für die nächsten fünf Jahre ein überdurchschnittliches Dividendenwachstum von 15% p.a. Danach soll das langfristige durchschnittliche Ausschüttungswachstum mit 10% p.a. angenommen werden. Entsprechend ergibt sich ein theoretischer Preis im Jahr 1998 gemäss dem zweistufigen DDM von

**Novartis und
das zweistufige
DDM**

Das Dividend Discount Modell

$$P_{98} = \underbrace{\frac{30}{0.1156 - 0.15} \times \left(1 - \frac{(1+0.15)^5}{(1+0.1156)^5}\right)}_{143.01 \text{ CHF}} +$$

$$+ \underbrace{\frac{30}{0.1156 - 0.1} \times \left(\frac{(1+0.15)^5}{(1+0.1156)^5}\right)}_{2230.77 \text{ CHF}} = 2274 \text{ CHF}$$

Dieser Wert kommt dem derzeitigen Kursniveau sehr nahe. Auffallend ist, dass die Bedeutung der Dividendenpolitik während der ersten fünf Jahre sehr gering ist. Über 90% des theoretischen Endpreises wird durch die zweite Wachstumsphase gebildet. Dies verdeutlicht die Bedeutung der allgemeinen Marktentwicklung auch für die Novartis-Aktie.

Für die Dividendenwachstumsrate g_n nach dem Zeitpunkt t_n gelten dieselben Restriktionen wie für die Dividendenwachstumsrate des GORDON Growth Modells. Aus der Bewertungsgleichung geht klar hervor, dass sich der zweite Teil des Aktienwertes gerade unter Verwendung des einstufigen DDM bestimmt und lediglich für die Zeitperiode von t_n bis t_0 abgezinst wird. Für das Gewinn- resp. Dividendenwachstum während der ersten Periode besteht keine Obergrenze. Die Summe, welche den Wert der Aktie aus den ersten n Dividenden repräsentiert, ist in jedem Fall endlich.

Welches Modell ist wann geeignet?

Ob das einfache GORDON Growth Modell oder das zweistufige DDM als Bewertungsbasis verwendet werden sollte, ist primär von firmenspezifischen Wachstumseigenschaften abhängig. Für Firmen, welche sich in einer ausgeprägten Übergangsphase befinden (Umstrukturierung, überdurchschnittliches Wachstum), sind sicherlich das zweistufige Modell bzw. sogar Erweiterungen davon deutlich überlegen. Für andere Zwecke kann das einfache GORDON Growth Modell angewendet werden – etwa für die Bewertung „reifer" Unternehmungen mit stabilen Wachstumsraten oder für die Bewertung ganzer Branchen oder Märkte. Beiden Modellen ist gemeinsam, dass *Wachstumserwartungen eine wesentliche Grundlage bei der Bewertung von Aktien darstellen*. Würde der Aktienmarkt nur die gegenwärtige Dividende als ewige, konstante Rendite abdiskontieren, so würden - wie im anfänglichen Beispiel demonstriert - die Aktienkurse nur einen Bruchteil ihres tatsächlichen Preises darstellen. Nun gibt es weitere Verfeinerungen des Grundmodells. So kann man etwa annehmen, die Wachstumsrate in der ersten Phase des zweistufigen Modells sei abnehmend. Dies hat den Vorteil, dass sich das Gewinn- resp. Dividendenwachstum stetig an das langfristige Marktwachstum annähert und der eher unrealistische Sprung in der Wachstumsrate zum Zeitpunkt t_n wegfällt. Um das Modell zusätzlich zu verfeinern, kann man auch eine dreistufige Version des Dividend Discount Modells betrachten. Man stösst mit derartigen Modellerweiterungen aber sehr bald an die Grenzen. Die notwendigen Parameter sind nämlich nur sehr schwierig zu schätzen, haben aber umgekehrt einen sehr grossen Einfluss auf das Ergebnis. Deshalb wird auf eine weitere Darstellung dieser Modelle verzichtet.

Die These der Markteffizienz geht davon aus, dass sich zu jedem Zeitpunkt sämtliche bewertungsrelevanten Informationen in den beobachtbaren Aktienpreisen widerspiegeln, d.h. am Kapitalmarkt verarbeitet werden. Es steht also letztlich nie fest, ob man das Bewertungsmodell - in unserem Fall die unterschiedlichen Versionen des DDM - beurteilt oder die Bewertungsqualität des Marktes. Wurde bisher nach dem „fairen" Wert einer Aktie gesucht, so soll im folgenden die Fragestellung umgekehrt werden. In effizienten Märkten sind Preise stets „fair", weshalb nun ausgehend von eben diesem beobachtbaren Preis die impliziten Modellparameter rekonstruiert werden können.

Ein Perspektivenwechsel...

Zunächst lässt sich ausgehend vom beobachteten Marktpreis eine implizite Renditeerwartung ρ berechnen als

Implizite Renditeerwartung

$$\rho = \frac{Div_1}{P_0} + g$$

In der Praxis wurde die Dividendenrendite lange als Kapitalkostensatz betrachtet (insbesondere bei der Vorbereitung von

Kapitalerhöhungen). Dies stimmt aber offensichtlich nur dann, wenn eine Unternehmung kein Wachstumspotential besitzt $(g = 0)$. Die Kapitalkosten setzen sich vielmehr aus der Summe der Dividendenrendite und der Wachstumsrate des Gewinns resp. der Dividenden zusammen. Versucht eine Unternehmung, die Dividendenrendite dem risikolosen Zinssatz anzugleichen (was immer der Beweggrund auch sein mag), entspricht die Wachstumskomponente g exakt der Risikoprämie des CAPM. Eine sinnvolle ökonomische Interpretation dieser Beziehung ist schwierig, weshalb es einleuchtend ist, dass das CAPM selbst oder die Arbitrage Pricing Theory (APT) für die Bestimmung des Kapitalkostensatzes ein wesentlich geeigneteres Instrumentarium darstellen als diese Modifikation des DDM.

Implizite Wachstumserwartung

Zurück zur Wachstumsrate der Gewinne resp. der Dividenden: sie ist die unsicherste Annahme des Modells und soll deshalb näher analysiert werden. Zunächst lässt sich eine implizite Wachstumsrate bestimmen, welche zum tatsächlichen Aktienkurs führt. Durch Umformung des GORDON Growth Modells erhält man

$$g = \rho - \frac{\text{Div}_1}{P_0}$$

Für die Novartis-Aktie ergibt sich ein Wert von

$$g = 0.1156 - \frac{30}{2432} = 10.33\%$$

Diese Beziehung soll aus der Perspektive des schweizerischen Gesamtmarktes genauer untersucht werden. Die Ergebnisse sind in *Tabelle 6.1* zusammengestellt. Die Kapitalisierung des Swiss Performance Index (SPI) zum 29.3.1998 betrug 1.067.949 Mio. CHF. Die durchschnittliche, gewichtete Dividendenrendite per 1997 (bezahlt 1998) beträgt gemäss Bank J. Bär 1.3%, was ein aggregiertes Dividendenvolumen von 13.883 Mio. CHF darstellt. Wiederum werden eine langfristige Marktrisikoprämie von 8% p.a. sowie eine risikoloser

Zinssatz von 3% unterstellt. Der Betafaktor für den Gesamt-markt beträgt definitionsgemäss 1. Die implizite Dividenden-wachstumsrate errechnet sich dann als

$$g = \rho - \frac{Div_0 \times (1+g)}{P_0} = 0.11 - \frac{13.883 \times 1.10}{1.067.040} = 9.56\%$$

Wie realistisch diese (ewige) Wachstumserwartung ist, bleibt dem Leser selbst zur Beurteilung überlassen. Das schweizerische Wirtschaftswachstum liegt derzeit bei etwa 2% p.a., die Inflationsrate bei unter 1% p.a. Das sich daraus ergebende Nominalwachstum von knapp 3% p.a. liegt jeden-falls deutlich unter der impliziten Gewinn- resp. Dividenden-wachstumsrate.

Sektor	Branche	Beta	Div. rendite 1998 (%)	Div. 1998 (D_0)	Kapitalisierung 1998 (P_0)	Implizite Wachstums-rate (g)
Dienstleistungen		**1.03**	1.5	**6'937**	**462'499**	**9.57%**
					264'679	
	Banken	1.02	1.6	4'235		9.38%
	Versicherungen	1.11	1.1	1'566	142'403	10.65%
	Transport	0.92	1.7	155	9'134	8.48%
	Detailhandel	0.79	1.9	80	4'203	7.24%
	übrige DL	0.94	1.6	673	42'079	8.75%
Industrie		**0.98**	1.1	**6'660**	**605'450**	**9.62%**
	Maschinen	1.02	1.9	440	23'177	9.05%
	Energie	0.54	1.7	70	4'134	5.50%
	Chemie/Pharma	1.03	0.9	3'300	366'696	10.24%
	Nahrungsmittel	0.89	1.3	1'641	126'269	8.69%
	Elektro	0.96	1.8	623	34'598	8.69%
	Bau	1.12	1.4	240	17'128	10.39%
	übrige IND	0.86	1.7	569	33'448	8.01%
Gesamtmarkt		**1**	1.3	**13'883**	**1'067'949**	**9.56%**

Tabelle 6.1: Implizite Wachstumserwartungen aufgrund des GORDON Growth Modells. Datengrundlage ist die Marktübersicht Schweiz der Bank J. Bär vom August 1998.

Das McDonald's Problem...

Aus den Berechnungen für die Branchenwachstumsraten in *Tabelle 6.1* ist klar zu erkennen, dass sich die Einschätzun-gen hinsichtlich der Wachstumserwartungen für die einzelnen Branchen deutlich unterscheiden. Ein kleines g ist keineswegs ein Indiz dafür, dass eine Investition in eine bestimmte Bran-che schlecht ist. Es bedeutet lediglich, dass die Dividenden künftig nur wenig ansteigen müssen, um den aktuellen Aktienkurs zu rechtfertigen. Ferner kann man erkennen, dass eine geringe Dividendenrendite mit einem hohen Wachstumserfordernis einhergeht. Was aber, wenn eine Aktie heute überhaupt keine Dividende bezahlt? Ein bekanntes Beispiel hierfür ist die *McDonald's* Aktie. Die in den 50er Jahren gegründete amerikanische Schnellimbisskette bezahlte erstmals Mitte der 70er Jahre eine Dividende, dennoch lag die Börsenkapitalisierung zu diesem Zeitpunkt bereits im Milliarden Dollar Bereich. Hier stösst das GORDON Growth Modell offensichtlich an seine Grenzen. Es ist nämlich kaum anzunehmen, alle *McDonald's* Aktionäre wären irrationale „Spieler" gewesen. Vielmehr haben sie die positive Wahrscheinlichkeit bewertet, dass *McDonald's* künftig einmal eine Dividende bezahlen wird. Das zweistufige DDM mag ein einigermassen vernünftiges Vehikel zur Lösung dieses algebraisch bedingten Problems darstellen.

**Dividenden-
irrelevanz**

Betrachtet werden soll der einfachste Fall einer Unternehmung, für die ein konstanter Gewinnstrom prognostiziert wird, und die stets alle Erträge als Dividenden an ihre Aktionäre ausschüttet. Kehren wir hierfür zum Beispiel mit der Novartis-Aktie zurück. Gemäss der Perpetutitätsformel

$$P_0 = \frac{Div_1}{\rho} = \frac{EPS_1}{\rho}$$

bestimmte sich der heutige Wert der Aktie mit rund 260 CHF. Dies bildet den statischen Fall ab, in welchem von Wachstumspotential abstrahiert wird. Nun weiss man aber aus der Investitionslehre, dass eine Unternehmung in der Regel einen Teil des Gewinns einbehält, um Projekte zu realisieren, deren Nettobarwert positiv ist. Um den *shareholder value* zu maximieren, schüttet Novartis so lange Mittel aus, bis die interne Verzinsung der Projekte, r, auf das Niveau der Kapitalkosten (d.h. des Abdiskontierungssatzes ρ) gefallen ist. Bei einer Dividendenpolitik, die das Aktionärsvermögen maximiert, gilt demnach die Gleichheit $\rho = r$. Überschüssige Gewinne werden an die Aktionäre ausgeschüttet. Sind nun die interne Verzinsung der Projekte, r, sowie die Reinvestitionsquote der

Gewinne, b, bekannt, so lässt sich einfach zeigen, dass für die Wachstumsrate der Dividenden die Beziehung $g = r \times b$ gilt. Intuitiv, das Dividendenwachstum ist kleiner als die interne Projektverzinsung, weil eben jeweils ein Teil der Gewinne einbehalten wird. Dieses Szenario bildet den dynamischen Fall ab, weil Wachstumspotential explizit berücksichtigt wird. Dann reduziert sich der Aktienkurs auf

$$P_0 = \frac{Div_1}{\rho - g} = \frac{E_1(1-b)}{\rho - rb} = \frac{E_1(1-b)}{\rho - \rho b} = \frac{E_1(1-b)}{\rho \times (1-b)} = \frac{E_1}{\rho}$$

also auf den Barwert der (also konstant angenommenen) Rente der operativen Gewinne E_1. Die Höhe der Dividendenzahlung spielt bei der Aktienbewertung somit keine Rolle mehr (siehe insbesondere das Irrelevanztheorem von MILLER und MODIGLIANI in Kapitel 20). ZIMMERMANN (1996) zeigt, dass für schweizerische Unternehmen die Optimalitätsbedingung $\rho = r$ häufig nicht erfüllt ist.

Der Barwert dieser zukünftigen Investitionsmöglichkeiten (Wachstumsprämie, *net present value of growth opportunities, NPVGO*) von Novartis muss sich selbstverständlich im Aktienpreis niederschlagen. Ein höherer Preis als durch die Perpetuitätsformel angezeigt bedeutet, dass die Anleger Wachstumsmöglichkeiten mit einem positiven Nettobarwert für Novartis erwarteten. Die Differenz zwischen heutigem Börsenkurs und Perpetuitätsausdruck stellt die Wachstumsprämie dar, also

Der Barwert der Wachstumsmöglichkeiten

$$P_0 = \frac{Div_1}{\rho} + \text{Wachstumsprämie}$$

Die erste (statische) Komponente des Aktienkurses drückt den Wert von Novartis aus, sollte Novartis nicht mehr investieren, alle Gewinne ausschütten und somit künftig nicht mehr wachsen. Der zweite Ausdruck ist der auf die Zukunft ausgerichtete Teil und entsteht durch die künftige Realisierung von Projekten mit positivem Nettobarwert. Für die Novartis-Aktie macht die Differenz zwischen dem effektiven

Aktienkurs und dem „*no-growth*"-Kurs - in der eben eingeführten Terminologie die Wachstumsprämie bzw. der *net pre-*
sent value of growth opportunities - $2431 - 260 = 2172$ CHF
aus. Dies sind rund 89% des effektiven Aktienkurses. Im
Rahmen des GORDON Growth Modells kann dieser Prozentsatz auch durch

$$\frac{P - P(\text{no growth})}{P} = \frac{\dfrac{Div_1}{\rho - g} - \dfrac{Div_1}{\rho}}{\dfrac{Div_1}{\rho - g}}$$

$$= \frac{Div_1(\rho - \rho + g)(\rho - g)}{Div_1(\rho - g)\rho} = \frac{g}{\rho}$$

berechnet werden. Damit liegt eine sehr schnell anwendbare
Formel zur Abschätzung jenes Anteils vor, der auf das
Wachstum von Gewinnen und Dividenden zurückzuführen
ist. Im Beispiel der Novartis-Aktie errechnet man den Prozentsatz als beeindruckende 0.1033/0.1156=89.4%, was den
zuerst ausgewiesenen Wert überschlagsmässig bestätigt.

Sektor	Branche	Prozentualer Anteil Wachstum
Dienstleistungen		**85.15%**
	Banken	84.06%
	Versicherungen	89.64%
	Transport	81.89%
	Detailhandel	77.71%
	übrige DL	83.19%
Industrie		**88.75%**
	Maschinen	81.07%
	Energie	75.08%
	Chemie/Pharma	91.09%
	Nahrungsmittel	85.85%
	Elektro	81.35%
	Bau	86.89%
	übrige IND	81.09%
Gesamtmarkt		**86.88%**

Tabelle 6.2: Prozentuelle Wachstumsprämien der Aktienkurse nach
Branchen. Datengrundlage ist die Marktübersicht Schweiz der Bank J.
Bär vom August 1998.

In *Tabelle 6.2* findet man diesbezügliche Analysen für die verschiedenen Branchen. Überraschend ist, dass im Industriesektor der Anteil der Wachstumskomponente höher ist als im Dienstleistungssektor. Der hohe Wert für den Bereich Chemie/Pharma bestätigt die vorangegangenen Berechnungen für die Novartis-Aktie. Den tiefsten Wert weist – sicherlich nicht ganz überraschend - die Energieversorgungsbranche auf. Für den schweizerischen Gesamtmarkt ist knapp 87% des Kurswertes auf das antizipierte Wachstum von Gewinnen und Dividenden zurückzuführen.

In der Praxis stellt die Bewertung von Aktien zumeist auf Gewinnschätzungen und weniger auf Dividendenschätzungen ab. Wenn auch von der Logik des Modells kein Unterschied besteht, so macht es dennoch Sinn, das GORDON Growth Modell in Abhängigkeit vom Gewinn zu formulieren. Bezeichnet b wiederum die Reinvestitionsquote, E_1 den als konstant angenommenen operativen Gewinn der Unternehmung und r einen konstant bleibenden Ertragssatz (ROE: *return on equity*), so wurde der Aktienkurs gemäss dem einstufigen DDM bereits oben als

Gewinn-schätzungen und P/E-Ratios

$$P_0 = \frac{E_1 \times (1 - b)}{\rho - rb}$$

geschrieben. Aus diesem Ausdruck lässt sich der P/E-Ratio sehr einfach berechnen, eine Kennzahl, welche unter Finanzanalysten eine sehr prominente Rolle einnimmt. Durch einfache Umformung erhält man

$$\frac{P_0}{E_1} = \frac{1 - b}{\rho - rb} = \frac{1 - b}{\rho - g}$$

Diese Schreibweise ist für praktische Zwecke sehr nützlich. Es ist ersichtlich, dass hohe (tiefe) P/E-Ratios stets mit einem hohen (tiefen) Wachstumspotential verbunden sind[2]. Damit

---

[2] Allerdings sollte dabei die Ausschüttungsquote nicht gänzlich unberücksichtigt bleiben, zumal die Wachstumsrate selbst von der Ausschüttungsquote abhängig ist. ZIMMERMANN (1996) schätzt die ge-

wird auch klar, warum Aktien trotz ähnlicher erwarteter Renditen völlig unterschiedliche P/E-Ratios aufweisen können. Da die Dividende durch $D_1 = E_1 \times (1 - b)$ gegeben ist, kann man die Dividendenrendite δ auch schreiben als

$$\frac{P_0}{D_1} = \frac{1}{\rho - rb} \quad \Leftrightarrow \quad \delta \equiv \frac{D_1}{P_0} = \rho - rb = \rho - g$$

Ferner lassen sich aus dem GORDON Growth Modell implizite Auschüttungsquoten errechnen. Dies ist deshalb von Bedeutung, weil man mit deren Kenntnis wiederum den impliziten Ertragssatz bestimmen kann, mit welchem die zurückbehaltenen Gewinne verzinst werden. Für die Novartis-Aktie berechnet man eine Dividendenrendite δ von

$$\delta = \frac{Div_1}{P_0} = \frac{30}{2432} = 1.2\%$$

und die Bank J. Bär berechnet, gestützt auf die Gewinnerwartungen per 1999 einen P/E-Ratio von 23.5. Daraus berechnet sich eine implizite Ausschüttungsquote von

$$1 - b = \delta \times \frac{P}{E_1} = 0.012 \times 23.5 = 28.2\%$$

Durch einfache Umformungen lässt sich sodann zeigen, dass der implizite interne Ertragssatz sehr einfach aus

$$r = \frac{g}{b}$$

bestimmt werden kann. Für die Novartis-Aktie ergibt sich dadurch ein beachtlich hoher Wert von

$$r = \frac{g}{b} = \frac{0.0933}{0.718} = 13\%$$

samtwirtschaftliche Ausschüttungsquote in der Schweiz auf etwa 25% des jährlichen Reingewinns.

Der Barwert des als konstant angenommenen Gewinns entspricht im Rahmen des DDM dem „Buchwert" der Aktie. Der Buchwert B einer Anlage, abstrahiert vom Wachstum von Gewinn und Dividende, ergibt sich als

$$B = \frac{E_1}{\rho}$$

In der Finanzanalyse nimmt das Verhältnis zwischen Markwert und Buchwert - der *price-to-book* Ratio (P/B) bzw. der Reziprokwert *book-equity-to-market-equity* Ratio - eine prominente Rolle ein. Aus der einfachen Umformung

$$\frac{P}{B} = \frac{P}{E_1/\rho} = \rho \times \frac{P}{E_1}$$

erkennt man, dass der P/B-Ratio in einem proportionalen Verhältnis zum P/E-Ratio steht. Für die Novartis-Aktie beträgt der P/E-Ratio gemäss Bank J. Bär 23.5. Die Kapitalkosten wurden mit 11.56% ermittelt. Der P/B-Ratio errechnet sich dann aus

$$\frac{P}{B} = \rho \times \frac{P}{E_1} = 11.56\% \times 23.5 = 2.72$$

Dies ist eine grosse Differenz zu den von der Bank J. Bär ausgewiesenen 5.62. Man muss erkennen, dass die Finanzanalysten den Buchwert vermutlich eher auf buchhalterischen Kriterien berechnen.

Können diese fundamentalen Ratios nun in der Praxis gewinnbringend eingesetzt werden? Einerseits spiegeln sich in effizienten Finanzmärkten zu jedem Zeitpunkt sämtliche Fundamentalinformationen vollständig wider. Risikobereinigt ist daher ein Ausschöpfen dieser Information mit keinem Renditevorteil verbunden. Andererseits verursacht das Verarbeiten von Informationen Kosten. Der Markt ist nur in jenem Ausmass effizient, als es sich für die Marktteilnehmer lohnt, diese

Kosten aufzuwenden und die nötige Analyse vorzunehmen. ZIMMERMANN (1996) weist deshalb darauf hin, dass aktive Fundamentalanalyse, also die Identifikation über- und unterbewerteter Aktien und Branchen aufgrund fundamentaler Ratios, ganz entscheidend zur Effizienzsteigerung auf Kapitalmärkten beiträgt. Wichtig ist aber die Einsicht, dass die fundamentalen Ratios für sich allein noch relativ wenig Aussagekraft besitzen, sie müssen nämlich stets in Beziehung zu einem Bewertungsmodell gesetzt werden. Im gegenwärtigen Kontext diente das Dividend Discount Modell als Bezugsrahmen.

MALKIEL (1996) dokumentiert einen stark positiven Zusammenhang zwischen P/E und Wachstum sowie einen negativen Zusammenhang zwischen P/E und Beta. Für den Anleger interessanter scheint aber der Zusammenhang zwischen fundamentaler Informationen und Aktienrenditen zu sein. Zahlreiche empirische Untersuchungen zeigen, dass Portfolios mit tiefen P/E-Ratios die Performance des gesamten Aktienmarktes deutlich schlagen. Portfolios mit hohen P/E-Ratios weisen hingegen eine schlechtere Performance auf als der Gesamtmarkt. Strategien, welche den systematischen Kauf bzw. Verkauf von Aktien mit tiefen resp. hohen P/E-Ratio verfolgen (sog. *contrarian strategies*), sind in der Praxis weit verbreitet. Eine sehr ähnliche Spielart dieser Strategie ist die berühmte Dow-Theorie. Bereits im Jahre 1932 riet CHARLES DOW - einer der Namensväter des noch heute wichtigen Dow-Jones-Index - Anlegern, Aktien mit einer Dividendenrendite unter 3.5% zu verkaufen und Aktien mit einer Dividendenrendite über 6% zu kaufen.

Die Begründung des P/E-Effekts spaltet die Finanzmarkttheorie. Einerseits kann man argumentieren, dass das Beta von Aktien mit einem tiefen (hohen) P/E-Ratio systematisch unterschätzt (überschätzt) wird. Dies ist vereinbar mit der von EUGENE FAMA und KENNETH FRENCH in einer Vielzahl von Arbeiten vorgetragenen These, dass Aktien mit tieferen P/E-Ratios ein höheres Risiko aufweisen. In effizienten Kapitalmärkten muss ein Investor, der dieses höhere Risiko in Kauf nimmt, entsprechend auch durch eine höhere erwartete Rendite entschädigt werden[3]. In einer sehr wichtigen Arbeit vertreten LAKONISHOK, SHLEIFER und VISHNY (1994) eine völlig gegenteilige Auffassung. Empirische Befunde lassen vermuten, dass Anleger das Wachstumspotential von Aktien häufig überschätzen. Die Autoren belegen empirirsch, dass Anleger die den Wachstumsraten von Aktien eigene *mean-reversion* nicht berücksichtigen und deshalb Aktien mit hohen impliziten Wachstumserwartungen fundamental überbewertet sind. Eine ausgezeichnete und verständliche Einführung in diese Thematik bietet MALKIEL (1996, Kapitel 8).

In unmittelbarem Zusammenhang zur eben diskutierten Problematik steht das in Praxis und Theorie bestens bekannte *Value-Growth*-Phänomen. Eine sehr schöne Darstellung für den amerikanischen Aktienmarkt ist in HAUGEN (1995) zu finden. *Value*-Aktien zeichnen sich durch tiefe Kurse relativ zu den Wertattributen wie Gewinn pro Aktie, Dividenden oder Buchvermögen aus. *Growth*-Aktien haben demgegenüber hohe P/E-Ratios, tiefe Dividendenrenditen und tiefe *price-to-book* Ratios. Studien für die USA zeigen, dass Portfolios, welche systematisch in *Value*-Aktien veranlagt waren, in der Vergangenheit substantiell höhere Renditen erzielten als Portfolios, die ausschliesslich aus *Growth*-Aktien bestanden. CAPAUL, ROWLEY und SHARPE (1993) weisen zudem nach, dass dieses Phänomen auch international zu beobachten ist.

Die Ausführungen dieses Kapitels haben gezeigt, dass das DDM und die traditionellen Fundamentalvariablen direkt und implizit miteinander verbunden sind. Letztere stellen Stellvertreter für den inneren (fundamentalen) Wert einer Aktie dar. In einer interessanten Arbeit regressieren nun JACOBS und LEVY (1988) tatsächlich beobachtete Renditen auf die mittels eines dreistufigen DDM ermittelten erwarteten Renditen (sog. *consensus forecasts*) sowie eine Vielzahl von Fundamentalvariablen. Sind letztere Attribute tatsächlich lediglich „*Proxies*" für den inneren Wert, sollten sie sich im beschriebenen Testmodus als nicht signifikant erweisen. Das Gegenteil ist aller-

---

[3] Genau genommen sind nach FAMA und FRENCH die Fundamentalvariablen nicht selbst die Risikofaktoren, weisen aber mit letzteren eine hohe Korrelation auf und werden in der entsprechenden Literatur deshalb als Stellvertreter für Risiko („*risk proxies*") bezeichnet.

dings der Fall: P/E-Ratios und Dividendenrenite sind deutlich signifikant und haben somit einen über das reine GORDON Growth Modell hinausgehenden Erklärungsgehalt.

Einige Schluss-bemerkungen

Welche Schlussfolgerungen können aus dem vorliegenden Kapitel gezogen werden? Es sind vermutlich drei Kernideen, welche dieser Abschnitt vermitteln sollte:

- Um sinnvolle Aussagen darüber zu treffen, ob ein Aktienkurs fair ist, benötigt man stets ein Bewertungsmodell. Das Dividend Discount Modell ist eines von vielen Bewertungsmodellen, das sich trotz seiner Einfachheit durch eine erstaunliche Vielseitigkeit in der Anwendung auszeichnet.

- Losgelöst von einem konkreten Bewertungsmodell beinhalten fundamentale Finanzinformationen wenig Informationsgehalt. Das Dividend Discount Modell erlaubt es, anhand einfacher Umformungen einen impliziten Bezug zu fundamentalen Ratios herzustellen.

- Wann immer ein Bewertungsmodell verwendet wird, benötigt man riskoadäquate Kapitalkostensätze. Hierfür wird in der Regel das CAPM verwendet. Zwischen Kapitalmarkttheorie und Fundamentalanalyse besteht daher kein - wie häufig angenommen - Gegensatz. Vielmehr sind beide Analyseansätze aufeinander angewiesen.

Literaturhinweise

Einführende Literatur:

DAMODARAN, ASWATH (1994): „Damodaran on Valuation: Security Analysis for Investment and Corporte Finance", John Wiley, New York.

GORDON, MYRON J. und ELI SHAPIRO (1956): „Capital Equipment Analysis: The Required Rate of Profit", Management Science 3, pp. 102-110.

MALKIEL, BURTON G. (1996): „A Random Walk Down Wall Street", Norton & Company (insbesondere Kapitel 4 und 8), New York.

WILLIAMS, JOHN BURR (1938): „The Theory of Investment Value", Harvard University Press, Cambridge, MA.

Weiterführende Literatur:

CAPAUL, CARLO, ROWLEY, IAN und WILLIAM SHARPE (1993): „International Value and Growth Stock Returns", Financial Analysts Journal (January-February), pp. 27-36.

JACOBS, BRUCE I. und KENNETH N. LEVY (1988): „On the Value of Value", Financial Analysts Journal (July-August), pp. 47-62.

HAUGEN, ROBERT (1995), „The new finance", Prentice-Hall, Englewood.

LAKONIHOK, JOSEF, SHLEIFER, ANDREI und ROBERT W. VISHNY (1994): "Contrarian Investment, Extrapolation, and Risk", Journal of Finance 49, pp. 1541-1578.

ZIMMERMANN, HEINZ (1996): „Finanzanalyse und Kapitalmarkttheorie am Beispiel schweizerischer Wirtschaftssektoren", Finanzmarkt und Portfolio Management 10, Nr.2, pp. 148-171.

Kapitel 7

Internationale Finanzmärkte

von Wolfgang Drobetz

Die „Globalisierung der Finanzmärkte" ist bereits zu einem geflügelten Begriff geworden. Andauernd kann man in den Wirtschaftsteilen der Tageszeitungen und in unzähligen Büchern von der fortschreitenden Globalisierung der Kapitalmärkte sowie über die damit verbundenen Vorteile und Risiken lesen. Der vorliegende Beitrag will die theoretischen Grundlagen der internationalen Finanzmarkttheorie darstellen und die Implikationen für einen internationalen Anleger aufzeigen.

Die globalen Finanzmärkte waren in den letzten Jahrzehnten von einem rapiden Wachstum gekennzeichnet. Während die Kapitalisierung der Weltaktienmärkte Mitte der 70er Jahre bei etwa 900 Mrd. USD lag, ist sie bis Ende 1997 auf geschätzte 22.000 Mrd. USD angestiegen. Noch stärker wuchsen die globalen Bondmärkte, deren Kapitalisierung von Mitte der 60er Jahre bis 1995 von 630 Mrd. USD auf beinahe 30.000 Mrd. USD anwuchs. Über die Jahre ergaben sich ausserdem starke Strukturveränderungen. Der Weltmarktanteil des amerikanischen Aktienmarktes hat sich zugunsten des europäischen und japanischen Anteils stark verringert. Zu Beginn der 90er Jahre war die Kapitalisierung des japanischen Aktienmarktes sogar höher als jene des amerikanischen. Im Zuge der Asienkrise und der damit verbundenen Revision der Wachstumserwartungen für diese Region hat jedoch der Weltmarktanteil Japans sowie der asiatischen Märkte generell drastisch abgenommen. Die Weltmarktanteile entwickelter Aktienmärkte sind in Abbildung 1 dargestellt. Der amerikanische Aktienmarkt ist mit fast der Hälfte der Weltmarktkapitalisierung der weitaus grösste Aktienmarkt. Mit einem deutlichem Abstand folgen Japan und Grossbritan-

Dimensionen der weltweiten Märkte

nien. Deutschland und die Schweiz machen 4% bzw. 3% der Weltmarktkapitalisierung aus. Aufgeteilt in die 3 grossen Weltwirtschaftsblöcke entfallen auf Nordamerika 50%, auf Europa 30% und auf Asien 20% der Weltmarktaktienkapitalisierung. Die Bondmärkte zeigen ein sehr ähnliches Bild: 43% aller begebenen Obligationen lauten auf USD, 21% auf Yen und 9% auf DM. Der Schweizer Franken spielt auf den internationalen Bondmärkten eine untergeordnete Rolle.

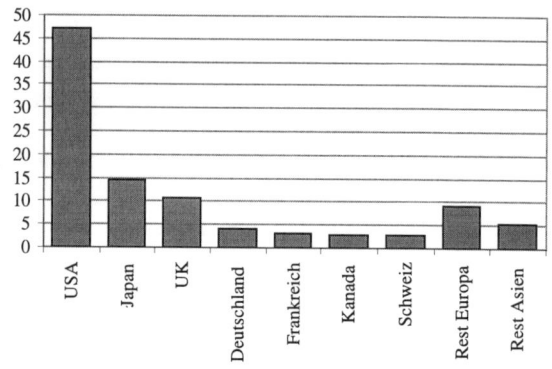

Abbildung 7.1: Weltmarktanteile entwickelter Aktienmärkte. Die Datengrundlage stammt von MSCI und bezieht sich auf 1997.08.

Globale Trends auf den Kapitalmärkten

Das scheinbar unbegrenzte Wachstum der internationalen Kapitalmärkte erfolgt parallel zu einem Abbau von Marktbarrieren und einem erhöhten Integrationsgrad der Märkte untereinander. Die Restriktionen zur internationalen Diversifikation für institutionelle Anleger fallen, was ein stark anwachsendes Angebot an global diversifizierten Fondsprodukten bei gleichzeitig sinkenden Kosten in der Implementation von internationalen Diversifikationsstrategien nach sich zieht. Gleichzeitig ist eine zunehmende internationale Standardisierung der nationalen Rechnungslegungsvorschriften zu beobachten, was den Zugang zu unternehmensbezogenen Informationen sowie deren Interpretierbarkeit erleichtert. Zudem treten immer mehr globale Anbieter von einfach und allerorts abrufbaren Finanzdaten am Markt auf. Letztere haben selbstverständlich für die Informationseffizienz auf den globalen Kapitalmärkten eine entscheidende Bedeutung. Auf institutioneller Seite entstehen zunehmend vernetzte und globale Handels- und Börsensysteme. Aus makroökonomischer Perspektive ist ferner zu beobachten, dass das Wohlergehen nationaler Volkswirtschaften zunehmend von einem globalen Konjunkturzyklus abzuhängen scheint. Schliesslich wartet die Finanzwelt gebannt auf die stufenweise Einführung der europäischen Einheitswährung Euro und dem damit verbundenen Wegfall der Währungsschranken innerhalb von *Euroland* per 1.1.1999.

Grundlage der internationalen Finanzmarkttheorie sind die vier Währungsparitäten: die Kaufkraftparität, die internationale Fisher-Gleichung, die Zinsparität und die Terminparität.

Die internationalen Paritäten

- Kaufkraftparitätentheorie (*purchasing power parity*): Die Kaufkraftparitätentheorie konstatiert, dass sich der Kassakurs S (definiert als ausländische Währungseinheit pro Schweizer Franken) dem Inflationsdifferential zwischen zwei Ländern anpasst. Bezeichnen S^0 (S^1) den Kassakurs am Beginn (Ende) einer Zeitperiode und I_D (I_F) die nationale (ausländische) Inflationsrate, so kann die Bedingung, dass die Wechselkursveränderung s dem Inflationsdifferential zwischen zwei Ländern entspricht, in linearer Approximation geschrieben werden als

$$\frac{S^1}{S^0} = \frac{1+I_F}{1+I_D} \quad \Leftrightarrow \quad s = \frac{S^1}{S^0} - 1 \cong I_F - I_D$$

- Fisher-Gleichung (*uncovered interest rate parity*): Im lokalen Kontext postuliert die Fisher-Gleichung, dass sich der nominelle Zinssatz aus dem Realzinssatz und der erwarteten Inflationsrate zusammensetzt. Gemäss der internationalen Fisher-Gleichung sind die *realen* Zinssätze in allen Ländern gleich. Bezeichnen r_D (r_F) den nominellen inländischen (ausländischen) Zinssatz, r_D^* (r_F^*) den realen inländischen (ausländischen) Zinssatz und E einen Erwartungswertoperator, so entspricht das Zinsdifferential zwischen zwei Ländern der Differenz in den erwarteten Inflationsraten, also

$$\frac{1+r_F}{1+r_D} = \frac{1+r_F^*}{1+r_D^*} \times \frac{1+E(I_F)}{1+E(I_D)} \quad \Leftrightarrow \quad r_F - r_D = E(I_F) - E(I_D)$$

Wendet man den Erwartungswertoperator auf die Kaufkraftparitätentheorie an und setzt in die internationale Fisher-Gleichung ein, dann erhält man

$$\frac{E(S^1)}{S^0} = \frac{1+E(I_F)}{1+E(I_D)} \quad \Rightarrow \quad \frac{1+r_F}{1+r_D} = \frac{E(S^1)}{S^0} \quad \Leftrightarrow \quad r_F - r_D \cong E(s)$$

Im Durchschnitt wird das nominelle Zinsdifferential zwischen zwei Ländern durch Wechselkursveränderungen ausgeglichen. Die Intuition liegt in der Überlegung, dass unterschiedliche Realzinssätze in den einzelnen Ländern arbitragebedingte Kapitalflüsse induzieren und so für eine internationale Angleichung *realer* Preise und Zinssätze sorgen.

- Terminparität (*forward parity*): Die Terminparität unterstellt, dass der Terminkurs F (notiert zum Zeitpunkt 0 für Lieferung zum Zeitpunkt 1) gleich dem erwarteten Kassakurs zum Zeitpunkt 1, S^1, ist, also $F = E(S^1)$. Subtrahiert man von beiden Seiten S^0, dividiert durch S^0 und bezeichnet die Terminprämie mit f, dann resultiert

$$\frac{F - S^0}{S^0} = E\left[\frac{S^1 - S^0}{S^0}\right] = E(s) \quad \Leftrightarrow \quad f = E(s)$$

Falls die Terminparität stimmt, werden Wechselkursrisiken auf den Kapitalmärkten nicht durch eine Risikoprämie entschädigt. Für den Verkäufer auf Termin ist der Kontrakt mit keiner Reduktion der zu erwartenden Rendite verbunden. Empirisch zeigt sich aber, dass man in der Regel auf Termin billiger kauft als am Kassamarkt, also $F < E(S^1)$. Die Übernahme von Risiko seitens des Terminkäufers wird am Kapitalmarkt somit in Form einer Risikoprämie entschädigt, worauf später noch genauer eingegangen wird.

- Gedeckte Zinsparität (*covered interest rate parity*): Die gedeckte Zinsparität bedingt, dass das Zinsdifferential zwischen zwei Ländern der Terminprämie entspricht. Diese Bedingung ist eine rein technische: ist sie verletzt, so entstehen risikolose Gewinnmöglichkeiten durch internationale Zinsarbitrage. Die linearisierte Beziehung lautet

$$\frac{F}{S^0} = \frac{1 + r_F}{1 + r_D} \quad \Leftrightarrow \quad f = \frac{F - S^0}{S^0} = \frac{r_F - r_D}{1 + r_D} \cong r_F - r_D$$

Wenn die gedeckte Zinsparität gilt, kann ein Termingeschäft durch eine Kombination in- und ausländischer Obligationen mit kurzer Restlaufzeit repliziert werden. Eine Long-Position in einer ausländischen Aktie in Verbindung mit einer Short-Position in der ausländischen und einer Long-Position in der inländischen Obligation erzeugt dieselbe Payoffstruktur wie die durch einen Währungsterminverkauf abgesicherte Long-Position am ausländischen Aktienmarkt. Dies ist im Zusammenhang mit dem internationalen Capital Asset Pricing Model (ICAPM) von entscheidender Bedeutung.

Rendite einer Auslandsanlage

Die (einfache) Rendite einer Anlage wird als Quotient des Endvermögens und des Anfangsvermögens minus Eins berechnet. Wenn etwa ein schweizerischer Anleger 1 Mio. CHF in Nestlé investiert und nach Ablauf eines Jahres durch den Verkauf dieser Wertpapiere 1.1 Mio. CHF erlöst werden, so beträgt die Rendite R_{CH}^{SFR}

$$R_{CH}^{SFR} = \frac{\text{Endvermögen in SFR}}{\text{Anfangsvermögen in SFR}} - 1 = \frac{1100000}{1000000} - 1 = 10\%$$

Im internationalen Kontext muss zusätzlich die Wechselkursentwicklung berücksichtigt werden. Investiert der Investor 1 Mio. CHF in General Electric (GE), so errechnet sich die *ungesicherte* Rendite R_{USA}^{CHF} (in CHF) als das Produkt aus der Rendite der amerikanischen Aktien in USD und des Wechselkurses $S_{CHF/USD}$ auf dem Kassamarkt, also

$$R_{USA}^{CHF} = \frac{\text{Endvermögen in USD}}{\text{Anfangsvermögen in USD}} \times \frac{S_{CHF/USD}^{1}}{S_{CHF/USD}^{0}} - 1.$$

Dies soll an einem Beispiel verdeutlicht werden. Der Wechselkurs am 30. Juni 1998 betrug 1.522 CHF/USD, die GE-Aktie war an der NYSE zu Handelsende mit 91.750 USD notiert. Nun musste der schweizerische Anleger 1 Mio CHF in USD umwechseln, wofür er 657'030 USD erhielt und sich 7'161 GE-Aktien leisten konnte. Angenommen am 1. Juli 1999 liegt der Kurs von GE bei 100 USD, der CHF wertet auf und liegt bei 1.3 CHF/USD. Der schweizerische Investor kann dann seine Aktien für USD 716'100 verkaufen. Diesen Betrag muss er jedoch in seine Heimatwährung wechseln und erhält dafür 930'930 CHF. Obwohl der Kurs von GE angestiegen ist, muss der Anleger einen Verlust in der Höhe von (903'000/1'000'000)-1= -6.9% hinnehmen, der auf den aufgewerteten Schweizer Franken zurückzuführen ist. Die Rendite in USD beträgt (716'100/657'030)-1=8.97%, die Rendite des Wechselkurses (1.3/1.522)-1=-14.58%. Die Rendite in CHF ergibt sich als (1+0.0897)×(1-0.1458)-1=-6.9%, also genau die eben berechnete Zahl. Je nach Wechselkursentwicklung leistet die Währungskomponente somit eine positiven oder negativen Beitrag zur Rendite in Schweizer Franken.

Wechselkurs- und Währungsrisiko

Währungsrisiko wird üblicherweise als das zusätzliches Risiko definiert, das der ausländische Anleger verglichen mit dem inländischen Anleger in Kauf zu nehmen hat und berechnet sich als Differenz der Volatilität der Anlagerenditen in Lokalwährung und der Volatilität in der Währung des Investors. Im Gegensatz dazu entspricht das Wechselkursrisiko der Volatilität der Wechselkursveränderungen. Ist die Korrelation zwischen Anlagerendite und Wechselkursveränderung kleiner als Eins, wovon in der Realität ausgegangen werden kann, tritt ein Diversifikationseffekt ein und das Währungsrisiko ist kleiner als das Wechselkursrisiko. Dies wird in Abbildung 7.2 graphisch dargestellt. Dabei werden die Volatilität der Fremdwährungsanlage arbiträr mit 20% (Marktrisiko) und die Volatilität des Wechselkurses mit 8% (Wechselkursrisiko) angenommen. Bei einem Korrelationskoeffizienten von (plus) Eins beträgt die Volatilität in inländischer Währung 28%, also die Summe der Einzelvolatilitäten. Liegt jedoch keine perfekt positive Korrelation vor, tritt der Diversifikationseffekt ein. Weil sich die Kursbewegungen dank ihrer nicht vollständig parallelen Entwicklung gegenseitig teilweise aufheben, sinkt die lokale Volatilität unter 28%. Man erkennt ferner, dass bei einem Korrelationskoeffizienten über -0.20 ein positives, bei einem Korrelationskoeffizienten unter -0.20 ein negatives Währungsrisiko vorliegt. In Tabelle 7.1 wird das Risiko, gemessen als Volatilität, von ausgewählten internationalen Aktien- und Bondmärkten in der Referenzwährung CHF angegeben. Es zeigt sich tatsächlich, dass die währungsinduzierte Zusatzvolatilität (Währungsrisiko) wesentlich tiefer ausfällt als die Volatilität des Wechselkurses. Ferner ist das Währungsrisiko internationaler Bondanlagen substantiell höher als bei Aktienanlagen. Dies ist auf die hohen Korrelationen der Veränderungen der kurzfristigen Zinssätze mit den Wechselkursveränderungen zurückzuführen.

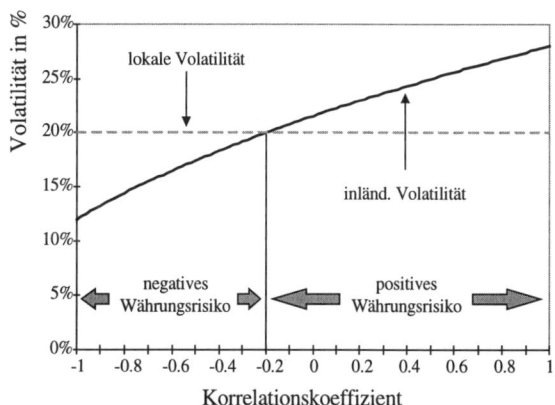

Abbildung 7.2: Währungsrisiko in Abhängigkeit der Korrelation zwischen Markt und Wechselkurs. Unterstellt wird ein jährliches Marktrisiko von 20% und eine annualisierte Wechselkursvolatilität von 8%.

Der Globalisierungstrend spiegelt sich in deutlich ansteigenden Korrelationen der Renditen auf den weltweiten Aktien- und Bondmärkte wider. Abbildung 7.3 zeigt die zeitliche

Wachsende Korrelationen

Entwicklung der durchschnittlichen Korrelationen zwischen monatlichen Renditen von 16 Aktien- und 6 Bondmärkten während des Zeitraums von 1986.01 bis 1998.06, wobei die Renditen jeweils in CHF gemessen werden. Die ausgewiesenen Korrelationen sind als gleitendes Dreijahresfenster berechnet. Man erkennt, dass sich die durchschnittliche Korrelation der Aktien- und Bondmärkte von einem Niveau zwischen 0.2 und 0.3 (Mitte der achziger Jahre) auf ein Niveau zwischen 0.5 und 0.6 (Mitte der neunziger Jahre) erhöht hat. Innerhalb nur eines Jahrzehnts hat sich die „Verbundenheit" der globalen Kapitalmärkte verdoppelt!

Risiko	Marktrisiko in lokaler Währung		Wechsel- kursrisiko	Marktrisiko in SFR	
	Aktien	Bonds		Aktien	Bonds
Deutschland	21.18%	3.92%	4.30%	22.63%	6.10%
Frankreich	21.00%	4.72%	4.88%	22.24%	6.92%
Grossbritannien	17.62%	6.48%	9.38%	21.21%	12.31%
Japan	21.90%	5.04%	10.12%	25.39%	11.43%
Schweiz	18.46%	3.39%	-	-	-
USA	14.81%	5.34%	12.75%	21.59%	12.76%

Risiko	Währungsrisiko		Währungsrisiko in % des Marktrisikos in SFR	
	Aktien	Bonds	Aktien	Bonds
Deutschland	1.45%	2.18%	6.41%	35.74%
Frankreich	1.24%	2.20%	5.58%	31.79%
Grossbritannien	3.59%	5.83%	16.93%	47.36%
Japan	3.49%	6.39%	13.75%	55.91%
Schweiz	-	-	-	-
USA	6.78%	7.42%	31.40%	58.15%

Tabelle 7.1: Wechselkurs- und Währungsrisiken. Risiko wird als annualisierte Volatilität gemessen. Die Aktienindexzeitreihen entstammen von MSCI, die Bondindizes sind die Datastream Government Bond Index Zeitreihen mit einer Restlaufzeit von mindestens fünf Jahren (1986.01- 1998.06).

Deutlich erkennbar ist weiters der abrupte Anstieg der Korrelationen während des Börsencrashs im Oktober 1987 auf den Aktienmärkte. Erstaunlich ist, dass die Aktienmarktkorrelationen auch in der Nach-Crash-Periode auf dem hohen Niveau verharrt haben. Der Börsencrash von 1987 war also in der Tat ein globales Ereignis: er führte zu einer Folge starker, aber zumeist gleichgerichteter Bewegungen der entwickelten Aktienmärkte. Für die Bondmärkte hat der 87er

Börsencrash die durchschnittlichen Korrelationen überhaupt nicht verändert. Dies hängt damit zusammen, dass die meisten Notenbanken anlässlich des Crashs die Geldmenge (zumindest temporär) erhöht und damit tiefe Zinsen herbeigeführt haben. Dennoch hat sich auch die Verbundenheit der Bondmärkte in der Nach-Crash-Zeit beständig und stark von 0.3 auf 0.5-0.6 angestiegen. Die rührt sicherlich daher, dass die monetären und konjunkturellen Entwicklungen zunehmend parallel verlaufen und damit den internationalen Zinszusammenhang verstärken. Dies ist natürlich insbesondere in der Eurozone ein zu beobachtendes Phänomen.

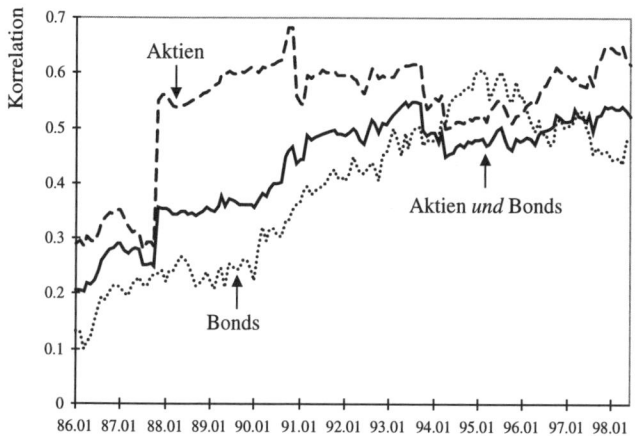

Abbildung 7.3: Gleitende Dreijahreskorrelationen der Renditen. *Die Darstellung zeigt die zeitliche Entwicklung der durchschnittlichen Korrelationskoeffizienten zwischen den Renditen von 16 Aktien- und 6 Bondmärkten aus CHF-Sicht (1983.01-1998.06).*

Empirische Befunde zeigen weiters, dass die Korrelationen in Phasen wirtschaftlicher Stagnation höher sind. In Abbildung 7.4 sind die Korrelationen der Aktienindexrenditen ausgewählter Länder mit dem MSCI-Weltindex für Aufschwung- und Stagnationsphasen getrennt ausgewiesen. Die Datierung der Wendepunkte der wirtschaftlichen Entwicklung erfolgt gemäss den Publikationen des National Bureau of Economic Research (NBER). Empirisch lässt sich ferner zeigen, dass die lokalen Volatilitäten in Phasen wirtschaftlicher Stagnation tendenziell höher sind als in Aufschwungphasen. Die Verbundenheit der Märkte ist deshalb insbesondere auch dann hoch, wenn die lokalen Volatilitäten hoch sind. Für einen Fondsmanager, der die Vorteile internationaler Diversifikation nutzen möchte, ist dies natürlich äusserst unangenehm. Gerade dann nämlich, wenn er die risikoreduzierende Wirkung der internationalen Diversifikation bräuchte, ist diese in nur geringem Ausmass vorhanden. Das asymmetrische Verhalten der Korrelationsstrukturen muss daher für das Asset Management von grossem Interesse sein. Wird nämlich - wie es der gängige Standard ist - ein Portfolio auf Grundlage von durchschnittlichen (historischen) Korrelationen gebildet, könnte die Performance eines international diversifizierten Portfolios in fallenden Marktphasen wesentlich schlechter ausfallen als erwartet.

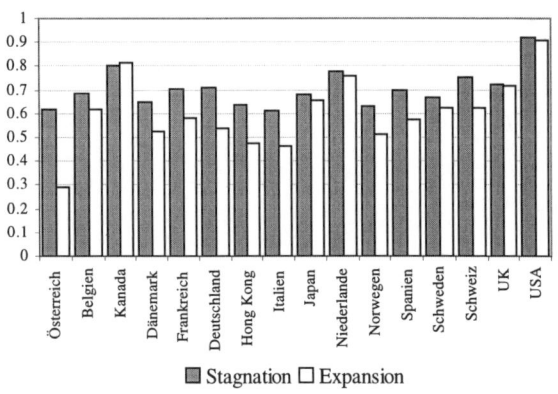

Abbildung 7.4: Aktienmarktkorrelationen gegenüber dem MSCI-Weltmarktindex und Konjunkturzyklus. Der Berechnung liegt das Zeitfenster von 1970.01 bis 1998.08 zugrunde. Die Datierung der konjunkturellen Wendepunkte ist den Veröffentlichungen des National Bureau of Economic Research (NBER) entnommen.

Internationale Diversifikation   Die Folge der veränderten Korrelationsstrukturen ist ein vermindertes Diversifikationspotential der internationalen Kapitalanlage: systematische Risiken gewinnen an Bedeutung. Zunächst ist es aber angezeigt, die grundsätzliche Motivation der internationalen Kapitalanlage als über die nationalen Möglichkeiten hinausgehendes Diversifikationspotential

darzustellen. Dabei ist zunächst die Reduktion des Portfoliorisikos zu betrachten, d.h. des Risikos, in einer Periode einen
grossen Verlust zu erfahren. In der modernen Portfoliotheorie
wird - wie bis zu dieser Stelle implizit unterstellt wurde - Risiko durch die Volatilität einer Anlagerendite gemessen. Tabelle 7.2 gibt einen ersten Eindruck der Wirkungsweise internationaler Diversifikation auf die Anlagevolatilitäten. Die
erste Spalte enthält die annualisierten Volatiläen der jeweiligen MSCI-Länderindizes (in lokaler Währung). Bereits hier
hat Diversifikation auf lokaler Ebene ihre Wirkung getan,
weil jeweils ein breiter Landesindex betrachtet wird. Der
Vergleich mit den Standardabweichungen des MSCI-Europa
Index, des MSCI-EAFE und des MSCI-Weltmarktindex in
den restliche Spalten veranschaulicht deshalb in direkter Weise die Vorteile internationaler Diversifikation. Aus Sicht
deutscher, japanischer und englischer Anleger würde bereits
eine Investition in den Europa- bzw. EAFE-Index deutliche
Diversifikationseffekte mit sich bringen: die Volatilität einer
solcherart gestreuten Anlage ist in allen Fällen kleiner als jene
des lokalen Marktindex.

Gesamtrisiko	lokaler Aktienmarkt	MSCI-Europa Index	MSCI-EAFE Index	MSCI-Weltmarktindex
DM	21.2%	17.8%	18.7%	17.5%
SFR	18.5%	18.7%	19.1%	18.3%
Yen	21.9%	18.2%	16.8%	16.3%
UK£	17.6%	16.5%	17.5%	16.1%
US$	14.8%	16.4%	18.1%	14.5%

*Tabelle 7.2: Marktrisiko nationaler und internationaler Indizes. Der
EAFE Index ist der „Europe, Australia, and Far East Index" von MSCI.
Die Prozentwerte sind annualisiert (1986.01-1998.06).*

Allen Referenzwährungen ist gemeinsam, dass die Volatilität des Weltmarktindex kleiner als die des lokalen Index ist.
Ein deutscher Investor etwa hätte durch globale Diversifikation sein Risiko von 21.2% auf 17.5% reduzieren können, obwohl diese Strategie Anlagen in sehr volatile Märkte (z.B.
Hong Kong) erfordert hätte. Für einen schweizerischen Investor ist das Ergebnis nicht so deutlich (von 18.5% auf 18.3%),
was an der ausgezeichneten Performance (bei gleichzeitig ge-

ringer Volatilität) des schweizerischen Marktes während der betrachteten Zeitperiode liegt.

Wodurch entstehen nun diese Diversifikationseffekte? Die entscheidende Grösse für die Volatilität eines Portfolios ist der durchschnittliche Korrelationskoeffizient der enthaltenen internationalen Anlagen. Das diversifizierbare Risiko wird in der modernen Portfoliotheorie als unsystematisches (idiosynkratisches) Risiko bezeichnet. Abbildung 7.5 veranschaulicht, dass bei entsprechend hoher Anzahl der Anlagen eine um so höhere Risikoreduktion in einem internationalen Portfolio erreicht werden kann, je kleiner der durchschnittliche Korrelationskoeffizient ist. Bei der unteren Kurve wird ein durchschnittlicher Korrelationskoeffizient ρ von 0.3 zwischen den verfügbaren Anlagen unterstellt, bei der oberen ein Wert von 0.6. Im ersten Fall lässt sich das Anlagerisiko durch Beimischung genügend vieler internationaler Anlagen um 45% diversifizieren, im letzteren Fall um lediglich 22%.

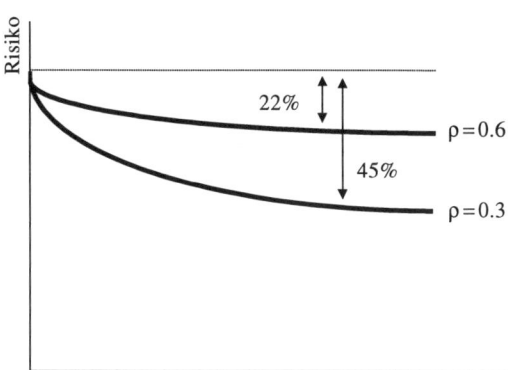

Abbildung 7.5: Diversifikationspotential und durchschnittlicher Korrelationskoeffizient.

Das nicht diversifizierbare Sockelrisiko (systematisches Risiko) steigt mit zunehmendem durchschnittlichen Korrelationskoeffizient. Und es ist genau dieses systematische Risiko, welches im Rahmen der gängigen Bewertungsmodelle in der Kapitalmarkttheorie mit einer Risikoprämie entschädigt wird.

Internationale Diversifikation sorgt aber zudem noch für einen weiteren, ganz wesentlichen Effekt: das Rendite-Risiko Spektrum in der (aktiven) internationalen Vermögensallokation („*Global Asset Allocation*") kann erweitert werden. Die globale Efficient Frontier beschreibt das für den internationalen Investor erreichbare Risiko-Rendite Spektrum diversifizierter Portfolios. Für den Verlauf der Efficient Frontier sind erwartete Renditen, Volatilitäten sowie Korrelationen entscheidend. In Abbildung 7.6 ist die Efficient Frontier für 16 internationale Aktien- und 6 Bondmärkte dargestellt[1].

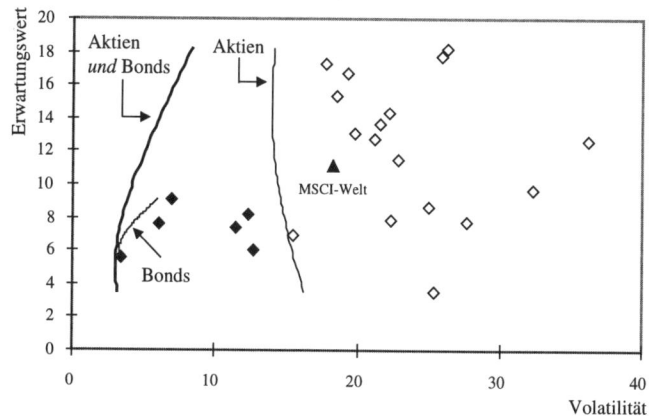

Abbildung 7.6: Efficient Frontier für Aktien- und Bondmärkte. *Die Darstellung zeigt die Efficient Frontier von 16 Aktien- und 6 Bondmärkten aus CHF-Sicht. Die Aktienmärkte sind als weisse Punkte gekennzeichnet, die Bondmärkte als schwarze. Das schwarze Dreieck bezeichnet den MSCI-Weltmarktindex (1986.01-1998.06).*

Die eingetragenen Kurven bezeichnen die Mengen all jener effizienten Erwartungswert-Standardabweichungen Kombinationen aus CHF-Sicht, die durch verschiedene Zusammensetzungen von internationalen Aktien- und Bondanlagen erreicht werden können. Jeder Punkt auf der Efficient Frontier spiegelt somit eine ganz bestimmte Portfolioallokation wider. Die schwarzen Punkte stellen die 6 Bondindizes dar, die wei-

---

[1] Ich danke Dr. MARKUS RUDOLF für die Unterstützung bei der Verwendung seines Portfoliooptimierungsprogrammes „PKT"

ssen Punkte die 16 Aktienmärkte. Man erkennt sehr deutlich, dass internationale Diversifikation über internationale Aktien- und Bondmärkte eine zum Teil massive Reduktion der am Heimmarkt beobachteten Volatilitäten bei gleichzeitig unveränderter Renditeerwartung gebracht hätte. Umgekehrt kann durch entsprechende globale Allokation der Anlagekategorien bei unveränderter Volatilität eine höhere Rendite erzielt werden. Man sieht, dass Bonds gegenüber Aktien ein geringeres Risiko, aber auch eine viel geringere Rendite aufweisen. Ein international sowohl über Aktien *und* Bonds diversifiziertes Portfolio dominiert die aus der Einzelbetrachtung resultierenden Risiko-Rendite Strukturen beider Anlagekategorien deutlich. Aus der Abbildung 7.6 ist ausserdem ersichtlich, dass das MSCI-Weltmarktportfolio nicht effizient ist. Das kleine schwarze Dreieck, welches die Lage des Weltmarktportfolios im Rendite-Risiko Raum bezeichnet, liegt deutlich innerhalb der Efficient Frontier für die internationale Aktienanlage. Dieses Ergebnis ist aus Sicht der internationalen Bewertungstheorie sowie der Performancemessung problematisch.

Was leisten multinationale Unternehmen?

Nestlé erwirtschaftet weniger als 5% seiner Einnahmen innerhalb der Schweiz und kann damit zu Recht als global agierendes Unternehmen bezeichnet werden. Entsprechend kann man vermuten, die Renditeentwicklung der Nestlé sei von vornehmlich globalen Einflussfaktoren anhängig. In der Praxis sehen denn auch viele Fondsmanager eine Anlage in die Nestlé-Aktie als Möglichkeit für einen schweizerischen Anleger, die Vorteile internationaler Diversifikation zu nützen, ohne tatsächlich auf ausländischen Kapitalmärkten aufzutreten. Der empirische Befund fällt allerdings negativ aus. DADA und WILLIAMS (1993) zeigen, dass die Anlage in ein aus den Papieren amerikanischer multinationaler Konzerne bestehendes Portfolio keine „Hintertür" zur internationalen Diversifikation darstellt. Im Rahmen einer Erwartungswert-Varianz Optimierung zeigt sich nämlich, dass dieses Portfolio niemals Teil der Menge effizienter Portfolios (also der Efficient Frontier) ist, welche aus lokalen und internationalen Aktienindizes gebildet werden.

Häufig hört man die Meinung, die gestiegenen Korrelationen zwischen den internationalen Aktienmärkten gehen mit einer verstärkten Integration einher. Aus finanzmarkttheoretischer Sicht ist jedoch eine differenziertere Betrachtungsweise angezeigt. Steigende durchschnittliche Korrelationen implizieren aus portfoliotheoretischer Sicht ein reduziertes Diversifikationspotential der internationalen Kapitalanlage, oder anders ausgedrückt, eine höheres systematisches Weltmarktrisiko. Damit ist aber noch nichts darüber ausgesagt, welche Bewertung die globalen (multiplen) Risiken auf den einzelnen nationalen Aktienmärkten erfahren. Ein Kapitalmarkt ist nämlich nur dann integriert, wenn Anlagen mit denselben Risikocharakteristika dieselbe zu erwartende Rendite aufweisen, unabhängig von der nationalen Zugehörigkeit der Anlage. Deshalb kann eine nur geringe durchschnittliche Korrelation zwischen nationalen Aktienmärkten mit Integration derselben Märkte sehr wohl konsistent sein. Empirische Befunde zeigen Evidenz dafür, dass der schweizerische Aktienmarkt mit dem Weltmarkt integriert ist.

Das Konzept der Integration

Das Währungsrisiko eines international diversifizierten Portfolios wird nicht nur durch die Volatilitäten der einzelnen Wechselkurse beeinflusst, auch eine komplexe Kovarianzstruktur bzw. Kreuzkovarianzstruktur der Währungen und Märkte untereinander muss berücksichtigt werden. Theoretisch kann gezeigt werden, dass die Wechselkurskovarianzen sowie die Markt-Wechselkurs-Kreuzkovarianzen auch bei fortschreitender Diversifikation nicht verschwinden: sie konvergieren vielmehr gegen die durchschnittlichen Kovarianzwerte. Die Korrelationen der Währungen untereinander sowie mit den einzelnen Märkten machen das Währungsrisiko zu einer systematischen Risikoquelle in der internationalen Kapitalanlage. Dies ist auch ein Grund dafür, dass Währungen in der internationalen Portfolioselektion als eigenständige Anlagekategorien aufgefasst werden sollten. DRUMMEN und ZIMMERMANN (1992) zeigen, dass die Bedeutung der Wechselkursrisiken für einen schweizerischen Investor drastisch überschätzt wird. In einem gut diversifizierten Aktienportfolio stellen die Wechselkursvarianzen bloss 5% des Portfoliorisikos dar, bei Staatsobligtionen sind es rund 25%. Die Wäh-

Sind Währungsrisiken diversifizierbar?

rungsvolatilität fliesst aber über die Kovarianzen zwischen Märkten und Währungen resp. zwischen Währungen in das Portfoliorisiko ein. Als eigenständige Anlagekategorie weisen Währungen daher spezifische Rendite-Risiko Charakteristika auf, weshalb Portfoliooptimierung im globalen Kontext optimalerweise auch simultan über Märkte *und* Währungen erfolgen sollte.

Das Währungsrisiko ist bei international diversifizierten Aktienportfolios viel kleiner als das Marktrisiko (die Volatilität des jeweiligen Landesindex), bei fortschreitender Diversifikation beträgt das Währungsrisiko aus CHF-Sicht 20%. Bei Staatsobligationen macht das Währungsrisiko aber bis zu 60% der Gesamtvolatilität aus (siehe *Tabelle 7.1*). Interessant ist auch die Erkenntnis, dass für beide Anlagekategorien bereits bei moderat diversifizierten Portfolios die Kreuz-Kovarianzen (also die Abhängigkeiten zwischen Markt und fremder Währung) stärker ins Gewicht fallen als die Kovarianzen zwischen demselben Markt und der Währung. Wenn Währungrisiken aber nicht vollständig diversifizierbar sind, muss es andererseits auch Wirtschaftssubjekte geben, die genau dieses Risiko gegen Entgelt durch eine Prämie übernehmen. Beispiele dafür sind Terminspekulation, Devisenfutures und Devisenoptionen. Die entscheidende Erkenntnis ist daher, dass das Hedging von Währungsrisiken mit einer Ertragseinbusse einhergehen sollte: die Renditeerwartungen werden als Ergebnis der Währungsabsicherung reduziert. Wie so oft ist das Problem jedoch ein nur empirisch lösbares. Die empirischen Befunde sind allerdings geteilt. Es gibt durchaus gegenteilige Evidenz, dass nämlich Hedging langfristig als „*free-lunch*" zu sehen sei. Im Rahmen der internationalen Diversifikation steht aber vielmehr die Erweiterung des Risiko-Rendite Menüs eines Anlegers im Vordergrund. Daher wird ein Investor üblicherweise auch spekulative Positionen in Währungen eingehen. Dann aber sind Währungsrisiken in der Regel *nicht vollständig* abgesichert. Der theoretisch optimale Hedge-Ratio liegt denn auch irgendwo *zwischen* Null und Eins.

Welche Auswirkungen hat es nun aber für das internationale Kapitalmarktgleichgewicht, wenn alle Anleger ein global diversifiziertes Portfolio halten? Welche Preise hätten die einzelnen Anlagen in einem solchen Gleichgewicht und welche Risiken sollten am globalen Kapitalmarkt überhaupt entschädigt werden? Was bedeutet es schliesslich konkret, Währungsrisiken mittels eines optimalen Hedge-Ratios abzusichern? Diesen Fragen soll im letzten Teil des vorliegenden Aufsatzes nachgegangen werden.

Wenn im Zuge der Globalisierung der Aktien- und Bondmärkte das internationale Diversifikationspotential sinkt und nicht-diversifizierbare Risiken an Bedeutung gewinnen, dann stellt sich zunächst die Frage, welche die ökonomischen Bestimmungsfaktoren der globalen systematischen Risiken sind. Nur letztere sind nämlich systematisch bewertet, werden also in Form einer Risikoprämie entschädigt. Hierfür ist es naheliegend, das Capital Asset Pricing Modell (CAPM) vom nationalen auf den internationalen Kontext zu übertragen. Dies ist unmittelbar nur mittels zwei sehr restriktiver Annahmen möglich: (1) in allen Ländern konsumieren Anleger denselben Güterkorb und (2) die realen Güterpreise sind in allen Ländern gleich, d.h. die Kaufkraftparitätentheorie ist zu jedem Zeitpunkt erfüllt. Dann kann eine internationale Version des CAPM geschrieben werden als

$$E(R_i) = R_f + \beta_{iw}\left[E(R_w) - R_f\right]$$

wobei $E(R_i)$ für die zu erwartende Rendite der Anlage i bezeichnet und R_f für die risikolose Anlage steht. Die Renditen können in der jeweils lokalen Währung berechnet werden. Der entscheidende Punkt ist, dass das Risiko gegenüber einem globalen Marktindex gemessen wird. $E(R_w)$ steht nämlich für die zu erwartende Rendite des Weltmarktindex und β_{iw} bezeichnet das Risikomass, also die normierte Kovarianz der Anlage i mit dem Weltmarktportfolio. Genau wie im lokalen CAPM wird die zu erwartende Rendite einer Anlage in zwei Komponenten zerlegt: die risikolose Verzinsung und eine Weltmarktrisikoprämie.

Bei der Berechnung von Kapitalkosten scheint dieses Modell mittlerweile zum Industriestandard geworden zu sein.

Dabei wird Risiko als Sensitivität gegenüber dem Weltmarktportfolio verstanden. Ist diese Vorgehensweise aber auch empirisch haltbar? Ein einfacher (und vielleicht auch nicht ganz fairer) Test ist in Abbildung 7.6 dargestellt. Trägt man auf der horizontalen Achse das Beta des jeweiligen Landesindex mit dem Weltmarktindex und auf der vertikalen Achse die durchschnittliche Rendite auf, so sollte - wenn die internationale Version des CAPM stimmt - eine positive Beziehung zwischen beiden Grössen bestehen. Das Ergebnis ist ernüchternd: die Regressionsgerade ist flach, das Bestimmtheitsmass dieser Regression liegt unter 1%.

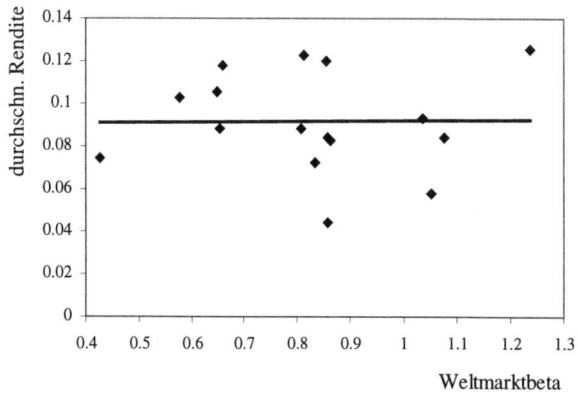

*Abbildung 7.6.: **Ein einfacher Test der internationalen Version des CAPM**. Der Berechnung liegt das Zeitfenster von 1970.01 bis 1998.08 zugrunde. Unter der Gültigkeit des CAPM besteht eine positive Beziehung zwischen dem Weltmarktbeta und der durchschnittlichen Rendite.*

Probleme in der Praxis...

Nun ist zumindest in der kurzen Frist die Kaufkraftparitätentheorie häufig verletzt. Auch die Annahme homogener Präferenzen scheint zu restriktiv. Dann aber entstehen reale Währungsrisiken und die Anleger werden versuchen, diese abzusichern. Es entsteht eine Nachfrage nach Hedgingprodukten. Und so ist das zentrale Ergebnis der internationalen Portfoliotheorie denn auch folgendes Separationstheorem: Jeder Investor hält eine Kombination aus dem Weltmarktportfolio und der jeweils aus seiner Sicht risikolosen Anlage, wobei das Weltmarktportfolio durch Short-Positionen in ausländischen risikolosen Anlagen *teilweise* gegen Währungsrisiken abgesichert ist. Gemäss der gedeckten Zinsparitätentheorie wird nämlich durch die Positionen in den risikolosen Anlagen ein synthetischer Terminverkauf der Fremdwährung repliziert. In der Regel ist ein vollständiger Hedge nicht optimal. Lediglich für den Spezialfall, dass Renditen und Wechselkurse unkorreliert sind, ist ein totaler Hedge angebracht. In der Praxis vertrauen viele Fondsmanager auf sog. *„Overlay-Hedges”*. Dabei stellen sie zunächst ein optimales Portfolio von internationalen Aktien und langfristigen Bonds zusammen und entscheiden erst in einem zweiten Schritt über das Ausmass der Absicherung der einzelnen Positionen. Die entscheidende Einsicht der internationalen Portfoliotheorie ist aber einmal mehr, Währungen als eine eigenständige Anlagekategorie zu sehen: Märkte und Währungen müssen simultan optimiert werden.

Leider ergibt sich in der Praxis ein grundlegendes Problem, dass nämlich die theoretisch optimalen Hedge-Ratios für verschiedene Währungen resp. Länder unterschiedlich ausfallen und von empirisch nicht beobachtbaren Faktoren abhängen. Dies ist insbesondere aus Sicht der Perfomancemessung ein sehr enttäuschendes Ergebnis. Der MSCI-Weltmarktindex - ungesichert oder *vollständig* abgesichert - ist aus diesem Grund lediglich Teil des (nicht beobachtbaren) effizienten Weltmarktportfolios und stellt aus theoretischer Sicht keine effiziente Benchmark dar. Dies geht auch aus Abbildung 7.3 deutlich hervor. In der Literatur gibt es deshalb Versuche, theoretisch optimale Hedge-Ratios zu konstruieren, die für Fondsmanager relativ einfach umsetzbar sind. Derartige *„Universal Currency Hedge Ratios”* sollen nämlich für jeden Anleger gelten, völlig unabhängig von seiner Nationalität. Die theoretische Fundierung solcher Modelle ist jedoch sehr umstritten. Solnik (1993), einer der bekanntesten Forscher auf dem Gebiet der internationalen Finanzmarkttheorie, zieht eine entmutigende Bilanz, wenn er meint „...we do not have, and should not expect ever to find, a widely accepted, easily replicable and conceptually sound universal international benchmark. Nor do we have a simple answer for optimal currency-hedging policy.”

**Das internatio-
nale CAPM**

Unter zusätzlichen Annahmen kann aber ein internationales Capital Asset Pricing Modell (ICAPM) formuliert werden,
bei dem für jede Währung eine Risikoprämie berücksichtigt
wird. Damit wird der Kovarianz zwischen der Anlage und den
einzelnen Wechselkursen Rechnung getragen. Das Bewertungsmodell kann geschrieben werden als

$$E(R_i) = R_f + \beta_{iw} \cdot RP_w + \gamma_{i1} \cdot RP_1 + \gamma_{i2} \cdot RP_2 + ... + \gamma_{ik} \cdot RP_k$$

wobei RP_k die für alle Länder gleichen Währungsrisikoprämien und γ_{ik} die länderspezifischen Sensitivitäten hinsichtlich der Währung k bezeichnen. Als nicht vollständig
diversifizierbare Risiken sind Währungsrisiken systematisch
und werden - zumindest theoretisch - auf den Kapitalmärkten
mit einer Risikoprämie vergolten. Die internationale Version
des CAPM gilt somit nur für ein Portfolio, dessen Rendite
optimal gegen Währungsrisiken abgesichert ist.

**Der Euro
und die Asset
Allocation**

Befindet sich das Währungsgefüge langfristig im Gleichgewicht gemäss der Kaufkraftparität, so ist nicht einsichtig,
warum ein schweizerischer Anleger für das Halten einer
Fremdwährung im Durchschnitt entschädigt werden sollte,
dies aber umgekehrt nicht der Fall ist. DESANTIS, GERARD
und HILLION (1998) gelingt es mittels konditionierter Bewertungsmodelle zu zeigen, dass Wechselkursrisiken kurzfristig
sowohl mit positiven als auch negativen Risikoprämien entschädigt werden. Über einen sehr langen Zeitraum scheinen
sich die Wechselkursrisikoprämien - wenn auch nicht vollständig - allerdings tatsächlich aufzuheben. Vor dem Hintergrund der Einführung einer europäischen Gemeinwährung
sind diese empirischen Beobachtungen von grosser Bedeutung für die internationalen Aktien- und Bondmärkte. Aus
Tabelle 7.1 geht hervor, dass für Bonds das Währungsrisiko
einen beträchtlichen Anteil am Gesamtrisiko darstellt. Aus
diesem Grund halten institutionelle Anleger denn auch relativ
wenige Bonds in Fremdwährungen bzw. sichern diese zumindest gegen das Währungsrisiko ab. Mit dem Wegfall der
Währungsrisiken in *Euroland* steht Anlegern ein sehr viel

grösseres Anlagespektrum an Bonds zur Verfügung, verbunden mit einer wohl auch bonitätsmässig grösseren Vielfalt.

Für den Aktienmarkt finden DE SANTIS, GERARD und HILLION (1998) in einer ökonometrisch richtungsweisenden Arbeit, dass die Währungsrisikoprämien stark zwischen positiven und negativen Ausprägungen schwanken. Während der erweiterten Beobachtungsperiode von 1974:01 bis 1997:04 war die aggregierte Risikoprämie für die in der Studie untersuchten Eurowährungen im Durchschnitt schwach positiv. Die aggregierte Risikoprämie für die Nicht-Eurowährungen war hingegen für denselben Zeitraum in etwas stärkerem Ausmass negativ. In Abbildung 7.8 ist die Dekomposition der Währungsrisikoprämien für den MSCI-Weltmarktindex sowie deren Schwankungen um das Nullniveau auf einer Zeitachse dargestellt[2]. Sämtliche Berechnungen sind aus der Sicht eines DM-Anlegers angestellt.

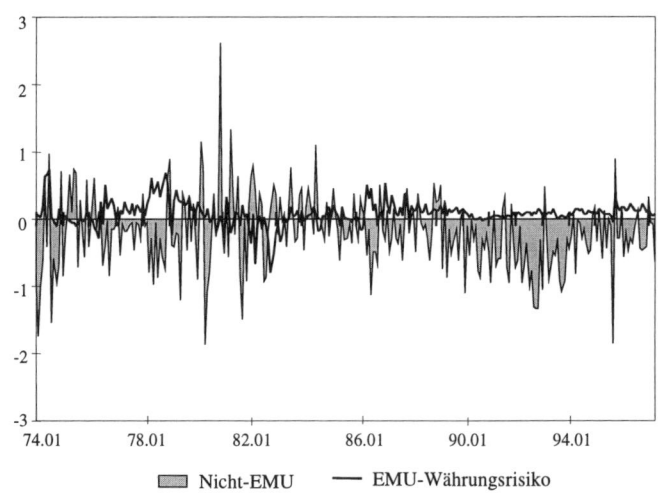

Quelle: *DE SANTIS, GERARD und HILLION (1998)*

Abbildung 7.8: Dekomposition der Währungsrisikoprämien. *Die Darstellung zeigt die Dekomposition der Währungsrisikoprämien auf den MSCI-Weltmarktindex aus DM-Sicht. Der unterlegte Flächenabschnitt zeigt die zeitliche Entwicklung der aggregierten Risikoprämie auf Nicht-*

---

[2] Ich danke Dr. BRUNO GERARD für seine Bereitschaft, die zur Erstellung dieser Abbildung erforderlichen Daten zur Verfügung zu stellen.

Eurowährungen (USD, Yen und GBP), der weisse Bereich kennzeichnet die aggregierte Risikoprämie auf die Eurowährungen (DM, FF und NLG).

Die Einführung des Euro wird daher die zu erwartenden Renditen auf den globalen Aktienmärkten in jenem Ausmass reduzieren, in dem das aggregierte Währungsrisiko der Eurowährungen systematisch ist. Damit sollte auch eine Reduktion der Volatilitäten auf den Aktienmärkten einhergehen. Da die aggregierte Risikoprämie für Eurowährungen aber langfristig vernachlässigbar ist, dürfte auch das Ausmass der Auswirkungen einer gemeinsamen europäischen Währung auf die Bewertung der internationalen Aktienanlage nur gering sein. Gleichzeitig sollte die Einführung des Euro jedoch ein Phänomen beseitigen, das Finanzmarkttheoretikern seit langem Probleme bei der Interpretation bereitet hat, nämlich den „Home-Country Bias". Ungeachtet der Vorteile internationaler Diversifikation kann man nämlich beobachten, dass institutionelle Anleger eine starke Vorliebe für die Aktien des eigenen Landes an den Tag legen. Zumindest in *Euroland* sollte aber das Länderdenken der Vergangenheit angehören. In Zukunft sollten besser diversifizierte Aktienportfolios ein Ausfluss dieser Entwicklung sein.

Internationale Faktormodelle

Neuere empirische Befunde zeigen, dass erwartete Renditen auf internationalen Aktien- und Bondmärkten zeitvariabel sind. Dies bedeutet in der Finanzmarkttheorie geradezu einen Paradigmawechsel, zumal die Diskussion rund um effiziente Märkte von konstanten und nicht prognostizierbaren Renditeerwartungen ausging. In der Tat fanden zahlreiche empirische Studien in den 60er und 70er Jahren, dass Renditen einem *Random-Walk* folgen, d.h. die beste Renditeprognose für die Zukunft stets der aktuelle Wert ist. Und vermeintlich kam es noch schlimmer für die eingefleischten Anhänger der Markteffizienzhypothese: ein Teil der Variabilität erwarteter Renditen scheint mittels sog. Instrumentvariablen gar prognostizierbar zu sein. Vermeintlich deshalb, weil die semistarke Form der Markteffizienz lediglich bedeutet, dass die auf den Kapitalmärkten beobachtbaren Preise sämtliche öffentlich verfügbaren Informationen reflektieren. Dies ist aber durch-

aus vereinbar mit der empirischen Evidenz, dass ex-ante beobachtbare und ökonomisch fundierte Instrumentvariablen
Erklärungsgehalt für künftige Renditen haben. Die entscheidende Einsicht neuer empirischer Studien ist, dass erwartete
Renditen von sich verändernden Erwartungen über die wirtschaftliche Entwicklung abhängen. Dabei ist zu beobachten,
dass die Renditeerwartungen in Rezessionsphasen höher sind
als in Aufschwungphasen. Aus finanzmarkttheoretischer Sicht
für Prognosezwecke geeignete Instrumentvariablen müssen
daher (1) die Konjunkturerwartungen der Anleger widerspiegeln und (2) am Beginn jeder Periode beobachtbar sein. Solcherart ökonomisch fundierte Instrumente sind kurzfristige
Zinssätze, Dividendenrenditen, Zeitprämien (Differenz zwischen den Renditen von Bonds mit langer bzw. kurzer Restlaufzeit) und Bonitätsprämien (Differenz zwischen den Renditen von Obligationen schlechter und bester Bonität).

Aus dem Blickwinkel der modernen Finanzmarkttheorie
steht die Erwartungsbildung über den Aktienmarkt im Mittelpunkt des Interesses. Leider können auch Ökonometriker Erwartungen empirisch nicht beobachten. Ein Trick schafft aber
Abhilfe: Man nimmt an, die Erwartungen der Anleger seien
stets rational und ersetzt Renditeerwartungen durch realisierte
Aktienrenditen. Dies muss zumindest langfristig stimmen,
denn andernfalls können die Erwartungen nicht rational sein.
Auf diese Weise kann man anhand eines Bewertungsmodells
die Bedeutung der Instrumentvariablen am Beginn einer jeden
Periode t für die Erwartungsbildung bezüglich der Aktienrenditen während des Zeitraumes von t bis t+1 untersuchen.
Ökonometrisch wird der Zusammenhang zwischen den Instrumenten und den erwarteten Renditen häufig linear modelliert. HARVEY (1991) und SOLNIK (1993) testen ein Modell
für die Risikoprämien über einen Querschnitt von Länderin-
dizes

$$RP_{t+1}^j = E\left(X_{t+1}^j \middle| Z_t\right) = b_0^j + b_1^j r_t^j + b_2^j DY_t^j + b_3^j ZS_t^j + b_4^j BS_t^j$$

mittels einfacher Regressionen, wobei E wiederum für einen Erwartungswertoperator steht. RP_{t+1}^j bezeichnet die Risikoprämie in Land j für den Zeitraum von t bis t+1: es ist dies

die Differenz aus der zu erwartenden Rendite einer Anlage und dem kurzfristigen Zinssatz r_t^j, X_{t+1}^j. Z_t bezeichnet die Menge der zum Zeitpunkt t bekannten Instrumentvariablen: der kurzfristige Zinssatz r_t^j, die Dividendenrendite DY_t^j, der Zeitspread ZS_t^j sowie der Bonitätsspread BS_t^j. Entscheidend ist, dass die erwartete Überschussrendite zeitvariabel ist: sie verändert sich mit den Ausprägungen der Instrumentvariablen. Verwendet man die Ausprägungen der jeweiligen *lokalen* Instrumentvariablen, so beträgt der empirische Erklärungsgehalt für die Renditen entwickelter Aktienmärkte zumeist deutlich unter 10%, d.h. weniger als 10% der Renditevariabilität kann prognostiziert werden. Vor dem Hintergrund der Globalisierung der Kapitalmärkte ist es aber von grösserem Interesse, *globale* Instrumentvariablen zu betrachten. Man gewinnt diese, indem man die lokalen Instrumente entsprechend der Marktkapitalisierung bzw. dem Bruttosozialprodukt des jeweiligen Landes gewichtet. HARVEY (1991) zeigt, dass der Erklärungsgehalt im Durchschnitt auf etwa 10% ansteigt, für den MSCI-Weltmarktindex liegt die Prognosefähigkeit bei 13%. Noch wichtiger, bei gleichzeitiger Verwendung lokaler und globaler Instrumentvariablen verlieren die lokalen Instrumente ihren Erklärungsgehalt zugunsten der globalen. Eine ausgezeichnete Darstellung aus Sicht eines schweizerischen Anlegers findet man bei OERTMANN (1997).

Die wissenschaftliche Debatte ist damit aber noch lange nicht beendet. Doch scheint sich ein Konsens abzuzeichnen, der auf eine Synthese zwischen den empirischen Befunden und der Theorie effizienter Märkte abzielt. FAMA und FRENCH (1989), die sicherlich bekanntesten Proponenten der Markteffizienzhypothese, gehen sogar einen Schritt weiter, wenn sie meinen: "...[hence], predictability reflects the *rational* updating of investors' assessment of the required rate of return."

Implikationen für internationale Anleger

Die ansteigenden Korrelationen zwischen den globalen Aktien- und Bondmärkten reduzieren das Diversifikationspotential innerhalb dieser klassischen Anlagesegmente. Daraus ergeben sich für einen internationalen Anlager mehrere Implikationen. Zum einen gewinnen nichttraditionelle Anlageformen an Bedeutung. Eine breite Diversifikation innerhalb der einzelnen Anlagekategorien ist allerdings gerade hier unabdingbar. Auch muss berücksichtigt werden, ob nichttraditionelle Anlageformen ein Portfolio aus internationalen Aktien und Bonds tatsächlich sinnvoll ergänzen. Die wichtigsten Beispiele hierfür sind:

- Anlagen in den aufstrebenden Wirtschaftsräumen (*emerging markets*)
- Aktien kleinkapitalisierter, aber kotierter Gesellschaften (*small caps*)
- Beteiligungen an Jungunternehmen und Risikokapital (*venture capital*)
- Anlagen im Bereich von Commodities
- Anlagen in Hedge-Funds

Schliesslich kann man häufig lesen, Branchendiversifizierung gewinne zu Lasten der Länderallokation an Bedeutung. Nun zeigen aber zahlreiche empirische Studien, dass das Diversifikationspotential über Länder immer noch höher ist als über Branchen. Anderseits scheinen Branchen besser diversifizierte Länderportfolios als Länderportfolios gut diversifizierte Brachenportfolios zu sein. Deshalb kann internationale Streuung der Anlagen über Branchen ein zusätzliches Diversifikationspotential bieten. Zudem wird im Zuge der Einführung des Euro das Länderdenken innerhalb von *Euroland* ohnehin der Vergangenheit angehören; der Landesfaktor nimmt zwangsweise zugunsten des Industriefaktors an Bedeutung ab.

Literaturhinweise

Einführende Literatur:

DADA, JON und JOE WILLIAMS (1993), „Is there a Shortcut to International Investing?", Journal of Investing, pp. 45-47.

DRUMMEN, MARTIN und HEINZ ZIMMERMANN (1992), „Portfolioeffekte des Währungsrisikos", Finanzmarkt und Portfolio Management, pp. 81-103.

ODIER, PATRICK und BRUNO SOLNIK (1993), „Lessons for International Asset Allocation", Financial Analysts Journal, pp. 63-77.

OERTMANN, PETER und HEINZ ZIMMERMANN (1998), 3-teilige Aufsatzsammlung, Teil 1: Systematische Risiken steigen! (Nr.2., 1998), Teil 2: Neue Strategien zur Diversifikation (Nr.3., 1998), Teil 3: Global Economic Risk Profile (Nr.4., 1998), alle in: Schweizer Bank.

Fortgeschrittene Literatur:

DE SANTIS, GIROGIO, BRUNO GERARD und PIERRE HILLION (1998), „The Relevance of Currency Risk in the EMU", Working Paper, Marshall School of Business, University of Southern California.

OERTMANN, PETER, (1997), Global Risk Premia on International Investments, Gabler Verlag, Wiesbaden.

HARVEY, CAMPBELL. R. (1991), „The World Price of Covariance Risk", Journal of Finance 45, pp. 111-158.

SOLNIK, B. (1993), „The performance of international asset allocation straregies using conditioning information", Journal of Empirical Finance 1, pp. 33-55.

Kapitel 8

Internationale Asset Allocation

von Markus Rudolf

Obwohl die Vorteile internationaler Diversifikation ausführlich in der Literatur diskutiert sind, beobachtet man eine gewisse Zurückhaltung von Investoren gegenüber ausländischen Anlagen. Der hauptsächliche Grund dafür ist sicherlich das subjektiv als hoch eingeschätzte Wechselkursrisiko. *Abbildung 8.1* verdeutlicht, dass das Wechselkursrisiko oft als zu gravierend eingeschätzt wird. Die dunklen Balken zeigen die Volatilitäten von vier ausländischen Aktienmärkten in DEM. Die hellgrauen Balken zeigen die Volatilitäten in den jeweiligen Lokalwährungen. Schliesslich repräsentieren die hellen Balken die Volatilität der Wechselkursrenditen.

**Währungs-
und Wechsel-
kursrisiko**

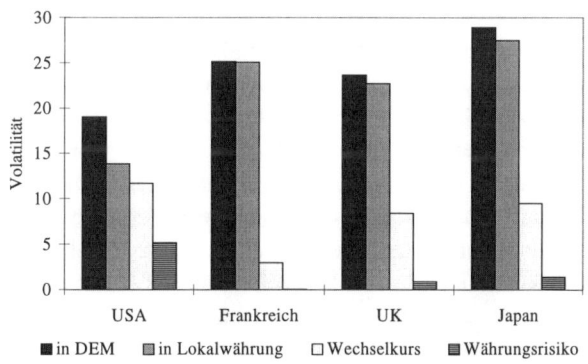

Abbildung 8.1: Wechselkurs- und Währungsrisiko aus DEM-Sicht. Untersuchungszeitraum: Januar 1982 bis Dezember 1996, Monatsschlusskurse. Quelle: eigene Berechnungen.

Beim französischen Aktienmarkt beispielsweise ist die zusätzliche Volatilität eines deutschen Investors gegenüber einem französischen praktisch Null. Dennoch hat man eine substantielle Wechselkurs-Volatilität von rund 3%. Die Abbildung verdeutlicht, dass sich nur ein kleiner Teil des Wechselkursrisikos als Währungsrisiko einer ausländischen Anlage niederschlägt. Damit ist die Scheu vor Wechselkursschwankungen nur zu einem kleinen Teil gerechtfertigt.

Dieses Kapitel möchte erstens zeigen, welcher Teil des Wechselkursrisikos sich tatsächlich als Währungsrisiko einer Auslandsanlage manifestiert. Zum zweiten wird gezeigt, wie man das Währungsrisiko durch die Verwendung von Währungstermingeschäften (Forwards) verringern kann. Und schliesslich soll auf die Rolle des Währungsrisikomanagements bei der Strukturierung effizienter Portfolios eingegangen werden.

Mean/Variance-Kriterium und Internationale Asset Allocation

Traditionell wird bei der internationalen Asset Allocation ein Mean/Variance Ansatz auf die in die Heimatwährung umgerechneten Renditezeitreihen angewendet. Anschliessend wird ein Teil der Währungs-Exposure abgesichert, indem die fremde Währung auf Termin verkauft wird (Forward-Kontrakte). Man bezeichnet die Absicherung eines Portfolios durch den Verkauf von Forwards als Hedging. Ein gezielter Einsatz von Währungs-Forwards ermöglicht die Trennung des Währungsrisikos vom ausländischen Aktienmarktrisiko. Dabei kann z.B. die Rendite eines internationalen Portfolios zur Hälfte durch den französischen Markt bestimmt werden, aber nur zu einem Viertel vom französischen Franc. Den Anteil des gegen Währungsrisiken abgesicherten Vermögens am im jeweiligen Land investierten Vermögen bezeichnet man als die Hedge-Ratio. Sie wird gewöhnlich ausschliesslich von den subjektiven Präferenzen und Einschätzungen des Investors bestimmt. Diese Vorgehensweise ist nicht optimal: Wechselkursschwankungen sind nicht nur eine Risikoquelle, sondern auch eine Quelle für potentielle Diversifikationsgewinne. Eine der portfoliotheoretischen Grundaussagen ist, dass nicht völlig synchron verlaufende Wertpapierkurse geeignet sind, Anlagerisiken zu vernichten, ohne Ertragspotentiale zu beschneiden. Je niedriger die Korrelationen zwischen den Anlagen sind, desto vorteilhafter sind die Diversifikationspotentiale. Da Wechselkursrenditen typischerweise niedrige Korrelationen mit den Renditen der Märkte aufweisen, darf man durch eine optimale Wahl der Währungs-Exposure eine Verringerung des Portfoliorisikos gegenüber einem reinen, nationalen Investment erwarten. Sowohl auf die Höhe der Korrelationen wie auch auf die Quantifizierung des Währungsrisikos aus der Sicht eines DEM-Investors wird später zurückzukommen sein.

Es wird ein Investor mit der Referenzwährung DEM betrachtet. Die (einfache) Rendite eines Investments wird normalerweise als der Quotient des Endvermögens und des Anfangsvermögens minus Eins berechnet. Wenn beispielsweise 1 Mio. DEM in den deutschen Aktienmarkt investiert wird und wenn nach Ablauf eines Jahres durch den Verkauf dieser Wertpapiere 1.1 Mio. DEM erlöst werden, dann beträgt die Rendite:

Rendite einer Auslandsanlage

$$\text{Rendite} = \frac{\text{Endvermögen}}{\text{Anfangsvermögen}} - 1 = \frac{1'100'000}{1'000'000} - 1 = 10\%$$

Eine einfache Modifikation dieses Zusammenhangs ergibt sich, wenn das Startkapital von 1 Mio. DEM nicht in den deutschen Markt investiert wird, sondern im Ausland, etwa in den USA. In diesem Fall ist die Rendite, berechnet in DEM, sowohl von der Veränderung des amerikanischen Marktes, wie auch von der Wechselkursentwicklung zwischen DEM und USD abhängig. Die Rendite in DEM kann als das Produkt aus den Renditen des US-Marktes und des Wechselkurses DEM/USD auf dem Spotmarkt, der sogenannten Spotrate, berechnet werden:

$$R_{DEM} = \frac{V^1_{USD}}{V^0_{USD}} \cdot \frac{WK^1_{DEM/USD}}{WK^0_{DEM/USD}} - 1$$

In der abgebildeten Formel ist die DEM-Rendite mit R_{DEM}, das Schluss- bzw. Anfangsvermögen in USD mit V^1_{USD} und V^0_{USD} sowie der Wechselkurs des USD in DEM mit

$WK^1_{DEM/USD}$ bzw. $WK^0_{DEM/USD}$ bezeichnet. Durch das Beispiel in *Tabelle 8.1* wird die Formel verdeutlicht.

	$WK_{DEM/USD}$	MSCI	Anzahl Kontrakte	Wert in DEM	$WK_{DEM/CHF}$
April 1994	1.66	416	1448	1'000'000	1.18
April 1995	1.38	471	1448	941'171	1.21

Tabelle 8.1: Ein DEM-Investor legt im US-Aktienmarkt an.

Der Preis eines USD im April 1994 beträgt 1.66 DEM, ein Jahr später schwächt sich der USD um 16.9% auf 1.38 ab. Im gleichen Zeitraum legt der US-Aktienmarkt um 13.2% von 416 auf 471 USD zu[1]. Ein DEM-Investor hätte im April 1994 1448 MSCI-Kontrakte im Gegenwert von 1 Mio. DEM erwerben können und sie nach einem Jahr für 941'171 DEM verkaufen können. Trotz der guten Verfassung des US-Aktienmarktes hätte er circa 5.9% seines Vermögens verloren. Dies entspricht nach der Formel oben

$$R_{DEM} = \frac{1448 \cdot 471 \text{ USD}}{1448 \cdot 471 \text{ USD}} \cdot \frac{1.38 \text{ DEM / USD}}{1.66 \text{ DEM / USD}} - 1 = -5.9\%.$$

In dieser Situation wäre der Investor froh gewesen, wenn er sich gegen die erstarkende DEM abgesichert hätte. Dies wäre allerdings nicht für jedes Land eine optimale Strategie gewesen. Hätte der betrachtete Investor etwa in der Schweiz investiert, so wäre die DEM zwischen April 1994 und April 1995 schwächer geworden; die Wechselkurse gemäss *Tabelle 8.1* betrugen 1.18 DEM/CHF bzw. 1.21 DEM/CHF. Hier hätte die Währungskomponente einen positiven Beitrag zur Rendite in DEM geleistet. Diese Beispiele zeigen, dass der Grad der Absicherung gegen Wechselkursschwankungen nicht global für alle Währungen, sondern individuell und nur im Zusammenspiel mit anderen Wertpapieren des Portfolios

---

1 Diese Werte entsprechen dem Stand des Morgan Stanley Capital Index (MSCI) zu den jeweiligen Zeitpunkten.

festgelegt werden kann. Wechselkursrenditen und Korrelationen spielen eine entscheidende Rolle für den Grad der Absicherung. Deshalb sollte man die Hedge-Ratios simultan mit den Portfolioanteilen der Märkte optimieren. In der bisherigen Praxis, auch in den fortschrittlichen Häusern des Investment-Bankings, werden die Währungen pauschal abgesichert. Wenn überhaupt! Dass diese Vorgehensweise ineffiziente Portfolioallokationen impliziert, wird weiter unten beschrieben.

In einem weiteren Schritt wird nun analysiert, wie die Renditeformel zu modifizieren ist, wenn ein Teil der Währungs-Exposure abgesichert werden darf. Typischerweise werden Forward-Kontrakte verkauft, um sich gegen das Währungsrisiko zu schützen. Ein solcher Kontrakt impliziert, dass ein festgelegter Betrag in USD, zu einem festgelegten Zeitpunkt (z.B. einen Monat) und zu einem heute festzulegenden Preis an einen Vertragspartner verkauft wird. Der 1-Monats-Forward-Preis für einen USD im April 1994 betrug 1.67 DEM/USD[2]. Damit weiss der Investor mit Sicherheit, zu welchem Wechselkurs er nach einem Monat sein Dollarguthaben in DEM zurücktauschen kann, wenn er einen Währungsforward verkauft. Die Glattstellung der Forward-Position bringt dem deutschen Investor gerade die Differenz zwischen dem Terminkurs und dem späteren Spotkurs. Wenn er etwa 100 USD vor einem Jahr für 1.70 DEM auf Termin verkauft hat, und wenn der heutige USD-Kurs 1.66 DEM ist, dann kann er die erworbenen 100 USD für 170 DEM statt für 166 DEM verkaufen. Durch die Glattstellung des Forwards werden 4 DEM pro 100 USD verdient. Sichert er allerdings nur einen Teil der Währungs-Exposure ab, so kann er diesen Absicherungsgewinn nicht vollständig realisieren. Aus diesen Überlegungen folgt, dass die Rendite einer teilweise abgesicherten Position in DEM gleich der Summe der Rendite aus der ungesicherten Position plus der Differenz aus den Renditen der Forward- und der Spotrate ist. Diese zweite Komponente

**Währungs-
Hedging durch
Forwards**

---

2 Das Verhältnis zwischen Spot- und Forward-Preis einer Währung wird vom Zinsgefälle zwischen In- und Ausland bestimmt.

fliesst allerdings nur für den abgesicherten Teil h des Auslandengagements mit ein:

$$R_{DEM}^{\text{abgesichert}} = R_{DEM} + h \cdot \frac{F - WK_{DEM/USD}^1}{WK_{DEM/USD}^0}$$

Die Hedge-Ratio ist durch den Buchstaben h abgekürzt, die Forwardrate mit F. Die 1-Jahres-Forwardrate im April 1994 betrage 1.70 DEM/USD. Wird eine Hedge-Ratio von 50% unterstellt, dann ergibt sich eine gehedgte Rendite von:

$$R_{DEM}^{\text{abgesichert}} = -5.9\% + 0.5 \cdot \frac{1.70 - 1.38}{1.66} = -5.9\% + 9.6\%$$
$$= 3.7\%$$

Durch die Absicherung kann eine zusätzliche Rendite von 9.6% erreicht werden. Hätte man sogar den gesamten Betrag abgesichert, der in den USA investiert wurde, dann wäre die Gesamtrendite etwa 13.3% gewesen, d.h. 19.2% höher als bei der nicht abgesicherten Position.

Optimierung und Kovarianzen

Für eine optimale Asset Allocation ist neben der Rendite des ausländischen Marktes auch die Wechselkursrendite zwischen der Inlands- und der Auslandswährung entscheidend. Folglich werden neben den Volatilitäten und erwarteten Renditen der ausländischen Märkte zusätzlich die Volatilitäten und erwarteten Renditen der Währungen eine Rolle spielen. Zur Bestimmung Mean/Variance-effizienter Portfolios ist darüber hinaus auch die Bestimmung der Kovarianzen zwischen den Märkten und Währungen erforderlich. Dadurch wird das Problem der internationalen Asset Allocation deutlich komplexer, als das traditionelle Asset Allocation Problem[3].

Hier wird ein international diversifiziertes Portfolio unter Leerverkauf-Restriktionen aus Sicht eines DEM-Investors optimiert. Bei Abschluss eines Währungsforwards entstehen keine Kosten. Deshalb wird als Hedge-Restriktion lediglich

---

3 RUDOLF UND ZIMMERMANN (1998) zeigen die konkrete Formulierung des Optimierungsproblems bei international diversifizierten Portfolios.

verlangt, dass nicht mehr als das Investment im jeweiligen Währungsgebiet abgesichert wird (kein Over-Hedging). Zusätzlich soll ein Terminkauf einer Währung verboten sein (kein Reverse-Hedging). Anlagerestriktionen, die sich auf die Wertpapiere beziehen, werden getrennt von den Währungen implementiert. Als Ergebnis ist es möglich, dass man zwar eine nennenswerte Exposure in einem bestimmten Markt hat, aber die gesamte Währungsexposure durch Shortpositionen im entsprechenden Währungsforward eliminiert. Die Hedgingpolitik muss dabei keineswegs für alle Währungen gleich sein. Im Fall der traditionellen, internationalen Asset Allocation wäre das Optimierungsproblem weniger komplex: Die Hedge-Ratios würden für alle Währungen auf einen bestimmten Wert gesetzt, z.B. 100%. Die Optimierung würde sich dann nur noch auf die Märkte beziehen und nicht auf die Währungen. In der anschliessenden Fallstudie werden die Unterschiede in den Ergebnissen des hier vorgestellten und des traditionellen Ansatzes der internationalen Asset Allocation aufgezeigt. Dabei wird anhand des Beispiels gezeigt, dass man durch die Einbeziehung der Hedge-Ratios in das Optimierungsproblem eine deutliche Effizienzsteigerung erreichen kann.

Der Untersuchung liegt die Annahme zugrunde, dass ein **Daten** DEM-Investor in die Aktienmärkte der USA, Frankreichs, des UK, Japans und Deutschlands investiert. Für jedes Land wird stellvertretend der entsprechende MSCI verwendet. Die Länder spiegeln nach der Börsenkapitalisierung in etwa die fünf wichtigsten Weltmärkte wider. Zur Berechnung der notwendigen Parameter, die zur Umsetzung des Modells benötigt werden, liegen 180 Monatseröffnungskurse zwischen Januar 1982 und Dezember 1996 zugrunde. Die *Tabellen 8.2.* und *8.3* zeigen die deskriptiven Statistiken der Indizes und der Wechselkursrenditen. Wie *Tabelle 8.2* zeigt, sind die Markt- und Wechselkursrenditen teilweise durch negative Korrelationen gekennzeichnet. Die internationalen Aktienmärkte weisen typischerweise Korrelationen von über 0.5 auf. Dies spricht für ein erhebliches Diversifikationspotential der Währungen. Im oberen Teil von *Tabelle 8.2* erkennt man die Korrelationen zwischen den Wechselkursrenditen (DEM pro

Fremdwährung) und den Aktienmarktrenditen in den jeweiligen Lokalwährungen. Im unteren Teil sind die Korrelationen zwischen den Aktienmärkten in DEM eingetragen.

	USD	FRF	GBP	JPY
USA	0.11	0.03	0.04	0.1
Frankreich	0.53	-0.04	0.21	0.22
UK	0.49	0.03	-0.07	0.21
Japan	0.36	0.02	0.11	-0.02
Deutschland	0.54	0.12	0.27	0.16
	USA	**Frankreich**	**UK**	**Japan**
Frankreich	0.65			
UK	0.74	0.71		
Japan	0.44	0.56	0.55	
Deutschland	0.58	0.75	0.64	0.47

Tabelle 8.2: Korrelationskoeffizienten. Beobachtungsintervall: Januar 1982 bis Dezember 1996, Monatsschlusskurse. Quelle: Datastream und eigene Berechnungen.

Tabelle 8.3 verdeutlicht, dass alle Aktienmärkte, mit Ausnahme von Japan, durchschnittliche Renditen zwischen 10% und 13% erzielt haben. Es ist allerdings zu beachten, dass die DEM gegenüber dem britischen Pfund in den vergangenen sechs Jahren durchschnittlich um etwa 3.3% pro Jahr aufgewertet wurde, was entscheidend durch den Zusammenbruch des Europäischen Währungssystems im September 1992 geprägt ist. Dadurch erscheint ein Investment aus DEM-Sicht weniger attraktiv. Hingegen war die DEM im Vergleich zum japanischen Yen durchschnittlich schwach: pro Jahr verlor sie etwa 1.8%. Damit hätte ein DEM-Investor in Japan einen Wechselkurs-induzierten Gewinn zu erwarten gehabt. Gegenüber dem USD hätte man einen Verlust von etwa 2.7% durchschnittlich pro Jahr zu verzeichnen gehabt. Interessanter aber sind die Volatilitäten der Märkte und Währungen. Ein Engländer musste bei einem Engagement in seinem Heimatmarkt eine Volatilität von rund 23% tragen. Ein deutscher Investor hätte, im Vergleich zu einem englischen Investor, weniger als 100 Basispunkte zusätzliche Volatilität in England tragen müssen, obwohl das GBP mit einer Volatilität von knapp

8.5% geschwankt hat. Damit wäre der englische Markt aus deutscher Sicht weniger riskant gewesen als der deutsche Markt. Auch für die anderen Länder zeigt sich, dass die zusätzliche Volatilität des deutschen Investors gegenüber einem Inländer weit unter der Wechselkursvolatilität liegt. Das relevante Währungsrisiko kann sich daher lediglich auf die Differenz zur Volatilität des Inländers beziehen und nicht auf die Wechselkursvolatilität (vgl. DRUMMEN UND ZIMMERMANN 1992). Dabei gilt, dass das Währungsrisiko deutlich niedriger ist als das Wechselkursrisiko. Die niedrige Korrelation (-0.07) zwischen dem GBP und dem englischen Aktienmarkt aus DEM-Sicht ist der Grund für das niedrige, englische Währungsrisiko. Solange die Korrelation zwischen Markt und Währung kleiner als eins ist, liegt das Währungsrisiko unter dem Wechselkursrisiko.

Land	durchschnittliche, annualisierte Rendite in %			annualisierte Volatilität in %		
	Index*	Index**	Währung **	Index*	Index**	Währung **
USA	12.14	9.42	-2.72	13.86	19.06	11.69
Frankr.	13.39	11.51	-1.88	25.09	25.15	2.98
UK	12.55	9.21	-3.35	22.75	23.69	8.44
Japan	6.43	8.22	1.79	27.50	28.93	9.4
Dtld.	10.13	10.13	0	24.97	24.97	0

*Tabelle 8.3: Annualisierte Renditen und Volatilitäten. Beobachtungsintervall: Januar 1982 bis Dezember 1996, Monatsschlusskurse. Quelle: Datastream und eigene Berechnungen. * in Lokalwährung; ** in DEM.*

In der vorliegenden Anwendungsstudie werden die Ergebnisse einer fixen, 50%-Währungshedging Strategie mit einer Strategie der optimierten Hedge-Ratios verglichen. Die Zahl 50% ist ein arbiträrer Wert, von dem angenommen wird, dass er den Präferenzen des Investors entspricht. Ebenso hätte man 0% oder 100% oder irgendeinen Anteil dazwischen absichern können. *Abbildung 8.2* zeigt die Ergebnisse der internationalen Diversifikation bei konstanten und bei optimierten Hedge-Ratios ohne Anlagerestriktionen. Die innere der beiden Efficient Frontiers repräsentiert den Zusammenhang effizienter

Effiziente Portfolios ohne Anlagerestriktionen

Kombinationen aus Durchschnittsrendite und Volatilität[4] beim traditionellen Modell, d.h. mit fixen 50% Hedge-Ratios. Die äussere Efficient Frontier hingegen kann erreicht werden, wenn die Hedge-Ratios selbst optimiert werden. Es ist deutlich zu erkennen, dass man durch optimiertes Hedging für jedes effiziente Niveau der Durchschnittsrendite ein stark verringertes Risiko erreichen kann. Bei einer durchschnittlichen Rendite von 11.5% (Minimum Varianz Portfolio) kann das Risiko um fast 3% verringert werden. Verwendet man das Shortfall Risk als Risikomass, dann impliziert das eine Verringerung der Shortfall-Wahrscheinlichkeit bei einer Mindestrendite von 0%, um fast 5% von 22.5% auf 17.7%. Würde man also ein solches Portfolio konkret halten, dann müsste man nur noch in 18 von 100 Monaten eine negative Rendite erwarten statt wie im traditionellen Fall 23 mal.

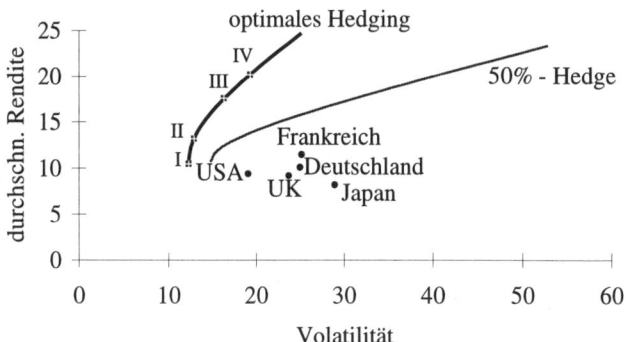

Abbildung 8.2: Efficient Frontiers bei konstantem und bei optimiertem Hedging ohne Restriktionen. Konstante Hedge-Ratio=50%. Quelle: eigene Berechnungen.

Effiziente Portfolios mit Anlagerestriktionen

Allerdings wird diese Verbesserung nur durch eine extreme Investitionspolitik erreicht. Dies ist in *Tabelle 8.4* für die vier Portfolios dargestellt, die in *Abbildung 8.2* durch „I" bis „IV" hervorgehoben sind. Im oberen Teil der Tabelle erkennt man die Hedge-Ratios (in Prozent), im unteren die Portfolio-

---

4 In Kapitel 7 wurde gezeigt, dass die Volatilität als Risikomass sehr eng mit dem Shortfall Risk zusammenhängt.

anteile (in Prozent) der jeweiligen Märkte. Die vier verschiedenen, effizienten Portfolios weisen ein extremes Hedging beim französischen Franc auf. Bis zum 30-fachen des investierten Vermögens in den MSCI-Frankreich würde auf Termin verkauft werden. Obwohl seitens der Finanzmärkte nichts dagegen spricht, eine solche Investmentphilosophie zu verfolgen, entspricht dies kaum einer realistischen Anlagepolitik[5]. Deshalb werden in einem nächsten Schritt Anlagerestriktionen berücksichtigt. Es wird verlangt, dass Shortpositionen in allen Märkten ausgeschlossen sind, und dass weder Reverse-Hedging[6] noch Over-Hedging der Währungen erlaubt ist. *Abbildung 8.3* zeigt das Ergebnis der Optimierung. Noch immer ist eine Verbesserung der Effizienz im Vergleich zur traditionellen Vorgehensweise zu erkennen. Allerdings ist die Verbesserung nicht mehr genauso markant. Bei einer durchschnittlichen Portfoliorendite von 10.8% kann die Volatilität um 2.5% verringert werden kann. Dies entspricht einer Verringerung des Shortfall-Risk um 4% von 24.1% auf 20.1%, wenn die angestrebte Mindestrendite 0% betragen soll. Selbst mit Restriktionen erreicht man bei optimiertem Hedging ein niedrigeres Shortfall-Risk als bei konstantem Hedging ohne Restriktionen.

Portfolio	I	II	III	IV
durchschnittliche Rendite	10.5	13.2	17.6	20.2
Standardabweichung	12.3	12.9	16.3	19.3
USD	152	145	132	123
FRF	-127	62	2990	2765
GBP	316	9	463	447
JPY	89	135	226	291
USA	73	69	64	61
Frankreich	4	2	12	18
UK	2	0	-4	-7
Japan	13	12	11	10
Deutschland	16	17	17	18

Tabelle 8.4: Zusammensetzung effizienter Portfolios und deren Hedge-Ratios in % ohne Restriktionen. Quelle: eigene Berechnungen.

5 Vielleicht mit Ausnahme der Hedge-Fonds.
6 Dadurch entsteht eine Exposure statt eines Schutzes (Hedge) gegenüber der betreffenden Währung. Zusätzlich muss man die Währungsexposure tragen, die durch den Kauf eines ausländischen Marktes bedingt ist.

Tabelle 8.5 enthält vier effiziente Portfolios I bis IV, die zunehmend riskant sind, aber die auch eine zunehmende, durchschnittliche Rendite versprechen. Das Hedging der Währungen weist nun deutlich realistischere Werte auf. Je konservativer das gewählte Portfolio ist, desto stärker werden die verschiedenen Währungen abgesichert. Auffällig ist, dass auch der JPY abgesichert wird, obwohl er gemäss *Tabelle 8.3* attraktive Währungsrenditen gebracht hätte. *Tabelle 8.2* zeigt allerdings seine im Vergleich zum GBP relativ hohen Korrelationen. Damit ist zwar die durchschnittliche Rendite des JPY ansprechend, allerdings ist sein Diversifikationspotential weniger vorteilhaft.

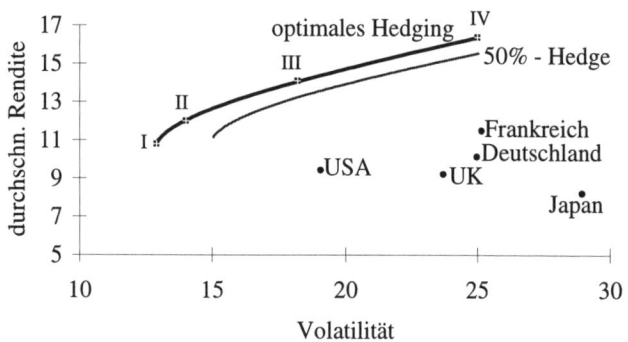

Abbildung 8.3: Efficient Frontiers bei konstantem und bei optimiertem Hedging mit Restriktionen. *Hedge-Ratio=50%. Quelle: eigene Berechnungen.*

Weiterhin zeigt sich die hohe Bedeutung des ausserordentlich attraktiven US-Marktes auch im konservativen Portfolio I. Durch den 100%-Währungshedge kommt man voll in den Genuss der attraktiven Marktentwicklung und kann gleichzeitig die eher ungünstige Währungsentwicklung ausschalten. Der französische Markt spielt bei vollständigem Ausschalten des Währungsrisikos eine wichtige Rolle für eher spekulative Anleger. Vergleicht man die Mean/Variance Charakteristika mit den entsprechenden Werten für einen rein Deutschland orientierten Anleger (vgl. *Tabelle 8.3*), so zeigt sich, dass sich die Volatilität durch internationale Diversifikation bei gleicher, durchschnittlicher Rendite halbieren lässt.

Portfolio	I	II	III	IV
durchschnittliche Rendite	10.8	12.0	14.1	16.4
Standardabweichung	12.9	14.0	18.2	25.0
USD	100	100	100	0
FRF	0	100	100	100
GBP	0	0	0	0
JPY	100	100	100	0
USA	83	65	35	0
Frankreich	0	23	59	100
UK	0	0	0	0
Japan	11	10	5	0
Deutschland	6	2	0	0

Tabelle 8.5: Zusammensetzung effizienter Portfolios und deren Hedge-Ratios in % mit Restriktionen. Quelle: eigene Berechnungen.

Das hier vorgestellte Modell zur optimalen Strukturierung international diversifizierter Portfolios erlaubt es, neben der Investitionspolitik für ausländische Märkte auch die Hedge-Politik ausländischer Währungen zu optimieren. Im Rahmen einer Fallstudie aus dem Blickwinkel eines DEM-Investors wurde deutlich gemacht, dass deutliche Effizienzsteigerungen in der Anlagepolitik durch ein solches Modell möglich sind.

Zusammenfassung

Literaturhinweise

Einführende Literatur:

DRUMMEN, MARTIN und HEINZ ZIMMERMANN (1992): „Portfolioeffekte des Währungsrisikos", Finanzmarkt und Portfolio Management 6 Nr. 1, S. 81-102.

SOLNIK, BRUNO (1996): „International Investments", Addison-Wesley, Reading, MA, 3. Auflage.

Weiterführende Literatur:

ADJAOUTE, KPATE und NILS TUCHSCHMID (1996): „Exchange Risk Dynamics, Currency Risk, and International Portfolio Strategies", Finanzmarkt und Portfolio Management 10 Nr. 4, S. 445-462.

LEVY, HAIM und KOK C. LIM (1994): „Forward Exchange Bias, Hedging and the Gains from International Diversification of Investment Portfolios", Journal of International Money and Finance 59, S. 159-170.

RUDOLF, MARKUS und HEINZ ZIMMERMANN (1998): „An Algorithm for International Portfolio Selection and Optimal Currency Hedging", in: William T. Ziemba and John M. Mulvey (Herausgeber): „World Wide Asset and Liability Modeling", Cambridge University Press, Cambridge, S. 315-340.

Kapitel 9

Investment Style

von Peter Oertmann

Hinsichtlich der Anlagestrategien im professionellen Portfolio Management zeichnen sich seit etwa Mitte der achtziger Jahre einige markante Entwicklungen ab. Die Anzahl der Investmentfonds mit einer speziellen Ausrichtung ist erheblich gestiegen. Während die Hauptidee des „klassischen" Portfolio Managements primär auf die Ausnutzung des Potentials zur Risikoreduktion abzielt, investieren immer mehr Fonds ausschliesslich in bestimmte Segmente des Marktes. Damit entfernt man sich ganz bewusst von der Strategie der breiten Diversifikation, konzentriert sich hingegen beispielsweise auf Aktien mit geringem Marktwert (Small Caps), Aktien stark wachsender Unternehmen (Growth Stocks) oder Aktien langjährig etablierter Firmen mit hohem Marktwert (Value Stocks); oder aber man legt nur in bestimmten Sektoren, Ländern oder Regionen an. In jedem dieser Fälle werden national und international Diversifikationsmöglichkeiten gewollt aufgegeben - in der Hoffnung auf attraktivere Trade-Offs von Risiko und Rendite. Grundsätzlich widersprechen solche Strategien den Prinzipien der modernen Portfoliotheorie sowie der daraus abgeleiteten Bewertungstheorie des *Capital Asset Pricing Model* (CAPM). Denn danach entlohnt der Kapitalmarkt lediglich das nicht diversifizierbare, das von allen Investoren zu tragende *systematische Marktrisiko*. Die gezielte Hoffnung auf eine langfristig höhere als die vom Markt angebotene Risikoprämie lässt sich aus dieser theoretischen Perspektive folglich nicht motivieren.

Wo liegen also die Gründe für die Auflage eines Fonds ohne marktbreite Diversifikation? - Verhalten sich Millionen von Anlegern etwa irrational, wenn sie in einen Small Cap-Fonds investieren? - Sicherlich haben sich die Prinzipen der

Diversifikation nicht mehr aktuell?

klassischen Portfoliotheorie noch nicht überlebt. Diversifikation ist heute noch genauso sinnvoll wie vor etwa 35 Jahren, als die Ideen des Nobelpreisträgers HARRY M. MARKOWITZ erstmals bewusst in die Praxis umgesetzt wurden. Doch setzt sich in der aktuellen Finanzmarktforschung immer mehr die Auffassung durch, dass Risiko nicht wie im CAPM eindimensional gemessen werden kann. Darauf deutet ein inzwischen umfassender empirischer Befund hin. Dieser zeigt auf, dass die Beziehung zwischen Risiko und Rendite nicht allein durch das Marktbeta, sondern eher und vor allem durch Faktoren wie Unternehmensgrösse oder das Verhältnis von Marktwert zu Buchwert beschrieben wird - vor dem Hintergrund des CAPM sind dies unerklärliche Phänomene. Zudem wurde Mitte der siebziger Jahre eine zum CAPM alternative Bewertungstheorie entwickelt, welche die aus der empirischen Forschung erwachsene Intuition multipler Risikofaktoren von formaler Seite her unterstützt. Im Rahmen dieser Theorie wird angenommen, dass Schwankungen von Anlagerenditen - man erinnere sich an das Marktmodell - nicht nur durch *einen einzigen* Faktor, die Marktrendite verursacht werden, sondern in einer systematischen Beziehung zu *mehreren* Risikofaktoren stehen.

Wer kauft denn noch den „Markt"?

Der höhere Anteil der Spezialfonds beruht jedoch nicht nur auf einem veränderten Lancierungsverhalten der Fondsgesellschaften. Auch die Investoren, insbesondere die institutionellen, haben die Zeichen der Zeit erkannt. Im Gegensatz zu früher werden Anlagepräferenzen und -ziele deutlicher herausgearbeitet und kommuniziert. Die breite Investition in den Markt vermag niemanden mehr so recht zu befriedigen, wenn höhere Renditechancen in speziellen Marktsegmenten locken. Die Orientierung in der Fondslandschaft wird jedoch immer schwieriger. Darum nehmen viele institutionelle Investoren die von einigen Beratungsunternehmen angebotene Dienstleistung der *Manager Selection* in Anspruch. Dabei gilt es dann herauszufinden, wer der beste Small Cap-Manager, der beste Value-Manager usw. ist.

Die Entwicklungen in der Finanzmarktforschung während der letzten 10 bis 15 Jahre haben das Verhalten von Fondsmanagern und Anlegern entscheidend geprägt. Durch das Zusammenspiel von empirischer Forschung, neuen Ansätzen in der Bewertungstheorie für Kapitalanlagen und dem Mut der Investmentpraktiker, neue Erkenntnisse umzusetzen und mit „echtem Einsatz" zu testen, hat sich heute ein breiter Markt für differenzierte Fondsprodukte etabliert. - Doch warum wurden wissenschaftliche Ergebnisse so schnell umgesetzt? - Wo liegen die Stärken und Schwächen der neuen Modelle? - Halten die „neuen" Anlagestrategien wirklich, was sie versprechen? - Diesen Fragen soll nachgegangen werden.

Werden im Anlageprozess Diversifikationspotentiale gezielt aufgegeben, so entsteht nicht zwingend ein „Portfolio mit Style". Dies gilt insbesondere für das undiversifizierte Portfolio eines Stock Pickers. Hingegen lässt sich die Investition in einen wohldefinierten Teilbereich des Kapitalmarktes - beispielsweise in Aktien mit einer bestimmten Charakteristik - schon eher als Umsetzung eines *Investment Style* bezeichnen. Entscheidend ist dabei, dass das Auswahlmerkmal für die Portfoliozusammenstellung als „Attribut für die Performance" angesehen wird. Damit basiert eine derartige Anlagephilosophie einerseits auf der Annahme einer *gewissen Marktsegmentierung* in bezug auf Risiko-Rendite-Strukturen. Andererseits steckt darin die Erkenntnis, dass die zu erwartende Entschädigung für Risiko in bestimmten Segmenten über die marktübliche Prämie hinausgeht. Wäre letzteres nicht gegeben, so würde kein Investor die spezifischen Risiken in eingegrenzten Marktbereichen auf sich nehmen.

Der Investment Style eines Fonds lebt also von der Idee, abweichend von marktbreiten Diversifikationsstrategien in bestimmten Anlagesegmenten günstigere Verhältnisse von Risiko und Rendite zu erreichen. Dabei geht es dann vordringlich um die Ausnützung der in der empirischen Forschung herausgearbeiteten Renditephänomene. Technisch ausgedrückt repräsentiert der Investment Style einer Anlage also ein „Bündel von Risiken und Renditeerwartungen".

Um zu entscheiden, wann ein Risiko-Rendite-Verhältnis „günstig" ist, bedarf es einer Theorie über den Zusammenhang zwischen diesen Grössen, d.h. eines Modells zur Berechnung von Benchmarks. Eine entsprechende Theorie hat

Style statt Diversifikation!

CAPM - der traditionelle Benchmark

vordringlich die folgende Frage zu beantworten: Welche Risiken werden im Markt wie hoch entschädigt? - Ist ein Mass für Risiko definiert und der Bezug zur Renditeerwartung geknüpft, das Modell also gefunden, so bleibt noch die Frage: In welchen Marktsegmenten übertreffen Renditen die Erwartungen aufgrund des Benchmarks *langfristig*?

Das CAPM liefert eine wertvolle Intuition hinsichtlich des Zusammenhangs zwischen dem Risiko einer Anlage und der daraus langfristig zu erwartenden Rendite. Im Rahmen dieses Modells ergibt sich das für den Investor einzig entschädigungsrelevante Risiko aus der Kovarianz zwischen der Rendite der Anlage und der des Marktportfolios. Je höher diese Kovarianz ausfällt, desto ausgeprägter ist der Gleichlauf zwischen Anlagen- und Marktrendite. Damit ist das Diversifikationspotential der Anlage innerhalb des Marktportfolios geringer, das systematische Risiko folglich höher. Die Höhe des Kovarianzrisikos widerspiegelt sich im Betafaktor gegenüber dem Marktportfolio. Im CAPM ist dies die alleinige Grösse, auf die Unterschiede zwischen langfristigen Durchschnittsrenditen zurückgeführt werden. Ist das Beta einer Anlage bekannt, so lässt sich die entsprechende Renditeerwartung an der *Security Market Line* (SML) ablesen.

Die Berechnung von CAPM-Benchmarks möge an einem Beispiel kurz wiederholt werden: Sei die Verzinsung für eine einjährige Festgeldanlage in Höhe von (konstant) 4% angenommen. Die erwartete Rendite auf dem Marktportfolio betrage 12% pro Jahr. Ein Portfolio mit einem Beta von 0.8 würde dann eine Rendite von 4% + 0.8 (12% - 4%) = 10.4% erwarten lassen. Nun kann man jedoch nicht davon ausgehen, dass Kapitalmarktrenditen in *jeder* Periode dem CAPM entsprechen. Wird für die obige Anlage in einem Jahr eine Rendite von 11.4% gemessen, im nächsten Jahr eine Rendite von 9.8%, im übernächsten Jahr 10.6%, und so weiter, so widerspricht dies nicht der Bewertungsaussage des Modells. Die postulierte lineare Beziehung zwischen Marktbeta und Durchschnittsrendite sollte allerdings *langfristig* erfüllt sein. Mit anderen Worten, würde in jedem Jahr eine Rendite von 11.4% festgestellt, müsste angezweifelt werden, ob das Beta von 0.8 den Risikogehalt des Portfolios vollständig erfasst. In einem solchen Fall wäre die Rendite der Anlage persistent 1%

zu hoch für das eingegangene Marktrisiko; ein Hinweis auf Outperformance gegenüber dem CAPM-Benchmark. Bei einer Portfoliorendite von langjährig 9.4% müsste von systematischer Underperformance ausgegangen werden.

Nun sei eine Situation wie in *Abbildung 9.1* angenommen. Die Punkte repräsentieren Kombinationen aus Marktbeta und langfristig beobachteter Durchschnittsrendite von Portfolios in einem entsprechenden Koordinatensystem. Zudem ist die für den Zeitraum gültige SML eingezeichnet, die den Vorgaben des obigen Beispiels entspricht (Achsenabschnitt bei 4%, Geradensteigung 8%). Die beobachteten Risiko-Rendite-Kombinationen der Anlagen weichen also nach oben und unten vom Benchmark ab, d.h. es verbleiben jeweils unerklärte Renditeanteile. Wie im vorigen Abschnitt beschrieben, sollten diese bei Gültigkeit des CAPM allenfalls unsystematisch und gering, keinesfalls aber langfristig sein. Von letzterem wird hier jedoch ausgegangen.

Bewertungs-anomalien

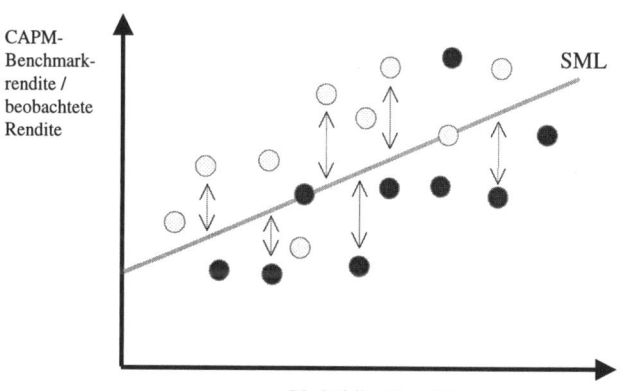

CAPM-Benchmark-rendite / beobachtete Rendite

SML

Marktrisiko / Beta-Faktor

Abbildung 9.1: Hinweise auf eine Bewertungsanomalie. Die eingezeichnete Line (Security Market Line) ordnet jedem möglichen Betaniveau (auf der horizontalen Achse) die entsprechende CAPM-Benchmarkrendite (auf der vertikalen Achse) zu. Die eingezeichneten Punkte repräsentieren empirisch festgestellte Kombinationen von Marktrisiko und Durchschnittsrendite für Portfolios. Die hellen Punkte sind Portfolios mit einer bestimmten Charakteristik.

Wird nun festgestellt, dass die offensichtlichen Abweichungen von der SML auf bestimmte Charakteristika der Portfolios zurückgeführt werden können, so ist dies inkonsistent mit den Aussagen des CAPM. Denn danach beschreibt das Marktbeta den Zusammenhang zwischen Risiko und Rendite vollumfänglich - es dürfte kein Renditeresiduum bleiben. In zahlreichen empirischen Studien wird jedoch gezeigt, dass Faktoren wie die durchschnittliche Marktkapitalisierung (Firm Size) der Titel in einem Portfolio, das *Price-Earnings-Ratio* (P/E-Ratio) oder das *Book-to-Market-Value-Ratio* (B/M-Ratio) - dies sind nur einige Beispiele - die langfristigen Abweichungen der Portfoliorenditen von der SML zu erklären vermögen. Übertragen auf die obige Abbildung könnte beispielsweise davon ausgegangen werden, dass die hellen Punkte Portfolios aus Aktien mit einer hohen B/M-Ratio repräsentieren. Offensichtlich liegen deren beobachtbare Risiko-Rendite-Kombinationen grösstenteils über der SML. Mit anderen Worten, ein bestimmtes *fundamentales Charakteristikum* (hier: hohes durchschnittliches B/M-Ratio) beeinflusst die Performance von Portfolios im Markt. Im hier angenommenen Fall ist das B/M-Ratio dann ein bewertungsrelevanter Faktor, sozusagen ein „Performance-Attribut". Wird ein derartiger Zusammenhang in der empirischen Analyse von „echten" Kapitalmarktdaten beobachtet, so gibt es Hinweise auf eine *Bewertungsanomalie*.

Von einer Anomalie spricht man, da die Preisbildung auf den Kapitalmärkten offensichtlich nicht dem herrschenden Bewertungsparadigma entspricht - dies ist weitverbreitet immer noch das CAPM. Danach sind Risiken verbunden mit der Unternehmensgrösse, dem P/E-Ratio, dem B/M-Ratio etc. *diversifizierbar* und werden nicht vom Kapitalmarkt entschädigt - so lautet die Hauptaussage des Modells. Ist das CAPM also nur Theorie? - Der empirische Befund lässt tatsächlich Zweifel aufkommen.

Die Literatur über Bewertungsanomalien ist kaum mehr zu überschauen. Gerade in den letzten Jahren haben der zunehmende Ausbau von Kapitalmarktdatenbanken und immer schnellere Computer die empirische Forschung diesbezüglich weltweit inspiriert. Inzwischen existieren für nahezu alle entwickelten Kapitalmärkte der Welt umfangreiche Befunde über

Bewertungsanomalien. Dabei hat die Suche nach bewertungsrelevanten Faktoren weitherum mehr als nur akademisches
Interesse gefunden. Denn einen ganz wesentlichen Beitrag
leisten auch die Forschungsabteilungen der Finanzinstitute,
die empirische Auswertungen im Interesse ihrer Kunden
durchführen.

Die prominenteste Bewertungsanomalie ist sicherlich der
Size Effect. Im Jahre 1981 veröffentlichte ROLF W. BANZ Ergebnisse aus seiner Doktorarbeit, die deutliche Hinweise auf
eine Outperformance von Aktienwerten mit kleiner Marktkapitalisierung enthielten.[1] Der junge Ph.D.-Student der University of Chicago hatte ausgerechnet, dass die CAPM-risiko-
adjustierte Aktienrendite von kleinen Gesellschaften im amerikanischen Markt langjährig etwa 10% pro Jahr über der entsprechenden Rendite von höher kapitalisierten Titeln lag.
Diese Entdeckung entfachte kurzerhand einen kontroversen
Diskurs in der wissenschaftlichen Literatur. Dieser ist bis
heute noch nicht abgeschlossen!

Binnen weniger Jahre erschienen zahlreiche andere Studi-
en mit ähnlichen Ergebnissen in den einschlägigen Zeitschriften. Vielfach wollte man den Zahlen anfangs jedoch
nicht trauen. Einige Wissenschaftler begannen, die in den
Untersuchungen der Size-Anomalie angewandten Methoden
kritisch zu durchleuchten - einer der ersten Anfechter der
Verfahren war RICHARD ROLL. Dabei standen Fragen im
Mittelpunkt, die bis heute nicht abschliessend beantwortet
sind: Basiert der Size Effect eventuell auf Daten- oder Be-
rechnungsfehlern? Können sich im Rahmen der Schätzverfah-
ren Fehler eingeschlichen haben? - Doch die Methodenkriti-
ker konnten bislang keinen eindeutigen Erfolg verbuchen. Die
Size-Anomalie blieb gegenüber veränderten Untersuchungs-
methoden und Datensätzen stets resistent. Auch ist die Suche
nach ökonomischen Erklärungshypothesen für die Outper-

... zum
Beispiel der
Size Effect

---

1 BANZ, RALF W.: „The relationship between return and market value of
common stocks", The Journal of Financial Economics 9, 1981, pp. 3-
18; allerdings wurden in der gleichen Ausgabe der Zeitschrift ähnliche
Ergebnisse dokumentiert in REINGANUM, MARC R.: „Misspecification
of capital asset pricing: Empirical anomalies based on earnings' yields
and market values", pp. 19-46.

formance von Aktien kleiner Unternehmen überwiegend erfolglos geblieben. Gleichzeitig hat sich die Anzahl empirischer Studien für internationale Märkte rund um den Globus permanent vergrössert. Mit anderen Worten, der Size-Effekt hat die „paradigmatische Welt" um das CAPM herum mächtig in Aufruhr gebracht.

Im professionellen Fondsmanagement wird der Befund über die Outperformance von Aktien kleiner Unternehmen schon seit vielen Jahren lebhaft diskutiert, überwiegend unter der Bezeichnung „Small Cap Effect". Bereits in den frühen achtziger Jahren hat man damit begonnen, erste Small Cap-Fonds aufzulegen. Denn der in den Aufsätzen der Wissenschaftler dokumentierte Renditevorteil kleiner Aktien war *nicht nur* statistisch messbar (signifikant). Die Size-Prämie erschien den Praktikern auch gross genug, um „echte" Anlagestrategien darauf aufzubauen. Insofern wurden die Erkenntnisse der puren Wissenschaft überraschend schnell in die reale Welt umgesetzt, vielfach sogar sehr erfolgreich. Noch immer drängen Small Cap-Fonds in den Markt - und überleben! Es stellt sich vordringlich eine Frage: Wenn so viele Marktteilnehmer davon wissen, warum gibt es überhaupt noch eine Size-Prämie? - Der Size Effect bleibt eben in jeder Beziehung ein Puzzle!

Risiko ist mehr-dimensional!

Aber nicht nur der Size Effect macht dem CAPM das Leben (und Überleben) schwer. Erwähnt wurde bereits, dass auch Charakteristika wie das P/E-Ratio oder das B/M-Ratio langfristige Renditen von Portfolios beeinflussen. Darüber hinaus scheint noch eine ganze Reihe weiterer fundamentaler Faktoren für die Bewertung von Anlagen relevant zu sein. Doch die werden nicht im einzelnen besprochen, da es hier nur um die wesentlichen Grundideen gehen soll.

Sind es nun Anomalien oder Performance-Attribute? Werden die CAPM-Anhänger „ihre Welt" irgendwann wieder in Ordnung bringen können, oder wird es einen Paradigmenwechsel geben? - Die empirische Evidenz hinsichtlich bewerteter Faktoren neben dem CAPM-Marktbeta ist überwältigend. Vielfach wird das Beta von den neu entdeckten Einflussgrössen sogar dominiert, d.h. es verliert seine Erklärungskraft völlig, wenn erweiterte Modelle getestet werden. Die Empirie steht also eindeutig gegen das CAPM! Unweigerlich verbreitet sich in der wissenschaftlichen Auseinandersetzung mit dem Thema wie auch in Praktikerkreisen die Erkenntnis, dass das Risiko eines Investments nicht *eindimensional* (mittels Beta) gemessen werden kann. Ein für viele Märkte und Zeitperioden abgesicherter Befund deutet auf eine Vielzahl bewertungswirksamer Faktoren, die zu berücksichtigen sind: Anlagerisiko hat offensichtlich *mehr als eine Dimension*!

Arbitrage Pricing Theory

Das CAPM produziert möglicherweise irreführende Benchmarks. Denn es berücksichtigt nur das Marktrisiko, erfasst die Risikocharakteristik von Anlagen somit nur unvollständig. Mitte der siebziger Jahre wurde von STEVEN A. ROSS ein alternatives Bewertungskonzept entwickelt, das der Intuition multipler Risikofaktoren eher gerecht wird - *die Arbitrage Pricing Theory* (APT).[2] Die Bezeichnung des Modells lässt einen eindeutigen Schluss zu auf die zugrundeliegende Bewertungsidee: Preisinformationen werden abgeleitet aus Arbitragemöglichkeiten. Damit basiert das Bewertungsmodell der APT, ebenso wie das CAPM, auf Gleichgewichtsüberlegungen. Der Hauptvorteil der APT liegt aber nun darin, dass *mehrere* „Quellen systematischen Risikos" zugelassen sind. Man erinnere sich an das zum CAPM gehörige Marktmodell: dort gibt es nur einen einzigen Faktor, die Renditeschwankungen des Marktportfolios.

Multifaktor-modell

Im Rahmen der APT werden die Renditeschwankungen einer Anlage durch ein *Multifaktormodell* beschrieben. Dieses lässt sich wie folgt aufschreiben:

$$R_{it} = a_i + \beta_{i1} \cdot R_{F1,t} + \beta_{i2} \cdot R_{F2,t} + ... + \beta_{ik} \cdot R_{Fk,t} + \varepsilon_{it}$$

wobei R_{it} für die stetige Rendite einer Anlage i in der Periode t steht. Nun gibt es auf der rechten Seite der Regressionsgleichung nicht wie im Marktmodell nur eine einzige erklärende

---

2 ROSS, STEPHEN A.: „The Arbitrage Theory of Capital Asset Pricing", Journal of Economic Theory, 1976, pp. 343-362.

Variable. Hingegen treten mehrere, genauer gesagt, eine Anzahl von k Risikofaktoren auf: $R_{F1,t}$ steht für die Veränderung (Rendite) des „Faktors 1" in der Periode t, $R_{F2,t}$ für die Veränderung des „Faktors 2", und so weiter. Die *Faktorbetas* (oder auch Faktorladungen) β_{i1}, β_{i2}, ..., β_{ik} beschreiben dann die Sensitivität der Anlagerendite gegenüber den Faktorveränderungen. Die Konstante a_i entspricht dem Anteil der Anlagenrendite, der im allgemeinen nicht den „vorgesehenen" systematischen Schwankungen unterliegt, also dem Erwartungswert der Rendite. Die Störgrösse ε_{it} erfasst die aus der Sichtweise des spezifizierten Modells unsystematischen Schwankungen der Anlagenrendite.

Prämien für APT-Faktorrisiko

Für sich genommen lassen sich aus obigem Multifaktormodell noch keine Schlussfolgerungen über eine Bewertung der Anlage ableiten. Denn das Modell stellt nichts anderes dar als eine multiple Regression von Portfoliorenditen auf irgendwelche, noch nicht näher spezifizierte Faktoren. Die Bewertungsaussage der APT besteht nun aber darin, dass langfristig zu erwartende Renditen auf *Faktorrisikoprämien* zurückzuführen sind. Eine entsprechende Bewertungsgleichung hat die folgende Form:

$$E(R_i) = R_f + \beta_{i1} \cdot \lambda_1 + \beta_{i2} \cdot \lambda_2 + ... + \beta_{ik} \cdot \lambda_k$$

wobei $E(R_i)$ die erwartete Rendite der oben bereits eingeführten Anlage i beschreibt. Wie üblich steht R_f für die auf einer Festgeldanlage zu erzielende risikolose Verzinsung. Darüber hinaus erscheinen auf der rechten Seite der Gleichung mehrere Risikoprämien, die von 1 bis k durchnummeriert sind. Die Höhe der *marktweiten* Kompensation für ein APT-Risiko ist jeweils durch das entsprechende Lambda λ gegeben. Nun trägt der Investor in Anlage i nicht jedes systematische APT-Risiko in voller Höhe. Denn die im Multifaktormodell errechenbaren Faktorbetas beschreiben die Risikoexposition seiner Anlage und bestimmen damit die Höhe der von ihm zu erwartenden Entschädigung. Mit anderen Worten, die Faktorbetas multipliziert jeweils mit den marktweiten Prämien für die entsprechenden APT-Risiken bestimmen den gesamten Risikoaufschlag einer Anlage. Zur Erinnerung: Im

CAPM werden erwartete Renditen lediglich in zwei Komponenten zerlegt, die risikolose Verzinsung und eine Marktrisikoprämie.

Ein Zahlenbeispiel: Angenommen es gibt drei entschädigungswirksame Risikofaktoren im Markt. Wird „Risikofaktor 1" vollständig getragen, so kann eine Renditeprämie in Höhe von 5% erwartet werden. Für den „Risikofaktor 2" beträgt eine entsprechende Kompensation 9%, dem „Risikofaktor 3" steht eine Prämie von 2% gegenüber. Die Verzinsung für ein Festgeld sei 4%. Nun sind die Renditeerwartungen für zwei Portfolios mit verschiedenen *Risikoprofilen* zu berechnen. Dies ist *Tabelle 9.1* dokumentiert.

	Zins Festgeld	Risikoprämien			Erwartete Rendite
		Faktor 1 λ_1	Faktor 2 λ_2	Faktor 3 λ_3	
	4%	5%	9%	2%	
Portfolio 1					
Faktorbetas		*1.2*	*0.5*	*1.0*	
(Zwischenschritt)		$1.2 \times 5.0\%$	$0.5 \times 9.0\%$	$1.0 \times 2.0\%$	
	4.0%	+ 6.0%	+ 4.5%	+ 2.0%	= 16.5%
Portfolio 2					
Faktorbetas		*0.8*	*0.2*	*1.4*	
(Zwischenschritt)		$0.8 \times 5.0\%$	$0.2 \times 9.0\%$	$1.4 \times 2.0\%$	
	4.0%	+ 4.0%	+ 1.8%	+ 2.8%	= 12.6%

Tabelle 9.1: Rechenbeispiel zum APT-Modell. Erwartete Renditen für Portfolios mit unterschiedlichen Faktor-Risikoprofilen.

Was leistet die APT?

Das CAPM beinhaltet eine klare Aussage: es gibt *ein* bewertungswirksames Risiko, und dies ist das Marktrisiko einer Anlage. In der APT wird weder die Anzahl systematischer Risikofaktoren festgelegt noch genauer spezifiziert, welche Risikoquellen relevant sind. Was lässt sich mit dem Modell also anfangen? - Vor allem liefert die APT ein Gerüst zur

Konstruktion von „mehrdimensionalen Benchmarks". Das Modell ist hinreichend flexibel, um mehrere Risikofaktoren in die Bewertungsfragestellung einzubringen.[3] Konkreter gefragt: Wie lässt sich nun die Intuition aus den Studien der Bewertungsanomalien und die modelltheoretische Sicht der APT zusammenführen? Dazu muss das Zusammenspiel von Risikofaktoren, Faktorbetas und Risikoprämien innerhalb des Modells einmal näher betrachtet werden.

Faktor-
Risikoprofile

Der Ausgangspunkt der APT besteht darin, dass mehrere systematische Faktoren die Schwankungen der Renditen von Anlagen beschreiben. Intuitiv kommen Faktoren in Frage, die gesamtwirtschaftliche (also systematische) Rahmenbedingungen charakterisieren: Zinssätze, Zinsspreads, Inflation, Wechselkurse, Outputniveau, Ölpreis etc. Sicherlich reagieren die Renditen in einem Querschnitt von Anlagen in unterschiedlicher Art und Weise auf Veränderungen dieser Variablen, was sich in den geschätzten Faktorbetas niederschlägt. Für den Fall, dass derartige makroökonomische Variablen tatsächlich einen systematischen Einfluss haben, ergeben sich unterschiedlich zusammengesetzte Risikoprämien für die Anlagen. Damit werden Differenzen zwischen langjährigen Durchschnittsrenditen auf verschiedenartige Risikoprofile gegenüber Makrofaktoren zurückgeführt. Beispielsweise könnte die Risiko-Rendite-Struktur von „zinssensitiven Portfolios" gegenüber der von überdurchschnittlich „US$-sensitiven Portfolios" abgegrenzt werden.

Das Risikoprofil eines Portfolios kann sich jedoch *ebenso* in seiner fundamentalen Charakteristik widerspiegeln, also im durchschnittlichen Marktwert, der P/E-Ratio, der B/M-Ratio und anderen Masszahlen. Die Ausprägungen dieser Grössen jeweils im Vergleich zum Gesamtmarkt übernehmen eine ähnliche Rolle wie die im Multifaktormodell geschätzten Faktorbetas. Die Idee besteht darin, dass die fundamentalen Charakteristika eines Portfolios gleichermassen eine Exposu-

---

3 Einen guten Einstieg in diese Thematik bietet der Aufsatz ROLL, RICHARD und STEPHEN A. ROSS: „The Arbitrage Pricing Theory Approach to Strategic Portfolio Planning", Financial Analysts Journal, pp. 14-26.

re gegenüber systematischen Risiken beschreiben wie die durch Regression auf Makrofaktoren direkt ermittelten Sensitivitäten (Faktorbetas). Dieser für die Nutzbarmachung eines APT-Modells wichtige Zusammenhang ist in *Abbildung 9.2* schematisch dargestellt. Nochmals: Das APT-Konzept erlaubt eine Konstruktion mehrdimensionaler Rendite-Benchmarks sowohl auf Basis von fundamentalen Charakteristika als auch aufgrund eines Multifaktormodells mit ökonomischen Variablen.

Ganz sicher liefert die APT keine abschliessende Antwort auf die Frage, worin denn nun tatsächlich die marktweit bewertungsrelevanten Risiken für Anlagerenditen bestehen. Der Ansatz erlaubt jedoch, sich aus unterschiedlichen Richtungen dieser Frage zu nähern. Insbesondere wird das Bewertungsmodell der Intuition multipler Risikoquellen gerecht. Mit Leben gefüllt werden muss das Konzept allerdings. Doch diesbezüglich zeigen die Anomalien interessante Richtungen auf.

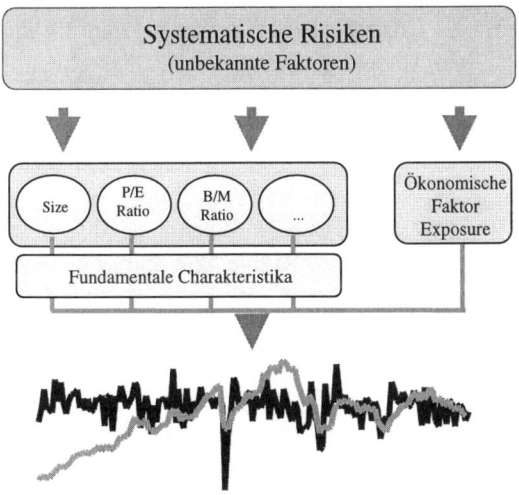

Abbildung 9.2: APT-Risikoprofil und Rendite. Der Einfluss systematischer Risiken lässt sich in der APT einerseits über fundamentale Charakteristika der Anlage bestimmen, andererseits durch Schätzung der Faktorbetas im Rahmen von Multifaktormodellen.

Faktorfonds

Damit wären die für die neuen Trends im Investment Management wesentlichen Entwicklungen in der Finanzmarktforschung aufgezeigt: einerseits die Entdeckung der Bewertungsanomalien, andererseits die Entwicklung von Bewertungskonzepten zur Konstruktion von multiplen Benchmarks. Der Investment Style eines Portfolios ergibt sich dann aus seinem *Risikoprofil gegenüber den bewerteten Faktoren im Markt*. In der Idealwelt der APT gibt es für jeden Faktor einen Standardfonds, der das entsprechende Risiko-Rendite-Menue quasi „in Reinform" (orthogonal zu anderen Risiken) abbildet. Durch geeignete Kombination dieser Faktorfonds könnte der Anleger ein perfekt auf seine Präferenzen zugeschnittenes Style Portfolio konstruieren. Soweit die Theorie. - Was ist in der Praxis möglich?

Wieviel Style ist möglich?

Die Praxis kennt inzwischen zwar die APT, allerdings noch keine APT-Faktorfonds. Jedoch wird das Anlagemenue für den Investor immer reichhaltiger. Die klassische Einteilung in Aktien- und Obligationenfonds ist längst aufgebrochen und um zusätzliche Dimensionen ergänzt worden. So kann der private Anleger inzwischen aus einem relativ breiten Spektrum von Spezial- und Anlagezielfonds auswählen. Neben den eigentlichen Hauptmarktfonds werden spezielle Regionenfonds, Länderfonds sowie Emerging Markets-Fonds angeboten. Anlagepolitiken der Fondsmanager wie auch Präferenzen der Investoren werden zunehmend differenzierter. Ganz sicher entspricht das heutige Fondsangebot einer segmentierten Kundschaft. Ein Fondsanteil, der sämtliche Bedürfnisse abzudecken versucht, lässt sich schon lange nicht mehr verkaufen.

Anlageklassen nach Sharpe

Damit entspricht die aktuelle Produktpalette der Investmentindustrie weitgehend der in einem Aufsatz von WILLIAM F. SHARPE vorgeschlagenen Einteilung von relevanten Risiko-Rendite-Strukturen. Überhaupt wird in diesem Beitrag, der 1992 im *Journal of Portfolio Management* erschien, erstmals der Begriff des *Management Style* in die wissenschaftliche Literatur eingebracht. Auf Basis einer Segmentierung des Marktportfolios werden darin 12 Anlageklassen (*Asset Classes*) definiert, die spezifische Risiko-Rendite-Eigenschaften aufweisen. Dies tut der Nobelpreisträger allerdings nicht ohne Pragmatismus, denn im wesentlichen orientiert er sich an verfügbaren Indizes. Es wird unterschieden zwischen (und nun soll im Sinne der Authentizität nicht übersetzt werden) Bills, Intermediate-Term Government Bonds, Long-Term Government Bonds, Corporate Bonds, Mortgage-Related Securities, Large-Cap Value Stocks (hohe B/M-Ratio), Large-Cap Growth Stocks (niedrige B/M-Ratio), Medium-Cap Stocks, Small-Cap Stocks, Non-U.S. Bonds, European Stocks und Japanese Stocks. Die spezifische Gewichtung der einzelnen Anlageklassen im Portfolio bestimmt dann den Investment Style mit charakteristischen Performance-Eigenschaften. Sichtlich ist die von dem Autor vorgenommene Strukturierung zum Teil von der Diskussion um die Anomalien beeinflusst. Insgesamt ist die Aufteilung jedoch eher von klassischen Sichtweisen des Anlagerisikos - Aktien versus Bonds - beherrscht.

In der Praxis klar durchgesetzt haben sich die von SHARPE definierten grundlegenden Investment Styles für Aktien. Die entsprechenden Dimensionen sind „Small vs. Large" und „Value vs. Growth". Die Grössenklassifizierung kann auf Basis der Marktkapitalisierung vorgenommen werden, wobei die Festlegung der Schwelle zwischen „Small" und „Large" bei Fonds jedoch nicht immer konsistent ist. *Value Stocks* werden in der Regel über ein hohes B/M-Ratio identifiziert, *Growth Stocks* entsprechend über ein niedriges Verhältnis von Buchwert zu Marktwert. Insbesondere in den USA sind die Basisstrategien vieler Fondsmanager im Raster „Small-Large/Value-Growth" definiert. In Europa sind zwar seit einigen Jahren Small Cap-Fonds aufgelegt, allerdings sind Value- oder Growth-Strategien noch eher unüblich.

Damit basieren die in der Praxis am häufigsten umgesetzten Investment Styles tatsächlich genau auf den beiden Bewertungsanomalien, die in der Finance-Literatur mit Abstand am intensivsten diskutiert werden. Dies sind ohne Zweifel der Size und der B/M-Effekt. Beispielsweise veröffentlichen die renommierten Zeitschriften *Journal of Finance* und *Journal of Financial Economics* in regelmässigen Abständen im Umfang von bis zu 50 Seiten die von EUGENE F. FAMA und

Basisstrategien für Aktien

KENNETH R. FRENCH zu diesen Themen beigesteuerten Untersuchungsergebnisse. Der Erkundungsdrang in bezug auf Ursachen und Anwendbarkeit der Renditeanomalien ist also immer noch immens, wobei sich Wissenschaft und Praxis durch ihre Ideen anscheinend gegenseitig befruchten.

Sichere Strategien? Irgendwann stellt sich der Investor die Frage, ob sein Geld in einem „Portfolio mit Style" tatsächlich besser angelegt ist als in einem marktbreit diversifizierten Fonds. Falls er nun tatsächlich zu der Überzeugung gelangt, dass ein Portfolio mit spezifischem Anlageziel für ihn das Richtige ist: Auf welchen Investment Style soll er dann setzen? - Diese Frage ist nicht einfach zu beantworten. Keinesfalls soll hier der Versuch unternommen werden, dies auch nur in Ansätzen zu tun!

In vielen Forschungsarbeiten und auch in der Praxis wurde gerade in den letzten Jahren eine wichtige Erkenntnis respektive Erfahrung gewonnen, die bei Entscheidungen über spezifische Anlagestrategien grundsätzlich berücksichtigt werden sollte: Der Style eines Investments beeinflusst allenfalls (und ausschliesslich) dessen *langfristige* Performance. Mit anderen Worten, auf kurze Sicht ist man bei keinem Investment Style vor unangenehmen Überraschungen sicher! Die betreffende Problematik soll auch hier wieder am Beispiel der Size-Anomalie etwas näher erläutert werden.

Die wichtige Beobachtung: Small Cap-Fonds scheinen nur in bestimmten Börsenzyklen den Markt zu schlagen. Diesbezüglich vermittelt *Abbildung 9.3* einen Eindruck. Die Fläche unter der eingezeichneten Kurve erfasst den kumulierten Mehrertrag einer Small Cap-Strategie gegenüber einer Investition in Blue Chips für den deutschen Aktienmarkt im Verlauf der Jahre 1985 bis 1991. Eines wird in der Graphik deutlich: Der Size Effect „wirkt" nicht über jeden beliebigen Anlagezeitraum. Es gibt also Marktphasen, in denen Investments in marktbreit diversifizierte Fonds offensichtlich einen höheren Ertrag liefern. Übertragen auf die Marktverhältnisse in Deutschland - wie in der Abbildung gezeigt - waren das beispielsweise die Jahre 1985 und 1986. Wird hingegen der gesamte Zeitraum von 1985 bis 1991 betrachtet, so liefern die Small Caps auf CAPM-risikoadjustierter Basis im Jahresmittel eine um etwa 2.2 Prozent höhere Rendite als die hochkapitalisierten deutschen Aktien. Es waren also eher langfristig ausgerichtete Anlagestrategien, mit denen sich das Performance-Potential der deutschen Nebenwerte im betrachteten Zeitraum ausnützen liess.[4]

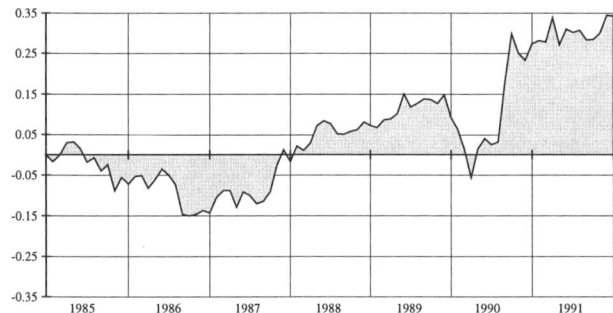

Abbildung 9.3: Zyklen der Small Cap-Performance. *Die Fläche unter der Kurve erfasst den (kumulierten) Mehrertrag einer Small Cap-Strategie gegenüber einer Investition in höher kapitalisierte Titel im deutschen Aktienmarkt im Verlauf der Jahre 1985 bis 1991. Flächenbereiche oberhalb der horizontalen Achse deuten auf eine Outperformance, Flächenbereiche unterhalb der Achse auf eine Underperformance der Small Caps hin.*

Während der letzten sieben Jahrzehnte war der Size Effect bei einem *langfristigen* Anlagehorizont tendenziell verlässlich. Angenommen, ein Anleger hätte zwischen 1926 und 1993 in einem beliebigen Monat in einen Fonds aus amerikanischen Small Caps investiert und das Portfolio 10 Jahre gehalten, so hätte seine Strategie in 70% aller möglichen Fälle (Einstiegszeitpunkte) den breiten Markt geschlagen.[5] Andererseits sind Small Cap-Strategien, sofern der Investor einen kurzfristigen Anlagehorizont hat, nicht immer vorteilhaft. Eine Analyse auf Basis amerikanischer Daten bestätigt dies zu-

---

4 Der hier diskutierte empirische Befund zur Charakteristik der Size-Anomalie auf dem deutschen Aktienmarkt entstammt der Studie von OERTMANN, PETER: „Firm-Size-Effekt am deutschen Aktienmarkt", Zeitschrift für betriebswirtschaftliche Forschung, 1994, pp. 229-259.
5 So rechnet es RICHARD BERNSTEIN in seinem Buch „Style Investing" vor.

mindest für die neunziger Jahre. *Abbildung 9.4* zeigt die (kumulierten) Renditevorteile, die auf dem amerikanischen Aktienmarkt durch ein Small Cap-Portfolio (abgebildet durch den S&P 600) gegenüber einer Investition in Large Caps (abgebildet durch den S&P 500) bei einem *Anlagehorizont von jeweils zwei Jahren* für verschiedene Einstiegszeitpunkte zwischen Januar 1990 und April 1995 realisiert werden konnten. Während kurzfristige Small Cap-Strategien bei einem Einstieg in den Jahren 1991 und 1992 noch vorteilhaft waren, galt dies in der Regel nicht mehr für Einstiegszeitpunkte in den Jahren 1993, 1994 und 1995.

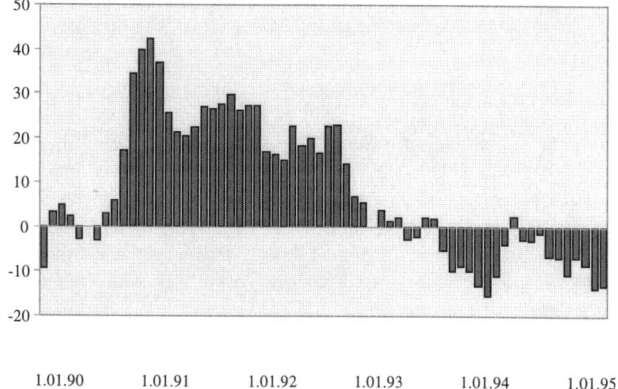

Abbildung 9.4: Performance von kurzfristigen Small Cap-Strategien in den neunziger Jahren. Die Balken zeigen den kumulierten Renditevorteil (in%) eines Small Cap-Portfolios bestehend aus amerikanischen Aktien (abgebildet durch den S&P 600) gegenüber einem Portfolio amerikanischer Large Caps (abgebildet durch dem S&P 500). Es sind verschiedene Einstiegszeitpunkte zwischen Januar 1990 und April 1995 dargestellt, wobei der für die Berechnung des Renditevorteils betrachtete Anlagehorizont jeweils 2 Jahre umfasst.

Es gibt deutliche Hinweise darauf, dass die Size-Anomalie nicht nur in Kreisen der Wissenschaft Aha-Effekte hervorzurufen vermag. „Small is beautiful" - zum Teil sind die Werbesprüche der Fondsindustrie also berechtigt. Keinesfalls ist ein Small Cap-Portfolio jedoch eine „Wunderwaffe". Vor zu optimistischen Angaben der Fondsgesellschaften in Bezug auf die kurzfristige Performance solcher Strategien muss ausdrücklich gewarnt werden! Gleiches gilt übrigens für Value- oder Growth-Strategien. Auch diese führen auf kurze Frist nicht unbedingt zum gewünschten Erfolg.

Es sind also die aktuellen Entwicklungen in der Finanzmarktforschung, die ganz wesentlich zu dem veränderten Anlageverhalten in der Praxis beigetragen haben. Und dabei erfolgte die Umsetzung von Forschungsergebnissen erstaunlich schnell. Während sich die Wissenschaftler immer noch nicht so recht geeinigt haben, ob es denn nun tatsächlich einen Size Effect gibt oder nicht, sind Hunderte von Fondsgesellschaften schon seit über 10 Jahren daran, entsprechende Strategien umzusetzen. Wenn die Investment Community von diesen Strategien nicht schon einmal profitiert hätte, gäbe es die entsprechenden Fonds wahrscheinlich nicht mehr.

Neue Potentiale

Letztendlich muss jeder Anleger individuell entscheiden, welche Risiken er tragen möchte. Möglicherweise ergeben sich Anlageinstrumente mit interessanten Risiko-Rendite-Eigenschaften, wenn beispielsweise Aktien mit einer speziellen Charakteristik in ein breit diversifiziertes Portfolio aus Standardwerten beigemischt werden. Die unterschiedlichen Zyklen in den verschiedenen Marktsegmenten eröffnen diesbezüglich sicherlich neue Potentiale.

Literaturhinweise

Einführende Literatur:

BERNSTEIN, RICHARD (1995): „Style Investing: Unique Insight Into Equity Management", John Wiley, New York.

LOFTHOUSE, STEPHEN (1994): „Equity Investment Management: How to Select Stocks and Markets", John Wiley, New York.

SHARPE, WILLIAM F. (1992): „Asset Allocation: Management Style and Performance Measurement", Journal of Portfolio Management, pp. 7-19.

ZIMMERMANN, HEINZ (1995): „Kundensegmentierung im Asset Management aus der Sicht der Finanzmarkttheorie", in: GEHRIG, BRUNO (Hrsg.): „Private Banking", Verlag NZZ, Zürich.

Weiterführende Literatur:

BURMEISTER, EDWIN, RICHARD ROLL und STEPHEN A. ROSS (1994): „A Practitioner's Guide to Arbitrage Pricing Theory", Finanzmarkt und Portfolio Management, pp. 312-331.

FAMA, EUGENE F. und KENNETH R. FRENCH (1992): „The Cross-Section of Expected Stock Returns", The Journal of Finance, pp. 427-465.

FAMA, EUGENE F. und KENNETH R. FRENCH (1995): „Size and Book-to-Market Factors in Earnings and Returns", The Journal of Finance, pp. 135-155.

Kapitel 10

Derivative Finanzinstrumente

von Heinz Zimmermann

Derivativen Finanzinstrumenten haftet häufig der Hauch des Magischen an. „Derivat" heisst „abgeleitet", es handelt sich also um abgeleitete Finanzinstrumente. Wenn für viele Betrachterinnen und Betrachter des Finanzsystems bereits eine Aktie etwas Abstraktes darstellt, dann dürfte an einer Option auf einen Aktienindexfuture tatsächlich etwas Magisches haften. Nun ist dies noch nicht das komplizierteste, was derivative Finanzmärkte hervorgebracht haben. Exotische Derivate wie Knock-in- und Knock-out-Optionen, Lookback-Optionen, u.a.m. sind in den letzten Jahren in großer Zahl und großer Vielfalt entstanden. Nicht ihnen gilt nachfolgend das Interesse, sondern jenen Instrumenten, welche zumindest seit der Eröffnung des börsenmässigen Handels an den unterschiedlichsten Optionsbörsen zu den unentbehrlichen *Grundbausteinen* des modernen Finanzmanagements geworden sind: Puts, Calls und Futureskontrakte.

Magische Derivate?

Derivative Instrumente sind nichts Magisches. Sie treten in der Wirtschaft im Zusammenhang mit der Finanzkontraktion (also Verträgen, welche letztlich einen Tausch von Zahlungen zum Gegenstand haben) immer und überall auf. Eine simple Kreditzusage weist den Charakter einer Calloption auf. Wer eine Garantie oder Bürgschaft gewährt, verkauft in der Sprache der Derivate eine Putoption, d.h. gewährt dem Begünstigten das Recht, im Ausübungsfalle eine Zahlung einzufordern. Es wäre deshalb weit verfehlt, derivative Instrumente nur im Zusammenhang mit exotischen Finanztransaktionen zu orten.

Nun sind Derivate in den letzten Jahren zugegebenermassen im Zusammenhang mit den börsenmässig oder durch die von den Banken direkt angebotenen Instrumente in den Blickpunkt der Öffentlichkeit gerückt. Dabei dürften es vor

allem die astronomischen Marktanteile, die riesigen Handels-
umsätze, manch exotische Produktebezeichnung, aber auch
die bis zur Unanständigkeit grenzenden Händlerboni oder die
Pleiten renommierter Banken, Investoren und Handelshäuser
gewesen sein, welche die Wahrnehmung der derivativen Instrumente geprägt haben dürften. Leider, und dies muss be-
tont werden, verschließt - oder erschwert zumindest - dies den
Blick für eine nüchterne Analyse der wirtschaftlichen Bedeutung und der tatsächlichen Risiken derivativer Finanzinstrumente. Die vorliegende Einführung soll die diesbezüglichen Voraussetzungen schaffen.[1]

Calloptionen

Mit einer Calloption (kurz Call genannt) erwirbt sich der
Käufer das Recht, eine Aktie (eine Obligation, einen bestimmten Betrag einer Währung, etc.) bei der Fälligkeit der
Option zum heute vereinbarten Ausübungspreis zu kaufen.
Die Ausübung der Option im Verfallszeitpunkt wird davon
abhängig sein, ob der dazumalige Aktienkurs über oder unter
dem Ausübungspreis liegt. Bei einem Call wird das Optionsrecht dann ausgeübt, wenn der Kurs über dem Ausübungspreis liegt: Die Aktie kann *unter* ihrem Börsenkurs erworben
werden, was einen Gewinn im Umfang der Differenz zwischen Aktienkurs und Ausübungspreis bedeutet. Von diesem
Gewinn muss allerdings die Prämie in Abzug gebracht werden, welche im Zeitpunkt des Optionskaufes für den Erwerb
der Option bezahlt werden muss. Liegt der Aktienkurs unter
dem Ausübungspreis, so wird die Option nicht ausgeübt und
verfällt wertlos. Es tritt ein Verlust in der Höhe der geleisteten Prämie an.

Das Gewinn- und Verlustprofil eines Calls unter Berücksichtigung dieser Prämie ist in *Abbildung 10.1* dargestellt.
Damit man mit einem Call in die Gewinnzone gelangt, muss
der Aktienkurs bis zum Verfallszeitpunkt um mindestens im
Umfang der Optionsprämie über dem Ausübungspreis liegen[2].

---

1 Eine Übersicht über die Merkmale und Einsatzmöglichkeiten von
Derivaten liefern GALITZ (1995), USZCZAPOWSKI (1995) UND SMITH,
SMITHSON UND WILFORD (1995). Für eine Übersicht über das Optionsgeschäft siehe auch ZIMMERMANN (1995).
2 Von der Verzinsung wird abgesehen.

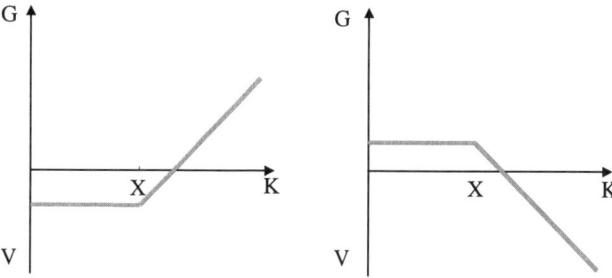

Abbildung 10.1: Payoffstruktur einer gekauften (links) und einer ver-
kauften (rechts) Calloption (G = Gewinn, V= Verlust, K=Aktienkurs,
X=Ausübungspreis).

Wer kauft Calloptionen? Naheliegenderweise einmal jene
Anleger/innen, die steigende Aktienkurse erwarten. Der Kauf
von Calloptionen bietet jedoch auch eine Alternative zum direkten Erwerb von Aktien, insbesondere als Ergänzung einer
konservativen (risikolosen) Kapitalanlage. Dies ist deshalb
attraktiv, weil eine Calloption nur ein Bruchteil dessen kostet,
was für den direkten Erwerb einer Aktie ausgelegt werden
müsste, aber trotzdem bei steigenden Kursen ein Partizipationspotential bietet.

Der letzterwähnte Sachverhalt ist in *Abbildung 10.2* dargestellt. Ein Anleger investiert den größten Teil seines Vermögens in eine risikolose Anlage, beispielsweise in ein Festgeld.
Im Zeitpunkt der Fälligkeit wird dieser Vermögenswert durch
die horizontale Linie charakterisiert. Mit dem verbleibenden
Geld kauft er Calloptionen mit Ausübungspreis X. Damit reduziert sich der „sichere" Vermögensendwert im Umfang der
geleisteten Optionsprämie, aber dafür verfügt er über ein positives Kurspotential, falls die Kurse ansteigen sollten.

**Kauf von
Calloptionen**

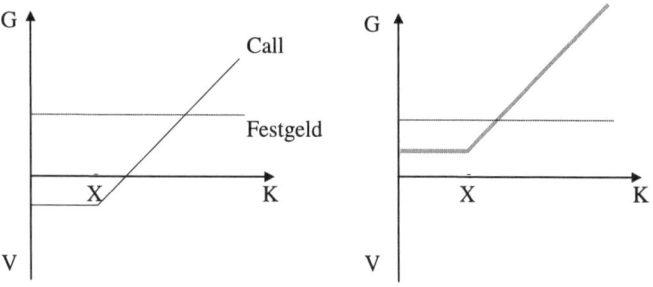

Abbildung 10.2: Der Erwerb einer Calloption bei gleichzeitiger Investition in eine sichere Anlage (links) führt in der Summe zu einer nach unten abgesicherten Position bei unbeschränktem Gewinnpotential (rechts).

Verkauf von Calloptionen

Dem Calloptionskäufer steht stets ein Verkäufer gegenüber. Wer eine Calloption verkauft (oder „schreibt"), verpflichtet sich, im Verfallszeitpunkt der Option Aktien zum Ausübungspreis abzutreten. Die Ausübung des eingeräumten Optionsrechts durch die Gegenpartei wird für den Optionsverkäufer stets zu einem Verlust führen: Er muss Aktien unter dem Börsenkurs liefern. Der Gewinn des Optionskäufers entspricht damit exakt dem Verlust des Verkäufers. Für diesen Verlust wird er durch die Optionsprämie, welche der Käufer leistet, entschädigt. Das Gewinn- und Verlustprofil des Optionsverkäufers geht aus *Abbildung 10.1* (rechts) hervor: es ist spiegelbildlich zu jenem des Optionskäufers.

Wer verkauft Calloptionen? Zunächst einmal jene Investoren, welche stagnierende oder fallende Aktienkurse erwarten. Das Risiko steigender Kurse lässt sich in diesem Fall durch das Halten der zugrundeliegenden Aktien absichern. Man bezeichnet dies als das gedeckte Schreiben von Optionen (*covered call writing*). Mit dieser Strategie verzichtet der Verkäufer auf die Kursgewinne, welche mit Aktienkurssteigerungen, die den Ausübungspreis übersteigen, verbunden wären. Bei einer ungünstigen Kursentwicklung bleiben die Aktien im Besitz des Optionsverkäufers. *Abbildung 10.3* zeigt, dass das Risikoprofil der Aktienposition asymmetrisch, und zwar zu Lasten des Gewinnpotentials, beschnitten wird. Diesen Opportunitätskosten (d.h. den entgangenen Gewinnmöglichkeiten) steht ein höheres Einkommen in Form der eingenommenen Optionsprämien gegenüber. Deshalb wird die Strategie von institutionellen Investoren häufig aus Ertragssteigerungsmotiven eingesetzt - wobei sich diese Vorliebe aus der inadäquaten buchhalterischen Behandlung von Risiken und Opportunitätskosten ableitet.

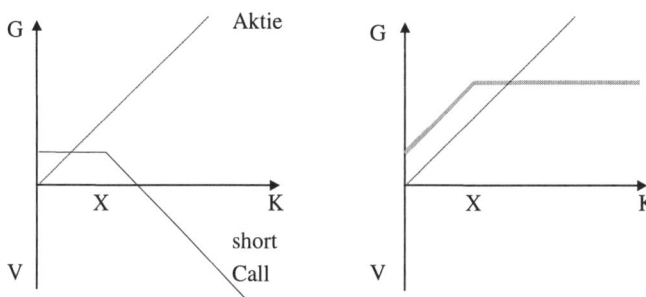

Abbildung 10.3: Wird auf eine gehaltene Aktie eine Calloption geschrieben (links), so betreibt man sogenanntes Covered Call Writing (rechts). Den sicheren Einnahmen aus dem Optionsverkauf stehen dabei die Kosten aus eventuell entgangenen Gewinnen entgegen.

Mit einer Putoption (kurz Put genannt) erwirbt sich der Käufer das Recht, eine Aktie (oder eine andere Anlage oder Sache) bei der Fälligkeit der Option zum heute vereinbarten Ausübungspreis zu verkaufen. Die Ausübung der Option im Verfallszeitpunkt wird davon abhängig sein, ob der dann vorherrschende Aktienkurs über oder unter dem Ausübungspreis liegt. Bei einem Put wird das Optionsrecht dann ausgeübt, wenn der Kurs unter dem Ausübungspreis liegt: Die Aktie kann *über* ihrem Börsenkurs verkauft werden, was einen Gewinn im Umfang der Differenz zwischen Ausübungspreis und Aktienkurs bedeutet. Von diesem Gewinn muss auch hier die Prämie in Abzug gebracht werden, welche im Zeitpunkt des Optionskaufes bezahlt werden muss. Liegt der Aktienkurs über dem Ausübungspreis, so wird die Option nicht ausgeübt und verfällt wertlos. Es tritt ein Verlust in der Höhe der geleisteten Prämie an.

Das Gewinn- und Verlustprofil eines Puts unter Berücksichtigung dieser Prämie ist in *Abbildung 10.4* (links) darge-

Putoptionen

stellt. Damit man mit einem Put in die Gewinnzone gelangt, muss der Aktienkurs bis zum Verfallszeitpunkt um mindestens im Umfang der Optionsprämie unter dem Ausübungspreis liegen (Verzinsung wird vernachlässigt).

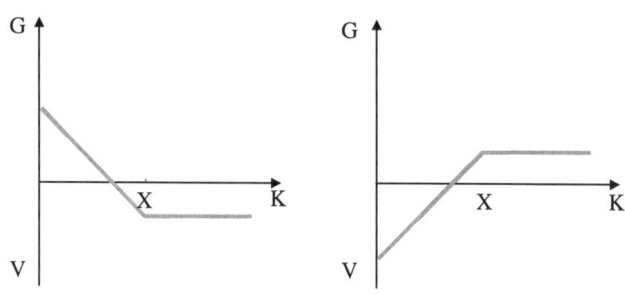

Abbildung 10.4: Payoffstruktur einer gekauften (links) und einer verkauften (rechts) Putoption.

Kauf von Putoptionen

Wer kauft Puts? Zunächst sicher einmal jene Investoren, welche fallende Aktienkurse erwarten. Im Vergleich zu einem Leerverkauf von Aktien lassen sich pessimistische Kurserwartungen sehr viel einfacher umsetzen. Eine Hauptanwendung des Putoptionskaufes ist jedoch die Portfolioabsicherung, genannt *portfolio insurance* oder *protective-put*-Strategie. Die Zielsetzung dieser Strategie liegt darin, ein Portfolio in einem gewissen Umfang gegenüber Kursverlusten abzusichern, sich aber trotzdem Gewinnmöglichkeiten zu erhalten. Dies ist in *Abbildung 10.5* grafisch veranschaulicht. Man erkennt, dass durch den Erwerb von Puts das Risikoprofil des Aktienportfolios asymmetrisch, und zwar zu Lasten des Verlustpotentials, beschnitten wird. Zur Erreichung dieses Absicherungseffekts muss eine Prämie geleistet werden, in deren Umfang sich auch das Gewinnpotential reduziert. Die Strategie wird von jenen institutionellen Investoren eingesetzt, welche Marktwertschwankungen von Aktienpositionen explizit ausweisen, aber gleichzeitig auf bestimmte Stichtage hin eine Verlustbegrenzung respektive eine Mindestrendite wünschen.

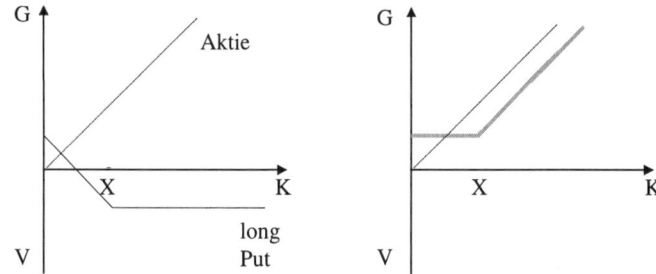

Abbildung 10.5: Durch Kombination einer Aktie mit einer Putoption wird die sogenannte Protective Put Strategie implementiert.

Ein Zahlenbeispiel soll diese Anwendung veranschaulichen. Eine Position von Nestlé-Aktien wird mit sechsmonatigen Putoptionen (Aktienkurs = Fr. 1'253, Ausübungspreis = Fr. 1'200) abgesichert. Der Putoptionspreis beträgt Fr. 35.40.

Selbstverständlich kann der Ausübungspreis beliebig gewählt werden. Wird er tiefer angesetzt, sinkt die Putoptionsprämie und das Partizipationspotential steigt. Einige Beispiele findet man in der nachfolgenden *Tabelle 10.1*:

Ausübungspreis	Putoptionsprämie	Floor*	Partizipation**
1000	1.83	79.69 %	99.85 %
1100	10.38	87.07 %	99.18 %
1200	35.40	93.14 %	97.25 %
1300	84.00	97.23 %	93.72 %
1400	155.02	99.43 %	88.99 %

Tabelle 10.1: Eine Aktienanlage lässt sich mittels Putoptionen auf verschiedenen Niveaus absichern. Ein höherer Floor muss dabei durch die geringere Partizipation bei steigenden Kursen erkauft werden (Aktueller Aktienkurs: 1'253; * Mindestvermögensendwert in Prozenten; ** Prozentualer Anteil des Vermögens, das nach der Bezahlung des Optionspreises in Aktien investiert werden kann).

Verkauf von Putoptionen

Der Verkauf von Putoptionen ist nicht im gleichen Masse verbreitet wie der Verkauf von Calls. Da der Verkauf einer Putoption die Verpflichtung darstellt, Aktien zu einem späteren Zeitpunkt zu einem bestimmten Preis zu erwerben (der im Ausübungsfalle über dem dazumaligen Aktienkurs liegen wird), muss der Verkäufer über die dafür erforderliche Liquidität verfügen. Der Verkauf einer Putoption ist demzufolge als Ergänzung zu einer Geldmarkt- oder Festgeldanlage zu betrachten. Bei einer positiven Kursentwicklung verdient man dabei die Prämie. Die Konsequenzen dieser Strategie sind in *Abbildung 10.6* dargestellt.

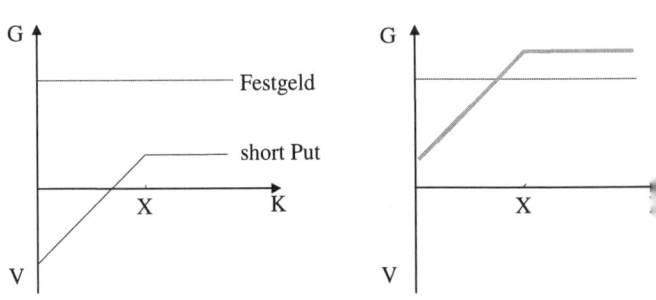

Abbildung 10.6: Eine Covered Put-Strategie setzt sich aus einem Festgeld und einer verkauften Putoption zusammen.

Äquivalenz von Strategien

Ein Vergleich der *Abbildungen 10.2* und *10.5* zeigt, dass der Einsatz von Calls und Puts zu ähnlichen Effekten führt. In beiden Fällen liefert die Strategie einen Mindestwert des Vermögens (*floor*) mit gleichzeitigem Partizipationspotential bei steigenden Kursen. Die Äquivalenz der beiden Strategien wird durch die sogenannte Put-Call-Parität beschrieben. Ein diesbezügliches Zahlenbeispiel findet man in *Tabelle 10.2*. Darin zeigt sich, dass eine Festgeldanlage im Umfang des Barwerts des Ausübungspreises von 900 (d.h. 857.15) ergänzt um eine Calloption bei Fälligkeit genau denselben Wert aufweist wie eine Aktienposition, deren Verlustpotential durch eine Putoption abgesichert ist. Der Ausübungspreis der beiden Optionen ist identisch (900).

Strategie	Auszah-lung heute	Zahlungen bei Verfall (für verschiedene Aktienkurse)			
		800.0	**850.0**	**900.0**	**950.0**
long Aktie	S	800.0	850.0	900.0	950.0
long Put (X=900)	P	100.0	50.0	0.0	0.0
Position A	*S + P*	*900.0*	*900.0*	*900.0*	*950.0*
Anlage PV(900)	857.15	900.0	900.0	900.0	900.0
long Call (X=900)	C	0.0	0.0	0.0	50.0
Position B	*PV + C*	*900.0*	*900.0*	*900.0*	*950.0*

Tabelle 10.2: Position A bestehend aus einer Aktie und einer Putopti-on liefert die gleichen Ergebnisse einer Portfolio Insurance-Strategie wie Position B, die aus einem Festgeld und einer Calloption besteht.

Dieselbe Übereinstimmung findet man bei den *Abbildungen 10.3* und *10.6*: Das mit der zugrundeliegenden Aktie gedeckte Schreiben einer Calloption ist identisch mit dem Schreiben einer Putoption, wo die Deckung durch die Bereitstellung der erforderlichen Liquidität (im Form einer Festgeldanlage) erfolgt.

Termingeschäfte

Soweit wurden nur Optionsgeschäfte betrachtet. Im Gegensatz zu Optionen verpflichten sich bei einem Termingeschäft *beide* Parteien, Aktien (oder andere Anlagen) im Fälligkeitszeitpunkt zum heute vereinbarten Terminkurs zu kaufen respektive zu verkaufen. Der Terminkäufer erzielt im Umfang der Differenz zwischen Aktien- und Terminkurs einen Gewinn, sofern der Aktienkurs im Fälligkeitszeitpunkt über dem Terminkurs liegt: er kann die Aktie zu einem tieferen als zum Marktpreis erwerben. Liegt der Aktienkurs hingegen unter dem Terminkurs, ergibt sich ein Verlust. Für den Terminverkäufer, der auf den Gegenseite der Transaktion steht, verhält es sich gerade umgekehrt. Die Gewinn- und Verlustprofile des Terminkäufers und -verkäufers findet man in *Abbildung 10.7.*

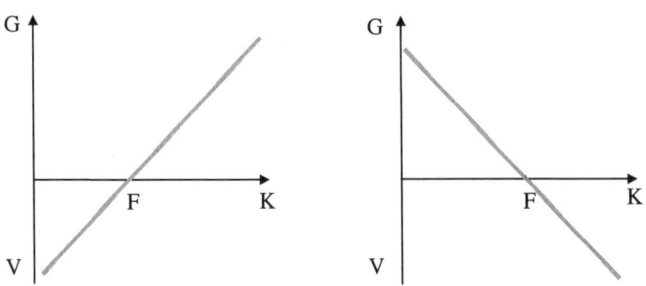

Abbildung 10.7: Im Gegensatz zu Optionen sind bei Termingeschäften die Gewinn- und Verlustpotentiale symmetrisch. Links ist ein Terminkauf, rechts ein Terminverkauf dargestellt.

Der Unterschied zu den Optionen liegt darin, dass es ein symmetrisches Gewinn- und Verlustpotential gibt. Der Abschluß eines Termingeschäfts ist im Unterschied zu den Optionen mit keinen Zahlungen (ausser Margenleistungen) verbunden. Die Höhe des Terminkurses wird so angesetzt, dass sich das Gewinn- und Verlustpotential wertmässig entsprechen und sich gegenseitig neutralisieren. Deshalb gibt es im Unterschied zu den Optionen, wo mehrere Ausübungspreise und entsprechend unterschiedliche Optionspreise vorliegen, nur einen einzigen „richtigen" Terminkurs. Was „richtig" bedeutet, wird im Kapitel 17 gezeigt.

Prinzipiell gelten dieselben Merkmale auch für Futureskontrakte. Der Unterschied zwischen Termingeschäften und Futureskontrakten ist in erster Linie institutioneller Art.

Futureskontrakte: Merkmale börsengehandelter Derivate

Futureskontrakte weisen ähnliche Merkmale auf wie Termingeschäfte - mit einigen grundsätzlichen Unterschieden. Das wichtigste Unterscheidungsmerkmal liegt darin, dass Futureskontrakte börsengehandelte und standardisierte Instrumente darstellen - und nicht auf individueller Basis zwischen Letztbenutzer und Bank abgeschlossen werden.

Börsengehandelte Derivate (dazu gehören neben den *financial futures* insbesondere auch die *traded options*) weisen eine Reihe wichtiger Merkmale auf. Zunächst handelt es sich um (meist) zertifikatslose, standardisierte Kontrakte und nicht um Wertpapiere. Die Standardisierung bezieht sich auf die Kontraktgrösse (Anzahl Aktien, Umfang einer Fremdwährungsposition, Nominalwert einer Anleihe), die Spezifikation der zugrundeliegenden Anlagen, die Laufzeit (meistens 1, 2, 3, 6 und 9 Monate) sowie bei den Optionen den Ausübungspreis (beispielsweise 900, 1000, 1100 und 1200 CHF).

Als Gegenpartei jeder Transaktion tritt die Options- und Futuresbörse, vertreten durch die an ihr tätigen Market Makers, auf. Dadurch werden nicht nur die Suchkosten zum Finden der Gegenpartei einer Transaktion minimal; da die Börse die Marktteilnehmer nicht nur zusammenführt, sondern auch die resultierende Transaktion garantiert, entfällt für die Marktteilnehmer das Bonitätsrisiko bezüglich der Gegenpartei (*counterparty risk*). Die Börse sichert sich gegenüber diesen Risiken dadurch ab, dass die Marktteilnehmer, welche auf ihren Positionen Verluste erleiden können, einer Einschusspflicht (*margin requirements*) unterliegen, und zwar sowohl bei der Eröffnung als auch bei anschließenden ungünstigen Wertveränderungen ihrer Position. Dazu müssen Sicherheiten über ein Margenkonto bei der Zahlstelle der Optionsbörse (*clearing house*) geleistet und andere, im Börsenreglement vorgesehene Garantien nachgewiesen werden. Entscheidendes Erfordernis dafür ist die tägliche Marktwertbestimmung der eröffneten Kontrakte (*mark-to-market*), damit die Verluste und Gewinne täglich ermittelt werden können und auf den Margenkonten bei der Zahlstelle belastet und gutgeschrieben werden können.

Zusammenfassend folgt, dass sich Termingeschäfte und Futureskontrakte in institutioneller Hinsicht, und damit vor allem bezüglich der anfallenden Cash-Flow-Strukturen, unterscheiden. Bei Futureskontrakten erfolgen tägliche Zahlungsströme (vgl. *Abbildung 10.8*), währenddessen beim Termingeschäft nur bei Fälligkeit ein Gewinn oder Verlust anfällt.

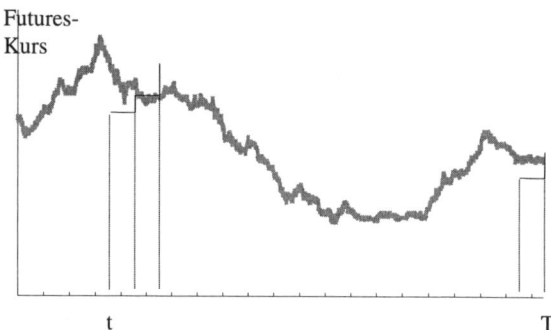

Futures-
Kurs

t   T

Abbildung 10.8: Im Gegensatz zu Termingeschäften werden bei Futureskontrakten die Gewinne respektive Verluste täglich gutgeschrieben beziehungsweise belastet.

Ökonomische
Effekte
börsenge-
handelter
Derivate

  Die Standardisierung in Verbindung mit der Garantiefunktion der Börse ermöglicht das Zustandekommen und den Abschluß einer grossen Zahl von Geschäften und damit eine hohe Marktliquidität. Dies gilt nicht nur für börsenmässige Optionsgeschäfte, sondern auch für Futureskontrakte. Tatsächlich ist es so, dass das an Options- und Futuresbörsen gehandelte Börsenvolumen ein Mehrfaches des zugrundeliegenden Kassamarktes repräsentiert. Die hohe Liquidität bewirkt, dass volumenmässig dieselbe Transaktion über Options- und Futuresmärkte billiger, schneller, einfacher und mit einem geringeren *price impact* abgewickelt werden kann als über die Kassamärkte. Die Einfachheit der Abwicklung beruht vor allem darauf, dass der börsenmässige Optionshandel zertifikatslos und bei vielen Kontrakten die Optionsausübung als Barandienung (*cash settlement*) erfolgt. In diesem Fall wird auf die physische Lieferung von Wertpapieren verzichtet und statt dessen lediglich der Gewinn/Verlust auf den Konten der beteiligten Parteien ausgeglichen. Diese Form trifft man wesensgemäss bei Aktienindex- und Devisenoptionen immer an.
  Eine hohe Liquidität wird auf derivativen Märkten praktisch nur durch eine Marktstruktur ermöglicht, in welcher Händler (*market makers*) verbindliche Geld- und Briefkurse stellen, zu denen sie Transaktionen ausführen und auf diese Weise einen Sekundärmarkt in den einmal eröffneten Optionsserien (Laufzeit, Ausübungspreis) respektive Futureskon-

trakten aufrechterhalten. Die Marktteilnehmer verfügen damit über verbindliche Preisinformationen als Grundlage ihrer Anlage- und Absicherungsentscheidungen. Die Liquidität lässt sich an der Differenz zwischen dem Geld- und Briefkurs, dem *bid-ask-spread*, erkennen: Liquide Instrumente weisen i.d.R. einen geringen Spread auf, illiquide einen grossen. Das Stellen und die laufende Anpassung der Optionspreise, aber auch die erforderliche Geschwindigkeit bei der Abwicklung von Transaktionen erfordern immer mehr eine Elektronisierung des Optionshandels. An modernen Optionsbörsen wird neben dem Handel auch das Clearing vollelektronisch abgewickelt (SOFFEX, DTB, u.a.). Die Elektronisierung der Börsen bewirkt letztlich auch eine größere Anonymität der Marktteilnehmer, was eine gewisse adverse Selektion zugunsten informationsmotivierter Transaktionen nach sich ziehen mag.

Bezüglich dieser Merkmale unterscheiden sich börsengehandelte Derivate grundsätzlich von den ausserbörslich gehandelten Instrumenten, den sogenannten *over-the-counter* (OTC)-Derivaten. Zugegebenermaßen hat sich parallel zum steigenden Volumen börsengehandelter Derivate in den letzten Jahren, namentlich in der Schweiz und den USA, auch das ausserbörsliche Derivatgeschäft stark etabliert. Letztlich bilden beide Segmente eine Ergänzung innerhalb der derivativen Produktekette. Trotzdem kommt man nicht darum herum, mit allem Nachdruck auf die besonderen Risiken von OTC-Geschäften gegenüber börsengehandelten Instrumenten hinzuweisen.

Börsengehandelte Optionsgeschäfte werden in erster Linie auf einzelne Aktien sowie Aktienindizes gehandelt; das Volumen in börsengehandelten Zins- oder Bondoptionen ist demgegenüber kleiner. Heute existiert in praktischen jedem entwickelten Kapitalmarkt eine Optionsbörse, an welcher auf einen verbreiteten Aktienindex Options- und Futureskontrakte gehandelt werden: an der SOFFEX auf den SMI (Swiss Market Index), an der DTB auf den DAX (Deutscher Aktienindex), an der MATIF auf den CAC 40, an der LIFFE auf den FT/SE (Financial Times Share Index), an der CBOE auf den S&P100 und S&P500, etc.

Beispiele börsengehandelter Derivate

Zu den meistgehandelten börsenmässigen Derivaten gehören ferner Zinssatz- oder Bondfutureskontrakte. Bezüglich Umsatz und Liquidität unerreichter Spitzenreiter ist in dieser Hinsicht der an der CBOT (Chicago Board of Trade) gehandelte T-Bond-Future, also ein Kontrakt auf amerikanische Bundesobligationen. Im deutschsprachigen Raum erfreuen sich der BUND-Future an der DTB (zusammen mit anderen Zinsinstrumenten) sowie der CONF-Future an der SOFFEX einer zunehmenden Liquidität.

Synthetische Positionen und Replikation

In der Praxis haben sogenannte „synthetische" Positionen respektive Strategien eine grosse Bedeutung. Grundsätzlich geht es darum, mit Hilfe bestimmter Instrumente die Zahlungsstruktur eines anderen Instruments *nachzubilden* (man spricht auch von Replikation oder Duplikation). So kann beispielsweise der Payoff eines Termingeschäfts durch Optionen repliziert werden.

Man mag sich dazu nochmals vergegenwärtigen, dass bei einem Termingeschäft bei Kursen oberhalb des Terminkurses ein Gewinn resultiert, während bei Kursen unterhalb des Terminkurses ein Verlust vorliegt. Gewinn- und Verlustpotential lassen sich durch zwei Optionen einfach nachbilden:

- Das Gewinnpotential durch den Kauf einer Calloption;

- das Verlustpotential durch den Verkauf einer Putoption.

Beide Optionen müssen natürlich denselben Ausübungspreis haben, nämlich den Terminkurs. Dies wird in *Abbildung 10.9* grafisch veranschaulicht. Mit dieser Strategie wird also ein synthetisches Termingeschäft erzeugt.

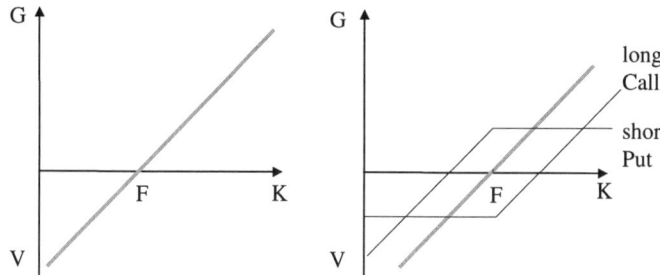

Abbildung 10.9: Ein Terminkauf lässt sich synthetisieren durch einen long Call in Verbindung mit einem short Put, wobei für beide der Ausübungspreis gleich dem Terminkurs gewählt wird.

Daraus folgt, dass der Kauf eines Calls und der Verkauf eines Puts (mit Ausübungspreis = Terminkurs) gleichbedeutend mit einem Terminkauf der Anlage ist. Ebenso kann ein Terminverkauf nachgebildet werden: nämlich durch den Verkauf einer Calloption (liefert das Verlustpotential bei hohen Kursen) sowie den Kauf einer Putoption (liefert das Gewinnpotential bei tiefen Kursen); dies ist in *Abbildung 10.10* ersichtlich.

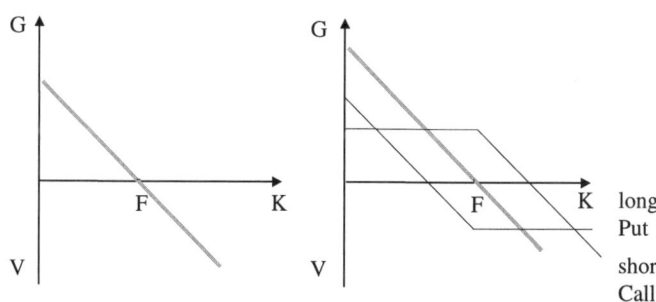

Abbildung 10.10: Ein Terminverkauf kann synthetisch repliziert werden durch einen short Call zusammen mit einem long Put, wobei die Ausübungspreise wiederum dem Terminkurs entsprechen müssen.

Die Möglichkeit, die Zahlungsstrukturen von Finanzinstrumenten synthetisch nachzubilden, hat verschiedene,
sehr wichtige Konsequenzen:

- bezüglich der <u>Preisbildung</u>: Der Kapitaleinsatz respektive
  Wert eines synthetischen Instruments muss genau so viel
  betragen darf wie jener des nachgebildeten Instruments.
  Dieses fundamentale Wertäquivalenzprinzip wird durch
  Arbitrage sichergestellt.

- bezüglich <u>Vervollständigung einer Produktepalette</u>: Durch
  synthetische Strategien lassen sich manchmal Instrumente
  replizieren, welche auf dem Finanzmarkt nicht verfügbar,
  nicht liquid oder im Extremfall vielleicht auch durch Regulierung ausgeschlossen sind. Ein Beispiel soll dies illustrieren:

Synthetische
Putoption

Wenn die Gleichung „Terminverkauf gleich long Put plus
short Call" Gültigkeit hat, so muss sich die Putoption aus dem
Termingeschäft und der Calloption replizieren lassen. Aus der
Gleichung:

Terminverkauf = long Put + short Call

folgt

Terminverkauf + long Call = long Put

Eine grafische Veranschaulichung dieses Zusammenhangs
findet man in Abbildung *10.11*.

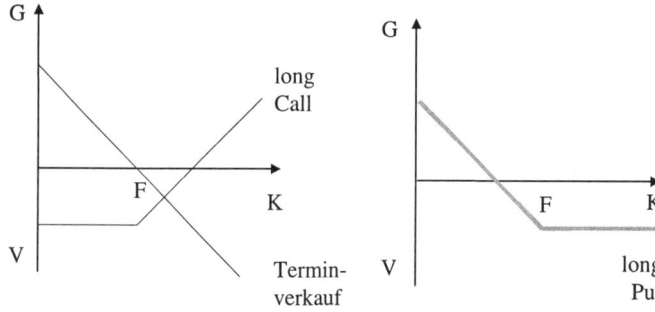

*Abbildung 10.11: **Eine Putoption lässt sich synthetisieren** durch einen Terminverkauf bei gleichzeitigem Erwerb einer entsprechenden Calloption.*

Wenn also Termingeschäfte zugelassen sind und Calloptionen gekauft werden können, kann jederzeit die Zahlungsstruktur einer Putoption repliziert werden. Meistens sind die Transaktionskosten einer synthetischen Strategie grösser als wenn das betreffende Instrument direkt gehandelt würde. Hingegen wird man aus Gründen der Liquidität oder wegen regulatorischer Restriktionen manchmal eine synthetische Strategie vorziehen. So weisen an Optionsbörsen Calloptionen häufig eine größere Liquidität und damit eine attraktivere Marge auf als Putoptionen.

Ausserbörsliche Derivate werden meistens als „OTC-Geschäfte" bezeichnet. OTC heisst *over-the-counter* und heisst, dass die entsprechenden Kontrakte, Instrumente oder Geschäfte „über den Bankschalter" gehandelt werden. Heute bieten jedoch längst nicht nur Banken solche Instrumente auch, sondern etwa auch Lebensversicherer oder Anlagefonds. Die am meisten verbreiteten OTC-Derivate sind die folgenden:

OTC-Derivate

- *Stillhalteroptionen* (*covered options*): Es handelt sich um Optionsscheine oder Optionsrechte, welche von Banken oder institutionellen Anlegern (Versicherungen) zwecks aktiver Bewirtschaftung ihrer Wertschriftenpositionen ausgegeben werden.

- *Zinsprodukte*: Viele verbreitete Zinsprodukte wie Swaps, Caps, Floors, Swaptions, Captions, Collars, etc. werden von den Banken OTC angeboten.

- *Strukturierte Produkte*: Darunter versteht man Instrumente, bei denen traditionelle Anlageformen mit Optionselementen kombiniert werden, damit für den Anleger in interessantes Gesamtprodukt entsteht. In der Anfangszeit hatten sie meistens den Charakter von Portfolio InsuranceInstrumenten (GROI: *guaranteed return on investment*; PIP: *protected index participation*, etc.); in neuerer Zeit werden vermehrt short - Optionskonstruktionen zu strukturierten Produkten ausgestaltet.

- *Exotische Optionen* (*exotics*): Darunter versteht man Optionen, welche komplexe Auszahlungsstrukturen aufweisen (z.B. Optionen auf einen durchschnittlichen Aktienkurs, oder *knock-in-* und *knock-out* Optionen), oder deren Wert sich aus *mehreren* Basisanlagen ergibt.

Ökonomischer Nutzen von Derivaten?

Wie vorangehende Charakterisierung derivativer Instrumente hinterläßt den Eindruck, dass Derivate Nullsummenspiele ohne konkrete ökonomische Bedeutung darstellen. Monetär, also von den Zahlungsflüssen her betrachtet, handelt es sich tatsächlich um Nullsummen„spiele". Eine genauere ökonomische Analyse zeigt jedoch, dass damit grundlegende Allokationseffekte verbunden sind. Einige diesbezügliche Überlegungen sollen das vorliegende Kapitel abrunden.[3]

Risikotransfer

Die grundlegenden wirtschaftlichen Funktionen des Finanzsystems werden in MERTON (1995) eingehend beschrieben. Die Hauptfunktion der *derivativen* Märkte ist der Transfer von Marktrisiken (Preisrisiken) zwischen unterschiedlichsten Institutionen wie Banken, Versicherungen, Portfolio Managern, Wertschriftenhäusern, Tresorerieabteilungen, Industriefirmen, Warenterminhändlern, Anlagefonds, Pensionskassen sowie öffentlichen und privaten Haushalten. Dieser

---

3 Die nachfolgenden Ausführungen beruhen auf GIBSON UND ZIMMERMANN (1996).

Prozess wird als Risikoallokation, Risikotransfer, Risikover-
teilung (*risk sharing*) oder Hedging bezeichnet. Ein Exporteur
sichert sich gegenüber Währungsschwankungen durch Wäh-
rungsputoptionen, Währungstermingeschäfte oder Währungs-
futureskontrakte ab. Ein Portfoliomanager begrenzt des globale Aktienmarktrisiko seiner Portfolios durch den Verkauf
von Futureskontrakten auf einen Benchmarkindex. Eine Bank
sichert sich gegenüber den Zinsänderungsrisiko aus der fri-
steninkongruenten Refinanzierung ihrer Ausleihungen durch
den Erwerb von Zinssatzswaps ab. Oder ein Heizölhändler
erreicht durch die Absicherung mit Rohölfutures eine attraktivere Preisgestaltung für seine Kunden.

Es gilt zu beachten, dass bei den beschriebenen Transaktionen der Absicherungseffekt *nicht* in erster Linie auf Diversifikation beruht. Gerade bei Marktrisiken (Preisrisiken) ist
ein Diversifikationspotential nur beschränkt vorhanden: Zwar
kann durch das Halten mehrerer Anlagen mit mehr oder weniger unkorrelierten Kursverläufen stets ein Teil der Kursschwankungen reduziert werden, aber ein Teil der Marktrisiken ist *systematisch*, weil die Veränderungen von Zinssätzen,
Aktienkursen, Wechselkursen und Güterpreisen nie völlig
unabhängig voneinander verlaufen, sondern durch gesamtwirtschaftliche Faktoren wie Vermögens- und Einkommens-
schwankungen miteinander verbunden sind.

Diese systematische Natur von Marktrisiken hat prinzipi-
elle allokative Implikationen, indem diese Risiken zwischen
den Wirtschaftssubjekten zwar umverteilt, für die Wirtschaft
als ganzes jedoch nicht vollständig eliminiert werden können.
Der Umverteilungsprozess impliziert, dass die Risiken in
Form standardisierter oder kundenspezifischer Kontrakte gehandelt werden und auf diese Weise durch den Kapitalmarkt
eine Bewertung erfahren. Es heisst aber auch, dass für die
Abtretung der Risiken eine Risikoprämie bezahlt werden
muss, während die Übernahme der Risiken bei der Gegenpartei mit dieser Risikoprämie entschädigt wird. Absicherung
und Spekulation bilden bei systematischen Risiken demzufolge eine untrennbare funktionale Einheit des Risikoallokati-
onsprozesses.

Kosten- **ersparnis**	Derivative Instrumente gibt es auf unterschiedliche öko-nomische Aggregate: nationale und internationale Aktienindi-zes, Zinssätze, Bonds und Bondindizes, Güterpreise und Gü-terpreisindizes, Währungen, etc.. Dadurch werden einerseits globale Risikoexposures ganzer Portfolios in Form einfacher Finanzprodukte „handelbar"; während es an den meisten Bör-sen nach wie vor schwierig ist, ganze Wertpapierkörbe oder Portfolios zu kaufen und zu verkaufen, bieten die derivativen Instrumente genau diese Möglichkeiten - und zwar etwa zu einem Zwanzigstel der Kosten, welche für die entsprechenden Kassageschäfte am Basismarkt anfallen würden.
Diversifikation **und Leverage**	Derivative Instrumente eröffnen häufig Anlagemöglich-keiten in Segmenten, welche über die traditionellen Anlage-formen für den Anleger typischerweise nicht verfügbar sind. Ein Beispiel dafür sind die verschiedenen *commodity-linked* Produkte, in neuerer Zeit beispielsweise in Form von Deriva-ten auf Güterpreisindizes wie dem GSCI. Diese Instrumente eignen sich aus Anlegersicht insbesondere zur Absicherung von Inflationsrisiken. Das Diversifikationspotential, welches Derivate in dieser Hinsicht eröffnen, dürfte noch lange nicht ausgeschöpft sein und mit innovativen Produkten wie etwa Kreditderivaten oder Versicherungsderivaten neue Dimensio-nen erhalten. Letztlich können auf diese Weise unterschied-lich gelagerte wirtschaftliche Risiken einem breiteren Inve-storenkreis zugeführt werden und lassen sich auf diese Weise für die Wirtschaft als ganzes besser diversifizieren. Es kann davon ausgegangen werden, dass von diesem Prozess positive realwirtschaftliche Effekte ausgehen, weil dadurch letztlich die globale Risikoexposition der Wirtschaft abnimmt, was sich für die Unternehmungen unmittelbar in tieferen Kapital-kosten (verstanden als Renditeerfordernis auf dem Risikoka-pital) äussert. Weiter ermöglichen Derivate die Errichtung fremdfinanzierter Positionen im Kassamarkt[4]. Die Eröffnung von Options- und Futurespositionen erfordert nur einen

---

4 MERTON (1995, p. 474) zeigt, wie durch Derivate rund 10 verschie-dene fremdfinanzierte Positionen im S&P500-Index aufgebaut wer-den können, und diskutiert die sich daraus ergebenden regulatori-schen Implikationen.

Bruchteil des Kapitals, das zum Erwerb der zugrundeliegenden Kassainstrumente nötig ist. Ob der damit verbundene *Hebeleffekt*[5] mit Gefahren verbunden ist und ökonomisch adverse Effekte aufweist, ist von verschiedenen Faktoren abhängig. Im positiven Sinne wird durch den Leverage das Risiko-Rendite-Menu, welches sich Anleger mit Hilfe von Derivaten erschliessen können, verbreitert.

Ein wichtiges Anliegen des Portfoliomanagements ist die Anpassung der Portfoliostruktur im Zeitablauf, im Zuge sich verändernder Erwartungen, Zahlungsströmen, Vermögensschwankungen, u.a.m. Dynamische Portfolioanpassungen werden oftmals einfacher und kostengünstiger über derivative Instrumente umgesetzt. Die Gründe sind vielfach: Wie an früherer Stelle erwähnt, lassen sich *globale* Risikoexposures von Portfolios gegenüber Aktienindizes, Zinssätzen, etc. realistischerweise eigentlich nur über Derivate steuern. Die entsprechenden Transaktionen am Basismarkt (Kauf und Verkauf einzelner Aktien, Obligationen, Fondsanteilen) wären nicht nur fast zwanzigmal teurer, sondern infolge der geringen Liquidität einzelner Anlagen häufig auch kaum auszuführen. Der entscheidende Vorteil der Derivate bildet in dieser Hinsicht die *Standardisierung* der Kontrakte (hinsichtlich *underlying*, Verfall, etc.) und die damit verbundene *Liquidität*. Standardisierung bedeutet, dass ein Kreis von Marktteilnehmern mit sehr heterogenen Transaktionsmotiven eine relativ enge Instrumentenpalette verwendet, wodurch die Liquidität nicht in gleichem Masse fragmentiert wird wie auf den Basismärkten. Auch wenn ein standardisiertes Instrument nicht dieselben anlegerspezifischen Bedürfnisse befriedigen kann wie eine massgeschneiderte Transaktion, wird dieser Nachteil durch die größere Liquidität und die damit verbundenen Kostenvorteile (die direkten wie die indirekten Transaktionskosten in Form des *bid-ask spreads*) kompensiert. In dieser Hinsicht gilt die Aussage, dass eine hohe Liquidität einiger weni-

Standardisierung, Liquidität und Information

---

5 Der Hebel (Leverage-Faktor) ist definiert als Kehrwert des prozentualen Eigenkapitaleinsatzes. Bei einem fünfprozentigen Eigenkapitaleinsatz beträgt der Hebel $1/0.05 = 20$.

---

ger Instrumente oftmals praktisch bedeutsamer ist als eine grosse Produktevielfalt.

Liquidität bildet ein zentrales wenn auch häufig verkanntes Qualifikationsmerkmal von Finanzmärkten. Der Handel mit standardisierten Derivaten verlangt eine Marktstruktur, welche von jener einer traditionellen Börse sehr verschieden ist. Meistens werden standardisierte Kontrakte über *market makers* gehandelt, was eine erhebliche Transparenz über Preise und Marktliquidität darstellt. Jede Derivatbörse verfügt über eine Zahlstelle (*clearing house*), welche eine tägliche Marktbewertung der offenen Kontrakte vornimmt (*mark-to-market*) und die entsprechenden Sicherheitszahlungen (*margins*) von den Marktteilnehmern einfordert. Dadurch wird die Börse zur eigentlichen Gegenpartei jeder Transaktion, was für die Marktteilnehmer auf jeder einzelnen Transaktion ein erheblich reduziertes Gegenparteirisiko darstellt. Diese Sicherheit, zusammen mit der Handelsorganisation und der Standardisierung, ermöglicht eine sehr hohe Transaktionsgeschwindigkeit.

Der wichtigste ökonomische Effekt der Standardisierung ist jedoch, wie bereits oben angedeutet, die Zusammenführung eines heterogenen Kreises von Marktteilnehmern: Händler, Arbitrageure, Spekulanten[6] und Absicherer mit sehr unterschiedlichen Transaktionsmotiven, Erwartungshaltungen und Vermögenspositionen sind „gezwungen", dieselbe (enge) Produktepalette zu verwenden, was eine Verzettelung der Liquidität verhindert. Neben einer tiefen Geld-Brief-Spanne als direkten Bestandteil der Transaktionskosten impliziert dies einen geringen *price impact;* darunter versteht man die Preisreaktion, welche (auf illiquiden Märkten) mit der Abwicklung größerer Transaktionsvolumen verbunden ist.

Selektive Risikoabsicherung

Derivative Instrumente werden häufig für die sogenannte taktische Asset Allocation verwendet und erlauben eine *selektive* Übernahme respektive Absicherung von Risiken. Was

---

6 Der Begriff „Spekulant" ist im deutschen Sprachbegriff zweifellos vorbelastet, im Gegensatz zum englischen *speculator* oder dem französischen *spéculateur*. Am einfachsten wäre es, den Begriff emotionslos als Gesamtheit der erwartungs- oder informationsmotivierten und mithin mit der Übernahme von Risiken verbundenen Transaktionen zu verstehen.

darunter zu verstehen ist, soll an einem Beispiel gezeigt werden. Angenommen, eine Investorin wäre sehr zuversichtlich über die Entwicklung der Anteile der Schweizerischen Bankgesellschaft, ist jedoch ziemlich pessimistisch über die Entwicklung des schweizerischen Aktienmarktes insgesamt (gemessen am Swiss Market Index, *SMI*). Sie wird SBG-Aktien erwerben, aber das globale Marktrisiko durch den Verkauf einer entsprechenden Anzahl von Futureskontrakten auf den SMI absichern. Damit ist sie nur noch den *spezifischen* Kursschwankungen der SBG-Aktie ausgesetzt und hält damit genau jene Risikoexposition, in welcher sie sich einen Informationsvorteil gegenüber dem Markt verspricht. Sie kann diese Absicherung so lange aufrechterhalten, bis sie ihre Erwartungen revidiert oder sich der Markt erholt hat.

Das Portfoliorisiko lässt sich durch Derivate also in mindestens dreifacher Hinsicht selektiv steuern: strukturell (d.h. der Natur des zugrundeliegenden Risikos), umfangmässig und bezüglich Zeitdauer. Insbesondere lässt sich auf diese Weise die *strategische* Asset Allocation von der *taktischen* (TAA, auch *market timing* genannt) separieren. Dies ist vor allem im modernen Portfoliomanagement bedeutungsvoll, wo der beiden Komponenten zur Gesamtperformance explizit unterschieden und im Rahmen der Managerkompensation separat entschädigt wird. Generell gilt, dass die Möglichkeit, verschiedene Risikokomponenten in zeitlich flexibler Weise abzusichern, mit positiven allokativen Effekten bezüglich verbunden ist. Mit Options- und Futureskontrakten auf globale Risikofaktoren können selektive Risikoexpositionen bezogen und den sich ändernden Erwartungen und Risikopräferenzen angepasst werden. In dieser Hinsicht erlauben Derivate eine selektive und kostengünstige Risikoallokation.

Die vorangehenden Ausführungen haben noch weitere Implikationen: Weil derivative Instrumente kostengünstige Instrumente zum Handel und Transfer globaler Preisrisiken darstellen, sollten Erwartungen und neue Informationen über die zugrundeliegenden ökonomischen Faktoren (Aktienkurse, Zinssätze, etc.) in derivativen Märkten sehr viel unmittelbarer verarbeitet werden als auf den zugrundeliegenden Kassamärkten, und sich demzufolge in den Options- und Futures-

Preisfindung - price discovery

kursen schneller widerspiegeln - letzteres jedoch nur ziemlich begrenzt, weil sich Informationsunterschiede über Arbitrage relativ schnell auf die Kassamärkte übertragen. Daraus geht hervor, dass die derivativen Märkte den Preisfindungsprozess (*price discovery*) beschleunigen und damit wesentlich zur effizienteren Informationsverarbeitung auf den Finanzmärkten beitragen. Verschiedene empirische Untersuchungen bestätigen, dass die Kursentwicklung auf entwickelten Futuresmärkten jener der zugrundeliegenden Kassamärkte (beispielsweise Aktien- und Bondindizes) systematisch vorauseilt. Als praktisch relevante Implikation folgt, dass die Preisinformation der Derivatmärkte die Preisgestaltung am Basismarkt vereinfacht und verbessert. Ein besonders gutes Beispiel dafür ist das derivative Zinssegment des schweizerischen Kapitalmarkts (CONF-Futures, Optionen auf CONF-Futures und Zinsswaps), welches die Preisbildung sowohl am Primärmarkt (Preisbildung neuemittierter Obligationen) als auch am Sekundärmarkt (über die Berechnung einer Zinsstrukturkurve basierend auf Swapsätzen) ganz erheblich zu verbessern vermochte. Ironischerweise sind es bezüglich des Informationsflusses also eigentlich die Kassamärkte, welche als „derivativ" zu betrachten sind.

Und die Risiken?

Kapitalmarktimperfektionen können jedoch adverse Effekte hervorrufen, welche die vorher beschriebenen Vorteile etwas relativieren. Wenn die Anleger beispielsweise nicht über die notwendigen Informationen oder das erforderliche Wissen verfügen, um den Leverage der eingesetzten Instrumente und Produkte (namentlich bei *hedge fonds* oder exotischen Derivaten) zu erkennen, so ist eine objektive Einschätzung des Verlustrisikos unmöglich und eine optimale Risikoallokation unwahrscheinlich. Dasselbe resultiert, wenn die Anleger oder die emittierenden Gesellschaften ihr Risikopotential (auf englisch zutreffender mit *risk capacity* bezeichnet) überschätzen oder keinen Anreiz haben, Strategien zu verfolgen, welche ihrer Risikofähigkeit entsprechen. Letzteres kann durch unvollständige oder inadäquate Risikokontrolle (*monitoring*), anreizinkompatible Verträge und aufsichtsrechtliche Normen, Rechnungslegungsvorschriften, u.a.m. induziert werden.

Literaturhinweise

Einführende Literatur:

USZCZAPOWSKI, IGOR (1995): „Optionen und Futures verstehen", Deutscher Taschenbuch Verlag (dtv), 3. Auflage.

ZIMMERMANN, HEINZ (1995): „Optionsgeschäfte", in GERKE W. und STEINER M. (Hrsg.): „Handwörterbuch des Bank- und Finanzwesens", pp. 1488-1502.

Weiterführende Literatur:

GALITZ, LAWRENCE (1995): „Financial engineering", Financial Times / Pitman Publishing, London.

GIBSON, RAJNA und HEINZ ZIMMERMANN (1996): „Derivative Finanzmärkte: Ökonomischer Nutzen, Risiken und Überwachung", in: NOBEL, PETER (Hrsg.): „Aktuelle Rechtsprobleme des Finanz- und Börsenplatzes Schweiz", Band 4, Stämpfli, Bern.

MERTON, ROBERT C. (1995): „Financial innovation and economic performance", Journal of Applied Corporate Finance 4, pp. 12-22.

SMITH, CLIFFORD W., CHARLES W. SMITHSON und SYKES WILFORD (1995): „Managing financial risk", Irwin, Burr Ridge, IL.

Kapitel 11

Absicherung mit Aktienindex-
derivaten - Portfolio Insurance

von Stéphanie Bilo und Heinz Zimmermann

Die wichtigste Bedeutung derivativer Finanzinstrumente liegt in der Möglichkeit, finanzielle Risiken auf einfachere, kostengünstigere und transparentere Weise zwischen wirtschaftlichen Akteuren zu transferieren als dies mit den Basisinstrumenten (Aktien, Bonds, Währungen, etc.) selbst möglich ist. Deshalb tritt der Hauptnutzen derivativer Instrumente vor allem bei der Allokation systematischer Risiken in den Vordergrund. Als systematisch werden Risiken bezeichnet, die sich durch einfache Portfoliodiversifikation nicht eliminieren lassen, also nicht diversifizierbar sind und von der Wirtschaft als ganzes getragen werden müssen. Aktien- und Zinsänderungsrisiken sind typische Beispiele für systematische Risiken: ein noch so breites und international diversifiziertes Aktien- und Bondportfolio ist nicht-diversifizierbaren Kursschwankungen ausgesetzt - mit zunehmender Integration der Kapitalmärkte dürften viele Risiken globaler und noch weniger diversifizierbar werden.

Bedeutung von Derivaten

Die Allokation systematischer Risiken über Kapitalmärkte führt nicht nur dazu, dass Risiken gehandelt werden, sondern insbesondere auch, dass ihre Bewertung durch den Kapitalmarkt transparent wird. In dieser Informationsleistung und Koordinationsfunktion liegt eine zentrale Funktion moderner Derivatbörsen. Dies erlaubt es den Akteuren abzuschätzen, ob und in welchem Umfang bestimmte Risiken übernommen (getragen) oder abgetreten (abgesichert) werden sollen. Dadurch vereinfachen Derivate insbesondere das Management systematischer Risiken.

Das vorliegende Kapitel beschränkt sich auf das Management von Aktienkursrisiken. Dabei wird nicht in erster Linie auf den komplexen Werkzeugkasten derivativer Instrumente eingegangen, die es mittlerweile zur Bewirtschaftung von Aktienkursrisiken gibt. Vielmehr werden die prinzipiellen Möglichkeiten aufgezeigt, die zur Begrenzung und Übernahme dieser Risiken existieren, und welche Aspekte dabei zu beachten sind. Da die Rolle der Derivate zur Gestaltung des Risikoprofils ganzer Portfolios im Vordergrund steht, richtet sich der Blick in den Beispielen fast ausschliesslich auf Aktienindexderivate.

Aktienindex-derivate

Eine grosse Zahl liquider Aktienderivate werden heute als standardisierte Kontrakte an speziellen Börsen, den Options- und Futuresbörsen, gehandelt. *Tabelle 11.1* liefert eine Übersicht über die wichtigsten Aktien*index*derivate.

Land	Index (Underlying)	Börse
USA	S&P 500 (O,F) S&P Midcap (F)	CBOE (Chicago Board Options Exchange)
	Russell 2000 (O,F) S&P 100 (O), usw.	CME (Chicago Mercantile Exchange)
Canada	TSE 35 (O,F)	Montreal Stock Exchange
Grossbritannien	FTSE 100 (O,F) FTSE Mid 250 (F)	LIFFE (London International Financial Futures and Options Exchange)
Frankreich	CAC 40 (O,F)	MONEP (Marché des Options Négociables de Paris)
Deutschland	DAX (O,F)	DTB (Deutsche Terminbörse), in Zukunft: EUREX
Schweiz	SMI (O,F)	SOFFEX (Swiss Options and Financial Futures Exchange), in Zukunft: EUREX
Niederlande	EOE (O,F)	AEX (European Options Exchange)
Schweden	OMX (O,F)	OMLX (London Securities and Derivatives Exchange)
Spanien	IBEX-35 (O,F)	MEFF RV (Meff Renta Variable)
Italien	MIB-30 (O,F)	Borsa Valori di Milano
Österreich	ATX (O,F)	ÖTOB (Österreichische Termin- und Optionenbörse)
Japan	NIK225 (O,F) NIK 300 (O,F)	Tokyo Stock Exchange
Hong Kong	Hang Seng (O,F)	Stock Exchange of Hong Kong
Australien	All Ords (O,F)	Australien Stock Exchange

Tabelle 11.1: Übersicht über die häufigsten Aktienindexderivate. O ist abgekürzt für Optionen und F für Future. Zu beachten ist, dass die DTB und die SOFFEX zur EUREX fusionierten. Quelle: Directory & Review 1998, Futures & Options World

Die institutionellen Merkmale von Optionen und Futures wurden im vorangehenden Kapital dargestellt. Auf sie wird hier nicht mehr speziell eingetreten. Hingegen wird im vorliegenden Kapitel der Grundgedanke der Absicherung von Portfoliorisiken mit Aktienindexfutures und –optionen dargestellt. Im traditionellen Portfoliomanagement wird die Portfoliovolatilität als Risikomass verwendet. Die Volatilität schliesst dabei sowohl positive wie auch negative Kursausschläge ein. Mit Risiko wird aber nicht unbedingt die symmetrische Volatilität assoziiert, sondern eher das Verlustrisiko, d.h. die Gefahr, eine minimale Renditevorgabe innerhalb eines bestimmten Zeithorizontes zu verfehlen. Offensichtlich liegt es im Interesse der Akteure, das Verlustpotential möglichst klein und das Gewinnpotential möglichst gross zu halten. Dieses Verhalten wird unter dem Begriff *asymmetrische Risikoperzeption* zusammengefasst.

Risiko?

Eine separate Bewirtschaftung der positiven und der negativen Seite der Volatilität erscheint deshalb in manchen Fällen vorteilhaft. Das symmetrische Risikoprofil ungesicherter Aktienanlagen, die gleich grosses Verlust- wie Gewinnpotential aufweisen, kann mit Hilfe von bestimmten Derivaten fast beliebig verändert werden. Durch den Einsatz von Optionen können asymmetrische Risikoprofile erzeugt werden, d.h. Verlustrisiken gegen Leistung einer Prämie abgesichert werden, ohne dass das Gewinnpotential (in demselben Umfang) abnimmt oder umgekehrt. Wenn hingegen durch den Einsatz von Futures und anderen Termingeschäften gleichermassen das Gewinn- und das Verlustpotential reduziert, d.h. die Volatilität eingeschränkt wird, spricht man von einer symmetrischer Bewirtschaftung der Risiken. *Abbildung 11.1* zeigt je ein Beispiel der symmetrischen und asymmetrischen Risikobewirtschaftung einer Aktienanlage.

Symmetrische und asymmetrische Absicherung

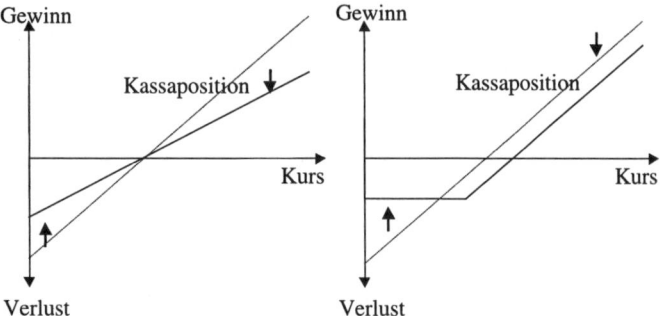

Abbildung 11.1: Symmetrische und asymmetrische Risikoprofile durch den Einsatz von Derivaten. In der ersten Abbildung wird die Volatilität vermindert. In der zweiten Abbildung wird nur das Verlustrisiko beschränkt, das Gewinnpotential wird hingegen nur um die Absicherungsprämie vermindert.

In keiner Weise soll mit dieser einfachen Charakterisierung gesagt werden, dass dieselben Effekte nicht auch ohne Derivate erreicht werden könnten. So lässt sich eine (symmetrische) Reduktion der Volatilität einer Anlage wohl am einfachsten dadurch erreichen, dass nur ein Teil des Vermögens in Aktien gehalten wird, während der verbleibende Teil risikolos (oder weniger risikobehaftet) angelegt wird. Ebenso lassen sich die Effekte asymmetrischer Risikoprofile mit den Basisanlagen nachbilden. Die Verwendung von Derivaten hat in dieser Hinsicht jedoch verschiedene Vorteile, welche im Laufe des Beitrags diskutiert werden. In der nachfolgenden Darstellung wird *zunächst* die Absicherung des Portfoliorisikos durch Aktienindexfutures betrachtet. Erst *daraufhin* wird auf die asymmetrische Bewirtschaftung des Portfoliorisikos durch Optionen, also Portfolio Insurance, behandelt.

Absicherung mit Aktien-Indexfutures

Es wird ein amerikanisches Aktienportfolio betrachtet, das am 17. August 1998 einen Vermögenswert von 10 Mio. USD aufweist. Das Portfolio sei vollständig indexiert, das heisst die Wertveränderungen folgen direkt jenem des S&P500-Aktienindex. Die Kursschwankungen werden - teilweise - durch den Verkauf von 10 S&P500-Futures-Kontrakten abgesichert. Der Futureskurs am 17. August 1998 beträgt 1083.7, und der Index selbst beträgt 1096. Ein Kontrakt entspricht dem Gegenwert des zweihundertfünfzigfachen Indexbetrags (m=250). *Tabelle 11.2* zeigt, wie sich Portfoliowert, die Futuresposition und beide zusammen im Zeitablauf entwickeln.

Datum	Portfolio				Futures		Gesamtposition	
1998	Index (I)	(ΔI)/I	Portfolio-wert (P)	ΔP	Futures-kurs(F)	N×m×ΔF N=-10	ΔH=ΔP+ n×m×ΔF	ΔH/P
17.8.	1096.0		10'000'000		1083.7			
18.8.	1117.8	+1.95%	10'198'905	198'905	1101.2.	-43'825	155'080	1.52%
19.8.	1114.5	-0.30%	10'168'796	-30'109	1098.1	7'850	-22'259	-0.22%
20.8.	1106.2	-0.75%	10'093'066	-75'730	1091.6	16'150	-59'580	-0.59%
21.8.	1098.3	-0.72%	10'020'985	-72'080	1081.2	25'900	46'180	-0.46%

Tabelle 11.2: Zahlenbeispiel zur Portfolioabsicherung mit Aktienindexfutures. Verkauf von 10 Kontrakten, n ist somit –10 und m, der Indexmultiplikator für den S&P500-Kontrakt, ist 250.

Man erkennt, dass sich durch den Verkauf der Futures die Wertveränderungen des Portfolios und der Futuresposition entgegengesetzt zueinander entwickeln. Die täglichen Schwankungen des Portfoliowerts (+1.95%, -0.30%, -0.75%, -0.72%) werden durch den Verkauf der 10 Futureskontrakte etwa um einen Drittel reduziert (+1.52%, -0.22%, -0.59%, -0.46%). Eine nahezu vollständige Reduktion der Volatilität - was natürlich im Falle eines indexierten Portfolios nicht sinnvoll ist - würde demnach voraussetzen, dass etwa 40 Kontrakte verkauft werden. Innerhalb dieses Spektrums gibt es sämtliche möglichen Abstufungen zur Absicherung des Portfoliorisikos.

Basisrisiko

Wer Aktienindexfutureskontrakte kauft, partizipiert gleichgerichtet an der Entwicklung des zugrundeliegenden Aktienindex respektive Futureskurs; wer Kontrakte verkauft, partizipiert in entgegengesetzter Richtung. Die Schwankungen des Futureskurses stimmen allerdings, umfang- und vorzeichenmässig, nicht immer genau mit jenen des zugrundeliegenden Index überein. Das verbleibende Risiko wird Basisrisiko genannt.

Worin liegt die praktische Bedeutung des Basisrisikos? Einerseits bedeutet es ein Positionsrisiko für den Market Maker von Aktienindexkontrakten: Die Nettoposition zwischen gekauften und verkauften Options- und Futureskontrakten muss durch eine Position im Basismarkt (in einem Aktienportfolio, das dem Index entspricht oder möglichst ähnlich ist) ausgeglichen werden. Das Basisrisiko bewirkt, dass sich die innertäglichen und täglichen Wertveränderungen nicht vollständig neutralisieren. Der Umfang dieses Risikos lässt sich durch

$$\text{Basisrisiko} = \sigma_P \times \sqrt{1 - (\rho_{PF})^2}$$

quantifizieren, wobei σ_P beim Futureshändler für die Volatilität der Futuresposition steht. Beträgt diese, wie im vorangehenden Beispiel 9.71%, so verbleibt nach der Absicherung bei einem Korrelationskoeffizienten ρ_{PF} von 0.91 ein durch das Basisrisiko induziertes Positionsrisiko von immerhin noch 4.02%.

Genau auf dasselbe Problem trifft ein Portfoliomanager, der sein perfekt indexiertes Portfolio (S&P500) durch den entsprechenden Indexkontrakt (S&P500 Future) absichern möchte.

Tracking-Risiko   Beim Portfoliomanager wird zusätzlich eine Rolle spielen, dass er kaum ein Portfolio hält oder halten kann, dessen Zusammensetzung im Zeitablauf genau mit der Zusammensetzung des zugrundeliegenden Index übereinstimmt. Dieses Problem wird als Tracking-Risiko bezeichnet. Hingegen kann ein Portfoliomanager den Verfall des Futureskontrakts auf seinen Planungshorizont ausrichten. Dadurch verschwindet die Problematik des Basisrisikos, da im Verfallszeitpunkt die Basis stets Null sein muss. Diese Möglichkeit besitzt ein Futureshändler mit Sicherheit nicht, da sein Positionsrisiko zumindest täglich (bei Tagesende) ausgeglichen sein muss.

Gerade das letzte Beispiel zeigt, dass im Zusammenhang mit der Absicherung von Portfolios mit Indexkontrakten zwei gesonderte Risikofaktoren zu betrachten sind, auf die in der Folge näher eingetreten wird: einerseits das Risiko, welches durch die zeitlich nicht vollständig synchrone Entwicklung von Index und Futureskurs verursacht wird (Basisrisiko), andererseits das Risiko, das durch die abweichende Zusammensetzung des Portfolios vom Index, auf welchen Futureskontrakte gehandelt werden, verursacht wird (Tracking-Risiko). Diese Risikobeziehungen werden in der *Abbildung 11.2* verdeutlicht. Beide Risiken treten in der Praxis stets gekoppelt auf. Trotzdem werden sie in der Folge zunächst getrennt behandelt.

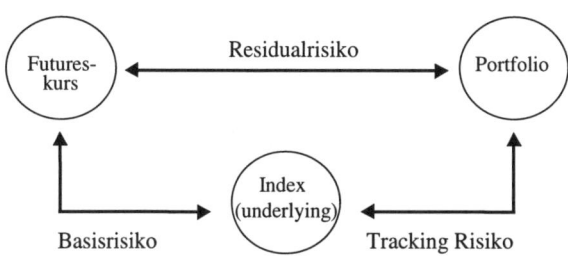

Abbildung 11.2: Residualrisiko bei der Absicherung mit Derivaten

Das Ziel der Absicherung mit Futureskontrakten F liegt darin, Wertveränderungen eines Portfolios P durch den Kauf oder Verkauf von n Kontrakten auszugleichen. Dabei soll die Varianz des Portfolios auf das kleinstmögliche Ausmass reduziert werden. Die Gleichung dazu kann geschrieben werden als

Minimum Varianz Hedge (MVH)

$$n(mvh) = -\frac{P}{F} \times \frac{\sigma_{PF}}{\sigma_F^2} = -\frac{P}{F} \times \beta_{PF}$$

β_{PF} wird auch als Futures-Beta des Portfolio interpretiert und der erste Faktor P/F zeigt das Verhältnis zwischen dem Marktwert des Portfolios, P, und F, dem Futures-Kurs multipliziert mit dem Indexmultiplikator des Kontrakts. Damit zeigt n die Anzahl der Kontrakte, die zur Minimierung der Varianz verkauft werden müssen. Wenn im vorangehenden Beispiel der Index als Portfolio aufgefasst wird, das mit dem S&P500-Indexfuture abgesichert wird, so lässt sich aus dem

Korrelationskoeffizienten von 0.961, der Portfoliovolatilität von 12.22% und der Futuresvolatilität von 9.71% ein Futures-Beta des Portfolios von

$$\beta_{PF} = \rho_{PF} \times \frac{\sigma_P}{\sigma_F} = 0.961 \times \frac{0.1222}{0.0971} = 1.21$$

berechnen. Dies bedeutet, dass bei einem Portfoliowert von 10 Mio. USD und einem Futureskontraktwert von 270'925 USD (das heisst dem zweihundertfünfzigfachen Wert des S&P500-Index-Futureskurses am 17.8.1998) die varianzminimale Hedgeposition aus

$$n = -\frac{P}{F} \times \beta_{PF} = -\frac{10'000'000}{270'925} \times 1.21 = -44.66 \xrightarrow{\text{gerundet}} -45$$

Kontrakten besteht. Das Ergebnis dieser Absicherung, angewandt auf die Woche vom 17. bis 21. August 1998 liefert das in *Tabelle 11.3* präsentierte Ergebnis.

Datum	Portfolio				Futures		Gesamtposition	
1998	Index (I)	(ΔI)/I	Portfolio-wert (P)	ΔP	Futures-kurs(F)	N×m×ΔF N=-45	ΔH=ΔP+ n×m×ΔF	ΔH/P
17.8.	1096.0		10'000'000		1083.7			
18.8.	1117.8	+1.95%	10'198'905	198'905	1101.2.	-197'213	1'693	+0.02%
19.8.	1114.5	-0.30%	10'168'796	-30'109	1098.1	35'325	5'216	+0.05%
20.8.	1106.2	-0.75%	10'093'066	-75'730	1091.6	72'675	-3'055	-0.03%
21.8.	1098.3	-0.72%	10'020'985	-72'080	1081.2	116'550	44'470	-0.44%

Tabelle 11.3: Zahlenbeispiel zum Minimum-Varianz. Verkauf von 45 Kontrakten, n ist somit –45 und m, der Indexmultiplikator für den S&P500-Kontrakt, ist 250.

Ein "guter" varianzminimaler Hedge hat die folgenden Eigenschaften:

- Die Varianz der abgesicherten Portfoliorenditen ist minimal.
- Der Vorzeichenwechsel der varianzminimalen Renditen ist zufällig.
- Wenn schon Abweichungen vom vollständigen Hedge eintreten, so sollten sie ein positives Vorzeichen aufweisen (Konvexität des Hedge).

Zwei Fragen sind an dieser Stelle relevant: Wie gross ist die Varianz respektive Standardabweichung der Renditen des varianzminimalen Hedge? Und wie gross ist der Betakoeffizient des MVH? Die beiden Fragen werden im nächsten Abschnitt beantwortet.

Die Höhe des Betafaktors β_{HF} des MVH (berechnet gegenüber dem Futureskurs) lässt sich einfach bestimmen: Er ist nämlich Null. Dies folgt aus der Tatsache, dass mit dem MVH eine Absicherung im Umfang des negativen Vorzeichens des Futures-Betas des Portfolios eingegangen wird. Selbstverständlich kann durch den Kauf und Verkauf von Futures-Kontrakten, einmal abgesehen von institutionellen Restriktionen, ein *beliebiger* Betafaktor des abgesicherten Portfolios erreicht werden. Über das CAPM wird mit diesem Wert auch die erwartete Rendite des Portfolios bestimmt. Welchen konkreten Zielwert für den Betafaktor respektive welchen Absicherungsgrad gewählt wird, hängt – wie in der Portfoliotheorie – von der Risikopräferenz des jeweiligen Investors ab. Diese äussert sich in der subjektiven Gewichtung der durch Absicherung reduzierten Volatilität und der verminderten Renditeerwartung. Nur für sehr pessimistische Investoren, welche keine Entschädigung des systematischen Risikos durch den Aktienmarkt erwarten, wird der MVH als optimale Strategie erscheinen. *Abbildung 11.3* illustriert diesen Zusammenhang durch die aus der Portfoliotheorie bekannten Effizienzlinie.

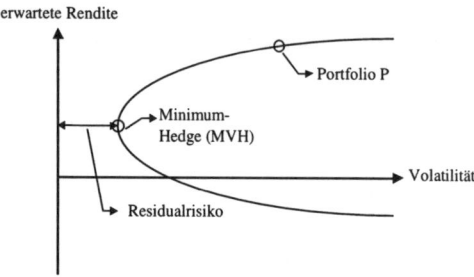

Abbildung 11.3: Portfolioabsicherung und MVH mit Residualrisiko

Höhe der Volatilität des MVH

Die nächste Frage lautet, wie gross die Varianz respektive Standardabweichung der Renditen des MVH ausfällt. Diese könnte auf Null reduziert werden, wenn die Wertveränderungen des Portfolios durch die Wertschwankungen des Futureskontraktes vollständig ausgeglichen werden könnten: es würde eine völlig risikolose Anlage entstehen. Dies setzt voraus, dass die Kursentwicklung des Portfolios mit jener des Futureskontraktes perfekt positiv korreliert wäre. Dies ist jedoch in der Praxis kaum je der Fall. Portfolio- und Futureskurse zeichnen sich aus den bereits diskutierten Gründen (Tracking- und Basisrisiko) durch eine nicht-parallele Entwicklung aus, die zu einem nicht-absicherbaren Restrisiko des MVH führt. In der Folge wird dieses Risiko als Residualrisiko bezeichnet. Es lässt sich quantifizieren durch

$$\sigma(mvh) \equiv \sigma(\varepsilon_t) = \sigma_P \times \sqrt{1 - (\rho_{PF})^2}, \quad \rho_{PF} \approx \rho_{PI}\rho_{IF}$$

Die Formel zeigt, dass sich die Volatilität des abgesicherten Portfolios nicht auf einen beliebig tiefen Wert reduzieren lässt, ausser wenn die Portfolio- und Futureskursentwicklung perfekt miteinander korreliert sind ($\rho_{PF}=1$). Dies ist jedoch in der Realität praktisch nie der Fall. Vielmehr muss man sich mit dem Residualrisiko des varianzminimalen Hedges abfinden. Die Grösse dieses Risikos in Abhängigkeit von der Höhe des Korrelationskoeffizienten ist von besonderer Bedeutung. In *Abbildung 11.4* ist die Höhe des Residualrisikos im Verhältnis zum ungesicherten Portfoliorisiko, ρ_{PI}, ausgewiesen.

Korrelations-koeffizient ρ_{PI}	Residualrisiko $\sigma(MVH)$	Korrelations-koeffizient ρ_{PI}	Residualrisiko $\sigma(MVH)$
0.99	30.8%	0.80	63.9%
0.98	33.6%	0.70	74.0%
0.97	36.2%	0.60	81.7%
0.96	38.6%	0.50	87.7%
0.95	40.8%	0.25	97.1%
0.90	50.2%	0	100%

Abbildung 11.4: Residualrisiko von MVH, *mit Annahme* $\rho_{IF} = 0.961$
(Korrelation zwischen S&P500-Index und Futures).

Die Werte zeigen, dass bereits bei kleinen Abweichungen des Korrelationskoeffizienten von eins, also bei geringfügigen Nicht-Parallelitäten zwischen Index und Portfolio, ein nicht unbeachtliches Residualrisiko verbleibt. Der Korrelationskoeffizient zwischen einem "grossen" Portfolio (bestehend aus etwa 80 Aktien) und einem "kleinen" Index wie dem DAX, SMI, CAC, etc. (beinhalten zwischen 20 und 40 Aktien) liegt bei etwa 0.95. Die Tabellenwerte zeigen, dass selbst bei dieser ziemlich hohen Korrelation nur höchstens 59.2% des Portfoliorisikos abgesichert werden können; es bleibt somit ein Residualrisiko von 40.8% bestehen. Bei einer Korrelation von 0.8 sinkt der Absicherungswert bereits auf 36.1%.

Die Lehre, welche aus diesem Zahlenbeispiel gezogen werden kann, ist naheliegend: Bei der Festlegung einer Absicherungstransaktion muss neben dem Umfang der gewünschten Absicherung (das heisst: die angestrebte Reduktion des systematischen Risikos von β_{PF} auf β_{HF}) stets auch die Qualität des Absicherungsinstruments, ausgedrückt mit dem Korrelationskoeffizienten ρ_{PF}, berücksichtigt werden. Anders formuliert sollte man sich stets darüber Rechenschaft ablegen, welchen Stellenwert neben der Steuerung des systematischen Risikos (β), wie es durch den Index abgebildet wird, das Gesamtrisiko des Portfolios (σ_P) aufweist. Misst man der Reduktion des Gesamtrisikos eine grosse Bedeutung zu, so ist auf jeden Fall auf eine hohe Korrelation zwischen Portfolio und Index zu achten, respektive anzustreben.

Portfolio Insurance

Soweit wurde nur die Absicherung mit Aktienindexfutures, wodurch ein symmetrisches Risikoprofil beibehalten wird, betrachtet. Im Gegensatz dazu kann durch den Einsatz von Aktienindexoptionen ein asymmetrisches Risikoprofil erzeugt werden.

Kauf von Optionen

Die Absicherung von Aktien(verlust)risiken kann, wie im folgenden ersichtlich wird, durch Putoptionen oder, dank der Put-Call-Parität, auch durch Calloptionen erreicht werden. Die Putoption erhält hier den Charakter eines Versicherungskontraktes, der bei einer hinreichend grossen Werteinbusse des Portfolios den "Schaden" auf den gewählten Ausübungspreis begrenzt, Wertzuwachs jedoch in einem beinahe gleich grossen Mass zulässt wie ohne Absicherung. Zu beachten ist, dass der Erwerb einer Option mit der Leistung einer Prämie verbunden ist, dem sogenannten Optionspreis.

Genau dasselbe Profil kann auch durch den Kauf von Calloptionen in Verbindung mit einer risikolosen Anlage erhalten werden. Mit einer Calloption erwirbt sich der Käufer für eine Prämie das Partizipationspotential an der Aktie, falls ihr Kurs steigt. Anderenfalls ist er gegen Verluste durch die risikolose Anlage abgesichert.

Verkauf von Optionen

Die Asymmetrie des Risikoprofils entsteht natürlich auch beim Verkauf von Optionen. Die Verkäuferin der Putoption geht die Verpflichtung ein, die ihr umso unangenehmer wird, je tiefer der Börsenkurs der Aktien im Ausübungszeitpunkt liegt. Zur Absicherung gegenüber diesem Risiko hält sie eine risikolose Festgeldposition, und wird für das Risiko mit der Optionsprämie entschädigt. Dasselbe Risikoprofil erreicht man aufgrund der Put-Call-Parität durch das gedeckte Schreiben von Calloptionen (*covered call writing*).

Der Unterschied gegenüber dem Risikoprofil des Optionskaufes wird offensichtlich: Zwar wird das Gewinn- und Verlustpotential des Portfolios durch die Transaktion ebenfalls ungleichmässig beschnitten, doch hier sind die Gewinnmöglichkeiten stärker als die Verluste.

Zusammenfassend werden die vier Möglichkeiten, asymmetrische Risikoprofile mit Optionen zu erzeugen in der Abbildung 11.4 dargestellt.

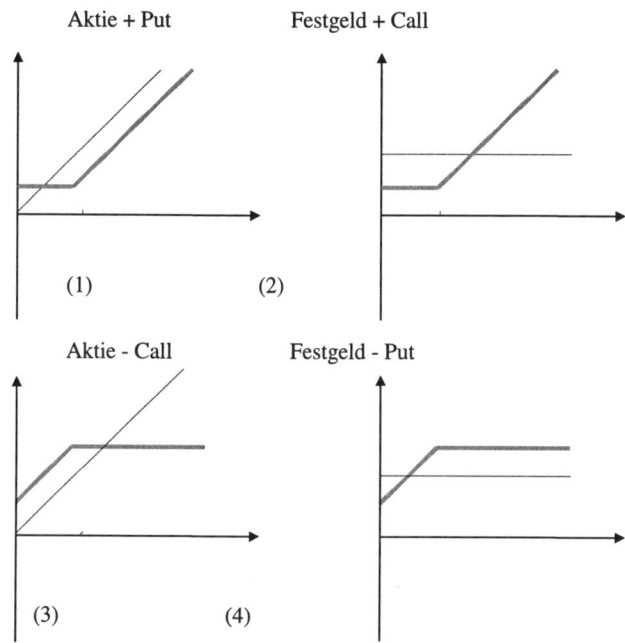

Abbildung 11.4: Zusammenfassung der asymmetrischen Absicherungsstrategien. *Durch Kombination einer Aktie mit einer Putoption wird die sogenannte Protective Pu Strategie implementiert (1). Dasselbe Risikoprofil kann auch durch den Kauf einer Calloption in Verbindung mit Festgeld erreicht werden (2). Wird auf eine gehaltene Aktie eine Calloption geschrieben, so betreibt man sogenanntes Covered Call Writing (3), und die Covered Put-Strategie setzt sich aus Festgeld und einer verkauften Putoption zusammen (4).*

Zur Unterscheidung dieser asymmetrischen Risikoprofile spricht man bei den oberen beiden Darstellungen in *Abbildung 11.4* (Kauf einer Option) von einem konvexen oder rechtsschiefen Risikoprofil, während bei den unteren beiden (Verkauf einer Option) ein konkaves oder linksschiefes Risikoprofil vorliegt. Die Erzeugung konvexer Risikoprofile wird in der Praxis als Portfolio Insurance bezeichnet.

Konvexe und konkave Risikoprofile

Portfolio Insu-	Im Vordergrund der nachfolgenden Überlegungen steht die	
rance-Beispiel	Absicherung des Verlustrisikos eines Portfolios, genannt	

"Portfolio Insurance". Der Absicherungseffekt einer Putoption soll in diesem Abschnitt an einem konkreten Beispiel illustriert werden.

Am 27. August 1998 können der Tagespresse folgende Kursnotierungen der EUREX entnommen werden:

27. August 1998	Calls	Puts
S=6845		
Ausübungspreis	JUN 99	JUN 99
6500	s1276.8	580
7000	829	865
7500	610	1070

Tabelle 11.5: Preisnotierungen für Long Term Options (LTO's) auf den Swiss Market Index. S bezeichnet dabei den Tageskurs des SMI.

Eine Putoption mit Verfall Juni 1999 und einem Ausübungspreis von 7000 CHF notiert also mit 865 CHF (*s: settlement*-Kurs). Der Indexstand am betreffenden Tag beträgt 6845 CHF, und der Kontraktumfang entspricht dem fünffachen Betrag des Index. Ein Aktienportfolio, welches weitgehend dem SMI entspricht, und einen Marktwert von 10 Mio. CHF aufweist, wird am 27. August 1998 durch die beschriebenen Putoptionen abgesichert. Damit die Absicherung möglichst vollständig ist, werden insgesamt

$$n = \frac{P}{F} \times \beta_{PI} = \frac{\text{Marktwert Portfolio}}{\text{Kontraktwert}} \times \text{Portfolio} - \text{Beta}$$

$$= \frac{10'000'000}{34'225} \times 1 = 292.18 \xrightarrow{\text{gerundet}} 292$$

Kontrakte erworben. Dies kostet (Transaktionskosten und Spreads werden vernachlässigt) 292×5×865=1'262'900 CHF, welche zusätzlich zu den 10 Mio. CHF investiert werden müssen. Für die Absicherung ist zu diesem Zeitpunkt der volatilen Entwicklung des SMI eine sehr teure Prämie (Optionspreis) zu leisten. Für die Kursentwicklung bis zur Fälligkeit können nun zwei Fälle unterschieden werden:

⊗ *Baisse am Aktienmarkt*: Angenommen, in einem Jahr[1], bei Fälligkeit, ist der SMI auf 6000 gesunken. Dies entspricht einer prozentualen Abnahme des Index um 12.344%. Der Index liegt damit unter dem Ausübungspreis von 7000, und es kommt zur Ausübung der gekauften Putoptionen. Jeder Optionskontrakt liefert eine Ausschüttung im Umfang der fünffachen Differenz zwischen dem Aktienindex und dem Ausübungspreis, also 5×(7000-6000)=5000 CHF; bei insgesamt 292 Kontrakten liefert dies einen Cashflow von 1'460'000 CHF. Zusammen mit dem auf den Wert von 8'765'522 CHF gesunkenen Aktienvermögen ergibt dieses einen Vermögenswert von 10'225'522 CHF. Wie tief der Aktienindex auch immer fällt, das Endvermögen sinkt nie unter diesen Wert. Bei einem Anfangsvermögen von 11'262'900 CHF bedeutet dies, dass die gewählte Strategie eine Begrenzung eines Verlusts auf

$$\text{Mindestrendite} = \frac{10'225'522}{11'262'900} - 1 = -0.0921 = -9.21\%$$

liefert, das heisst einen *Floor* von 90.79 % des Anfangsvermögens. Der Floor bezeichnet den prozentualen Anteil des Anfangsvermögens, unter den das Endvermögen aufgrund der Absicherung nie sinkt.

☺ *Hausse am Aktienmarkt*: Angenommen, in einem Jahr, bei Fälligkeit, ist der SMI auf 8200 gestiegen; dies entspricht einem prozentualen Anstieg des Index von 19.80%. Die Putoption gelangt in dieser Situation nicht zur Ausübung, da der Index über dem Ausübungspreis (7000) liegt. Das Gesamtvermögen hat sich um 717'1000 CHF auf 11'980'000 CHF erhöht; - ausgehend von einem Anfangsvermögen von 11'262'900 CHF (inkl. Absicherungskosten) bedeutet dies ein prozentualer Vermögenszuwachs von rund 6.37%. Eine

---

[1] Der Einfachheit halber werden die zwei Monate vernachlässigt und Fälligkeit ein Jahr später angenommen.

---

vollumfängliche Partizipation an der positiven Marktentwicklung findet nicht statt, da ein Teil des Vermögens, konkret

$$\text{Anteil Absicherungskosten} = \frac{1'262'900}{11'262'900} = 0.1122 = 11.22\%$$

in Optionen investiert wurde. Von der Aktienhausse profitiert lediglich der in Aktien angelegte Vermögensanteil (88.78%). Dieser Anteil wird nachfolgend als *Vermögens-Partizipationsfaktor* $\wp$ bezeichnet, und kann direkt berechnet werden als

$$\wp = \frac{1}{1+P} = \frac{1}{1+\dfrac{865}{6845}} = \frac{1}{1+0.12636} = 0.8878 = 88.78\%$$

worin P die Absicherungskosten pro investierte Vermögenseinheit bezeichnet. Der Partizipationsfaktor zeigt, dass man mit der Absicherungsstrategie nur über 88.78% jenes Schlussvermögens verfügt, welches bei vollumfänglicher Anlage in Aktien, also ohne Absicherung, erreicht hätte. (Dies kann einfach überprüft werden: Wäre das gesamte Vermögen von 11'262'900 CHF in Aktien investiert worden, so wäre dieses bei der unterstellten Indexentwicklung auf 13'492'444 CHF angewachsen. Das Schlussvermögen unter der abgesicherten Strategie, 11'979'541, beträgt rund 88.78% dieses Werts).

Interessanter ist in der Praxis aber häufiger der Rendite-Partizipationsfaktor, das heisst jener Faktor, der zeigt, in welchem prozentualen Umfang man an der Indexrendite partizipiert. Im vorliegenden Fall beträgt dieser Faktor

$$\wp(\text{Rend}) = \wp - \frac{1}{R_s}(1-\wp) = 0.8878 - \frac{1}{0.198}(1-0.8878)$$
$$= 0.321 = 32.1\%$$

was durch die eingangs berechneten Werte bestätigt wird (6.37% im Verhältnis zu 19.8% ergibt einen Faktor von rund 0.32). Der Rendite-Partizipationsfaktor ist von der Höhe der unterstellten Indexrendite (in der vorangehenden Gleichung mit R_S bezeichnet) abhängig. Zum ausgewählten Zeitpunkt unseres Beispieles wird somit nicht nur eine sehr hohe Prämie zur Absicherung gezahlt, es müssen auch die Opportunitätskosten berücksichtigt werden: Es kann nur gerade zu 32.1% an der Rendite partizipiert werden, die ohne Absicherung hätte erreicht werden können.

Zusammenfassend lässt sich der Effekt der beschriebenen Putoption wie folgt charakterisieren: Bei einer garantierten Verlustbegrenzung auf 9.21% (brutto) bleibt eine VermögensPartizipation von 88.78% erhalten. Natürlich kann dieselbe Berechnung mit jeder anderen Putoption wiederholt werden. So kostet die entsprechende einjährige Putoption mit Ausübungspreis 6500 lediglich 580 CHF. Eine vollumfängliche Absicherung mit dieser Option würde bei einem Mindestvermögen von 9'495'522 CHF, was bei einer erforderlichen Anfangsinvestition von 10'846'800 eine Verlustbegrenzung auf 12.46% bedeutet, einen Vermögens-Partizipationsfaktor von 92.19% ermöglichen.

Das Beispiel zeigt, dass der Effekt des Einsatzes von Optionen durch einfach kommunizierbare "Floors" und "Partizipationspotentiale" dargestellt werden kann. Damit wird das asymmetrische Risikoprofil offensichtlich, wie es durch Optionen erreicht werden kann. Es wird ebenfalls offensichtlich, dass sich die *Kosten* der Absicherung, also der Preis der eingesetzten Putoptionen, in einem eingeschränkten Partizipationspotential äussern. Für manche Anwender ist es einfacher, die Kosten der Absicherung in Form dieser Opportunitätskosten (entgangenes Gewinnpotential) zu rechnen, statt zusätzlich Geld für Optionen zu bezahlen.

Im vorangehenden Zahlenbeispiel wurden die Optionskosten als vorgegeben betrachtet. Im nächsten Kapitel wird gezeigt, dass die Höhe der Optionspreise in erster Linie von den Volatilitätserwartungen der Marktteilnehmer bezüglich der Basisanlage abhängig ist. Die Kosten einer sechsmonatigen Putoption auf den SMI sind also in erheblichem Masse von

**Absicherungskosten:
Implizite
Volatilität**

der erwarteten Volatilität der SMI-Renditen für die nächsten sechs Monate abhängig: Je höher die erwartete Volatilität, desto höher der Optionspreis. Die Volatilitätserwartungen der Marktteilnehmer äussern sich also unmittelbar in den Marktpreisen der gehandelten Optionen. Umgekehrt lassen sich durch Herbeiziehen eines konkreten Optionspreismodells die *impliziten* Volatilitätserwartungen aus den beobachteten Optionspreisen extrahieren. Die Höhe der impliziten Volatilitäten zeigen damit in direkter Weise, ob eine Absicherung im betreffenden Zeitpunkt „teuer" oder „billig" ist.

Bedeutsam ist dabei die Feststellung, dass diese Absicherungskosten erheblichen zeitlichen Schwankungen unterworfen sind. Dies geht aus *Abbildung 11.5* deutlich hervor, wo die impliziten Volatilitäten der SMI-Optionen von Januar bis August 1998 dargestellt sind. Dabei soll in Erinnerung gerufen werden, dass der SMI seit Anfang August über 16% gefallen ist, und die damit verbundene Verunsicherung am Aktienmarkt die implizite Volatilität stark in die Höhe getrieben hat - was in der Abbildung deutlich erkennbar ist. Aus diesem Grunde ist die Nachfrage nach Putoptionen und somit auch ihr Preis stark angestiegen. Es ist deshalb kaum ratsam, eine Absicherung erst zu diesem Zeitpunkt zu beginnen. Vielmehr erzeugen die hohen Optionspreise den Anreiz, dass die Anleger Optionen *schreiben* und auf diese Weise die nachgefragte Absicherung bereitstellen.

Die Auswirkungen der schwankenden Absicherungskosten sollen am Beispiel einer einjährigen *at-the-money* Putoption (Ausübungspreis gleich heutiger Aktienindex) gezeigt werden. Ende Februar 1998 kostet diese Option bei einer impliziten Volatilität von 25% 8.4 CHF (bezogen auf einen Aktienindex von 100 CHF), während sich der Preis Ende August 1998 bei einer impliziten Volatilität von 45% auf 16.12 CHF erhöht. Bei einer Putoption, deren Ausübungspreis 10% unter dem Indexstand liegt, hätten sich die Optionskosten von 4.3 CHF auf 11.1 CHF erhöht. Diese Zahlen zeigen den drastischen Einfluss veränderter Marktkonditionen auf die Höhe der Absicherungskosten (die vorangehenden Preise beruhen auf einem risikolosen Zinssatz von 3% p.a.).

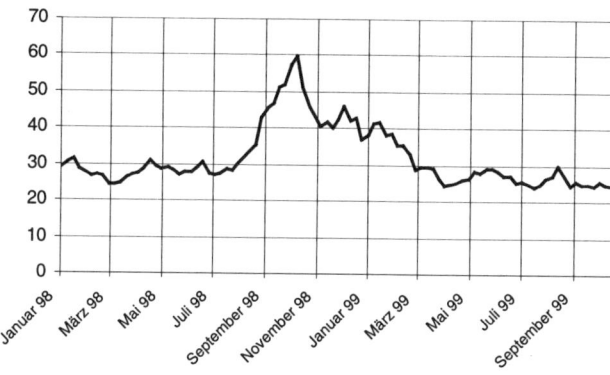

Abbildung 11.5: Entwicklung der impliziten Volatilität 1.1.98-1.10.99.
Quelle: EUREX-Volatilitätsindex der Bank Leu aus Datastream.

Das grosse Bedürfnis nach Absicherung in Form asymmetrischer Risikoprofile hat dazu geführt, dass immer mehr Finanzinstrumente mit diesen Eigenschaften angeboten werden. Ein Produkt, bei dem eine traditionelle Anlageform mit einem Optionselement kombiniert wird, stellt der PIP (Protected Index Participation Unit) dar. Dieses Produkt entspricht der klassischen Portfolio Insurance, wie sie vorher in diesem Kapitel diskutiert wurde. Man spricht von einem *strukturierten* Produkt, weil der Effekt eines derivativen Instruments mit einer Anlage im zugrundeliegenden Kassamarkt (eine Aktie, ein Aktienindex, etc.) kombiniert wird.

Strukturierte Produkte: z.B. PIP-Units

Betrachten wir ein konkretes Beispiel einer PIP-Unit auf den SMI, die am 17. Juli 1998 von Warburg Dillon Read herausgegeben wurde. Sie verfällt ein Jahr später am 16. Juli 1999, wobei mindestens eine Rückzahlung des investierten Kapitals zu 90% - also ein Floor von 90% - gewährleistet wird oder bei einer positiven Entwicklung des SMI eine Partizipation zu 97.5% an diesem. Wie kann diese Absicherung durch die vorher gezeigten Absicherungsstrategien repliziert werden? Das Beispiel soll mit einer Calloption berechnet werden. Dabei ist folgendes zu beachten:

- der Betrag, der in das Festgeld investiert wird
- der Ausübungspreis der Calloption
- und die Anzahl Calloptionen

Der Indexstand am betreffenden Tag beläuft sich auf 8'1288.20 CHF und der einjährige Schweizer Zinssatz auf 2.25%. Nun werden in einem Jahr 90% des derzeitigen Indexniveaus garantiert, also 7'459.38 CHF. Dieser Betrag wird abdiskontiert um den heutigen Wert von 7'295.24 CHF (floor/(1+2.25%)) zu berechnen. Wird dieser vom derzeitigen Indexstand abgezogen, erhält man den Anteil, der investiert wird: 992.96 CHF. Eine Calloption mit einem Ausübungspreis zum derzeitigen Indexstand kostet 1'018.40 CHF. Mit 992.96 CHF kann somit zu 97.5% (992.96/1'018.40) eine Option erworben und am Index partizipiert werden. Schliesslich kann die Strategie auf eine PIP-Unit normiert werden, die 5'000 CHF kostet. 599 CHF werden dabei in Calloptionen investiert und die restlichen 4'401 CHF (7'295.24/8'1288.20*5'000), die dem Barwert des Floors entsprechen, werden in risikoloses einjähriges Festgeld angelegt. Bei verschieden möglichen Indexniveaus im Juli 1999 zeigt die *Tabelle 11.6* die Endvermögensbeträge:

Indexstand	7500	8000	8500	9000	9500	10000
Festgeld	7459.38	7459.38	7459.38	7459.38	7459.38	7459.38
Call max(0;S-X)	0	0	206.51	694.01	1181.51	1669.01
Endwert	7459.38	7459.38	7665.89	8153.39	8640.89	9128.39

Tabelle 11.6 Auszahlungsprofil der PIP-Unit. Fällt der Indexstand in einem Jahr unter den Ausübungspreis der Calloption, erhält man den garantierten Mindestbetrag, der in Festgeld investiert wurde und die Calloption verfällt wertlos. Steigt der Index hingegen, partizipiert man zusätzlich mit der Calloption an diesem.

Ein weiteres Beispiel: GROI-Units

Ein weiterer verbreiteter Typ eines Absicherungsproduktes soll anhand eines Beispieles genauer betrachtet werden: ein GROI (Guaranteed Return on Investment Unit) auf den Deutschen Aktien-Index (DAX), der am 5 Februar 1997 von Warburg Dillon Read herausgegeben wurde. Der Indexstand betrug an diesem Tag 3'187.58 DEM. Eine Einheit ist wiederum normiert auf 5'000 DEM und bei Verfall in zwei Jahren wird ein Mindestvermögen von 4'750 DEM (ein Floor von 95%) garantiert oder bei positiver Entwicklung des Indexes ein Maximum von 6'020 DEM (ein Cap von 120.4%). Das Payoff-Diagramm zu diesem GROI zeigt *Abbildung 11.6.*

Bei der Replikation eines GROI ist auf folgendes zu achten:

- der Betrag, der in das Festgeld investiert wird
- die zwei Ausübungspreise der Calloptionen
- die Anzahl Calloptionen
- und Aufteilung des Callspreads, d.h. zu welchem Betrag werden Calloptionen gekauft und zu welchem Betrag verkauft

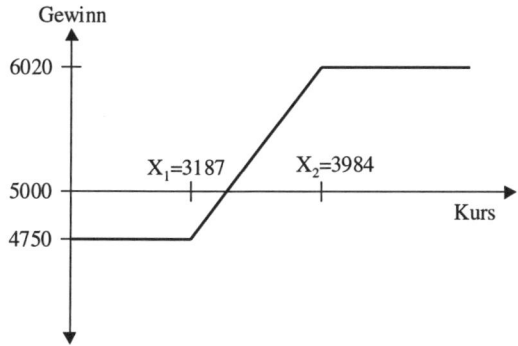

Abbildung 11.6: Auszahlungsdiagramm eines GROI auf den DAX-Index. *Dieses Produkt wurde am 5. Februar 1997 herausgegeben und verfällt am 10. Februar 1999. Um das Auszahlungprofil zu replizieren, benötigt man eine Festgeldinvestition und Calloptionen. Dabei wird ein Teil der Optionen zum tieferen Ausübungspreis (X_1) gekauft und ein anderer zum höheren Ausübungspreis (X_2) verkauft.*

Als erstes wird wiederum das in zwei Jahren garantierte Mindestvermögen abdiskontiert. Bei einem zweijährigen Zinssatz von etwa 3% ergibt dies den Anteil von 4'470 DEM, der in Festgeld angelegt wird. Der Rest von 530 DEM wird in den Callspread investiert. Nun soll die Anzahl der Calloptionen berechnet werden. Am einfachsten lässt sich diese Berechnung anhand der Graphik erkennen, da die Steigung zwischen den Floors berechnet wird. Um mit den Ausübungspreisen von 3'187 DEM und 3'984 DEM (Differenz von 797 DEM) mindestens 4'750 DEM und höchstens 6'020 DEM zu erhalten (Differenz von 1'270 DEM), benötigt man 1.6 Einheiten Calloptionen (1270/797). Mit den 530 DEM können 1.6 Calloptionen mit dem tieferen Ausübungspreis zum Preis[2] von 541 DEM gekauft und die gleiche Anzahl Calloptionen mit dem höheren Ausübungspreis zum Preis von 210 DEM verkauft werden (541*1.6-210*1.6=530).

Abschliessende Bemerkungen

Abschliessend sollen einige wichtige Punkte angesprochen werden, die bei der Absicherung mit Aktienindexderivaten zu beachten sind. In der Praxis stellt sich die Frage, ob eine Portfolio Insurance durch eine Strategie mit Call- oder Putoptionen implementiert werden soll? Theoretisch betrachtet ist diese Frage völlig irrelevant. Verfügt man über das Recht, eine Sache gegen eine andere zu tauschen, so spielt es (ausser den unten genannten Faktoren) eigentlich keine Rolle, über welche Ausstattung man am Anfang verfügt. Letztlich führen beide Strategien, "Aktien plus Put" oder "Festgeld plus Call", zum gleichen Ergebnis: nämlich zu einem konvexen Risikoprofil des Portfolios gegenüber dem *underlying* (Aktienmarkt). Welcher Strategie in der Praxis im Einzelfall der Vorzug gegeben wird, hängt von einer Reihe von Gesichtspunkten ab:

- Marktverfassung: Calls und Puts werden nicht immer gemäss der Put-Call-Parität bewertet, so dass das erforderliche Anfangsvermögen nicht immer genau übereinstimmt.
- Struktur des vorgegebenen Anfangsvermögens
- Interesse an Stimmrechten, Dividenden
- Steuerliche Gesichtspunkte

---

[2] Die Optionspreise werden mit der Black-Scholes-Formel (siehe nächstes Kapitel) berechnet.

Ausserdem zeigen die Ausführungen in diesem Kapitel, dass dem Einsatz derivativer Instrumente stets die Entscheidung vorausgehen muss, in welcher Weise das Gewinn- und Verlustpotential einer Anlage beschnitten werden soll. Diese Frage kann natürlich nicht losgelöst von Renditeerwartungen beantwortet werden, denn die Absicherung von Risiken hat ökonomisch stets einen Preis: dieser kann entweder explizit die Form einer zu leistenden Prämie annehmen (etwa bei Optionen), oder er besteht in Form von Opportunitätskosten (entgangene Gewinnmöglichkeiten), respektive einer tieferen durchschnittlichen Renditeerwartung. In den seltensten Fällen lassen sich Risiken absichern, ohne dass dafür eine Risikoprämie bezahlt werden muss; bei Aktienkursrisiken ist dieser Fall auszuschliessen.

Der Umfang der Absicherung wird abhängig vom Zeithorizont angepasst. Besitzt man einen eher langfristigen Zeithorizont, so ist es nicht immer möglich, sich mit einem passenden Finanzinstrument abzusichern, das zum selben Zeitpunkt verfällt. Denn langfristige Derivate können illiquid, zu teuer oder erst gar nicht erhältlich sein. Wird die Absicherung mit einem kurzfristigeren Instrument als der Zeithorizont vorgenommen, muss sie fortlaufend erneuert werden. Dabei ist zu beachten, dass man sich auf diese Weise einem substantiellen Liquiditätsrisiko aussetzt, welches sich darin äussert, dass sich die Marktkonditionen, zu denen die Absicherung durchgeführt werden kann, im Zeitablauf substantiell verändern können. Häufig steigt und fällt die Nachfrage nach Absicherung bei den Marktteilnehmern in gleichgerichteter Weise, was die Absicherung just in jenen Momenten erschwert oder verteuert, wenn sie am dringendsten benötigt wird.

Literaturhinweise

Das Kapitel beruht auf Teilen aus:

ZIMMERMANN, HEINZ (1996): „Das Management von Aktienmarktrisiken mit Derivaten", in: KRUMNOV, JÜRGEN (Hrsg.): "Risikosteurung von Derivaten", Gabler, Wiesbaden, pp. 6-85.

Einführende Literatur:

BÜHLER, WOLFGANG (1994): „Portfolio Insurance", in: GERKE, WOLFGANG und STEINER, MANFRED (Hrsg.): "Handwörterbuch des Bank- und Finanzwesens", Schäffer-Poeschel, Stuttgart, pp. 1526-1538.

KITZMAN, MARK (1990): „Portfolio Insurance and Option Replication Strategies", in: FIGLEWSKI, STEPHEN et al. (Hrsg.): „Financial Options – from Theory to Practice", Irwin, Burr Ridge, et. al.

HULL, JOHN C. (1997): „Options, Futures, and other Derivatives", 3. Auflage, Prentice Hall, Englewood, NJ.

Weiterführende Literatur:

WYDLER, DANIEL (1988): „Porfolio Insurance mit Aktienindexfutures", Finanz- und Portfolio Management 2, pp.23-32.

RUBINSTEIN, MARK (1985): „Alternative paths to portfolio insurance", Financial Analyst Journal, Juli/August, pp. 42-52.

Kapitel 12

Optionspreisbildung

von Thomas Kraus

Wieviel ist mir das Recht wert, im Juli 1998 eine Aktie der Roche Holding zu 15'600.- CHF zu erwerben, wenn ich gleichzeitig weiss, dass die Aktie zu diesem Zeitpunkt an der Börse mit 15'440.- CHF notiert? Offensichtlich hat dieses Recht - oder eben diese *Option* - keine sinnvolle Verwendung und daher auch einen Preis von null. Wie sieht es aber aus, wenn das Kaufrecht - die *Call*option - nicht heute sondern erst in zwei Monaten ausgeübt werden kann? Der entscheidende Unterschied zwischen den beiden Fragestellungen liegt natürlich darin, dass ich zwar den heutigen Kurs der Roche Aktie kenne, jenen in drei Monaten aber nicht. Wird diese bei Optionsverfall im September 1998 etwa mit 15'680.- CHF notiert, so besitze ich das Recht, die Aktie für weniger Geld zu kaufen, als sie im Moment wert ist - ich gewinne die Differenz von 80.-. Bleibt der Aktienkurs unter dem *Ausübungspreis* von 15'600.-, so werde ich zwar mein Recht nicht ausüben, da ich *aber keine Pflicht* zum Kauf habe, werde ich auch nichts verlieren. Mit einer derartigen Option kann man also per Verfall eigentlich nur gewinnen. Mit Sicherheit stellt dieses Recht per heute einen Wert dar, dessen Berechnung der Inhalt dieses Kapitels sein soll.

Bevor der exakte Wert einer Option bestimmt wird, sollen einige Überlegungen zum Verhältnis *zwischen* einzelnen Optionspreisen angestellt werden. Wie zu zeigen sein wird, sind nämlich auch ohne Kenntnis des 'richtigen Preises' Aussagen über zwingende sogenannte *Arbitragebeziehungen* zwischen einzelnen Derivaten möglich. Gegeben sei dazu folgende (fiktive) Preisstruktur von September-Calloptionen auf die bereits genannte Roche Aktie per 27. Juli 1998. Die Aktie selbst schloss an diesem Tag mit 15'440.- CHF.

Ausübungspreise	Call-Preise
$X_1 = 15'400$	CHF 850.-
$X_2 = 15'600$	CHF 784.-
$X_3 = 15'800$	CHF 580.-

Tabelle 12.1: Fiktive Optionspreise in Abhängigkeit des Ausübungspreises.

Vertikaler Spread

Auf den ersten Blick entsprechen die aufgeführten Preise durchaus den Vorstellungen über faire Optionsprämien: Die Werte nehmen mit steigenden Ausübungspreisen ab, und jede der Optionen ist teurer als ihr 'innerer Wert'.[1] Mit Hilfe eines sogenannten vertikalen Spreads kann jedoch gezeigt werden, dass diese Preisstruktur in sich nicht konsistent ist, da sie Arbitrage und somit risikolose Gewinne ermöglicht. Ein Spread ist ganz allgemein eine Kombination von Optionen des gleichen Typs - Calls oder Puts - aber mit unterschiedlichen Ausübungspreisen oder Laufzeiten. Ein vertikaler Spread, wie er hier eingesetzt werden soll, besteht aus zwei Calloptionen mit unterschiedlichen Ausübungspreisen. Um die in der Preisstruktur steckende Inkonsistenz gewinnbringend auszunutzen, wird ein Call mit Ausübungspreis $X_2 = 15'600$ zu 784.- CHF heute short verkauft[2] und gleichzeitig einer mit $X_3 = 15'800$ zu 580.- CHF gekauft. Dieses Optionsportfolio wird sodann bis zum Verfall im September gehalten. In einem Arbitragetableau stellen sich die anfallenden Zahlungsströme heute und -

---

[1] Der Wert einer Option setzt sich aus den zwei Komponenten 'innerer Wert' und 'Zeitwert' zusammen. Der innere Wert einer Calloption berechnet sich als Differenz von aktuellem Aktienkurses und Ausübungspreis (streng genommen ist es der Barwert des Ausübungspreises), sofern diese Differenz positiv ist. Im Falle der aufgeführten Roche Calloption mit einem Ausübungspreis von $X_1 = 15'400$ berechnet sich der innere Wert als max[0; 15'440 – 15'400] = CHF 40.- . Die Differenz zum tatsächlichen Optionspreis bildet entsprechend den Zeitwert der Option: 850 - 40 = CHF 810.-.

[2] Ein Short-Verkauf bedeutet, eine Sache zu veräussern, die man noch gar nicht besitzt, dafür aber bereits das Entgelt entgegenzunehmen. Im vorliegenden Zusammenhang entspricht dies dem Schreiben einer Option.

bei unterschiedlichen Aktienkursen (von 15'200 bis 16'000) -
in drei Monaten wie folgt dar:

Position	Wert heute	Wert per September				
		15'400	15'600	15'800	16'000	16'200
Call short (X₂ = 15'600)	+ 784	0	0	- 200	- 400	- 600
Call long (X₃ = 15'800)	- 580	0	0	0	+ 200	+ 400
Summe	**+ 204**	**0**	**0**	**- 200**	**- 200**	**- 200**

Tabelle 12.2: Vertikaler Spread zur Ausnutzung einer nicht-arbitragefreien Preisstruktur.

Ein risikoloser Gewinn entsteht bei dieser Strategie, da der *sichere* heutige Gewinn von 204.- CHF grösser ist als der höchst mögliche zukünftige Verlust von 200.- CHF. Zusätzlich steht der heutige Cash Inflow noch bis zum Verfall der Option am 18. September 1998[3] zur Verfügung und wirft den im Juli 1998 aktuellen Marktzins von 2 % p. a. während 51[4] Tagen ab. Um Arbitragemöglichkeiten der gezeigten Art auszuschliessen, muss daher für Optionspreise zu jedem beliebigen Zeitpunkt zwingend gelten

$$PV(X_3 - X_2) > C(X_2) - C(X_3),$$

d. h. der Barwert (PV) der Differenz der Ausübungspreise muss strikt grösser sein als die Differenz der heutigen Optionspreise. Für das Beispiel der Roche Optionen bedeutet dies

---

[3] Börsengehandelte Optionen haben typischerweise am 3. Freitag des Verfallmonats ihren letzten Handelstag; im September 1998 war dies der 18. des Monats.

[4] Es wird hier ein 30-Tage-Monat in einem 360-Tage-Jahr unterstellt; zu den Konventionen des Geldhandels vergleiche zum Beispiel STIGUM, MARCIA UND FRANKLIN L. ROBINSON (1996): „Money Market & Bond Calculations", Irwin.

$$\frac{15'800 - 15'600}{1 + 2\% \times \frac{51}{360}} > 784 - C(X_3)$$

Die Option mit Ausübungspreis 15'800.- CHF muss heute also teurer als 584.57 CHF, damit Arbitrage durch einen vertikalen Spread ausgeschlossen ist.[5]

Butterfly Spread

Die Optionspreise in *Tabelle 12.3* erfüllen zwar die soeben definierte Anforderung an ein stabiles Preissystem, doch sind auch sie nicht arbitragefrei und können deshalb nicht auf Dauer Bestand haben. Dies kann durch einen sogenannten *Butterfly Spread* gezeigt werden.

Ausübungspreise	Call-Preise
$X_1 = 15'400$	CHF 850.-
$X_2 = 15'600$	CHF 784.-
$X_3 = 15'800$	CHF 715.-

Tabelle 12.3: Fiktive Optionspreise in Abhängigkeit des Ausübungspreises, die zwar einen vertikalen Spread ausschliessen, aber einen Butterly Spread ermöglichen.

In diesem Fall wird ein Portfolio gebildet, in das die teuerste und die billigste Option long und die mittlere zwei mal short aufgenommen wird. Ein Arbitragetableau erleichtert auch hier den Überblick über Transaktionen, Cash Flows und Gewinnmöglichkeiten.

---

[5]   Natürlich könnte man genauso gut argumentieren, dass die andere Option falsch bewertet ist. Aus dieser Sichtweise resultiert für den Call mit Ausübungspreis 15'600 ein *Höchstpreis* von 779.43 CHF.

Position	Wert heute	Wert per September				
		15'200	15'400	15'600	15'800	16'000
1 Call long ($X_1 = $ 15'400)	- 850	0	0	+ 200	+ 400	+ 600
2 Calls short ($X_2 = $ 15'600)	+ 1'568	0	0	0	- 400	- 800
1 Call long ($X_3 = $ 15'800)	- 715	0	0	0	0	+ 200
Summe	**+ 3**	**0**	**0**	**+ 200**	**0**	**0**

*Tabelle 12.4: Ein **Butterfly Spread** eröffnet bei dieser Preisstruktur eine doppelte Gewinnmöglichkeit: Einen sicheren Cash Inflow heute und zusätzlich einen möglichen bei Verfall.*

Die Gewinnmöglichkeit bei diesem Spread ist eine doppelte, denn mit dem heutigen sicheren Cash Inflow von 3.- CHF geht noch ein möglicher Gewinn von maximal 200.- CHF bei Verfall einher ohne das geringste Risiko eines Verlustes. Auch dies also eine Möglichkeit, relative Optionspreise zu arbitragieren, wodurch die Fehlbewertung am Markt – sofern sie überhaupt je vorhanden war – sehr schnell korrigiert wird.

Wiederum lässt sich eine zwingende Bedingung formulieren, damit derartige Arbitragemöglichkeiten ausgeschlossen sind:

$$C(X_2) < \tfrac{1}{2}[C(X_1) + C(X_3)]$$

Der heutige Cash Flow der Butterfly-Strategie muss also zwingend kleiner sein als null. Die Anwendung auf das Beispiel zeigt, mit Blick auf die Option mit dem mittleren Ausübungspreis X_2, dass ihr Preis einen maximalen Wert von

$$C(X_2) < \tfrac{1}{2} \times (850 + 715) = \text{CHF } 782.50$$

haben muss.[6] Diese Bedingung, welche soeben durch den Butterfly Spread definiert wurde, bedeutet, dass Optionspreise konvex sein müssen relativ zum Ausübungspreis, d. h. dass ein linksgebogener Zusammenhang besteht, wie dies in *Abbildung 12.1* dargestellt ist. Die betrachtete Option mit dem mittleren Ausübungspreis muss billiger – nicht etwa nur gleich teuer! – sein als 782.50 CHF aber gleichzeitig natürlich teurer als die Option mit dem höchsten Ausübungspreis, da dies sonst eine andere Arbitragemöglichkeit eröffnen würde.

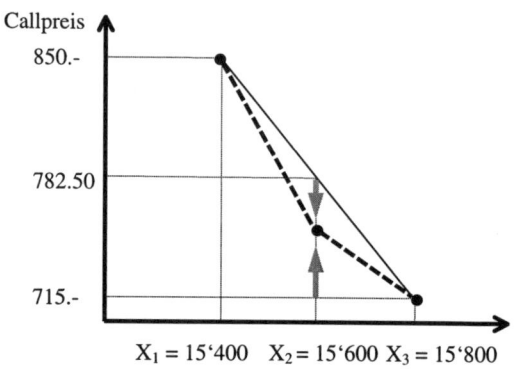

Abbildung 12.1: Die Option mit $X_2 = 15'600$ muss preislich im grau schattierten Bereich zwischen 715.- CHF und 782.50 CHF liegen, damit Arbitrage ausgeschlossen ist.

Eine Beziehung zwischen Puts und Calls

Nun bestehen natürlich nicht nur innerhalb von Call- respektive Putpreisstrukturen zwingende Arbitragebeziehungen, sondern auch *zwischen* Call- und Putpreisen. Die fundamentalste dieser Beziehungen wird durch die *Put-Call-Parität* begründet, die einen in der Optionspreistheorie sehr wichtigen Zusammenhang postuliert.

Die Beziehung zwischen Call- und Putpreisen wird etabliert, indem zwei Portfolios gebildet werden, von denen man weiss, dass sie zu einem bestimmten Zeitpunkt (T) in der Zukunft exakt gleich viel wert sein werden. Aufgrund dieser exakten Entsprechung am Ende der betrachteten Periode kann man zwingend folgern, dass beide ebenfalls zu jedem beliebi-

---

6   Mit der gleichen Berechtigung könnte man wiederum auch Preisgrenzen für die anderen beiden Optionen angeben.

gen früheren Zeitpunkt den gleichen Wert aufweisen müssen, da sonst Arbitrage möglich wäre. Die zwei Portfolios setzen sich wie folgt zusammen:

Portfolio	Bestandteile		Wert bei Verfall
A	Aktie	S	$\max[X; S_T]$
	Putoption (X)	P	
B	Barwert Ausübungspreis	PV(X)	$\max[X; S_T]$
	Calloption (X)	C	

Tabelle 12.5: Portfolio A und B stellen im Ergebnis die exakt gleiche Portfolioinsurance-Strategie dar und müssen deshalb am Markt auch gleich bewertet sein.

Portfolio A - bestehend aus einer Putoption und der zugrundeliegenden Aktie - bildet eine klassische Portfolio-Absicherungs-Strategie, die den Investor vor Aktienkursen unter dem Ausübungspreis X schützt.[7] Liegt der Aktienkurs bei Optionsverfall *über* dem Ausübungspreis, so verfällt die Putoption wertlos; erhalten bleibt der (gestiegene) Aktienwert. Bei negativer Kursentwicklung andererseits wird die Putoption ausgeübt, die Aktie geliefert und der *strike price* entgegengenommen. Das Vermögen des Besitzers von Portfolio A bei Optionsverfall ist also entweder gleich dem gestiegenen Aktienpreis (S_T) oder gleich dem Ausübungspreis (X) der Option, je nachdem was grösser ist.

Im zweiten Teil von *Tabelle 12.5* wurde ein Portfolio aus einer Calloption und einer Festgeldanlage im Umfang des Barwerts des Ausübungspreises der Option gebildet. Auch dieses Portfolio entspricht am Schluss der Periode exakt dem grösseren der beiden Werte ‚Aktienkurs' und ‚Ausübungspreis'. Denn bei sinkenden Kursen verfällt der Call wertlos, und übrig bleibt der Endwert des Festgelds, nämlich der Ausübungspreis der Option (X); bei einem gestiegenen Aktienkurs andererseits kommt die Calloption *ins Geld* und wird zum Endwert des Festgelds hinzu addiert.

Grundidee der Portfolioinsurance

---

[7] Zu den Möglichkeiten, Portfolio-Absicherungs-Strategien mit Optionen umzusetzen, vergleiche auch Kapitel 10.

Put-Call-Parität

Wie bereits angesprochen, kann aus dieser exakten Entsprechung der zwei Portfolios bei Verfall gefolgert werden, dass beide *zu jedem beliebigen früheren Zeitpunkt* ebenfalls den gleichen Wert aufweisen müssen. Wäre dies irgendwann während der Optionslaufzeit nämlich nicht der Fall, könnte man das billigere Portfolio kaufen und das teurere verkaufen, wodurch ein sofortiger Gewinn ohne das geringste Risiko erzielt würde, da sich die Verfallwerte der beiden Positionen ja perfekt ausgleichen.

Die postulierte Äquivalenz von Portfolio A und B lässt sich in der *Put-Call-Parität für europäische Optionen*[8] zusammenfassen, die wohlgemerkt zu jedem beliebigen Zeitpunkt *vor* Optionsverfall schon Gültigkeit hat, und nicht erst nur am Ende der Optionslaufzeit:

$$S + P = PV(X) + C.$$

Ausgehend von diesem Zusammenhang sieht man, dass es für die Optionsbewertung eigentlich genügt, einen Call oder einen Put zu bewerten, der Preis des jeweils anderen Kontraktes ergibt sich durch die Put-Call-Parität zwingend. Entsprechend kann nun recht einfach der Preis einer Roche Putoption, ausgehend von den Callpreisen in *Tabelle 12.1*, berechnet werden. Subtrahiert man in der obigen Gleichung nämlich auf beiden Seiten den Aktienkurs (S) von 15'440.- CHF, so ergibt sich der faire Putpreis bei einem Ausübungspreis (X) von 15'600.- CHF und einem Zinssatz von 2 % als

$$
\begin{aligned}
P &= PV(X) + C - S \\[2mm]
&= \frac{15'600}{1 + 2\% \times \dfrac{51}{360}} + 784 - 15'440 \\[2mm]
&= CHF\ 899.92
\end{aligned}
$$

---

[8] Im Gegensatz zu amerikanischen Optionen können europäische nur genau *am* Verfallstag ausgeübt werden, erstere hingegen *bis zum* Verfalltag. Die Bezeichnungen haben allerdings nichts mit der geographischen Verbreitung der beiden Optionsarten zu tun - man findet beide Typen diesseits und jenseits des Atlantiks.

Diese Beziehung zwischen Call- und Putoptionen gilt in ihrer exakten Form, wie bereits erwähnt, nur für europäische Optionen. An den meisten Derivatebörsen werden aber amerikanische Optionen auf Einzelaktien gehandelt. Wie wirkt sich nun dieses zusätzliche Recht der frühzeitigen Ausübung auf die diskutierte Put-Call-Parität aus? Ganz offensichtlich ändert sich weder am Aktienkurs S noch am Gegenwartswert des Ausübungspreises PV(X) etwas. Im weiteren lässt sich zeigen, dass es nie sinnvoll ist, in der Abwesenheit von Dividenden eine amerikanische Calloption frühzeitig auszuüben.[9] Wenn es allerdings nie attraktiv ist, einen amerikanischen Call vor Verfall einzulösen, so muss er logischerweise den gleichen Wert aufweisen wie sein europäisches Pendant. Anders sieht es hingegen bei einer amerikanischen Putoption aus: Falls diese tief genug im Geld ist, kann es lohnend sein, sie frühzeitig auszuüben. Entsprechend erhöht das zusätzliche Recht der Ausübung vor Verfall potentiell den Putoptionswert. Für amerikanische Optionen wird die Put-Call-Parität somit zu einer Ungleichheitsbeziehung:

$$S + P \geq PV(X) + C$$

Im folgenden sollen nun nicht mehr nur Aussagen über relative Preise von Optionen gemacht werden, sondern zur geldmässigen Bewertung, oder eben zum *Pricing*, übergegangen werden. Ein erster Bewertungsansatz stellt dabei das Binomialmodell dar, bei dem davon ausgegangen wird, dass eine Aktie innerhalb einer Periode nur gerade zwei mögliche zukünftige Werte annehmen kann.[10] Als Beispiel wird die Namenaktie der UBS betrachtet, welche per Ende Juli einen Wert von 618.- CHF aufwies. Vereinfachend wird unterstellt,

---

[9] Man vergleiche hierzu etwa den epochalen Artikel MERTON, ROBERT C. (1973): „Theory of Rational Option Pricing", Bell Journal of Economics and Management Science, Spring, pp. 141 - 183.

[10] Die Idee zu diesem einfachen und doch sehr wichtigen Pricing-Modell stammt aus SHARPE, WILLIAM F. (1978): „Investments", Prentice-Hall. Bekannt und detailliert ausgearbeitet wurde das Modell aber durch COX, JOHN C., STEPHEN A. ROSS UND MARK RUBINSTEIN (1979): „Option Pricing: A Simplified Approach", Journal of Financial Economics, No. 7, pp. 229-263.

---

dass der Aktienkurs am Verfalltag im September 1998 entweder um den Faktor u = 1.10 auf 679.80 CHF steigt oder aber um den Faktor d = (1 / 1.10) auf 561.82 CHF fällt.[11] Per 27. Juli 1998 gilt es, eine Calloption auf diese Anlage mit einem Ausübungspreis von 600.- CHF zu bewerten, welche am 18. September 1998 verfällt. Die möglichen Wertentwicklungen sind in *Abbildung 12.2* dargestellt.

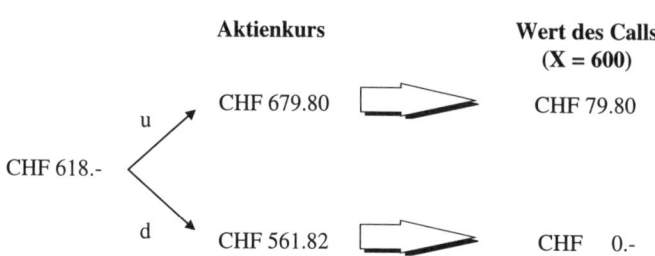

Abbildung 12.2: Ein binomialer Aktienkursprozess und die entsprechenden Callwerte bei Verfall der Option in drei Monaten.

Bei einer positiven Entwicklung des Aktienkurses steigt dieser auf 679.80 CHF an und die Option zahlt bei ihrem Verfall im September 1998 die Differenz zum *strike price* von 600.- CHF aus, nämlich genau 79.80 CHF. Sinkt hingegen der Aktienpreis auf 561.82 CHF, so verfällt der Call *out of the money* und somit wertlos.

Das grundsätzliche Vorgehen der Optionsbewertung durch Arbitrage kann bereits an diesem sehr einfachen Beispiel aufgezeigt werden. Zu diesem Zweck wird ein Portfolio gebildet aus 0.6764 UBS Aktien, die teilweise fremdfinanziert werden durch einen Kredit von 378.93 CHF zu den im Juli 1998 herr-

---

[11] Die up- und down-Faktoren wurden hier willkürlich unterstellt; sie stehen aber natürlich für nichts anderes als für die Volatilität der Aktie. Konkret lässt sich der up-Faktor bestimmen als $u = e^{\sigma\sqrt{\tau}}$, wobei σ für die Volatilität der Aktie und τ für die Zeit zwischen zwei Kursbewegungen steht. Es muss im weiteren für die Logik des Modells nicht zwingend unterstellt werden, dass der down-Faktor genau dem Kehrwert des up-Faktors entspricht, dies hat im Mehrperiodenfall aber die angenehme Eigenschaft, dass der entstehende Baum *recombining* wird, d. h. das ein up- gefolgt von einem down-Tick zum gleichen Preis führt wie die umgekehrte Reihenfolge.

schenden Konditionen von 2 % p. a.[12]. Die Wertentwicklung dieser Position sei wiederum anhand einer Tabelle dargestellt.

Position	Cash Flow heute	Cash Flow September 1998	
		S = 679.80	S = 561.82
Kauf 0.6764 Aktien	- 418.00	+ 459.80	+ 380.00
Kredit zu 2 %	+ 378.93	- 380.00	- 380.00
Summe	- 39.07	+ 79.80	+ 0.00

Tabelle 12.6: Ein Aktienanteil kann mit einem Kredit in der Art und Weise kombiniert werden, dass das Endperiodenvermögen exakt den möglichen Werten einer Calloption entspricht unter Berücksichtigung der Aktienkursentwicklung und der Zinszahlung.

Es wird deutlich, dass man durch eine anfängliche Investition von 39.07 CHF eine Position erzeugen kann, welche die vorhin beschriebene Calloption in ihren Payoffs exakt repliziert, wohlgemerkt ohne dabei irgendeine Option zu verwenden! Offensichtlich benötigt man in diesem Modellrahmen somit gar keine Optionen als gesonderte Anlagen, da durch das beschriebene Vorgehen genau das gleiche Ergebnis generiert werden kann. Entsprechend müssen natürlich die Kosten für ein direktes Engagement in die Option und die anfängliche Investition in die replizierende Strategie identisch sein. Die Option wird durch Arbitrage bewertet und 39.07 CHF bildet den arbitragefreien Optionspreis. Wäre die Option nämlich am Markt höher bewertet, würde man diese *short* verkaufen, und das soeben beschriebene Portfolio aus 0.6764 Aktien in Kombination mit dem entsprechenden Kredit als Hedgeposition aufbauen. Per Verfall würde die replizierende Position den Wert der verkauften Option genau ausgleichen, und man gewänne die Differenz zwischen dem, was man für die Option gekriegt hat und dem, was man ins Hedgeportfolio investieren musste. Für die Option aus *Abbildung 12.2* ist 39.07 CHF somit der ‚objektiv richtige Preis‘, da jede andere

---

[12] Wie der Aktienanteil und die Kreditkomponente ganz allgemein bestimmt werden können, wird im anschliessenden Abschnitt gezeigt.

Bewertung durch die dadurch entstehende Arbitrage ausgeschlossen ist.

Delta   Der Aktienanteil, der benötigt wird, um eine Option in der
beschriebenen Art und Weise zu replizieren, wird als *Delta*
bezeichnet, und er berechnet sich für die betrachtete Calloption mit der Formel

$$\Delta = \frac{C[u] - C[d]}{S \times (u - d)} = \frac{\text{Fr. } 79.80 - \text{Fr. } 0.00}{\text{Fr. } 618.00 \times \left(1.1 - \dfrac{1}{1.1}\right)} = 0.6764$$

Dabei bezeichnet C[u] den Wert der Option bei einer Auf-
wärts- und C[d] entsprechend den Wert bei einer Abwärtsbewegung der zugrundeliegenden Aktie. Das wertmässige Volumen der zu kaufenden Aktien wird ermittelt, indem man das
Delta mit dem heutigen Wert einer Aktie multipliziert: $\Delta \times S$
$= 0.6764 \times \text{CHF } 618.00 = \text{CHF } 418.00$.

Der Kredit zur Teilfinanzierung der Aktienposition berechnet sich als[13]

$$B = \frac{u \times C[d] - d \times C[u]}{(u - d) \times (1 + R)}$$

$$= \frac{1.1 \times CHF\ 0.00 - \dfrac{1}{1.1} \times CHF\ 79.80}{\left(1.1 - \dfrac{1}{1.1}\right) \times \left(1 + 2\% \times \dfrac{51}{360}\right)} = -CHF\ 378.93$$

Risikoneutrale   Ein weiterer interessanter Aspekt der gezeigten Bewertung
Bewertung   sei noch erwähnt: Die Vorgaben enthielten weder Informationen über die statistischen Wahrscheinlichkeiten der jeweiligen Kursentwicklungen noch über die Risikoaversion der
Anleger, und trotzdem konnte der Optionswert exakt bestimmt werden. Dieses Vorgehen ist als risikoneutrales Bewertungsprinzip bekannt, welches auch für kompliziertere

---

[13] Der Aktienanteil wie auch die Kreditkomponente lassen sich durch
zwei Gleichungen bestimmen, welche den Wert der Option in den
zwei möglichen Zuständen beschreiben. Die beiden Gleichungen
enthalten zwei Unbekannte und können somit eindeutig gelöst werden.

und realitätsnähere Aktienkursprozesse seine Gültigkeit behält. Durch die Möglichkeit der Replikation einer Option ist es belanglos, ob der erwartete Aktienpreis höher oder tiefer ist und ob die Investoren risikofreudig oder risikoavers sind. Um Arbitrage auszuschliessen, ist es lediglich wichtig, welche Schwankungsbreite - oder technischer ausgedrückt, welche Volatilität - für den Aktienkursprozess unterstellt wird.

Auch wenn keine statistischen Wahrscheinlichkeiten in die Optionsbewertung eingehen, so lassen sich doch eine Art Quasi-Wahrscheinlichkeiten für die beiden Kursrealisationen ermitteln. Für die Aufwärtsbewegung beträgt diese Quasi- oder auch MARTINGALE-Wahrscheinlichkeit

$$p = \frac{(1+R)-d}{u-d} = \frac{\left(1+2\%\times\dfrac{51}{360}\right)-\dfrac{1}{1.1}}{1.1-\dfrac{1}{1.1}} = 0.491$$

und für die Abwärtsbewegung entsprechend $(1 - p) = 0.509$. Werden die jeweiligen Verfallwerte mit diesen Wahrscheinlichkeiten gewichtet, so lässt sich ein Erwartungswert[14] bestimmen, der risikolos abdiskontiert werden kann, um auf den heutigen, fairen Callpreis zu kommen:[15]

$$C = \frac{p\times C[u]+(1-p)\times C[d]}{1+R}$$

$$= \frac{0.491\times CHF\,79.80 + (1-0.491)\times CHF\,0.-}{1+2\%\times\dfrac{51}{360}} = CHF\,39.07$$

Das soeben diskutierte Bewertungsvorgehen ist nicht Calloptionen-spezifisch. Die risikoneutrale Bewertung, ist auch

---

[14] Streng genommen handelt es sich hierbei nicht um einen Erwartungswert im statistischen Sinn, sondern um eine Hilfskonstruktion, die nur bei Risikoneutralität der Marktteilnehmer tatsächlich einen Erwartungswert i. e. S. bilden würde. Entsprechend werden die diskutierten MARTINGALE-Wahrscheinlichkeiten auch als risikoneutrale Wahrscheinlichkeiten bezeichnet.

[15] Entsprechend erhält man die Formel für die risikoneutrale Wahrscheinlichkeit bei gegebenem Callpreis durch Auflösen dieser Gleichung nach p.

---

auf Putoptionen, ja prinzipiell auf jedes beliebige Derivat anwendbar. In der obigen Formel sind lediglich die Verfallwerte für das jeweilige Derivat anzupassen. Eine Putoption mit einem Ausübungspreis von 600.- CHF etwa hätte einen Verfallwert von null, wenn sich die UBS Aktie im vorangegangenen Beispiel nach oben bewegt, und einen solchen von 38.18 CHF bei einer Abwärtsbewegung. Die Bewertung der Putoption ergibt sich somit als

$$P = \frac{p \times P[u] + (1-p) \times P[d]}{1+R}$$

$$= \frac{0.491 \times CHF\,0.00 + (1-0.491) \times CHF\,38.18}{1+2\% \times \dfrac{51}{360}} = CHF\,19.38$$

Nun zeigte aber ein früherer Abschnitt bereits, dass es einen viel einfacheren Weg gibt, den Putpreis zu ermitteln, wenn der Wert der Calloption bereits bekannt ist: die Put-Call-Parität. Diese postuliert, dass der Wert einer Putoption wie folgt aus den anderen Komponenten ermittelt werden kann:

$$P = PV(X) + C - S$$

Dabei haben die Variablen die üblichen Bedeutungen: $PV(X)$ ist der Barwert des Ausübungspreises, C der Callpreis und S der Wert der Aktie. Werden die entsprechenden Werte aus dem vorangegangenen Beispiel eingesetzt, so ergibt sich

$$P = \frac{CHF\,600}{1+2\% \times \dfrac{51}{360}} + CHF\,39.07 - CHF\,618.00 = CHF\,19.38,$$

was genau dem Resultat der vorangegangenen Putbewertung im Binomialmodell entspricht. Das Modell liefert somit Ergebnisse, die (natürlich!) mit der Put-Call-Parität konsistent sind.

Es stellt sich die Frage, wozu ein derart realitätsfremdes Modell mit nur zwei möglichen Kursentwicklungen gut sein soll. Der Bezug zur Wirklichkeit rückt aber näher, wenn man statt *eines* Kurssprungs pro Periode deren 10, 100, oder 1000 ermöglicht. Das grundsätzliche Bewertungsvorgehen bleibt dabei dasselbe, wobei der modellierte Aktienkursprozess dann von einem 'richtigen' nicht mehr zu unterscheiden ist. Es kann gezeigt werden, dass die Ergebnisse des Binomialmodells im Grenzfall sogar exakt mit denjenigen des noch zu besprechenden BLACK-SCHOLES-Modells übereinstimmen.

Um dies zu veranschaulichen soll das vorangegangene Beispiel um einen Kurssprung verfeinert werden, ohne eine der anderen Gegebenheiten zu verändern. Angepasst werden muss lediglich die Sprunghöhe, und zwar von 1.10 auf neu 1.07 respektive von (1 / 1.10) auf (1 / 1.07).[16] Die entsprechenden Kursentwicklungen und Optionswerte bei Verfall präsentieren sich sodann wie folgt:

Mehrperioden-fall

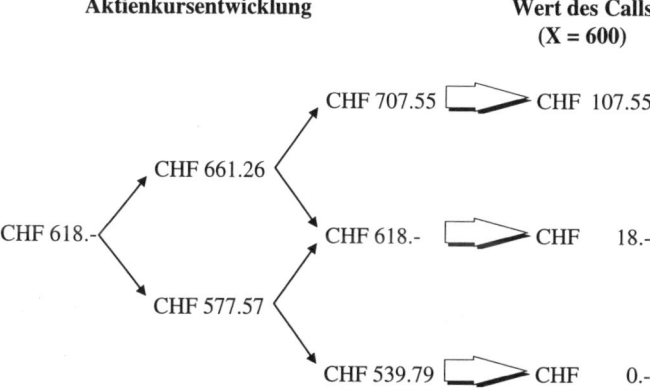

Aktienkursentwicklung

Wert des Calls (X = 600)

Abbildung 12.3: Der binomiale Aktienkursprozess für die UBS Aktie mit zwei möglichen Kurssprüngen und den entsprechenden Callwerten bei Verfall der Option. Je mehr Kursschritte eingeführt werden, desto realistischer wird der resultierende Preisprozess.

---

[16] Zur Ermittlung der up- und down-Faktoren vergleiche Fussnote 11.

Optionspreisbildung

Der heutige Optionswert in diesem leicht verfeinerten Modell berechnet sich am einfachsten, indem die weiter oben diskutierten Quasi-Wahrscheinlichkeiten verwendet werden, um den Binomialbaum von rechts her zurückrollend durchzurechnen. Die risikoneutrale Wahrscheinlichkeit für eine Aufwärtsbewegung beträgt unter Berücksichtigung der verkürzten Schrittweite neu 0.4936 und jene für eine Abwärtsbewegung entsprechend (1 − 0.4936) = 0.5064. In jedem Knoten muss der risikoneutral zu erwartende Callwert mit dem periodengerechten Zinssatz abdiskontiert werden. In *Abbildung 12.4* ist jedem Knoten der entsprechende Callwert zugeordnet.

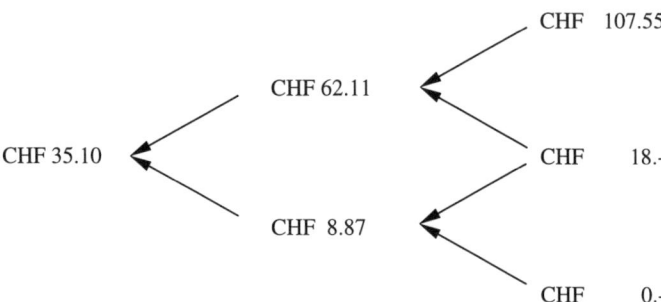

Abbildung 12.4: Die Bewertung einer Calloption im Mehrperiodenmodell. *Die Optionspreise in den einzelnen Knoten berechnen sich als (p ×* C[u] + (1 -p) × C[d]) / (1 + R), *wobei die einzelnen Variablen die aus dem Text bekannte Bedeutung haben.*

Exotische Optionen

So vereinfachend das diskutierte Binomialmodell auch scheinen mag, ist es doch der wohl meist eingesetzte, da flexibelste aller Optionsbewertungsansätze. Es lassen sich beispielsweise sehr einfach Dividendenzahlungen und die Möglichkeit der frühzeitigen Ausübung von amerikanischen Optionen in das Modell einbauen, indem in jedem Knoten zum einen überprüft wird, ob eine Dividende ausgeschüttet wird, und zum anderen, ob eine frühzeitige Ausübung in diesem Knoten lohnend ist. Im weiteren ist das Binomialmodell sehr beliebt für die Bewertung von sogenannten 'exotischen Optionen'. In dieser Familie werden alle Derivate zusammengefasst, die nicht Standardprodukte – sogenannte *plain vanilla*

Kontrakte - sind. So gibt es etwa *'chooser options'*, bei welchen erst zu einem späteren Zeitpunkt festgelegt werden muss, ob sie die Eigenschaften von Calls oder von Puts haben sollen, *'rainbow options'*, die einen Anspruch auf eine wählbare Aktie aus einem ganzen Korb darstellen, *'Asian options'*, bei denen der Ausübungswert aufgrund des Durchschnitts von vergangenen Kursen ermittelt wird, *'knock outs'*, *'kick ins'*, *'Quantos'*, *'Bermudas'*, *'binary options'* usw. Die Liste der exotischen Produkte liesse sich fast beliebig fortsetzen und sie wird jeden Tag länger, wenn findige Banker ein neues Risikomanagement-Bedürfnis bei ihren Kunden ausmachen, oder mindestens auszumachen meinen.

Wie nun das Binomialmodell sehr elegant zur Bewertung von solchen 'Exoten' eingesetzt werden kann, soll am Beispiel einer ‚*look back option*' auf die UBS Aktie veranschaulicht werden. Bei einem einfachen *look back* Call ist der Ausübungspreis der Option zu Beginn nicht bekannt, sondern wird bei Verfall gleich dem tiefsten, während der gesamten Laufzeit je realisierten Aktienkurs gesetzt. Das Derivat ist somit wie man sagt *'pfadabhängig'*, das heisst, dass es nicht nur relevant ist, welcher Aktienkurs per Verfall zu beobachten ist, sondern auch, auf welchem Weg dieser zustande kam. Aufgrund der Spezifikation dieses Exoten liegt es auf der Hand, dass er nie *out of the money* verfallen kann. Im Extremfall, entspricht der tiefste je realisierte Kurs gerade dem Aktienpreis per Optionsverfall. In diesem Fall endet der Look Back exakt *at the money* und somit gerade noch wertlos. *Abbildung 12.5* zeigt, wie der Ausübungspreis der Look Back Option per Verfall aufgrund des tiefsten, historischen Aktienkurses festgelegt wird.

Look Back Call

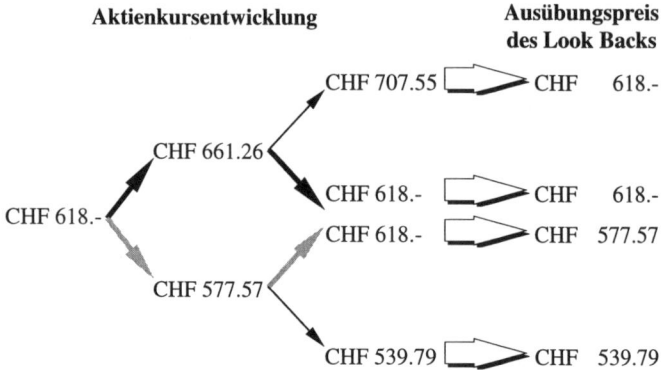

Abbildung 12.5: *Der Aktienkursprozess zur Bestimmung des Ausübungspreises der Look Back Option. Der exercise price wird gleich dem tiefsten, jemals realisierten Aktienkursprozess gesetzt.*

Trotz der relativ komplizierten Struktur dieses exotischen Produktes kann auch hierbei das gleiche Vorgehen wie in der *Abbildung 12.4* angewendet werden: In jedem Knoten wird der risikoneutrale Erwartungswert der - nun allerdings pfadabhängigen! - künftigen Optionswerte berechnet und sodann risikolos abdiskontiert. Die risikoneutrale Wahrscheinlichkeit für eine Aufwärtsbewegung beträgt dabei unverändert 0.4936 und für eine Abwärtsbewegung entsprechend (1 − 0.4936) = 0.5064.

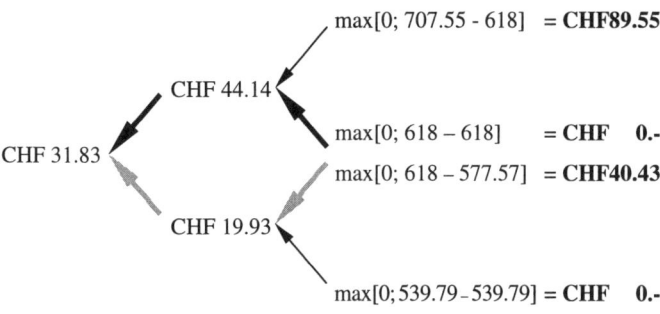

Verfallwert des Look Back Calls

max[0; 707.55 − 618] = **CHF89.55**

CHF 44.14

CHF 31.83

max[0; 618 − 618] = **CHF 0.-**

max[0; 618 − 577.57] = **CHF40.43**

CHF 19.93

max[0; 539.79 − 539.79] = **CHF 0.-**

Abbildung 12.6: Die look back Option als pfadabhängiges Derivat. Wie deutlich hervorgehoben ist, macht es für die look back Option einen wesentlichen Unterschied, ob am Ende der mittlere Aktienkurs von 618.- CHF über den oberen Ast (fett schwarz) oder den unteren (fett grau) erreicht wurde.

Das bekannte Bewertungsvorgehen resultiert in einem fairen Preis für diese Look Back Option von 31.83 CHF. *Abbildung 12.6* zeigt dabei deutlich, wie sich die Pfadabhängigkeit des Derivats auswirkt: Wird der Aktienkurs von 618.- CHF auf dem oberen, schwarzen Pfad erreicht, so verfällt die Option wertlos *at the money*. Realisiert sich der gleiche Aktienkurs hingegen auf dem unteren, grauen Weg, so weist der Kontrakt einen Verfallwert von 40.43 CHF auf, entsprechend der Differenz zum tiefsten Aktienkurs des grauen Pfades von 577.57 CHF.

Delta-Hedging

Neben der bis hierher diskutierten Bewertung von Optionen ist die Bewirtschaftung der damit einhergehenden Risiken aber sicher ein mindestens genauso wichtiges Thema. So mag man sich etwa die Frage stellen, ob die Bank, die einem einen *warrant* zum Kauf anbietet, einfach gegen einen wettet und entsprechend Geld verliert, wenn die Option *in the money* endet. Wiederum kann das Binomialmodell eingesetzt werden, um zu zeigen, wie sich der Schreiber von Optionen gegen unvorteilhafte Wertentwicklungen des Kontraktes absichern kann. Das Einstiegsbeispiel zeigte, wie eine Calloption aus Aktien und einem Kredit perfekt repliziert werden kann. Ver-

---

kauft nun eine Bank eine derartige Calloption an einen Kunden, so kann sie sich entsprechend durch Bildung des beschriebenen Portfolios perfekt gegen beliebige Kursentwicklungen absichern: Egal, ob sich die zugrundeliegende Aktie nach oben oder unten entwickelt, das Hedgeportfolio wird immer die genau Gegenposition zur Verpflichtung auf der verkauften Option bilden.

Im Mehrperiodenfall genügt es allerdings für den Optionsschreiber nicht mehr, einmalig ein Absicherungsportfolio einzurichten und dieses bis zum Verfall der Option zu halten; er muss vielmehr eine dynamische Delta-Hedging-Strategie implementieren. Mit anderen Worten muss er in jedem Zeitpunkt seine Position den aktuellen Gegebenheiten anpassen. *Abbildung 12.7* zeigt, was dies für die Calloption auf UBS mit dem Ausübungspreis 600.- CHF im Zwei-Perioden-Fall bedeutet.

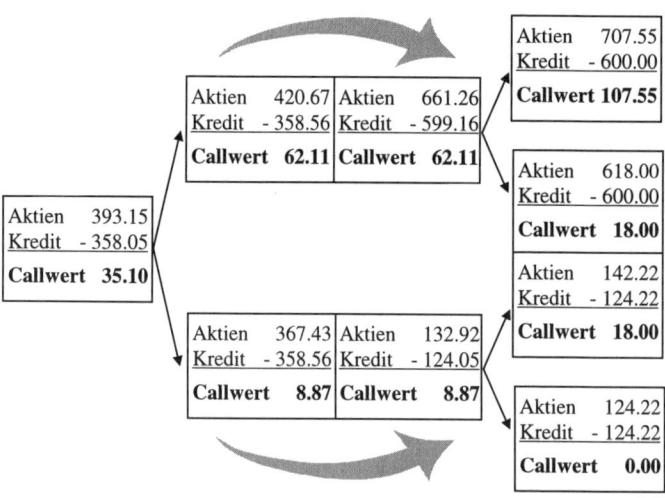

Abbildung 12.7: Dynamischer Delta-Hedge. Im Mehrperiodenfall muss die replizierende Position bestehend aus Aktien und Kredit in jedem Zeitpunkt den neuen Gegebenheiten angepasst werden. Die Umschichtungen erfolgen dabei strikt selbstfinanzierend.

Wie man sieht, lässt sich die Option durch das an früherer Stelle bereits ausgeführte System perfekt replizieren. Im Gegensatz zum Einperiodenfall, sieht man aber hier, dass nach der ersten Kursbewegung die Zusammensetzung des Hedge-portfolios angepasst werden muss. Konkret müssen im Fall von gestiegenen Kursen (oberer Ast) zusätzliche Aktien ge-kauft und im Fall von gefallenen Kursen (unterer Ast) Aktien verkauft werden. Die Replikationsstrategie ist somit prozy-klisch, d. h. bei hohen Kursen muss gekauft, bei tiefen ver-kauft werden. Wichtig zu sehen ist im weiteren, dass die ge-zeigten dynamischen Umschichtungen des Hedgeportfolios stets selbstfinanzierend sind. Es muss somit – nachdem die Anfangsinvestition von 35.10 CHF einmal getätigt ist – nie mehr Geld nachgeschossen werden, um die Absicherung auf-rechtzuerhalten. Eine Erhöhung der Aktienkomponente er-folgt strikt zu Lasten des Kredits und umgekehrt. Allerdings überrascht es natürlich auch nicht, dass aus der Hedgeposition während der Laufzeit nie Geld herausgenommen werden kann, wenn diese per Verfall tatsächlich die Option exakt ab-bilden soll.

Das Urgestein der modernen Optionspreistheorie bildet je-doch - trotz seiner Anschaulichkeit - nicht etwa das gezeigte Binomialmodell sondern vielmehr ein Bewertungsansatz, der auf die drei Herren FISCHER BLACK, ROBERT C. MERTON und MYRON S. SCHOLES zurückgeht, und der im Herbst 1997 mit dem Nobelpreis für Wirtschaftswissenschaften ausgezeichnet wurde. Kurz nachdem in den frühen siebziger Jahren die er-sten Optionen an der *Chicago Board Options Exchange* geli-stet waren, erschienen im Jahr 1973 zwei wissenschaftliche Artikel, die beide die Idee der exakten Optionsbewertung durch Replikation in stetiger Zeit aufgriffen.[17] Obschon die grundlegenden Ideen die gleichen waren, da sie auch in regem Austausch zwischen den beteiligten Autoren entwickelt wur-den, sollten nur die Autoren des einen Artikels namensgebend werden für den aufgezeigten Bewertungsansatz: Die Idee ging

Das BLACK-SCHOLES-Modell

---

[17] BLACK, FISCHER UND MYRON SCHOLES (1973): „The Pricing of Op-tions and Corporate Liabilities", Journal of Political Economy, 81, pp. 637-659, und MERTON, ROBERT C. (1973): „Theory of Rational Option Pricing", Bell Journal of Economics and Management Sci-ence, 4, pp. 141-183.

als das *BLACK-SCHOLES-Modell der Optionsbewertung* in die Literatur ein.

Der geometrische Wienerprozess

Im Gegensatz zum Binomialmodell wird bei diesem Ansatz von einer stetigen Kursentwicklung, dem sogenannten geometrischen Wienerprozess ausgegangen. Tatsächlich bezahlte Kurse werden dabei als einzelne, nicht zusammenhängende Realisationen des zugrundeliegenden, stetigen Prozesses interpretiert. Die Entwicklung der UBS Namenaktie, wie sie in *Abbildung 12.8* dargestellt ist, kann daher in diesem Ansatz nur eine angenäherte Darstellung des unterstellten geometrischen Wienerprozesses sein.

Abbildung 12.8: Die Entwicklung der UBS Aktie vom 27. Juli bis zum 18. September 1998 als diskrete Ausprägungen eines stetigen Kursprozess.

Dynamische, selbstfinanzierende Replikation

Die epochale Idee, die dem Optionsbewertungsansatz nach BLACK-SCHOLES zugrundeliegt, besteht darin, dass die Kombination aus Aktienanlage und Kreditaufnahme – in strikter Analogie zum Binomialmodell – stetig umgeschichtet werden muss, je nachdem wie sich der Aktienkurs entwickelt und die Restlaufzeit abnimmt. Im weiteren müssen diese Umschichtungen auch hier immer selbstfinanzierend sein in dem Sinn, dass sämtliches Geld, das aus dem Verkauf von Aktien gelöst wird, zur Rückzahlung des Kredites verwendet wird respektive umgekehrt.

Diese Replikationsüberlegungen führten die Begründer der modernen Optionspreistheorie zur sogenannten ‚fundamentalen partiellen Differentialgleichung', welche ganz allgemein das Verhalten von derivativen Instrumenten beschreibt. Zusammen mit den Call-spezifischen Randbedingungen hatten sie somit das Problem im Prinzip gelöst. Aber eben nur im Prinzip. Denn die Bestimmung der gesuchten, geschlossenen Lösung für den Wert der Calloption erwies sich als schwieriger denn gedacht. Hier kam den Forschern der Zufall zu Hilfe, denn die Struktur ihres Problems wies eine gewisse Verwandtschaft mit der Wärmeaustauschgleichung aus der Physik auf, deren Lösung seit langer Zeit bekannt war. Die Auflösung der Differentialgleichung nach dem Callpreis ergab schliesslich die berühmt gewordene BLACK-SCHOLES-Formel zur Bewertung von europäischen Calloptionen:[18]

$$C \quad = \quad \underbrace{S \times N(d_1)}_{\text{Aktienanteil}} \underbrace{- Xe^{-r\tau} \times N(d_1 - \sigma\sqrt{\tau})}_{\text{Kredit}}$$

Die Formel

mit

$$d_1 \quad = \quad \frac{\ln\left(\dfrac{S}{X}\right) + \left(r + \dfrac{1}{2}\sigma^2\right)\tau}{\sigma\sqrt{\tau}}$$

S steht dabei für den aktuellen Aktienkurs, X für den Ausübungspreis, σ für die Volatilität, τ für die Restlaufzeit, e bezeichnet die Eulersche Zahl und N(.) den kumulierten Flächenabschnitt unter einer Standardnormalverteilung. Wiederum erkennt man die gleiche Grundstruktur wie im Fall des Binomialmodells: Eine Calloption entspricht einem Aktienanteil in Kombination mit einem Kredit. Wie bereits erwähnt, ist es essentiell, dass zur Aufrechterhaltung dieser replizie-

---

[18] Die Herleitung der Formel ist sehr aufwendig und soll an dieser Stelle nicht wiedergegeben werden. Die klassische Herleitung findet sich u. a. in HULL (1997), p. 237. Wesentlich anschaulicher ist die Ermittlung der BLACK-SCHOLES-Formel im Rahmen der risikoneutralen Bewertung. Sehr klare Ausführungen hierzu finden sich in CHRISS, NEIL A. (1997): „BLACK-SCHOLES and Beyond – Option Pricing Models", Irwin, p. 192 ff..

renden Position stetig zwischen Aktien und Kredit in der Art und Weise umgeschichtet wird, wie es von der BLACK-SCHOLES-Formel beschrieben wird. Nur durch diese ständige Anpassungen entspricht die Position am Ende der Laufzeit tatsächlich dem Payoff der Option.

Bewertung einer Call-option auf UBS Namen

Zur Veranschaulichung sei nochmals auf das Beispiel einer Option auf UBS Namen zurückgegriffen. Es gilt, per 27. Juli 1998 einen Call mit einem Ausübungspreis von 600.-CHF zu bewerten, welcher am 18. September verfällt. Der stetige, risikolose Zinssatz beträgt 1.98 % p. a.[19], und die Volatilität der UBS Aktie wurde mit 25 %[20] ermittelt. Um den Aktienanteil im replizierenden Portfolio zu ermitteln, müssen die entsprechenden Grössen nun in den ersten Teil der BLACK-SCHOLES-Formel eingesetzt werden[21]:

$$618 \times \underbrace{N\left(\frac{\ln\left(\frac{618}{600}\right) + \left(1.98\% + \frac{1}{2} \times 0.25^2\right) \times \frac{53}{365}}{0.25 \times \sqrt{\frac{53}{365}}} \right)}_{\text{Delta} = 0.6510} = CHF \ 402.34$$

Wie beim Binomialmodell lässt sich auch im BLACK-SCHOLES-Fall das Delta berechnen, welches angibt, wieviele Aktien für die Optionsreplikation zu kaufen sind. Um im vorliegenden Fall das zu erstehende Aktienvolumen zu ermitteln, muss lediglich das Delta von 0.6510 mit dem aktuellen Kurs

---

[19] Da das BLACK-SCHOLES-Modell in stetiger Zeit angesiedelt ist, müssen auch stetige Zinssätze verwendet werden. Der einfache Zinssatz von 2 % aus dem Binomial-Beispiel kann durch folgende Transformation sehr einfach in einen stetigen überführt werden: $\ln(1 + 2\%) = 1.98\%$.

[20] Die Volatilität einer Anlage ist die annualisierte Standardabweichung der stetigen Renditen. Die Volatilität hängt mit dem up-Faktor (u) des Binomialmodells wie folgt zusammen: $\ln(u)/\sqrt{\Delta t} = \sigma$. Setzt man die Werte des mehrperiodigen Binomial-Beispiels ein, so ergibt sich eine Volatilität von approximativ 25 %.

[21] Bei der Umsetzung des Beispiels wird durchgehend von einer Restlaufzeit von 53 Kalendertagen in einem 365-Tage-Jahr ausgegangen, und somit ein kleiner Fehler aufgrund der in Fussnote 4 erwähnten Geldmarktkonvention gemacht. Die entstehende Differenz ist allerdings vernachlässigbar klein.

von 618.- CHF multipliziert werden. Die Aktieninvestition von 402.34 CHF wird nun teilweise fremdfinanziert durch einen Kredit im Umfang von

$$600 \times e^{-1.98\% \times \frac{53}{365}}$$

$$\times N \left(\frac{\ln\left(\frac{618}{600}\right) + \left(1.98\% - \frac{1}{2} \times 0.25^2\right) \times \frac{53}{365}}{0.25 \times \sqrt{\frac{53}{365}}} \right) = CHF\ 368.05$$

Der heutige, arbitragefreie Wert der Calloption entspricht dem Kapital, das es einzuschiessen gilt, um dieses replizierende Portfolio aufzubauen - nämlich genau 34.29 CHF (CHF 402.34 - CHF 368.05).[22]

Der gleiche Bewertungsansatz kann auch für die Bewertung von europäischen Putoptionen herangezogen werden. Die exakte Bewertungsformel erhält man allerdings am einfachsten durch Einsetzen des Callwerts in die Put-Call-Parität, wie dies bereits an früherer Stelle ausgeführt wurde.

Putoptionen

$$P = \underbrace{S \times \left[N(d_1) - 1\right]}_{\text{Aktienanteil}} \underbrace{- Xe^{-r\tau} \times \left[N(d_1 - \sigma\sqrt{\tau}) - 1\right]}_{\text{Festgeld}}$$

Dabei haben alle Variablen die bereits bekannte Bedeutung. Die Logik des Bewertungsvorgehens durch Bildung eines dynamisch, selbstfinanzierend umzuschichtenden Portfolios bleibt genau dasselbe, nur wird bei einer Putoption eine *Shortposition* in Aktien eingegangen und das erhaltene Geld zum risikolosen Zinssatz in ein Festgeld angelegt.

---

[22] Die Abweichung zum Binomialmodell mit nur zwei Sprüngen ist bereits erstaunlich gering (34.29 CHF vs. 35.10 CHF); vergleiche *Abbildung 12.4*.

Veränderung des replizierenden Portfolios

Wie der Aktienanteil im replizierenden Portfolio entsprechend der Aktienkursentwicklung und der verkürzten Restlaufzeit für eine Putoption verändert werden muss, ist in *Abbildung 12.9* dargestellt. Betrachtet wird dabei ein Put mit einem Ausübungspreis von 600.- CHF, der am 18. September 1998 verfällt, und welcher per 27. Juli 1998 gemäss obiger Formel einen fairen Preis von 14.57 CHF hat. Mit steigenden Aktienkursen wird das Delta der Option weniger negativ, und entsprechend müssen zusätzliche Aktien gekauft werden, um die Äquivalenz zwischen Option und Hedgeposition sicherzustellen, *et vice versa*. Bei Optionsverfall am 18. September 1998 stand die UBS Aktie bei 411.50 CHF und der Put endete mit 188.50 CHF im Geld, was bei einer Anfangsinvestition von 14.57 CHF einer Rendite von rund 1200 % während knapp zwei Monaten entspricht!

Wie in der *Abbildung 12.9* dargestellt, nähert sich das Delta einer Option umso mehr an seinen maximalen Wert von - 1 an, je mehr die Option im Geld liegt und je kürzer die Restlaufzeit ist.

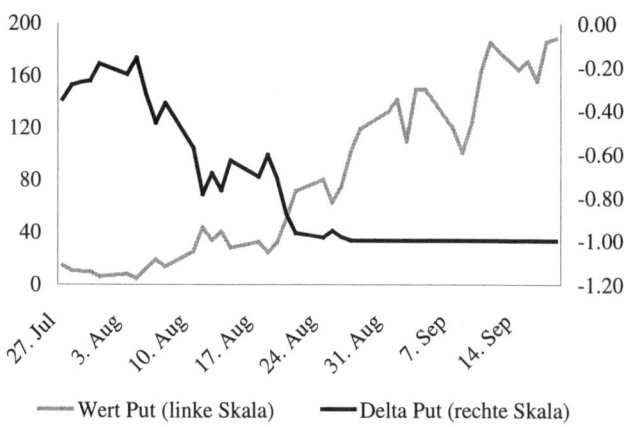

Abbildung 12.9: Mit fallenden Aktienkursen nimmt der Wert der UBS Putoption unter sonst gleichen Bedingungen zu und geht ihr Delta mehr gegen - 1.

Volatilität im BLACK-SCHOLES-Modell

Neben diversen Annahmen bezüglich Verzinsung, Transaktionskosten, Steuern und ähnlichen Dingen baut das BLACK-SCHOLES-Modell auf die Annahme einer bekannten und zudem über die Laufzeit hinweg konstanten Volatilität. Nun ist aber gerade diese – zukünftige! - Volatilität einer Aktie die einzige, im Zeitpunkt der Optionsbewertung unbekannte Grösse. Es gibt nun zwei grundsätzlich unterschiedliche Ansätze, mit der Volatilität bei Optionen umzugehen: Entweder schätzt man die Volatilität während der Restlaufzeit zum Beispiel aufgrund historischer Daten und macht dann Aussagen über den arbitragefreien Optionspreis, oder aber man nimmt den Optionspreis, der am Markt gerade bezahlt wird, als gegeben und fragt sich, mit welcher Volatilitätsannahme dieser konsistent ist. Diese zweite Sichtweise führt zur sogenannten ‚impliziten Volatilität‘, die in Optionspreisen enthalten ist. Streng genommen ist es ausschliesslich diese implizite Volatilität, die es einem erlaubt, zu beurteilen, ob eine Option im Moment am Markt teuer oder billig ist. Schätzt man die künftige Volatilität tiefer ein, als sie im Moment in den Optionspreisen implizit enthalten ist, so ist es attraktiv, Optionen zu kaufen und umgekehrt. Mit anderen Worten werden im Optionsgeschäft primär Volatilitäts- und nicht etwa Kurserwartungen gehandelt.

Im Fall der betrachteten Putoption auf UBS Namen etwa hat es sich – im Nachhinein – gezeigt, dass die unterstellte Volatilität von 25 % zu tief war. In der Tat war der Spätsommer 1998 eine Phase extrem volatilen Handels; nicht nur im UBS-Titel, aber dort ganz besonders. Die historisch realisierte Volatilität während der betrachteten Optionslaufzeit betrug ca. 60 % (sic!) und wurde somit am Anfang dramatisch unterschätzt. Welche Auswirkungen hatte dies nun auf die gezeigte Replikationsstrategie? Zum einen wurde die Option am Anfang zu billig verkauft, da eine Volatilitätserwartung von 60 % zu einem deutlich höheren Optionspreis geführt hätte. Damit stand zu Beginn zu wenig Geld zur Verfügung, um einen exakten Delta-Hedge zu implementieren, wie sich im Nachhinein herausstellte. Zum andern wurde das replizierende Portfolio auch falsch zusammengesetzt, da eine höhere Volatilitätserwartung natürlich auch einen anderen Mix von Aktien und Festgeldanlage bedingt hätte. Die Folge war, dass der Optionsverkäufer trotz eines konsequenten Delta-Hedges über die Laufzeit hinweg stetig Geld verlor, da er bei jeder

Positionsanpassung Geld nachschiessen musste, um sein Absicherungsportfolio gemäss BLACK-SCHOLES-Formel zu bilden.

Es zeigt sich in diesem Beispiel sehr schön, dass das Optionsgeschäft primär ein Geschäft mit *erwarteten* Volatilitäten ist. Eine Unterschätzung der künftigen Schwankungsbreite kann den Optionsschreiber teuer zu stehen kommen. Er wird aber Geld verdienen, wenn es ihm gelingt, beim Optionsverkauf eine höhere implizite Volatilität durchzusetzen, als sich später am Markt tatsächlich realisiert.

Empirische Tests

Wie steht es ganz allgemein um den Erklärungsgehalt des betrachteten BLACK-SCHOLES-Modells für tatsächlich bezahlte Optionspreise? Bei derartigen empirischen Modelltests stellt man die impliziten Volatilitäten von Optionskontrakten den später tatsächlich realisierten Grössen gegenüber. Wenn man davon ausgeht, dass die Marktteilnehmer keine systematischen Fehler machen, so müssten sich diese *im Durchschnitt* entsprechen.

Eine erste mögliche Grösse, mit welcher die Qualität des BLACK-SCHOLES-Modells analysiert werden kann, ist der sogenannte *root mean squared error (RMSE)*. Dabei handelt es sich um die Wurzel des durchschnittlichen, quadrierten (prozentualen) Prognosefehlers, wobei letzterer als Differenz zwischen realisierter und impliziter Volatilität erfasst wird.[23] Im Idealfall ist dieser sehr klein, weil die impliziten Volatilitäten nur dann hoch sein sollen, wenn tatsächlich eine sehr unsichere Marktphase folgt, *et vice versa. Abbildung 12.10* zeigt diesen RMSE für verschiedene Kategorien von SMI Putoptionen in der Zeit von Januar 1994 bis November 1996.[24] Insgesamt liegen der Untersuchung 27'100 Optionsabschlüsse zu Grunde.

---

[23] Dieses Gütemass lässt es nicht zu, dass positive und negative Abweichungen einander ausgleichen werden. Vielmehr gehen in den RMSE die Abweichungen jedes einzelnen Abschlusses im Quadrat ein.

[24] Diese wie auch die nachfolgenden, empirischen Ergebnisse stammen aus KRAUS, THOMAS (1998): „Preisbildung und Informationsverarbeitung im Optionsmarkt – Untersuchungen zur Schweizerischen Options- und Futuresbörse (SOFFEX)", Haupt.

Deutlich sieht man, dass lang laufende *in the money*-Optionen gemäss dem BLACK-SCHOLES-Modell am fairsten bewertet sind; sie weisen den deutlich kleinsten RMSE auf. Hingegen sind die Preise von kurzen Optionen, die aus dem Geld sind den grössten Verzerrungen unterworfen. Ganz allgemein kann man das Muster herausarbeiten, dass das

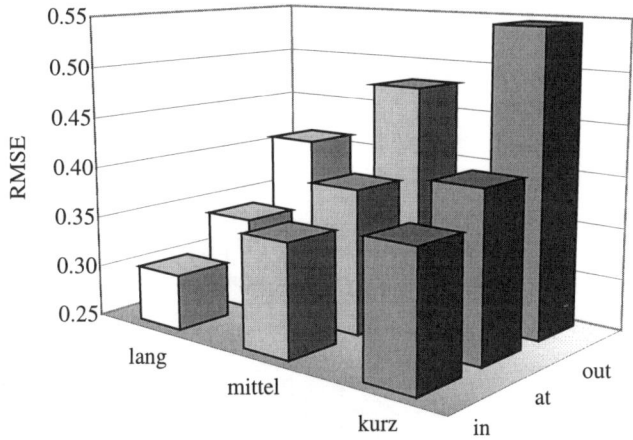

BLACK-SCHOLES-Modell umso angebrachter ist, je länger die jeweilige Option läuft und je mehr sie im Geld ist.

Abbildung 12.10: Wurzel des durchschnittlichen, quadrierten (prozentualen) Prognosefehlers als Gütemass für den Informationsgehalt von impliziten Volatilitäten. Je kleiner die Säule, umso fairer sind die Optionen gemäss BLACK-SCHOLES-Modell im Durchschnitt bewertet. Zugrunde liegen 27'100 Putoptionsabschlüsse auf den Swiss Market Index in der Zeit von Januar 1994 bis November 1996. Quelle: KRAUS (1998). Daten: SOFFEX.

Die obige Darstellung liess nur Aussagen über den relativen Erklärungsgehalt des Bewertungsmodells zu, ermöglichte aber keinen eigentlichen Test des Modells. Dafür wird ein anderes Verfahren angewendet, bei dem implizite Volatilitäten gemäss dem BLACK-SCHOLES-Modell und realisierte direkt gegenübergestellt und anschliessend getestet wird, ob sich dabei eine systematische Verzerrung ergibt. *Abbildung*

12.11 veranschaulicht das Vorgehen. Aus jedem Optionsabschluss, der +/- 1 % am Geld war, wurde die implizite Volatilität extrahiert (horizontale Achse der Grafik). Dieser wurde – paarweise – die später am Markt tatsächlich realisierte Volatilität gegenübergestellt (vertikale Achse). Wenn das BLACK/ SCHOLES-Modell die Preisbildung an der SOFFEX tatsächlich adäquat beschreibt, dann wird der beste Zusammenhang zwischen diesen beiden Grössen durch die gepunktete 45°-Linie erfasst.

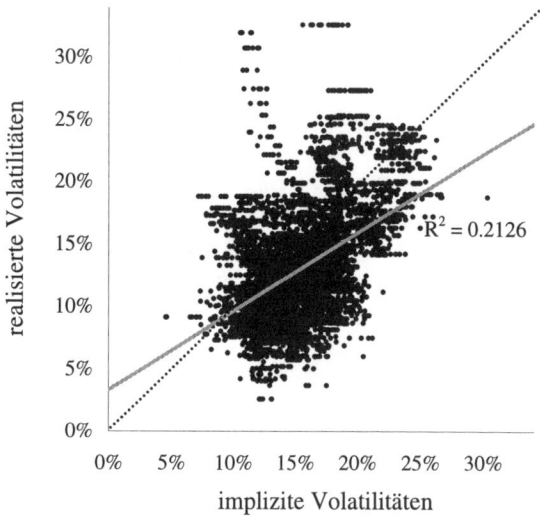

Abbildung 12.11: Gegenüberstellung von impliziten und realisierten Volatilitäten. *Zugrunde liegen 8'331 at the money Putoptionen auf den Swiss Market Index in der Zeit von Januar 1994 bis November 1996. Quelle: KRAUS (1998). Daten: SOFFEX.*

Wie man sieht, weicht der tatsächliche Zusammenhang, dargestellt durch die dunkelgraue Linie, dahingehend von der Hypothese ab, dass er eine zu flache Steigung aufweist. Tatsächlich lässt sich zeigen, dass sich der wahre Zusammenhang mit einer Irrtumswahrscheinlichkeit von unter 1 % von der theoretischen Vorgabe des BLACK-SCHOLES-Modells unterscheidet. Dies ist gleichermassen ein ernüchterndes wie auch ein erstaunliches Ergebnis. Ernüchternd ist es, weil man zur Kenntnis nehmen muss, dass auch das – doch etwas kompliziertere – BLACK-SCHOLES-Modell nicht in der Lage ist, die Realität auf den Optionsmärkten befriedigend zu erklären, ja nicht einmal für die sehr liquiden *at the money*-Kontrakte. Erstaunlich ist das Ergebnis, weil das Black-Scholes-Modell nach wie vor den Standard in der Optionsbewertung bildet, und man somit eine Art von selbsterfüllender Prophezeiung erwarten würde. Tatsache ist aber, dass das Modell im strikten Sinn verworfen werden muss, obschon es aufgrund des optischen Eindrucks in *Abbildung 12.11* in der Summe einen recht guten Erklärungsgehalt zu haben scheint.

Wie gezeigt wurde, hängen Optionspreise – bei Gültigkeit des BLACK-SCHOLES-Modells - in genau bestimmbarer Art und Weise von den Grössen Aktienkurs, Ausübungspreis, Volatilität, Zinssatz und Restlaufzeit ab. In der Konsequenz folgen aus Veränderungen dieser Grössen auch *Schwankungen des Optionspreises*. Das Risiko, welches diese möglichen Wertschwankungen bedeuten, wird durch die sogenannten *greek letters* quantifiziert, die nachfolgend etwas detaillierter beschrieben werden sollen.

Das griechische Alphabet der Optionsrisiken

- *Delta* Δ**:** Delta ist das wohl wichtigste Risikomass im Optionsgeschäft und wurde in einer seiner Bedeutungen als Aktienanteil im replizierenden Portfolio bereits vorgestellt. Warum es gleichzeitig ein Risikomass ist, wird deutlich, wenn man sich vor Augen hält, wie das replizierende Portfolio auf kleine Kursveränderungen der zugrundeliegenden Aktie von 1.- CHF reagiert. Da genau Δ Aktien im Portfolio gehalten werden, verändert sich der Wert der Gesamtposition offensichtlich um $\Delta \times 1.-$ CHF! Delta stellt somit ein Mass dar für die Sensitivität des Optionspreises gegenüber kleinen Veränderungen des zugrundeliegenden Aktienkurses und liegt für Calloptionen immer zwischen null und eins und für Putoptionen zwischen null und minus eins.
  Das Delta der UBS Calloption wurde mit Hilfe des BLACK-SCHOLES-Modell als 0.6510 ermittelt. Wenn alle anderen Grössen gleich bleiben, wirkt sich somit ein Kursanstieg der UBS Aktie von 618.- CHF auf 619.- CHF in ei-

ner Wertsteigerung der Option von rund 65.1 Rappen aus. Es gilt allerdings zu beachten, dass es sich hierbei - wie bei den meisten anderen *greek letters* - um eine lineare Approximation der Preisveränderung handelt. Berechnet man nämlich den Optionspreis neu aufgrund des neuen Aktienkurses von 619.- CHF, so ergibt sich eine exakte Wertsteigerung der Option von 65.4 Rappen.

Das Delta, wie natürlich auch alle anderen, noch zu besprechenden *greek letters*, bietet im weiteren sehr elegant die Möglichkeit, die Risiken von verschiedenen Optionspositionen aufzuaggregieren. Dabei können unterschiedliche Optionsarten, Laufzeiten, *long-* bzw. *short*-Positionen und Ausübungspreise beliebig gemischt werden; solange sie sich auf die gleiche zugrundeliegende Anlage beziehen, ist die Aggregation unproblematisch. Dazu das folgende Beispiel eines bunt gemischten Portfolios von UBS-Aktien und –Derivaten per 27. Juli 1998. Aktueller Aktienkurs: 618.- CHF, unterstellte Volatilität 25 %.

Position	Aktie	Call	Call	Put	Put
Anzahl	+ 3	+ 10	- 4	+ 4	- 8
Ausübungspreis	---	600	650	650	625
Laufzeit (Tage)	---	53	25	53	81
Delta pro Anlage	+ 1.00	+ 0.65	- 0.24	- 0.67	+ 0.50
Delta Total	+ 3.00	+ 6.51	- 0.95	- 2.70	+ 4.00
Delta Gesamtposition					**+ 9.86**

Tabelle 12.7: Aggregation der Deltas über unterschiedliche Positionen hinweg.

Die Deltas jeder einzelnen Anlage werden mit der entsprechenden Anzahl Kontrakte multipliziert und anschliessend aufsummiert. Obschon die Gesamtposition gemäss *Tabelle 12.7* relativ unübersichtlich ist, gibt das Delta der Gesamtposition von + 9.86 eine klare und einfach zu interpretierende Indikation über das Risiko des Portfolios: Ein Anstieg der UBS Aktie um 1.- CHF wird über alle Anlagen hinweg zu einer Netto-Wertsteigerung der Gesamtposition

von ungefähr 9.86 CHF führen. Das gleiche – mit umge-
kehrtem Vorzeichen natürlich – gilt für einen Kursrück-
gang der Aktie um 1.- CHF.

- *Omega* Ω: Eng verwandt mit dem Delta ist das Omega von
Optionen. Diese Grösse gibt nicht wie das Delta an, wie
stark Optionen betragsmässig auf Veränderungen des Aktienkurses reagieren, sondern wie stark sie *prozentual*
schwanken als Folge von kleinen *prozentualen* Veränderungen der zugrundeliegenden Aktie. Technisch ausgedrückt handelt es sich somit um eine Elastizität. Die Hebelwirkung von Optionen - welche auch *gearing* genannt
wird - drückt sich in einem Omega aus, das für Calls stets
grösser als eins und für Puts stets kleiner als minus eins ist.
Rechnerisch bestimmt sich die Hebelwirkung einer Option
aus dem Produkt des Deltas und des Aktienkurses geteilt
durch den Optionswert: (Δ S) / C. Wiederum auf die UBS
Calloption mit einem Ausübungspreis von 600.- CHF angewandt, sieht man, dass sich ein Hebel von 11.73 ergibt.
Dies bedeutet, dass die Option auf eine 1 %ige Kurssteige-
rung der Aktie mit einem Wertanstieg von approximativ
$1\% \times 11.73 = 11.73\%$ reagiert.
Diese Hebelwirkung ist es, die Optionen für Anleger zu einem (scheinbar) attraktiven Investitionsvehikel machen:
Schon relativ kleine Kursschwankungen in der Aktie haben
für das in die Option investierte Kapital dramatische Konsequenzen. Diese Hebelwirkung ist umso stärker, je mehr
die Option aus dem Geld ist bzw. je kürzer ihre Restlaufzeit
ist. Diese Kombination scheint somit attraktiv, wenn man
eine hochspekulative Anlage mit grossem Gewinn- aber
beschränktem Verlustpotential sucht. Geht man allerdings
zu *Abbildung 12.10* zurück so stellt man fest, dass es gerade dieser Mix aus Ausübungspreisverhältnis und Laufzeit
ist, der gemäss BLACK-SCHOLES-Modell die grössten Preis-
verzerrungen aufweist.

- *Gamma* Γ: Wie das Delta hat auch das Gamma zwei unterschiedliche Interpretationen. Zum einen ist Gamma ein
Mass für die Konvexität von Optionspreisen, d. h. salopp

formuliert für die Gebogenheit des Zusammenhangs zwischen Optionspreis und Kurs der zugrundeliegenden Aktie. Somit ist es gleichzeitig auch ein Mass für den Fehler, der durch die lineare Approximation an der Preisveränderung entsteht. Zum andern misst Gamma aber auch, wie stark sich das Delta einer Option - und somit der Aktienanteil im replizierenden Portfolio - verändert bei kleinen Schwankungen der zugrundeliegenden Anlage. Das Gamma von Calls wie auch von Puts ist immer positiv.

- *Vega:* Vega ist insofern ein Exot unter den *greek letters*, als es sich dabei gar nicht wirklich um einen Buchstaben des griechischen Alphabets handelt. Nichtsdestotrotz beschreibt es die im Optionsgeschäft sehr wichtige Sensitivität von Optionspreisen auf Veränderungen der Volatilität der zugrundeliegenden Aktie. BLACK-SCHOLES-Preise reagieren im allgemeinen sehr stark auf unterschiedliche Volatilitäten, was umso problematischer ist, als die Volatilität der zugrundeliegenden Anlage während der Restlaufzeit ja die einzige Grösse ist, die zu Beginn nicht beobachtet werden kann. Sowohl Call- wie auch Putoptionen reagieren *positiv* auf steigende Volatilitäten, da der maximale Optionswert bei Verfall natürlich tendenziell steigt, ohne dass der minimale (null!) sinkt.

- *Theta:* Theta misst den Wertverlust, den eine Option pro verstreichende Zeiteinheit erleidet. Je näher die Option ihrem Verfalltermin kommt, umso geringer wird ihr Zeitwert. Dies liegt natürlich daran, dass ihre Chance, im - oder noch weiter im - Geld zu enden, kleiner wird, je näher der Optionsverfall rückt.

- *Rho:* Die Sensitivität von Optionspreisen gegenüber Zinssätzen wird durch das Rho beschrieben. Es ist für Calloptionen strikt positiv und für Putoptionen stets negativ.

Zur Bedeutung des Option Pricings

In diesem Kapitel wurde eine Vielzahl von Arbitrageüberlegungen, Preisgrenzen, Bewertungsmodellen und Risikokennzahlen für Optionen aufgezeigt. Häufig gilt es, die dargestellten Bewertungsmodelle zu erweitern, um schwankende Zinssätze, stochastische Volatilitäten, Transaktionskosten oder nicht-stetige Kursprozesse zu berücksichtigen. Die grundsätzlichen Einsichten, wie sie in diesem Kapitel gewonnen wurden, bleiben aber unverändert erhalten, egal wie exotisch das zu bewertende Produkt ist oder wie kompliziert das eingesetzte Bewertungsverfahren scheinen mag.

Dieses Bemühen, auch komplexe derivative Instrumente bewertungs- und risikomässig zu erfassen, rührt letztlich aus der Einsicht, dass sich praktisch alle Finanzkontrakte als Kombination von einfachen Derivate-Strategien darstellen lassen, und das Verständnis derselben deshalb von enormer Bedeutung für die gesamt Finanzindustrie ist: Eine Aktie selbst ist eine Calloption auf den Unternehmenswert, eine Obligation ist ein Derivat auf die Zinsstruktur, ein Forward-Geschäft kann als Kombination aus einer Call- und einer Putoption dargestellt werden, eine Investitionsentscheidung ist in der Regel der Entschluss, eine einzelne amerikanische Option vorzeitig auszuüben und viele andere verfallen zu lassen usw.

Diese – vielleicht etwas ungewohnte – Sichtweise auf viele altbekannte Finanztransaktionen macht deutlich, warum die Forschung in diesem Bereich nach wie vor sehr aktiv ist und Optionen - oder Derivate allgemein - mehr denn je im Zentrum des Interesses stehen.

Literaturhinweise

Ausgezeichnete Lehrbücher zum Thema sind:

FIGLEWSKI, STEPHEN ET AL. (1990): „Financial Options – From Theory to Practice", Irwin, Chicago, et. al.

GALITZ, LAWRENCE C. (1995): „Financial Engineering", Irwin, Chicago, et. al.

HULL, JOHN (1997): „Options, Futures, and other Derivatives", Prentice Hall, Englewood, NJ.

Weiterführende Literatur:

BLACK, FISCHER (1975): „Facts and Fantasy In the Use of Options", Financial Analyst Journal 31, No. 4, pp. 36 – 41, 61 – 72.

FIGLEWSKI, STEPHEN (1997): „Forecasting Volatility", Financial Markets, Institutions & Instruments 6, No. 1.

KRAUS, THOMAS (1998): „Preisbildung und Informationsverarbeitung im Optionsmarkt – Untersuchungen zur Schweizerischen Options- und Futuresbörse (SOFFEX)", Haupt, Bern.

MERTON, ROBERT C. (1995): „Continuous-Time Finance, Blackwell, Cambridge, MA.

Kapitel 13

Risikomessung mit Value at Risk-Methoden

von Alfred Bühler

Die stark wachsenden Märkte für derivative Finanzinstrumente und die zunehmende Globalisierung der Finanzmärkte stellen neue Ansprüche an das Risikomanagement im Bankgeschäft. Die Risiken im Bankgeschäft sind sehr vielschichtig. Die Palette reicht vom Marktrisiko, Kreditrisiko, Liquiditätsrisiko und Settlementrisiko bis hin zum Rechtsrisiko und Systemrisiko. Der in diesem Kapitel besprochene Value at Risk - Ansatz befasst sich in erster Linie mit dem Marktrisiko. Der Wert der einzelnen Bilanzpositionen und der Handelspositionen einer Bank hängt von den Marktbedingungen, das heisst von den Marktzinssätzen, Wechselkursen, Aktienkursen usw., ab. Das Eigenkapital einer Bank kann aufgrund sich ändernder Marktbedingungen stark sinken, oder im Extremfall kann das Fremdkapital die Aktiva der Bank übersteigen, und die Insolvenz der Institution tritt ein. Marktrisiken werden in der Regel produktespezifisch erfasst. Bei den Aktien spricht man vom Beta, bei den Zinsinstrumenten von der Duration und bei Optionen von den sogenannten „Greek Letters" wie beispielsweise dem Delta. Die Aggregation dieser Risikokennzahlen ist jedoch nur innerhalb einer Produktgruppe möglich. Die Kennzahlen werden deshalb der Forderung nach einer globalen Risikomasszahl nicht gerecht. Für eine hohe Transparenz und Vergleichbarkeit der Risiken im Bankgeschäft braucht es eine standardisierte Risikomasszahl, wie den in diesem Kapitel beschriebenen Value at Risk.

Unter dem Value at Risk (VaR) wird die mögliche negative Änderung des Marktwertes eines Portfolios bestehend aus

Value at Risk - der Ansatz

Finanzinstrumenten innerhalb eines bestimmten Zeithorizontes verstanden. Die Masszahl gibt eine Antwort auf die Frage, mit welcher Wahrscheinlichkeit ein bestimmter Verlust innerhalb eines vorgegebenen Zeitraumes eintreten kann. Für die Berechnung und den sinnvollen Einsatz des VaR-Konzeptes muss ein mehrstufiger Prozess durchlaufen werden (Vgl. *Abbildung 19.1*).

Berechnung des Value at Risk

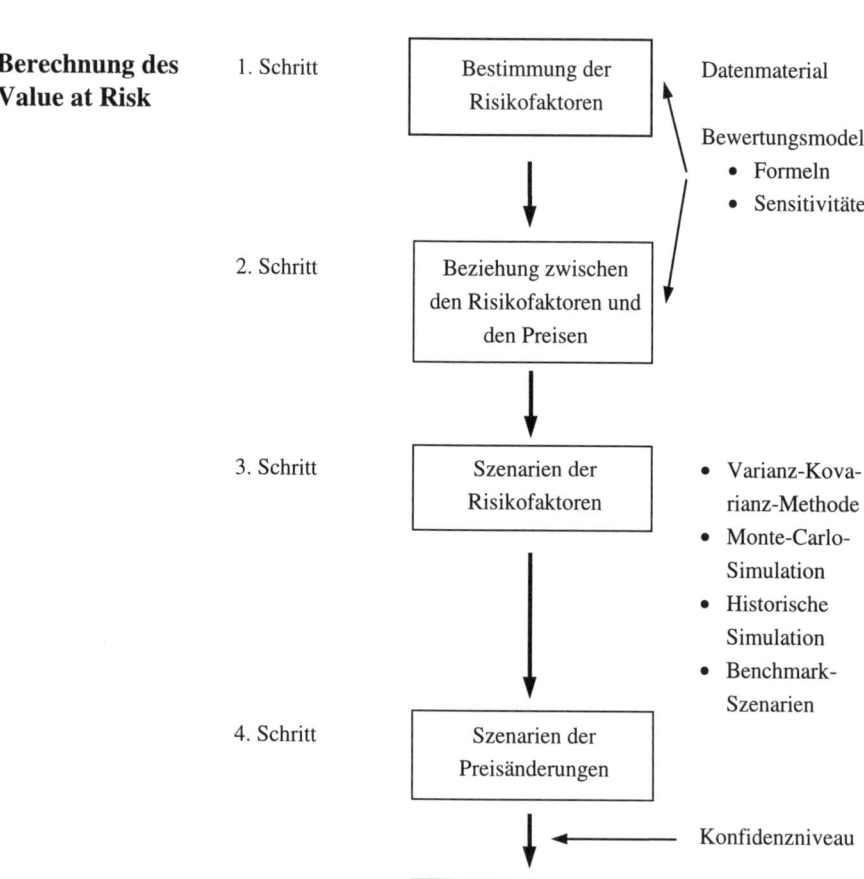

Abbildung 19.1: Vorgehen zur Berechnung des Value at Risk

Voraussetzung für die Ermittlung einer globalen VaR-Kennziffer ist die Erfassung sämtlicher Positionen des betrachteten Portfolios. Als *erster Schritt* müssen die Umweltfaktoren identifiziert werden, die den Marktwert des Portfolios beeinflussen. Sind diese Risikofaktoren identifiziert, so muss in einem *zweiten Schritt* die Beziehung zwischen den Faktoren und den Preisen der Instrumente im betrachteten Portfolio festgelegt werden. Im *dritten Schritt* werden mögliche Szenarien bezüglich der Entwicklung der Risikofaktoren definiert. Kombiniert man die Resultate aus dem zweiten und dem dritten Schritt, so erhält man im *vierten Schritt* mögliche Szenarien des Portfoliopreises. Im *letzten Schritt* kann dann der VaR bezüglich eines bestimmten Vertrauensniveaus (Konfidenzniveaus) festgelegt werden. Das Vertrauensniveau wird meistens auf 95% oder 99% festgelegt und gibt die Wahrscheinlichkeit an, dass der entsprechende Marktwertverlust (VaR) nicht überschritten wird. Der maximal tolerierbare VaR hängt von der Risikofähigkeit der jeweiligen Institution ab. Wichtige Bestimmungsgrössen der Risikofähigkeit sind die Eigenkapitalquote bei einer Bank oder der Deckungsgrad bei einer Pensionskasse. Welcher VaR als Limite von der Geschäftsleitung oder den Aktionären vorgegeben wird, hängt von deren Risikobereitschaft und von Risiko-Ertrags-Überlegungen ab. Ein mögliches Kriterium kann beispielsweise die Forderung sein, dass ein möglicher Verlust (VaR) durch „nicht-öffentlichkeitswirksame" Positionen der Bankbilanz getragen werden kann.

Die soeben beschriebenen Schritte zur Berechnung des VaR können unter Verwendung verschiedener Methoden durchlaufen werden. Diese Methoden werden im folgenden anhand eines einfachen Portfolios von zinsabhängigen Wertpapieren vorgestellt. Die Zusammensetzung dieses Portfolios geht aus *Tabelle 19.1* hervor. Das Portfolio besteht aus einem aufgenommenen Kredit und einer Obligation. Der Portfoliowert kann als das Eigenkapital einer sehr einfach strukturierten Bank verstanden werden, wobei die Obligation die Aktiva und der Kredit das Fremdkapital repräsentieren. Das

Das Beispielportfolio

Portfolio wird am 30.12.1994 analysiert, und die Spotrates für eine Laufzeit von einem resp. zwei Jahren betragen zu diesem Zeitpunkt: s_1 = 4.6875 % und s_2 = 5.1928 %. Die Aufgabe besteht nun darin, den „Overnight" - VaR des Portfolios festzulegen. Als historische Referenzperiode stehen die täglichen Spotrates vom 1.1.1988 bis zum 30.12.1994 zur Verfügung (1825 Beobachtungen).[1]

	Laufzeit	Zins / Coupon	Nominalwert
Kredit	1 Jahr	5%	100'000
Bond	2 Jahre	6%	200'000

Tabelle 19.1: Beispielportfolio

Die Risikofaktoren

   Die Motivation zur Verwendung von Risikofaktoren besteht darin, die oft sehr komplexen Risikodimensionen einzelner Instrumente auf ein paar wenige Faktoren herunterzubrechen. Welche Risikofaktoren verwendet werden, hängt stark vom jeweiligen betrachteten Instrument ab. Beim Beispielportfolio drängt sich die Verwendung der Spotrates für ein und zwei Jahre auf. Vereinfachend könnte jedoch auch nur der interne Zinssatz des Portfolios als Risikofaktor betrachtet werden. Für die Verwendung der Spotrates als Risikofaktoren sprechen jedoch zwei Gründe. Erstens sind die zwei Spotrates die einzigen preisbestimmenden Faktoren und deshalb sind sämtliche möglichen Marktrisiken abgedeckt. Zweitens besteht eine historische Basis zur Bestimmung der statistischen Eigenschaften der Spotrates. Die statistischen Eigenschaften des internen Zinssatzes sind nicht bekannt. In vielen Fällen, wie z.B. bei Optionen, gibt das jeweilige Bewertungsmodell Aufschluss über die zu verwendenden Risikofaktoren. Beim Black/Scholes-Modell sind es zum Beispiel der Basiswert, die Volatilität und der kurzfristige Zinssatz. Dies sind die wichtigsten preisrelevanten Grössen, die sich in der Zukunft in nicht prognostizierbarer Weise ändern können.

---

[1] Bei den 1-Jahres-Spotrates handelt es sich um Eurosätze und die 2-Jahres-Spotrates wurden aus den 2-Jahres-Swapsätzen berechnet.

Sind die Risikofaktoren identifiziert, dann muss im zweiten Schritt die Beziehung zwischen den Risikofaktoren und dem Preis bestimmt werden. Grundsätzlich gibt es zwei Möglichkeiten, diese Beziehung zu charakterisieren (vergleiche *Abbildung 19.2*). Bei der *ersten Variante* wird die Sensitivität des betrachteten Instrumentes bezüglich den Änderungen des Faktors erfasst, wobei diese Sensitivitäten in der Regel empirisch geschätzt werden. Dies gilt beispielsweise bei Aktien, deren Risiko anhand des Betas im Rahmen des Marktmodelles oder anhand der Faktorsensitivitäten im Rahmen eines Mehrfaktormodelles direkt aus den Risikofaktoren hervorgeht. Bei der *zweiten Variante* wird ein Modell vorausgesetzt, welches die Abhängigkeit des Preises von den Risikofaktoren beschreibt.

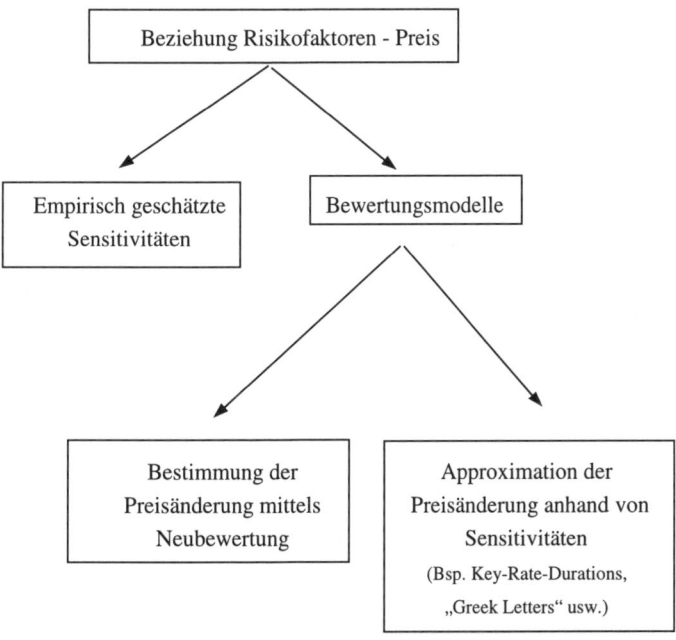

Abbildung 19.2: Varianten zur Modellierung der Beziehung Risikofaktoren - Preis

---

Risikomessung mit Value at Risk-Methoden 269

Bezüglich dieser zweiten Variante gibt es nun wiederum zwei Alternativen. Bei den im folgenden beschriebenen Simulationen wird die zukünftige Entwicklung der Risikofaktoren simuliert, und anschliessend wird die damit induzierte Preisänderung des betrachteten Instrumentes direkt anhand des Bewertungsmodelles mittels *Neubewertung* bestimmt. Bei der Varianz-Kovarianz-Methode wird hingegen anhand der Verteilungseigenschaften der Risikofaktoren direkt auf die Verteilungseigenschaften der Preise geschlossen. Bei dieser Übertragung der Verteilungseigenschaften von den Faktoren auf die Preise sind die oft nichtlinearen Zusammenhänge zwischen den Faktoren und dem Preis problematisch. Deshalb wird bei diesem Ansatz die Preisbeziehung zuerst linearisiert, und es werden entsprechende *Faktorsensitivitäten* bestimmt. Bei zinsabhängigen Wertpapieren kann es sich dabei um die Duration oder die Key-Rate-Durations handeln, bei Optionen um die „Greek-Letters" wie Delta oder Vega (Vgl. auch Kapitel 12). Für die Bestimmung dieser Sensitivitäten braucht es ein Bewertungsmodell. Im Beispiel dieses Kapitels handelt es sich dabei um das Barwertmodell. Der Preis der beiden Positionen im Portfolio beträgt:

$$K = \frac{-105'000}{1+s_1} = \frac{-105'000}{1.046875} = -100'298.51$$

$$B = \frac{12'000}{1+s_1} + \frac{212'000}{(1+s_2)^2} = \frac{12'000}{1.046875} + \frac{212'000}{(1.051928)^2}$$

$$= 203'048.65$$

$$P = K + B = 102'750.14$$

Bei den Simulationsmethoden werden die Spotrates s_1 und s_2 simuliert, und die resultierende Preisänderung des Portfolios kann direkt anhand der Barwertformel bestimmt werden. Für die Varianz-Kovarianz-Methode muss die Beziehung zwischen dem Barwert und den Spotrates zuerst anhand der Key-Rate-Durations (KRD's) linearisiert werden. Als Key-

Rates werden dabei die 1-Jahres-Spotrate s_1 und die 2-Jahres-Spotrate s_2 verwendet:[2]

$$\Delta K \approx -K \times KRD_1^K \times \Delta s_1$$

$$\Delta B \approx -B \times \left(KRD_1^B \times \Delta s_1 + KRD_2^B \times \Delta s_2\right)$$

Die KRD's des Kredits und des Bonds können analytisch berechnet werden:

$$KRD_1^K = \frac{1}{1+s_1} \times \frac{1 \times \dfrac{-105'000}{1+s_1}}{100'298.51} = -0.95865$$

$$KRD_1^B = \frac{1}{1+s_1} \times \frac{1 \times \dfrac{12'000}{1+s_1}}{203'048.65} = 0.05412$$

$$KRD_2^B = \frac{1}{1+s_2} \times \frac{2 \times \dfrac{212'000}{\left(1+s_2\right)^2}}{203'048.65} = 1.85638$$

Die negative 1-Jahres-KRD des Kredits bedeutet, dass der Schuldner von steigenden 1-Jahres-Spotrates profitiert, da damit der Barwert des Kredits fällt. Die KRD's des gesamten Portfolios ergeben sich als barwertgewichtete Summe der KRD's der zwei Bestandteile. Es gilt dabei:

$$KRD_1^P = \frac{100'298.5 \times -0.958 + 203'048.6 \times 0.054}{102'750.14} = -0.82883$$

$$KRD_2^P = \frac{100'298.51 \times 0 + 203'048.65 \times 1.85638}{102'750.14} = 3.66846$$

---

[2] Vergleiche Kapitel 16 für eine ausführliche Beschreibung des Key-Rate-Duration-Konzeptes.

Der Portfoliopreis reagiert somit negativ auf sinkende 1-Jahres-Spotrates und positiv auf sinkende 2-Jahres-Spotrates.

Szenarien der Risikofaktoren und der Portfoliopreise

Im dritten Schritt werden mögliche Szenarien der zukünftigen Entwicklung der Risikofaktoren betrachtet. Aus diesen Szenarien werden dann im vierten Schritt die Szenarien der möglichen Portfoliopreise ermittelt. Es können vier verschiedene Methoden unterschieden werden:

- Varianz-Kovarianz-Methode
- Monte-Carlo-Simulation
- Historische Simulation
- Benchmark-Szenarien

Die erste Methode unterscheidet sich prinzipiell von den drei anderen Methoden. Bei der Varianz-Kovarianz-Methode werden nämlich anhand der Verteilungseigenschaften der Risikofaktoren die Verteilungseigenschaften der Portfoliopreise bestimmt. Bei den zwei Simulationsmethoden werden die zukünftigen Portfoliopreise simuliert, und die Verteilung der Portfoliopreise wird dann durch eine Vielzahl simulierter Preise beschrieben. Bei der Benchmark-Methode werden nur einzelne Szenarien simuliert, und der VaR ist der bei diesen Szenarien auftretende maximale Verlust. Im folgenden werden die vier Methoden anhand des Beispiels besprochen.

Varianz-Kovarianz-Methode

Ausgangslage der Varianz-Kovarianz-Methode sind die Verteilungseigenschaften der Risikofaktoren. Zur Vereinfachung wird davon ausgegangen, dass die täglichen Änderungen der zwei Spotrates bivariat normalverteilt sind, d.h. jede der zwei Spotrates ist normalverteilt, und die zwei Spotrates weisen eine bestimmte Korrelation auf. Diese bivariate Normalverteilung wird deshalb durch die Standardabweichungen der täglichen Änderung der zwei Spotrates und deren Korrelation beschrieben.

Abbildung 19.3 gibt die Entwicklung der zwei Spotrates im Zeitraum vom 1. Januar 1988 bis 30. Dezember 1994 wieder. Die anhand dieser Zeitreihen geschätzten Standardabweichungen betragen $\sigma_1 = 0.08319\%$ und $\sigma_2 = 0.06094\%$. Die Korrelation beträgt $\rho_{1,2} = 0.43762$.[3]

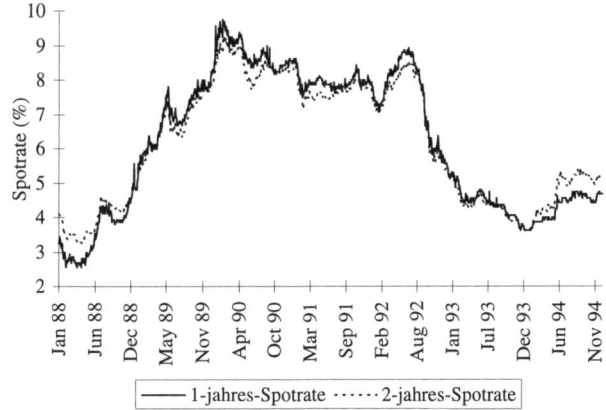

Abbildung 19.3: Historische Entwicklung der Spotrates im Beispiel

Unter Verwendung der im letzten Abschnitt besprochenen Linearisierung anhand der KRD's kann nun die Verteilungseigenschaft der Preisänderung ΔP des Portfolios gefunden werden. Es gilt dabei:

$$\Delta P \approx -P \times \left(KRD_1^P \times \Delta s_1 + KRD_2^P \times \Delta s_2 \right)$$

Da sowohl Δs_1 wie auch Δs_2 normalverteilt sind, ist auch ΔP normalverteilt. Die Standardabweichung $\sigma_{\Delta P}$ beträgt dabei:[4]

---

[3] Die Korrelation ist relativ tief, da die zwei Spotrates anhand von Zinssätzen unterschiedlicher Marktsegmente bestimmt wurden (Euromarktsätze und Swapsätze)

[4] Die Varianz von $Z = aX + bY$ beträgt:
$Var(Z) = a^2 Var(X) + b^2 Var(Y) + 2ab Cov(X,Y)$.

Risikomessung mit Value at Risk-Methoden 273

$$\sigma_{\Delta P} = P \times \sqrt{\begin{array}{l}\left(\text{KRD}_1^P \times \sigma_1\right)^2 + \left(\text{KRD}_2^P \times \sigma_2\right)^2 \\ +\left(2 \times \rho_{1,2} \times \sigma_1 \times \sigma_2 \text{ x KRD}_1^P \times \text{KRD}_2^P\right)\end{array}}$$

$$= 208.68$$

Die „Overnight" - Preisänderung des Portfolios weist damit aus heutiger Sicht eine Normalverteilung mit einer Standardabweichung von $\sigma_{\Delta P} = 208.68$ auf. Bei dieser Vorgehensweise müssen jedoch die folgenden Problemkreise beachtet werden:

- Die Faktoren sind in der Regel nicht normalverteilt.
- Die Korrelationsschätzungen sind insbesondere bei grossen Marktbewegungen instabil.
- Die Linearisierung der Faktor-Preis-Beziehung ist ungenau.

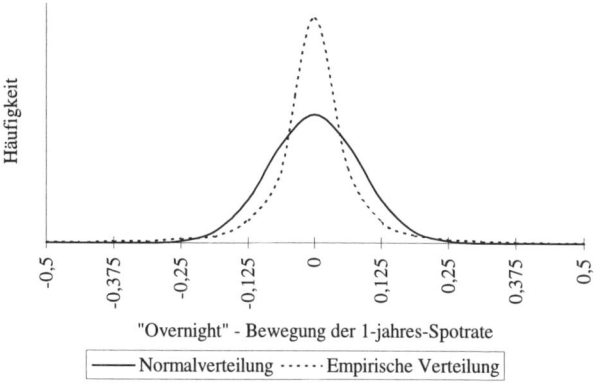

Abbildung 19.4: Empirische Verteilung der 1-Jahres-Spotrate

Abbildung 19.4 gibt die empirisch beobachtete Verteilung der täglichen Änderung der 1-Jahres-Spotrate im Vergleich zur Normalverteilung wieder. Die Normalverteilung ordnet dabei grösseren Zinsbewegungen eine kleinere Wahrscheinlichkeit zu als empirisch beobachtet wird. Die tatsächliche

Verteilung weist Ausreisser auf, die von der Normalverteilung nicht erfasst werden. Gerade diese *Ausreisser* sind aber für das Risikomanagement und die Berechnung des VaR von besonderer Bedeutung. Die Varianz-Kovarianz-Methode muss deshalb auf jeden Fall durch Stress-Szenarien ergänzt werden. Der Problematik der *instabilen Korrelationen* kann ebenfalls mit Stress-Szenarien begegnet werden. Die *Linearisierung* ist insbesondere dann problematisch, wenn die Faktor-Preis-Beziehung eine hohe Konvexität aufweist. Eine hohe Konvexität tritt dabei typischerweise bei Optionen auf.

Die Monte-Carlo-Simulation geht ebenfalls von der Varianz-Kovarianz-Matrix der Spotrates aus. Dabei wird die „Overnight"-Bewegung der Spotrates einige tausend Mal simuliert, wobei wieder eine bivariate Normalverteilung als Grundlage der Simulation verwendet wird. Werden 1'824 Simulationen durchgeführt, dann entstehen auf diese Weise 1'824 Paare der Änderung der zwei Spotrates Δs_1 und Δs_2.[5] Für jede einzelne Simulation Δs_1^i und Δs_2^i kann nun die Preisänderung des Portfolios ΔP^i anhand der Barwertformel berechnet werden:

Monte-Carlo-Simulation

$$P^i = -\frac{93'000}{1 + s_1 + \Delta s_1^i} + \frac{212'000}{(1 + s_2 + \Delta s_2^i)^2}$$

$$\Delta P^i = P^i - P$$

Die so simulierten 1'824 Preisänderungen weisen eine Standardabweichung von $\sigma_{\Delta P} = 202.13$ auf. Im Unterschied zur Varianz-Kovarianz-Methode resultiert ein anderer Wert, da hier die Konvexität der Faktor-Preis-Beziehung berücksichtigt wird. Die Konvexität wird einbezogen, weil bei jeder Simulation die Barwertänderung direkt anhand der Barwertformel ermittelt wird und somit die Barwertänderung nicht über lineare Sensitivitätsmasse wie die KRD's approximiert wird.

---

[5] Die ungewöhnliche Anzahl Simulationen wurde aus Gründen der Vergleichbarkeit mit der im nächsten Abschnitt vorgestellten historischen Simulation gewählt.

Es muss jedoch beachtet werden, dass auch bei dieser Methode die Problematik bezüglich der Normalverteilung der Faktoren und der Instabilität der Korrelationen bei grossen Marktbewegungen weiterhin besteht. Ein weiterer Grund für den von der Varianz-Kovarianz-Methode abweichenden VaR liegt darin, dass bei jeder Monte-Carlo-Simulation ein Schätzfehler (Approximationsfehler der bivariaten Normalverteilung) auftritt, der mit zunehmender Anzahl Simulationen kleiner wird.

Historische Simulation

Für die beiden bisher besprochenen Methoden wird die Varianz-Kovarianz-Matrix der Spotrates benötigt. Diese Matrix muss anhand historischer Daten geschätzt werden, oder sie kann beispielsweise von RiskMetrics[TM] übernommen werden. Stehen jedoch historische Daten zur Verfügung, dann kann auch direkt untersucht werden, wie sich der Preis des Portfolios in der Vergangenheit entwickelt hätte. Das hier verwendete Dataset umfasst 1825 Beobachtungen der zwei relevanten Spotrates ($s_{1,t}$, $s_{2,t}$). Damit können 1825 Portfoliowerte und dementsprechend 1824 „Overnight"-Preisänderungen ΔP_t simuliert werden:

$$P_t = -\frac{93'000}{1+s_{1,t}} + \frac{212'000}{(1+s_{2,t})^2}$$

$$\Delta P_t = P_t - P_{t-1}$$

Aufgrund der Verwendung der historischen Daten wird die tatsächliche Verteilung der Faktoren berücksichtigt. Ferner fliessen auch instabile Korrelationen in die simulierten Preisänderungen ein. Wie bei allen hier vorgestellten Methoden wird jedoch davon ausgegangen, dass die historische beobachtete Verteilung der Faktoren in die Zukunft projeziert werden kann. Bei der historischen Simulation ist oft die ungenügende Datenbasis problematisch. Das Problem lässt sich auch nicht immer dadurch lösen, dass man möglichst weit in die Vergangenheit zurückschaut. Die ökonomischen Rahmenbedingungen sind einem ständigen Wandel unterworfen, und es kann ohne weiteres sein, dass beispielsweise die Zinsdynamik vom Jahre 1988 nicht auf die heutigen Verhältnisse auf den Geld- und Kapitalmärkten übertragen werden kann.

In *Abbildung 19.5* ist die anhand der Varianz-Kovarianz-Methode bestimmte theoretische Normalverteilung der „Overnight" - Preisänderungen sowie die anhand der Monte-Carlo-Simulation und der historischen Simulation bestimmte empirische Verteilung wiedergegeben. In *Abbildung 19.6* sind die „Enden" der Verteilungen vergrössert dargestellt. Die anhand der Monte-Carlo-Simulation gefundene Verteilung folgt der Normalverteilung recht gut. Es gibt zwei Gründe für die Abweichungen. *Erstens* wird bei der Monte-Carlo-Simulation der Portfoliowert bei jeder Simulation neu berechnet, und deshalb wird die nichtlineare Beziehung zwischen den Spotrates und den Preisen berücksichtigt. *Zweitens* ergibt sich aufgrund der begrenzten Anzahl Simulationen stets ein statistischer Fehler, der nur verhindert werden kann, wenn die Anzahl der Simulationen gegen unendlich strebt. Die anhand der historischen Simulation bestimmte empirische Verteilung spiegelt die Verteilung der Spotrates (vgl. auch *Abbildung 19.4*) wieder. Die relativ grosse Häufigkeit der sehr kleinen und der extrem hohen Preisbewegungen ist typisch für Finanzmarktdaten. Für die Berechnung des VaR sind insbesondere die relativ häufigen Extremwerte von Bedeutung.

Die Verteilung der Preis-änderungen

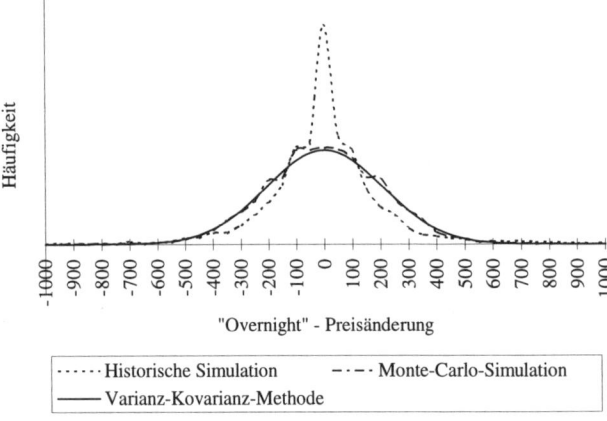

Häufigkeit

"Overnight" - Preisänderung

······ Historische Simulation   – · – · Monte-Carlo-Simulation
—— Varianz-Kovarianz-Methode

Abbildung 19.5: Statistische und empirische Verteilung der „Overnight"-Preisänderung des Portfolios

Das Konfidenz-intervall

Die *Abbildungen 19.5* und *19.6* geben die „Overnight" - Preisänderungen des betrachteten Portfolios wieder. Für die Bestimmung des VaR sind die negativen Preisänderungen relevant. Anhand dieser Verteilungen können Aussagen über die Wahrscheinlichkeit bestimmter Verluste gemacht werden. Der VaR ist stets bezüglich einer bestimmten Wahrscheinlichkeit definiert. So kann beispielsweise ausgesagt werden, dass ein bestimmer VaR mit einer Wahrscheinlichkeit von 5% nicht unterschritten wird, d.h. ein höherer Verlust als der VaR tritt nur durchschnittlich in 5 von 100 Tagen auf. Diese Wahrscheinlichkeit wird in der Statistik auch als Konfidenzniveau oder Vertrauensniveau bezeichnet. In der Praxis wird das Konfidenzniveau meistens bei 5% oder 1% festgelegt. Bei der Normalverteilung beträgt der einem Konfidenzniveau von 5% (1%) entsprechende VaR einem Wert, der gleich dem 1.645 (2.325)-fachen der Standardabweichung ist (vgl. *Abbildung 19.7*).

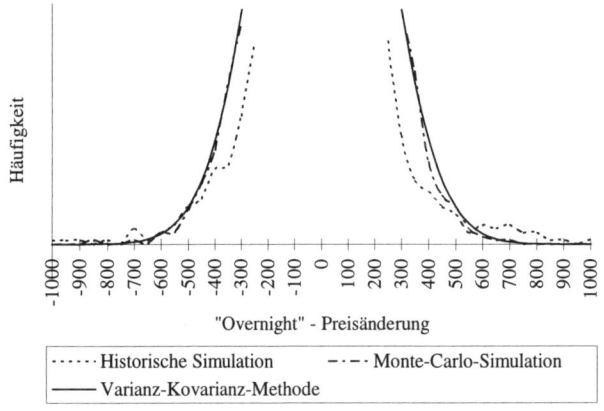

Abbildung 19.6: Die Enden der Verteilungen in Abbildung 19.5

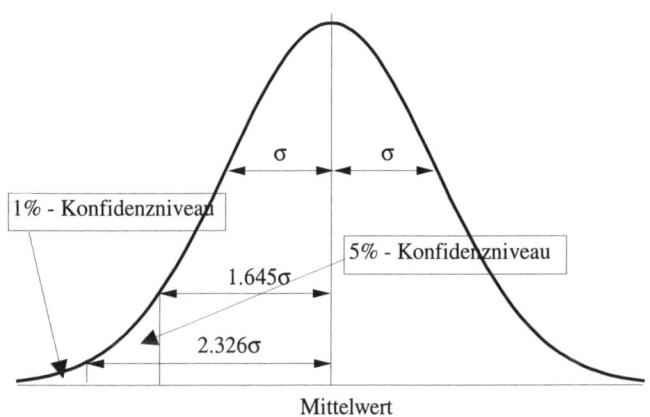

Abbildung 19.7: Normalverteilung und Konfidenzniveau

Bei den Simulationen kann der VaR bezüglich eines bestimmten Konfidenzniveaus direkt anhand der simulierten Preisänderungen bestimmt werden. Dazu werden die Preisänderungen der Grösse nach geordnet, wobei mit dem tiefsten Wert begonnen wird. Der VaR entspricht nun der k-ten Simulation, wobei k wie folgt berechnet wird:

$$k_p = \text{Ganzzahl} \left(N \times p \right)$$

N ist dabei gleich der Anzahl Simulationen und p ist das Konfidenzniveau. Im Beispiel beträgt die Anzahl Simulationen N = 1824, und bei einem Konfidenzniveau von p = 5% (p = 1%) ergibt sich damit $k_5 = 91$ ($k_1 = 18$). Die anhand dieser Vorgehensweise berechneten VaR-Werte sind in *Tabelle 19.2* wiedergegeben.

Konfidenz-niveau	Varianz-Kovarianz-Methode	Monte-Carlo-Simulation	Historische Simulation
5%	343.28	330.86	307.09
1%	485.38	466.75	514.19

Tabelle 19.2: „Overnight"-Value at Risk - Werte

Die Varianz-Kovarianz-Methode und die Monte-Carlo-Simulation überschätzen den historischen VaR beim 5%-Konfidenzniveau und unterschätzen den historischen VaR beim 1%-Konfidenzniveau. Für eine Erklärung dieser Beobachtung müssen die Verteilungen in den *Abbildungen 19.5* und *19.6* genauer analysiert werden. Beim 1%-Konfidenzniveau spielen die Ausreisser der Spotrates eine wesentliche Rolle, und der historische VaR ist deshalb höher als der anhand der anderen zwei Methoden bestimmte VaR. Beim 5%-Konfidenzniveau muss hingegen berücksichtigt werden, dass die historische Verteilung im „mittleren" Bereich der Preisänderungen weniger Beobachtungen enthält. Deshalb ist der historische VaR beim 5%-Konfidenzniveau höher als die beiden anderen Werte. Die VaR-Werte der Varianz-Kovarianz-Methode sind höher als diejenigen der Monte-Carlo-Simulation. Die Monte-Carlo-Simulation berücksichtigt die Konvexität des Portfoliowertes, und deshalb reagiert der Portfoliowert bei steigenden Zinsen weniger stark als bei der Varianz-Kovarianz-Methode. Es muss beachtet werden, dass es sich beim VaR der Monte-Carlo-Simulation um einen Zufallswert handelt. Wird die Simulation mehrmals durchgeführt, so resultieren jeweils andere Werte für den VaR. Anhand von 1000 Simulations-Durchgängen konnte eine Standardabweichung von 7.85 des geschätzten VaR beim 5%-Konfidenzniveau und eine entsprechende Standardabweichung von

15.18 beim 1%-Konfidenzniveau festgestellt werden. Die Verteilung der einzelnen VaR-Werte kommt dabei einer Normalverteilung sehr nahe. Beim 5%-Konfidenzniveau ist somit die Streuung der VaR-Wert geringer als beim 1%-Konfidenzniveau. Beim 1%-Konfidenzniveau drängt sich deshalb eine höhere Anzahl Simulationen auf.

Bei der vierten Methode zur Berechnung des VaR wird mit sogenannten Benchmark-Szenarien gearbeitet. Dabei werden typische Bewegungen der Risikofaktoren charakterisiert, und der VaR ist der grösstmögliche Verlust, der bei diesen Szenarien auftritt. Die Definition der Szenarien ist der entscheidende Punkt bei dieser Methode. Es ist dabei unmöglich, gewisse Szenarien fest vorzugeben, die bei allen möglichen Portfolios einem bestimmten Konfidenzniveau von beispielsweise 5% entsprechen. Für das Beispiel in diesem Kapitel werden die in *Tabelle 19.3* wiedergegebenen Benchmark-Szenarien unterstellt. Die anhand dieser Szenarien berechneten Preisänderungen des Portfolios sind jeweils in Klammern angegeben.

Benchmark-Szenarien

Konfidenz-niveau	Benchmark-Szenarien		VaR
5 %	$+1.645\sigma_1 \quad +1.645\sigma_2$ (-248.69)	$-1.645\sigma_1 \quad +1.645\sigma_2$ (481.68)	480.94
	$+1.645\sigma_1 \quad -1.645\sigma_2$ (-480.94)	$-1.645\sigma_1 \quad -1.645\sigma_2$ (249.43)	
1 %	$+2.326\sigma_1 \quad +2.326\sigma_2$ (-351.42)	$-2.326\sigma_1 \quad +2.326\sigma_2$ (681.30)	679.82
	$+2.326\sigma_1 \quad -2.326\sigma_2$ (-679.82)	$-2.326\sigma_1 \quad -2.326\sigma_2$ (352.90)	

Tabelle 19.3: Value at Risk anhand von Benchmark-Szenarien

Die Bewegungen der Spotrates entsprechen in der oberen Tabellenhälfte einem einseitigen Konfidenzniveau von 5% und in der unteren Tabellenhälfte einem Konfidenzniveau von 1%. Das Konfidenzniveau wird hier jedoch in bezug auf die Bewegungen der Spotrates interpretiert und nicht in bezug auf den VaR. Die VaR-Werte liegen deutlich über denjenigen Werten, die anhand der drei anderen Methoden berechnet wurden (Vgl. *Tabelle 19.2*). Der Grund liegt in der extremen Annahme bezüglich der Korrelation der Spotrates bei den Benchmark-Szenarien. Implizit wird nämlich beim für den VaR relevanten Szenario eine perfekte *negative* Korrelation zwischen den zwei Spotrates angenommen (d.h. die 1-Jahres-Spotrate bewegt sich nach unten und die 2-Jahres-Spotrate gleichzeitig nach oben). Dies bewirkt die relativ hohen VaR-Werte. Besteht ein Portfolio teilweise aus komplexeren Instrumenten, wie beispielsweise Zinsoptionen, dann hängt der Portfoliowert von verschiedenen Spotrates und deren Volatilitäten ab, und es wird noch viel schwieriger, die Benchmark-Szenarien zu definieren und das entsprechende Konfidenzniveau abzuleiten.

Stress-Szenarien

In den Basler Marktrisikopapieren sowie in der Kapitaladäquanzrichtlinie wird die Durchführung von Stresstests empfohlen. Diese Tests sollen die bei einem „Worst-Case" auftretenden Verluste sichtbar machen. Bei der Durchführung von Stress-Szenarien muss stets beachtet werden, dass die verschiedensten Risiken wie Marktrisiken, Liquiditätsrisiken, Kreditrisiken, Verhaltensrisiken oder Betriebsrisiken in Stress-Situationen sich gleichzeitig negativ auf den Portfoliowert auswirken können. Dieser Aspekt muss stets beachtet werden. In diesem Abschnitt werden Stress-Szenarien bezüglich des Marktrisikos betrachtet.

Die vier in diesem Kapitel beschriebenen Methoden zur Bestimmung des VaR eignen sich in unterschiedlicher Weise zur Durchführung von Stresstests. Prinzipiell kann auch bei der *Varianz-Kovarianz-Methode* ein sehr kleines Konfidenzintervall unterstellt werden, indem beispielsweise die Standardabweichung der „Overnight"-Preisänderung $\sigma_{\Delta P}$ mit einem Faktor von sechs multipliziert wird. Bei Stresstests sollten jedoch unbedingt auch die nichtlinearen Risiken berücksichtigt werden, die insbesondere bei Portfolios mit Optionen auftreten. Aus dieser Sicht ist die Varianz-Kovarianz-Methode für Stresstests ungeeignet. Das Problem der nichtlinearen Risiken kann unter Verwendung der *Monte-Carlo-Simulation* gelöst werden. Hier könnte beispielsweise der bei den 1824 Simulation auftretende grösste Verlust als „Worst-Case" herangezogen werden. Die statistische Ungenauigkeit dieses Wertes ist jedoch sehr hoch, d.h. bei einer Wiederholung der Simulation kann ein stark verschiedener Wert als grösster Verlust resultieren. Das Problem kann gelöst werden, indem eine sehr hohe Anzahl von Simulationen durchgeführt wird. Steht eine genügend lange Datenbasis für die *historische Simulation* zur Verfügung, so eignet sich diese Methode am besten für einen Stresstest. Der Vorteil besteht dann darin, dass die bei grossen Marktbewegungen oft auftretenden Instabilitäten der Korrelationen der Risikofaktoren implizit berücksichtigt werden. Die *Benchmark-Szenarien* eignen sich prinzipiell für die Stresstests. Es muss jedoch beachtet werden, dass ein „Worst-Case"-Szenario für das eine Portfolio nicht unbedingt auch dem „Worst-Case"-Szenario bezüglich eines anderen Portfolios entsprechen muss. Es ist deshalb fast unmöglich, ein allgemein gültiges „Worst-Case"-Szenario festzulegen.

In den bisherigen Erläuterungen in diesem Kapitel wurde stets von einem „Overnight"-VaR ausgegangen. Die Halteperiode wird prinzipiell aufgrund der Zeitperiode bestimmt, in der eine Risikoposition vollständig glattgestellt oder gehedgt werden kann. Diese Zeitperiode hängt natürlich hauptsächlich von der Marktliquidität des entsprechenden Produktes ab. Je länger diese Zeitperiode ist, desto grösser sind die möglichen Bewegungen der Risikofaktoren, und desto höher ist der potentielle Verlust und damit der VaR. Insbesondere muss beachtet werden, dass bei grösseren Marktbewegungen die Liquidität stark abnehmen kann und es im Extremfall sogar möglich ist, dass der Handel in einzelnen Produkten ausgesetzt wird. Aus praktischer Sicht ist es nicht möglich, unterschiedliche Halteperioden für unterschiedliche Produkte zu unterstellen. In den Basler Marktrisikopapieren und der Kapitaladäquanzrichtlinie wird deshalb verlangt, dass eine Hal-

Die Halteperiode

teperiode von 10 Tagen für die VaR-Berechnungen verwendet wird. *Abbildung 19.8* gibt die theoretische und die empirischen Verteilungen bei einer Halteperiode von 10 Tagen wieder. Im Gegensatz zur „Overnight"-Betrachtung in *Abbildung 19.5* fällt auf, dass die anhand der historischen Simulation ermittelte Verteilung der Preisänderungen weniger stark von der Normalverteilung abweicht. In *Tabelle 19.4* sind die anhand der verschiedenen Methoden berechneten VaR-Werte bei einer Halteperiode von 10 Tagen eingetragen. Interessant ist die Feststellung, das die mit der historischen Simulation berechneten VaR-Werte geringer sind als die anderen Werte. Diese Beobachtung kann damit begründet werden, dass Portfolioverluste hauptsächlich bei steigenden 2-Jahres-Spotrates auftreten und Extremwerte bezüglich steigenden Spotrates über eine Periode von 10 Tagen nicht häufig aufgetreten sind.

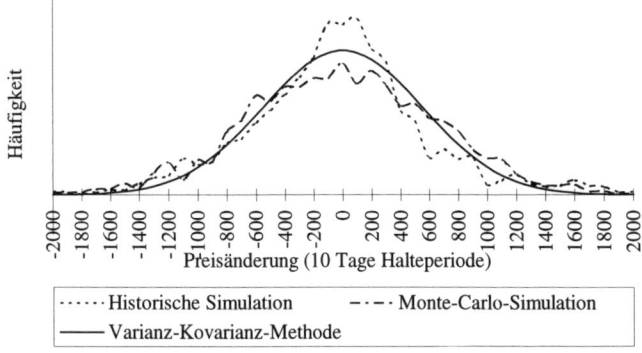

Abbildung 19.8: Theoretische und empirische Verteilung bei einer Halteperiode von 10 Tagen

Konfidenz-niveau	Varianz-Kova-rianz-Methode	Monte-Carlo-Simulation	Historische Simulation
5%	1109.48	1078.44	1052.39
1%	1568.78	1533.40	1484.36

Tabelle 19.4: VaR bei einer Halteperiode von 10 Tagen

In diesem Kapitel wurden die vier in der Praxis am häufigsten eingesetzten Methoden zur Berechnung des VaR vorgestellt. Die einzelnen Methoden wurden dabei anhand eines einfachen Beispiels veranschaulicht. In *Tabelle 19.5* sind die Merkmale sowie die Vorteile und Nachteile der vier Methoden zusammenfassend wiedergegeben. Die Wahl der Methode hängt von verschiedenen Faktoren wie der Verfügbarkeit von historischen Daten, der Grösse und Komplexität des analysierten Portfolios und der zur Verfügung stehenden Rechnerkapazität ab. Solange die Vorteile und die Nachteile der verschiedenen Methoden berücksichtigt werden, können die mit verschiedenen Methoden berechneten VaR-Werte durchaus verglichen werden. Die Transformation der mehrdimensionalen Marktrisiken der verschiedensten Portfolios auf eine normierte Masszahl ist wohl die ausschlaggebende Eigenschaft des VaR-Konzeptes. Dieser integrative Aspekt wird diesem Ansatz wohl auch in Zukunft eine herausragende Bedeutung im Rahmen des Risikomanagements zukommen lassen.

Zusammenfassung

Tabelle 19.5 *Vorteile und Nachteile der verschiedenen Value at Risk - Methoden*

	Varianz-Kovarianz-Methode	Monte-Carlo-Simulation	Historische Simulation	Benchmark-Simulation
Methode	Linearisierung der Beziehung Preis-Risikofaktoren anhand von Sensitivitäten	Beziehung Preis-Risikofaktoren anhand einer Bewertungsformel	Beziehung Preis-Risikofaktoren anhand einer Bewertungsformel	Definition von Benchmark-Szenarien bezüglich der Risikofaktoren
	Charakterisierung der Verteilung des Portfoliowertes aufgrund der Verteilung der Risikofaktoren	Simulation der Risikofaktoren und entsprechende Simulation der Preisänderungen des Portfolios	Simulation der Risikofaktoren anhand historischer Daten und entsprechende Simulation der Preisänderungen des Portfolios	Berechnung der Preisänderung des Portfolios bei den verschiedenen Szenarien
	VaR in bezug auf ein vorgegebenes Konfidenzniveau	VaR in bezug auf ein vorgegebenes Konfidenzniveau	VaR in bezug auf ein vorgegebenes Konfidenzniveau	VaR als maximaler Verlust

	Varianz-Kovarianz-Methode	Monte-Carlo-Simulation	Historische Simulation	Benchmark-Simulation
Vorteile	Rechenaufwand gering	Nichtlineare Beziehungen Preis-Risikofaktor werden berücksichtigt	Tatsächliche Verteilung der Risikofaktoren wird berücksichtigt	Geringer Rechenaufwand
	Analyse von alternativen Szenarien bezüglich beliebiger Standardabweichungen und Korrelationen der Risikofaktoren einfach möglich	Analyse von alternativen Szenarien bezüglich beliebiger Standardabweichungen und Korrelationen der Risikofaktoren einfach möglich	Nichtlineare Beziehungen Preis-Risikofaktor werden berücksichtigt	Qualitativ hochstehendes Datenmaterial nicht unbedingt nötig
				Gut verständlich und kommunizierbar
Nachteile	Nichtlineare Beziehungen Preis-Risikofaktor werden nicht berücksichtigt (Problematisch insbesondere bei Portfolios mit Optionen)	Normalverteilungsannahme	Hohe Anforderungen an das verwendete Datenmaterial in bezug auf die Anzahl Beobachtungen und die Qualität	Bestimmte „Risiken" können nicht vergessen werden
	Normalverteilungsannahme	Für Stresstests ungeeignet	Alternative Szenarien sind schwierig implementierbar	Das Konfidenzniveau ist nicht eindeutig festlegbar
	Für Stresstests ungeeignet	Hoher Rechenaufwand		Vergleichbarkeit mit den anderen Methoden nur bedingt möglich
				Festlegung der Szenarien bei mehreren Risikofaktoren schwierig

Literaturhinweise

Einführende Literatur:

BÜHLER, ALFRED und HEINZ ZIMMERMANN (1996): „Standardmethoden der Marktrisikomessung". Schweizer Bank 12, pp. 40-43.

JORION, PHILIPPE: „Value at Risk (1997): The New Benchmark for Controlling Derivatives Risk", Irwin, Chicago, et. al.

SMITHSON, CHARLES W. (1996): „Value-at-Risk: Understanding the various ways to calculate VAR", Risk 1, pp. 25-26.

ZIMMERMANN, HEINZ, STEFAN JAEGER und ZENO STAUB (1995): „Asset- und Liability-Management - Erfolgsstrategie für Banken", Verlag NZZ, Zürich, pp. 115-130.

Weiterführende Literatur:

BEDER, TANYA S. (1995): „VAR: Seductive but Dangerous", Financial Analysts Journal, September-October, pp. 12-24.

BÜHLER, ALFRED und HEINZ ZIMMERMANN (1996): „A Statistical Analysis of the Term Structure of Interest Rates in Switzerland and Germany", Journal of Fixed Income 12, pp. 55-68.

J. P. Morgan (1994): „RiskMetrics - Technical Document", 2nd Edition, New York.

Kapitel 14

Realoptionen

von Thomas Portmann

Die Frage nach dem wahren Wert einer Sache steht mit Beginn der Handelsaktivitäten im Zentrum geschäftlichen Tuns und wird entsprechend seit Jahrtausenden tagtäglich gestellt. Suchten die mittelalterlichen Wissenschaftler noch eine Antwort auf die Frage, ob ein bestimmter Preis angemessen und unter ethischen Gesichtspunkten gerecht sei[1], so bietet die heutige Finanzmarkttheorie eine ganze Palette unterschiedlicher Investitionsbewertungsverfahren an, welche vielfach auf mehr oder weniger problematischen Vereinfachungen fundieren. Insbesondere unterstellen sie bei der Bewertung von Projekten, deren Kosten und Erträge sich über mehrere Perioden erstrecken, ein statisches Verhalten der Entscheidungsträger, indem diese während der gesamten Laufzeit des Projektes unumstösslich am ursprünglichen Entscheid festhalten.

Dabei wird jedoch die Flexibilität des Firmenmanagements vernachlässigt, einst getroffene Investitionsentscheidungen sich ändernden Umweltbedingungen anzupassen: So lässt sich die Verwirklichung einer mit Risiken behafteten Investition unter Umständen aufschieben, um während dieser Zeit verlässlichere Informationen über die Projektrentabilität zu gewinnen; oder ein Vorhaben kann allenfalls frühzeitig gestoppt werden, sollte sich dieses zwischenzeitlich als nicht kostendeckend herausstellen. Dabei gestaltet sich das Spektrum von Wahlmöglichkeiten in der Regel um ein Vielfaches breiter, da derartige Gelegenheiten vor und während des Lebenszyklus eines Projektes entstehen oder verschwinden und

---

[1] In rudimentärer Form war es wohl bereits der griechische Universalgelehrte ARISTOTELES (384-322 v. Chr.), der sich mit wirtschaftlichen Fragen auseinandersetzte und dabei das Fundament für die Preislehre der Scholastik legte.

zudem in - oftmals komplexen - Wechselbeziehungen zueinanderstehen.

Leider sind die statischen Modelle nicht in der Lage, diese - einen ökonomischen Wert besitzende - Flexibilität zu berücksichtigen. Die Lösung dieses Problems kann dafür in der Optionspreistheorie gefunden werden. Deshalb werden Wahlmöglichkeiten innerhalb von Investitionen auch als *Realoptionen* bezeichnet. Deren Existenz und Bewertung bilden den Gegenstand dieses Kapitels.

Die statische Bewertung von Investitionen

Gerhard Huber ist überglücklich! Soeben hat ihm die Lottogesellschaft mitgeteilt, dass ihm nach Abzug der Verrechnungssteuer ein Gewinn von satten zwei Millionen Schweizer Franken überwiesen wird. Bald beginnt sich der Glückspilz Gedanken darüber zu machen, wie sich der Betrag möglichst sinnvoll investieren liesse. Nach intensiven Überlegungen ergeben sich für Herrn Huber schliesslich zwei Alternativen, zwischen welchen er innert Monatsfrist zu entscheiden gedenkt: Entweder erwirbt er sich für zwei Millionen ein Schnellimbiss-Restaurant, bewirtschaftet dieses fünf Jahre lang, um es danach wieder zu verkaufen, oder er investiert denselben Betrag in eine Couponanleihe seines Kantons mit zwei Jahren Restlaufzeit und behält diese bis zu deren Verfall. Dabei lassen die beiden Alternativen die in *Tabelle 14.1* aufgeführten Netto-Cash Inflows über die kommenden fünf Jahre erwarten.

	Erw. Netto-Cash Inflow in ... Jahren (in Mio. CHF)				
Projekt	**1**	**2**	**3**	**4**	**5**
Restaurant	0.1	0.1	0.15	0.2	2.4
Anleihe	0.1	2.1	0	0	0

Tabelle 14.1: Erwartete Cash Inflow-Ströme der zu bewertenden Alternativen.

Nun stellt sich für Herr Huber die Frage der Bewertung beider Projekte. Einerseits ist er sich bewusst, dass - im Gegensatz zur kantonalen Anleihe - Erträge wie Verkaufserlös der Restaurant-Alternative grossen Risiken unterworfen sein werden. Andererseits weiss er um die Zeitwerteigenschaft des Geldes, da eine Anlage von beispielsweise 1'000 CHF auf einem risikolos verzinsten Sparkonto in einem Jahr mehr Wert aufweisen wird als eintausend Schweizer Franken, welche erst nach Ablauf von zwölf Monaten zur Verfügung stehen.

**Barwert risiko-
loser Erträge**

Damit hat unser Investor zentrale Bewertungsgrössen der Finance bereits vorweggenommen: Zeit und Risiko. Da Herr Huber kein Risiko darin sieht, in den nächsten zwei Jahren sowohl Coupon als auch Nennwert der Anleihe nicht oder nur teilweise zurückzuerhalten, erkundigt er sich nach den Kapitalmarktrenditen von - ebenfalls risikolosen - Nullcouponanleihen mit einem resp. zwei Jahren Restlaufzeit. Dabei bringt er eine Einjahresrendite R_1 von 4.5% Prozent und eine Zweijahresrendite R_2 von jährlich 5% in Erfahrung. Diese Werte geben darüber Auskunft, welche Rendite Herr Huber bei einer risiko- und zeitadäquaten Investition anderweitig erzielen könnte und werden daher auch als Kapitalopportunitätskostensätze bezeichnet. Damit lässt sich als Barwert (Present Value, PV) der kantonalen Anleihe derjenige Betrag bestimmen, welcher am Kapitalmarkt zu 4.5% resp. 5% p.a. angelegt in einem Jahr 0.1 Mio. sowie in zwei Jahren 2.1 Mio. auszahlen würde:

$$PV = \frac{100'000}{1+R_1} + \frac{2'100'000}{(1+R_2)^2} = \frac{100'000}{1.045} + \frac{2'100'000}{(1.05)^2}$$

$$PV = \underbrace{0.9569}_{\substack{\text{Diskont-}\\\text{faktor 1}}} \cdot 100'000 + \underbrace{0.9070}_{\substack{\text{Diskont-}\\\text{faktor 2}}} \cdot 2'100'000$$

$$PV = 95'694 + 1'904'762 = 2'000'456$$

Die Faktoren, mit denen die zukünftigen Cash Inflows auf den heutigen Wert umgerechnet werden, bezeichnet man als Diskontfaktoren. Dabei sind diese nicht für jeden zukünftigen Betrag gleich, sondern berücksichtigen vielmehr den Zeitpunkt des Auftretens eines bestimmten Zahlungsstromes.

Realoptionen

Einbezug des Risikos

Welchen Barwert besitzt auf der anderen Seite die risikobehaftete Alternative? Die Verwendung der laufzeitenabhängigen, jedoch risikolosen Zinssätze ist deshalb nicht statthaft, weil die Cash Inflows nur erwartet, nicht jedoch sicher sind. Damit Herr Huber dieses Wagnis überhaupt eingeht, möchte er im Durchschnitt eine entsprechend höhere Rendite erwarten können. Wiederum gibt ihm der Kapitalmarkt Auskunft, dass für eine Anlage mit vergleichbaren Zeit- und Risikostrukturen jährlich zehn Prozent an Rendite erwartet werden kann. Mit diesem, Zeit und Risiko berücksichtigenden Kapitalopportunitätskostensatz lässt sich der Investitionsbarwert leicht berechnen. Dabei wird aus Vereinfachungsgründen angenommen, dass die Beträge jeweils zu Jahresende in Form einer einzigen Zahlung anfallen:

$$PV = \frac{100'000}{1.10} + \frac{100'000}{(1.10)^2} + \frac{150'000}{(1.10)^3} + \frac{200'000}{(1.10)^4} + \frac{2'400'000}{(1.10)^5}$$

$$PV = 90'909 + 82'645 + 112'697 + 136'603 + 1'490'211$$

$$PV = 1'913'065$$

Der Net Present Value als Entscheidungsregel

Die unmittelbar anfallenden Kosten (und damit der Barwert der Cash Outflows) beider Investitionen betragen jeweils zwei Millionen Schweizer Franken. Stellt man den Barwert der Kosten den beiden Ertragsbarwerten gegenüber, so lässt sich das Konzept des Nettobarwertes (Net Present Value, NPV) als Entscheidungsregel für ein Projekt mit Laufzeit T ableiten:

$$NPV = PV(\text{Cash Inflow}) - PV(\text{Cash Outflow})$$

$$NPV = \frac{CI_1}{(1+R_1)^1} + \frac{CI_2}{(1+R_2)^2} + ... + \frac{CI_T}{(1+R_T)^T} - CO$$

Dabei bezeichnet CI_i den nach i Jahren anfallenden Cash Inflow einer Investition und CO die zu Beginn zu tätigenden Cash Outflows resp. Kosten. R_i steht für den sowohl Risiko als auch Zeitwert berücksichtigenden Kapitalopportunitätskostensatz auf Basis eines vergleichbaren Kapitalmarktengagements. Die Entscheidungsregel aufgrund dieses Kriteriums ist denkbar einfach: *Die Realisation einer Investition lohnt sich immer dann, wenn deren Nettobarwert positiv ist. Bei mehreren Investitionen mit positivem Nettobarwert wird jene mit dem höchsten NPV zuerst ausgewählt.*

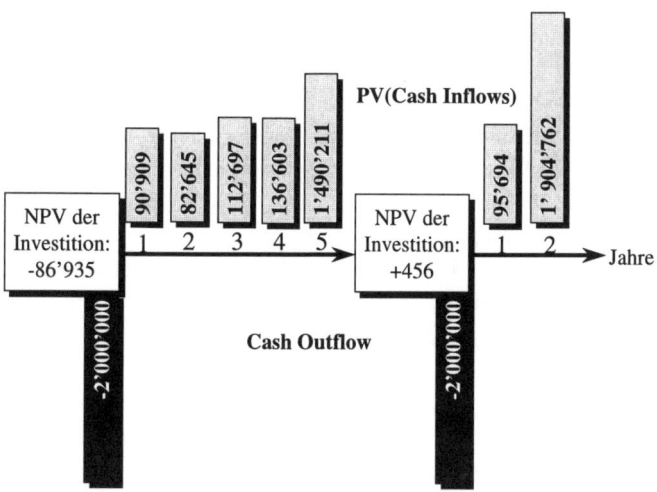

Abbildung 14.1: Graphischer Vergleich der Nettobarwerte beider Projekte. *Die verwendeten Daten leiten sich aus Tabelle 14.1 ab. Aus Darstellungsgründen sind die einzelnen Rechtecke nicht in den korrekten Relationen abgebildet.*

Wird von den Ertragsbarwerten beider Projekte der Barwert der Kosten subtrahiert, so resultiert für die riskante Restaurant-Alternative ein NPV von -86'935 CHF gegenüber +456 CHF für die sichere Investition. Folglich wird sich Gerhard Huber für den Erwerb der Anleihe entscheiden. Die Überlegungen des NPV-Konzeptes lassen sich mit Hilfe der *Abbildung 14.1* für beide Projekte anschaulich schematisieren: Oberhalb der Zeitachse (mit dem heutigen Zeitpunkt als deren Ursprung) sind als Rechtecke die Cash Inflow-Barwerte dargestellt, wobei deren unterschiedliche Grösse u.a. aufgrund der Diskontierung zustandekommt. Unterhalb der Zeitachse werden in der gleichen Weise die Cash Outflows aufgezeichnet. Der zum heutigen Zeitpunkt berechenbare Nettobarwert ergibt sich, indem von der Summe der oberen Rechtecke das untere subtrahiert wird.

Grenzen des NPV-Konzeptes

Der grosse Vorteil des Net Present Value-Konzeptes besteht darin, dass zu verschiedenen Zeitpunkten anfallende Zahlungsströme einfach miteinander verknüpfbar werden, indem risiko- und zeitwertgewichtete Cash Flows aufsummiert werden. Auf der anderen Seite beruht dieser Ansatz auf der Annahme eines passiv orientierten Entscheidungsträgers, welcher auf Basis des NPV-Kriteriums über die Realisierung einer Investition entscheidet und danach nur noch das Ende der Cash Inflow-Ströme abwartet. Insofern bildet dieses Konzept eine vollkommen statische Sichtweise ab, indem einmal getroffene Investitionsentscheidungen weder modifiziert noch rückgängig gemacht werden. Zudem vernachlässigt das NPV-Konzept allfällige Timing-Möglichkeiten, mit einer Investition allenfalls zuwarten zu können, um den Grad der Unsicherheit der zukünftigen Cash Flows abzubauen.

Management-Flexibilität als bewertbare Realoption

Damit werden in den allermeisten Fällen wichtige Gegebenheiten der Realität vernachlässigt, weil - wenn sich Investitionen oft über eine längere Zeitspanne erstrecken - eine Entscheidungsinstanz veränderten Rahmenbedingungen in vielfältiger Art begegnen kann. Durch die Gewinnung neuer Informationen (bspw. bezüglich der Veränderung der Absatzbedingungen, Produktionskosten oder der generellen Wettbewerbssituation) lassen sich durch rechtzeitiges Handeln oft zusätzliche Gewinnmöglichkeiten erschliessen oder Verlustpotentiale begrenzen resp. gar vermeiden. Entsprechend erzeugt das Management mit jeder Investition nicht nur bestimmte Cash Flow-Ströme, sondern es generiert darüber hinaus verschiedene Rechte, auf die im gesamten Produktions- und Absatzprozess existierende Unsicherheit richtig zu reagieren. Natürlich verändert der Gebrauch dieser Rechte die Struktur zukünftiger Cash Flow-Ströme. Entsprechend besitzt diese unternehmerische Flexibilität einen ökonomischen Wert, welcher bestimmt werden muss. Diese Notwendigkeit lässt sich auch aus empirischer Sicht unterstreichen: Eine 1984 an der renommierten Harvard Business School von KESTER durchgeführte Studie siedelte den zusätzlichen Unternehmenswert solcher Rechte zwischen 4 und 84% desjenigen Wertes an, welcher sich nur auf Basis abdiskontierter Gewinnerwartungen als Firmenwert ergeben würde!

Doch wie bewertet man diese Rechte? Die Finanzmarkttheorie kennt mit dem Instrument der Option eine perfekte Analogie, da auch damit - gegen ein bestimmtes Entgelt - grundsätzlich Rechte gehandelt werden, mit denen Cash Flow-Ströme zugunsten des Optionsinhabers veränderbar werden: So trägt ein Aktionär sowohl Kurssteigerungen als auch Baissen vollumfänglich mit. Erwirbt sich dieser jedoch zusätzliche Putoptionen, so bleibt die gewünschte Gewinnpartizipation erhalten, während er gegen Verluste unterhalb des Ausübungspreises der Option abgesichert ist. Was liegt also näher, sich der Idee der Optionspreistheorie zu bedienen, um die verschiedenen Wahlmöglichkeiten des Firmenmanagements zur Beeinflussung ihrer Cash Flow-Ströme zu bewerten? Derartige *Realoptionen* entstehen und verschwinden zu den unterschiedlichsten Zeitpunkten innerhalb eines Projektzyklus. So können neue Optionen unter Umständen erst mit der Ausübung bereits existierender Realoptionen aufkommen; andererseits ist es möglich, dass ein heutiger Entscheid zukünftige Wahlmöglichkeiten endgültig ausschliesst, womit die damit verbundenen Realoptionen untergehen. Generell kann davon ausgegangen werden, dass mit zunehmender Projektflexibilität einer Unternehmung die Existenz verschiedener Realoptionen umso wahrscheinlicher wird. Doch damit nicht genug: Bereits vor der Realisation einer Investition besitzt das Management eine Option! Die Option nämlich, das Projekt tatsächlich zu realisieren (und damit die Option auszuüben), dessen Verwirklichung aufzuschieben oder aber ganz davon abzusehen (und damit die Option verfallen zu lassen).

Durch diese Überlegungen büsst das klassische NPV-Konzept einiges an Aussagekraft und Attraktivität ein. Dennoch lassen sich beide Sichtweisen integrieren: Wird eine Investition verwirklicht, so setzt sich die Ertragsseite neben den direkten Cash Inflows zusätzlich aus den neu entstehenden Realoptionen zusammen. Auf der anderen Seite ist auf der Kostenseite neben den Cash Outflows ausserdem der Wert

Realoptionen und das NPV-Konzept

der Realisierungsoption zu verrechnen, welcher durch die Ausübung verloren geht. Diese Erweiterung birgt damit zwei Konsequenzen: Einerseits sind Investitionen mit - aus klassischer Sicht - negativem NPV dennoch zu realisieren, wenn dadurch hinreichend wertvolle Optionen erstanden werden können. Andererseits muss von der Realisation NPV-rentabler Investitionen abgesehen werden, wenn die Kosten der dabei ausgeübten und damit untergehenden Realoption höher als der positive Nettobarwert sind. Insofern lässt sich das NPV-Kriterium als Entscheidungsregel modifizieren: *Die Realisation einer Investition lohnt sich immer dann, wenn deren Nettobarwert unter Einbezug aller Realoptionen der Kosten- und Ertragsseite positiv ist. Bei mehreren Investitionen mit positivem Nettobarwert wird jene mit dem höchsten NPV zuerst ausgewählt.*

Realoptionen im Capital Budgeting

Diese Sichtweise eröffnet dem Lottogewinner neue Perspektiven. Plötzlich gestaltet sich der Verkauf von Hamburgern und Pommes Frites möglicherweise rentabler als der Erwerb einer kantonalen Anleihe.

Bereits das blosse Eigentum des Lottogewinnes verleiht ihm zwei (amerikanische) Calloptionen, während eines Monats eine bestimmte Anlage (Schnellimbiss-Restaurant resp. Anleihe) zum Preis von zwei Millionen zu kaufen. Entscheidet er sich für eine der beiden Alternativen, so übt er die entsprechende Option aus und lässt die andere verfallen. Natürlich ist dies in keinem Falle gratis: Kauft er die Anleihe und lässt die Restaurant-Option verfallen, so entstehen aufgrund der grossen Schwankungen der erwarteten Cash Flows Opportunitätskosten, da bekanntermassen der Preis einer Option mit zunehmender Volatilität des betreffenden Underlyings ansteigt. Umgekehrt resultieren die Kosten, die Anleihenoption verfallen zu lassen, zwar nicht aufgrund hoher Volatilität, dafür jedoch durch den Verzicht auf den inneren Optionswert im Umfang von 456 CHF. Die Strategie, erst nach Ablauf eines Monats einen Entscheid zu fällen, hat ebenfalls zwei Seiten: Zwar kann Herr Huber sich noch besser über die Rentabilität des Restaurants informieren, doch verlieren während dieses Monats beide Optionen an Zeitwert. Zudem verzichtet er womöglich auf früh anfallende Erträge aus dem Gaststätten-Betrieb, falls die zwischenzeitlich gewonnenen Informationen darauf hindeuten, dass dieses Projekt erfolgreich sein wird.

Unabhängig von der gewählten Alternative hat Gerhard Huber somit Kosten zu tragen. Dafür erwirbt er sich möglicherweise neue Optionen, welche ebenfalls einen bestimmten Wert besitzen. Dabei leuchtet es ein, dass der Erwerb der Anleihe keinen zusätzlichen Handlungsspielraum einräumt (der frühzeitige Verkauf wurde ja ausgeschlossen) und daraus entsprechend auch keine neuen Optionen entstehen. Entscheidet sich Herr Huber hingegen für den Betrieb des Restaurants, so erhält er unter Umständen mehrere Optionen: Einerseits kann er bei Erfolg eine zweite Gaststätte zu Vorzugsbedingungen aufbauen (Follow-on Calloption); oder er kann andererseits die Lokalität bei schlechtem Geschäftsgang frühzeitig zu einem bestimmten, im voraus vereinbarten Preis wieder verkaufen (Abandon Putoption). Insgesamt beinhaltet diese Alternative somit mehrere Optionen, welche in den folgenden Abschnitten näher betrachtet werden sollen.

Es sei vereinfachend angenommen, dass Herr Huber - falls er sich für den Erwerb des Restaurants entscheidet - zusätzlich die Möglichkeit erhält, nach Ablauf eines Jahres für den Preis von 3.5 Mio. CHF ein zweites Geschäft zu betreiben. Insofern besitzt Herr Huber eine (*europäische*) *Calloption* mit *einem Jahr Laufzeit* und einem *Ausübungspreis von 3.5 Mio. CHF*. Zusätzlich weiss Herr Huber, dass als Ertrag des Erstgeschäftes im ersten Jahr mit sechzigprozentiger Wahrscheinlichkeit 120'000 CHF anfallen werden und er davon ausgehen kann, dass in diesem Falle das Zweitgeschäft einen zusätzlichen Cash Inflow von total 3.8 Mio. CHF generieren wird. Wirft das erste Restaurant in diesem Zeitraum jedoch nur 70'000 CHF ab, so müsste sich Herr Huber mit 2 Mio. CHF aus der Erweiterung zufrieden geben.[2] Damit lässt sich über den Erwartungswert der Zweitinvestition deren heutiger

Beispiel 1: Eine Erweiterungsoption

---

[2] Die jeweiligen Ertragszahlen des Zweitgeschäftes sind als Summenbarwert aller zukünftigen Einkünfte inkl. Weiterverkauf zu verstehen. Als Erwartungswert der Cash Inflows des Erstgeschäftes resultieren die in *Tabelle 14.1* bereits aufgeführten 100'000 CHF.

Barwert berechnen, wobei als risikoadjustierter Diskontsatz wiederum zehn Prozent unterstellt wird:

$$PV = \frac{0,6 \cdot 3'800'000 + 0,4 \cdot 2'000'000}{1.10} = 2'800'000$$

Der Diskontsatz von 10% kann deshalb bei der Barwertberechnung immer noch verwendet werden, da noch keine Option einfliesst, durch welche die Cash Flow-Struktur verändert wird.

Das risikoneutrale Bewertungsprinzip

Abbildung 14.2 stellt neben den erfolgsabhängigen Cash Inflows die jeweiligen Verfallswerte der Calloption dar. Natürlich wird die Calloption bei schlechtem Geschäftsgang für Herrn Huber keinen Wert besitzen, da er nicht für 3.5 Mio. CHF etwas kaufen wird, was ihm nur 2 Mio. CHF einbringt. Umgekehrt weist die Option einen hohen Wert auf, wenn Fast Food-Produkte sehr stark nachgefragt werden, da er dann bei Kosten von 3.5 Mio. CHF einen Ertrag von 3.8 Mio. CHF erzielen wird; entsprechend weist die Option in einem Jahr einen Wert von satten 300'000 CHF auf. Doch wie hoch wird der heutige Wert der Option sein? Zur Beantwortung dieser Frage bietet die Finanzmarkttheorie zwei Möglichkeiten an:

- Man bildet ein Portfolio aus einer riskanten und einer risikolosen Anlage, welches in einem Jahr zustandsabhängig genau dieselben Erträge wie die Calloption abwirft. Der

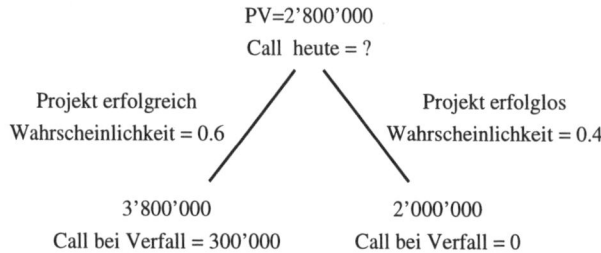

PV=2'800'000

Call heute = ?

Projekt erfolgreich
Wahrscheinlichkeit = 0.6

Projekt erfolglos
Wahrscheinlichkeit = 0.4

3'800'000
Call bei Verfall = 300'000

2'000'000
Call bei Verfall = 0

Abbildung 14.2: Cash Flows, Callpreise sowie Projektbarwert. Die Cash Flows (und damit der Optionswert bei Verfall) sind je nach Projekterfolg unterschiedlich. Der im heutigen Zeitpunkt ausgewiesene Projektbarwert bezieht den Wert der Option nicht mit ein.

heutige Preis dieses Portfolios muss aus Gründen der Arbitrage dem gesuchten Preis des Calls entsprechen; andernfalls kann die billigere der beiden Assetkombinationen (Portfolio resp. Option) ge- und die teurere verkauft werden, ohne für den sofortigen, sicheren Ertrag zukünftig irgendein Verlustrisiko einzugehen.

- Es wird unterstellt, dass sich Herr Huber risikoneutral verhält. Auf Basis dieser Annahme werden die erwarteten Erträge aus der Option auf ihren Barwert zurückgerechnet, wobei als Diskontfaktor (aufgrund der Risikoneutralität) die risikofreie Verzinsung angenommen werden kann. [Dieser Ansatz folgt unmittelbar aus dem ersten, wenn man bedenkt, dass zur Einhaltung der Arbitragebedingung keine Annahme über die Risikoeinstellung von Herrn Huber nötig ist: Wann immer der heutige Preis der Option ungleich dem Portfoliopreis ist, kann durch entsprechende Transaktionen risikolos Geld gewonnen werden - egal, ob Herr Huber Risiken verabscheut oder nicht! Zudem sind die Eintretenswahrscheinlichkeiten irrelevant, welche Herr Huber den beiden Zuständen beimisst. Relevant ist einzig die Schwankungsbreite der beiden Erträge zur Bewertung der Option.[3]]

Wird vorausgesetzt, dass Herr Huber risikoneutral ist, so wird er sich damit zufriedengeben, wenn das Zweitgeschäft eine durchschnittliche Rendite in Höhe der risikolosen Einjahresverzinsung R_1 von 4.5% ergibt. Bei einem Projekterfolg kann durch den Anstieg des heutigen Barwertes von 2.8 Mio. auf 3.8 Mio. CHF eine Rendite von 35.71% verbucht werden; umgekehrt resultiert im Falle des Misserfolges eine Rendite von -28.57%. Da diese Renditen im Durchschnitt der risikolosen Verzinsung entsprechen müssen, kann die sogenannte risikoneutrale Wahrscheinlichkeit p_{up} ermittelt werden, dass das Projekt erfolgreich ausfällt (p_{down} bezeichnet die Wahrscheinlichkeit eines schlechten Projektverlaufes):

---

[3] Immerhin waren die Eintretenswahrscheinlichkeiten bei der Berechnung des Projektbarwertes von Bedeutung. Dabei findet jedoch noch keine Berücksichtigung irgendwelcher Optionen statt.

$$p_{up} \text{ Rendite}_{up} + p_{down} \text{ Rendite}_{down} = R_1$$

$$p_{up} \text{ Rendite}_{up} + (1 - p_{up}) \text{ Rendite}_{down} = R_1$$

$$0.3571 p_{up} + (-0.2857)(1 - p_{up}) = 0.045$$

$$\Rightarrow p_{up} = 0.5145$$

Diese hypothetische Wahrscheinlichkeit sowie der risikolose Diskontfaktor können verwendet werden, um den gesuchten Callpreis auf heutiger Basis zu ermitteln:

$$\text{Call}^{\text{heute}} = \frac{p_{up} \cdot \text{Call}_{up}^{\text{Verfall}} + \left(1 - p_{up}\right) \cdot \text{Call}_{down}^{\text{Verfall}}}{1 + R_1}$$

$$\text{Call}^{\text{heute}} = \frac{0.5145 \cdot 300'000 + \left(1 - 0.5145\right) \cdot 0}{1.045} = 147'703$$

Damit gewinnt das Restaurant-Projekt als Ganzes an Attraktivität, da dessen NPV nicht -86'935 CHF beträgt, sondern durch den hinzugekommenen Optionswert neu einen positiven Nettobarwert von 60'768 CHF aufweist und damit die sichere Anleihe bei weitem übertrifft! In *Abbildung 14.3* wird der Wertverlauf der Calloption zusammen mit den risikoneutralen Wahrscheinlichkeiten zur Veranschaulichung nochmals abgebildet.

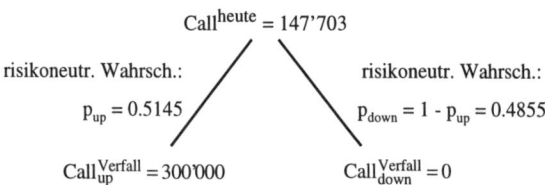

Abbildung 14.3: Wertdiagramm der Calloption. Die Berechnung des heutigen Optionspreises beruht auf der Anwendung des risikoneutralen Bewertungsprinzips und einem risikolosen Zinssatz von 4.5% p.a.

Nun sei die Möglichkeit angenommen, das Restaurant vor Ablauf der fünf Jahre zu verkaufen, wenn sich die Erträge als ungenügend erweisen sollten. Deshalb wird unterstellt, dass Herr Huber die Lokalität nach einem Jahr für 1.5 Mio. CHF verkaufen kann. Entsprechend besitzt er eine *einjährige (europäische) Putoption* mit einem *Ausübungspreis von 1.5 Mio. CHF*. Wiederum weiss Herr Huber, dass mit einer Wahrscheinlichkeit von sechzig Prozent der im ersten Jahr erwartete Cash Inflow 120'000 CHF betragen wird, so dass bei Verfall der Option ein Projektbarwert für die Jahre zwei bis fünf von 2'623'810 CHF kalkuliert werden kann. Fallen andererseits im ersten Jahr nur 70'000 CHF Cash Inflows an, beträgt der Barwert aller zukünftigen Erträge ab dem zweiten Jahr nur 1'075'213 CHF. Bei einem Diskontfaktor von zehn Prozent ergibt sich daraus aus heutiger Sicht ein Projektbarwert von 1'822'156 CHF. *Abbildung 14.4* verdeutlicht die Situation. Darin sind ausserdem die jeweiligen Renditen dargestellt, welche die rund 1,8 Mio. nach Ablauf eines Jahres erzielen können. Aus der Abbildung kann auch der Optionspreis bei Verfall einfach berechnet werden, indem die Differenz zwischen Ausübungspreis und dem in einem Jahr vorhandenen Projektbarwert berechnet wird, falls dieser kleiner als 1.5 Mio. CHF ist. Entsprechend besitzt die Option bei Verfall mit 424'787 CHF nur dann einen Wert, falls das Projekt tiefe Er-

$$PV = \frac{0.6 \cdot 2'623'810 + 0.4 \cdot 1'075'213}{1.10} = 1'822'156$$

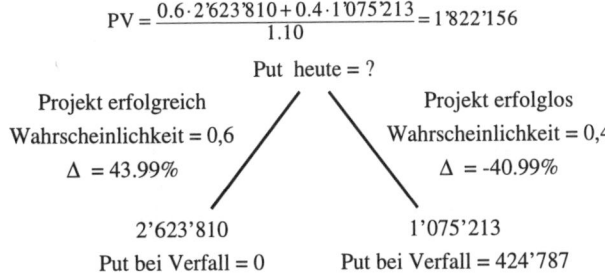

Put heute = ?

Projekt erfolgreich
Wahrscheinlichkeit = 0,6
Δ = 43.99%

Projekt erfolglos
Wahrscheinlichkeit = 0,4
Δ = -40.99%

2'623'810
Put bei Verfall = 0

1'075'213
Put bei Verfall = 424'787

Abbildung 14.4: Cash Inflows, Putpreise sowie Projektbarwert. Es sei angemerkt, dass die Addition des Barwertes des ersten Cash Inflows von 100'000 CHF zu den rund 1.8 Mio. CHF exakt den zu Beginn des Kapitels ausgerechneten totalen Projektbarwert ergibt. Zugegebenermassen sind die in diesem Beispiel ausgewiesenen Zahlen recht unhandlich und als Prognosen unrealistisch genau. Die Werte sind jedoch so gewählt, damit die Konsistenz mit Tabelle 14.1 bewahrt bleibt.

träge abwirft.

Der heutige Optionswert lässt sich wiederum über die Anwendung der risikoneutralen Bewertungsregel unter einem risikolosen Zinssatz von 4.5 Prozent ermitteln. Entsprechend resultiert eine risikoneutrale Wahrscheinlichkeit von 53.53 Prozent. Damit lassen sich die Putoptionspreise bei Verfall gewichten und auf den heutigen Wert abdiskontieren, um den aktuellen Putpreis zu erhalten:

$$Put^{heute} = \frac{p_{up} \cdot Put_{up}^{Verfall} + \left(1 - p_{up}\right) \cdot Put_{down}^{Verfall}}{1 + R_1}$$

$$Put^{heute} = \frac{0.5353 \cdot 0 + \left(1 - 0.5353\right) \cdot 424'787}{1.045} = 188'898$$

Wiederum gewinnt die Eröffnung eines Restaurants an Attraktivität, wenn die Möglichkeit des frühzeitigen Verkaufs berücksichtigt wird, weil als Nettobarwert ein positives Ergebnis von 101'963 CHF resultiert. Natürlich wird die Putoption umso teurer (und das Projekt als Ganzes umso rentabler) sein, je höher der Wiederverkaufswert festgelegt ist. Demzufolge kann die Putoption als Versicherungskontrakt gegen einen schlechten Geschäftsverlauf aufgefasst werden, wobei die Versicherungssumme der Höhe des Verkaufswertes entspricht. Dieser hängt im wesentlichen davon ab, welcher anderen Verwendung die getätigte Investition alternativ zugeführt werden könnte. Er wird dabei umso geringer ausfallen, je branchenspezifischer ein Projekt tatsächlich ist; möglicherweise lässt sich das von Herrn Huber erworbene Schnellimbisslokal im Falle eines Misserfolges von einem anderen Investor relativ preisgünstig in ein Take away-Restaurant mit chinesischen Spezialitäten umfunktionieren, womit auch der Verkaufspreis mit 1.5 Mio. CHF relativ hoch ausfällt und somit „nur" 500'000 CHF in Form von *sunk costs* anfallen.[4]

---

[4] Unter sunk costs werden in der Vergangenheit getätigte Investitionen (oder Teile davon) verstanden, welche durch zukünftige Handlungen und Entscheide nicht mehr rückgängig gemacht werden können.

Eine wichtige Entscheidungsgrösse innerhalb des Investitionsprozesses stellt die Festlegung des Zeitpunktes dar, an dem ein Projekt realisiert wird. Dabei ist es von entscheidender Bedeutung, ob die zukünftigen Cash Flows risikobehaftet sind. Ohne die Existenz von Risiken gestaltet sich die Entscheidungsregel denkbar einfach, indem dort investiert wird, wo der NPV positiv ausfällt. Da die Cash Flow-Ströme allesamt vorbestimmt und bekannt sind, entstehen damit auch keine Realoptionen.

Zur Bedeutung des richtigen Investitionszeitpunktes

Allerdings ist diese Ausgangslage - insbesondere bei Realgüterinvestitionen - nur in den seltensten Fällen gegeben. Vielmehr herrscht Unsicherheit über die zukünftige Rentabilität eines Projektes. Diese Situation macht es einerseits für den potentiellen Investor unter Umständen wünschenswert, den Entscheid aufschieben zu können, um aufgrund besser beurteilter Erfolgschancen (bspw. durch die Einholung von Gutachten) die Gefahr einer Fehlanlage zu verringern. Stellt sich andererseits ein Projekt nach der (aufgeschobenen) Realisation tatsächlich als Erfolg heraus, so verursacht das Zuwarten Verluste, weil bei sofortiger Investition eher Cash Inflows angefallen wären.

Deshalb soll das in diesem Kapitel betrachtete Beispiel nochmals aufgegriffen werden, um die Problematik des optimalen Investitionszeitpunktes zu veranschaulichen. Die Tatsache, dass Herr Huber sich höchstens einen Monat Zeit gibt, um einen Investitionsentscheid zu treffen, lässt sich derart interpretieren, dass er eine (amerikanische) Aufschub-Calloption besitzt, ein Restaurant für den Ausübungspreis von 2 Mio. CHF zu kaufen. Einerseits entgehen Gerhard Huber mit jedem Tag des Zuwartens Betriebserträge; andererseits kann er sich dafür besser über die Erfolgsaussichten des Projektes informieren. Entsprechend sieht er sich einem Trade-off zwischen Ertragsmaximierung und Risikokontrolle ausgesetzt. Je höher die frühzeitig zu erwartenden Erträge ausfallen, umso lohnender scheint damit eine schnelle Realisierung des Vorhabens[5]; umgekehrt investiert Herr Huber unter Umständen in

---

[5] Wären die Einnahmen unabhängig vom Eröffnungszeitpunkt, so wäre eine vorzeitige Ausübung der Option töricht, da in finanzieller Hinsicht nichts gewonnen wird, dafür unnötige Risiken eingegangen wer-

ein nur auf den ersten Blick rentables Projekt, was ihm bei längerer Abklärung möglicherweise rechtzeitig bewusst geworden wäre, womit er von der Anlage abgesehen hätte.

Beispiel 3: Eine Aufschuboption

Es sei unterstellt, dass Herr Huber nicht nur einen Monat, sondern insgesamt ein Jahr Zeit hat, um sich über die zu tätigende Investition Klarheit zu verschaffen, wobei der Kaufpreis wiederum bei 2 Mio. CHF liegen soll. Damit besitzt er eine *einjährige (amerikanische) Calloption* mit einem *Ausübungspreis von zwei Millionen Schweizer Franken*. Dabei sei wiederum angenommen, dass bei sofortiger Realisation und hoher Nachfrage nach Fast Food-Produkten im ersten Jahr Cash Inflows in Höhe von 120'000 CHF resultieren (Eintretenswahrscheinlichkeit: 60 Prozent), womit das Projekt in Zukunft insgesamt 2'623'810 CHF an Erträgen abwerfen wird. Umgekehrt werden bei tiefer Nachfrage im ersten Jahr nur 70'000 CHF erzielt, womit sich als Firmenwert nach einem Jahr nur 1'075'213 CHF ergibt. Der heutige Unternehmenswert beträgt damit - gemäss NPV-Methode - 1'913'064 CHF[6]. Insofern ergibt sich folgende Projektrenditestruktur:

---

den. Entsprechend ist eine derartige Realoption gleich wie eine klassische Calloption zu behandeln: Es kann nämlich gezeigt werden, dass es sich nie lohnt, eine amerikanische Calloption frühzeitig auszuüben, falls bis zu deren Verfall keine Dividenden auf dem Underlying ausgeschüttet werden (weshalb die Option auch wie eine europäische Option bewertet werden kann). Werden jedoch Dividenden vor Optionsverfall gezahlt, so wird ein frühzeitiges Ausüben des Optionsrechtes möglicherweise rentabel. Im Falle der Realoptionen können anfallende Cash Inflows als Dividenden interpretiert werden: eine Projektrealisation wird entsprechend umso früher optimal, je grösser der Barwert der vorzeitigen Ausschüttungen ist.

[6] Der Einfachheit halber wird angenommen, dass die Betriebserträge allesamt am Ende des ersten Jahres anfallen. Entsprechend ergibt sich die Berechnung des Firmenwertes aus folgender Gleichung:

$$PV = \frac{0.6 \cdot (120'000 + 2'623'810) + 0.4 \cdot (70'000 + 1'075'213)}{1.10}$$

$$\text{Rendite}_{up} = \frac{120'000 + 2'623'810}{1'913'064} - 1 = 43.43\%$$

$$\text{Rendite}_{down} = \frac{70'000 + 1'075'213}{1'913'064} - 1 = -40.14\%$$

Daraus kann wiederum die risikoneutrale Wahrscheinlichkeit unter einer risikolosen Einjahresverzinsung von 4.5 Prozent hergeleitet werden, um den heutigen Optionswert zu bewerten:

$$p_{up}\ \text{Rendite}_{up} + (1 - p_{up})\ \text{Rendite}_{down} = R_1$$

$$0.4343 p_{up} + (-0.4014)(1 - p_{up}) = 0.045$$

$$\Rightarrow p_{up} = 0.5342$$

$$\text{Call}^{heute} = \frac{p_{up} \cdot \text{Call}^{Verfall}_{up} + \left(1 - p_{up}\right) \cdot \text{Call}^{Verfall}_{down}}{1 + R_1}$$

$$\text{Call}^{heute} = \frac{0.5342 \cdot 623'810 + \left(1 - 0.5342\right) \cdot 0}{1.045} = 318'889$$

Wiederum gewinnt das Restaurant-Projekt durch diese Aufschuboption signifikant an Wert und weist neu einen positiven NPV von 231'954 CHF auf. Der hohe Preis der Calloption verdeutlicht auch, dass es sich für Herrn Huber keinesfalls lohnt, vorzeitig das Projekt zu lancieren, da die frühzeitig verdienten Erträge bei weitem nicht die Kosten der ausgeübten Option wettmachen (Natürlich relativiert sich diese Aussage, wenn die Erträge gleichmässig über das Jahr verteilt anfallen). Die Ausübung vor Verfall würde nicht einmal dann lohnen, wenn die Erträge des ersten Jahres mit 240'000 resp. 140'000 CHF doppelt so hoch ausfielen, obwohl damit der NPV des Projektes leicht positiv würde (+3'974 CHF).

**Faktoren, die
den Wert von
Realoptionen
beeinflussen**

Aus den vergangenen Beispielen lässt sich ersehen, dass in die Bewertung von Realoptionen grundsätzlich dieselben Parameter einfliessen wie im Falle klassischer Optionen auf Finanzaktiva, obwohl - gemäss *Tabelle 14.2* ersichtlich - in den meisten Fällen unterschiedliche Bezeichnungen gebräuchlich sind. Trotzdem ist ein Unterschied zu betonen: Bei Realoptionen bestimmt sich der optimale Ausübungszeitpunkt nicht nur durch das Ausmass von vor Optionsverfall existierender Cash Inflows oder durch die vorherrschende Zinsstruktur; vielmehr lohnt sich eine vorzeitige Optionsausübung unter Umständen auch dann, wenn

- Konkurrenten am Markt dieselbe Investitionsmöglichkeit resp. Realoption besitzen und damit die Gefahr besteht, die eigene Option gar nie ausüben zu können, weil andere dies schon vorher getan haben. Entsprechend können derartige Realoptionen als *shared options* eingestuft werden - im Gegensatz zu *proprietary options*, welche dem Optionsinhaber exklusiv zur Verfügung stehen und damit - ceteris paribus - einen grösseren Wert besitzen.

- durch einen schnellen Investitionsentscheid schwer überwindbare Markteintrittsschranken aufgebaut werden können, um sich damit gegenüber der Konkurrenz nachhaltige Wettbewerbsvorteile zu verschaffen. Dabei spielt die Entscheidungsgeschwindigkeit eine umso grössere Rolle, je intensiver die Wettbewerbsituation unter den einzelnen Mitstreitern ist. Gelingt es einer Unternehmung, sich durch einen schnellen Entscheid eine Marktleaderstellung zu erarbeiten, so steigt die Wahrscheinlichkeit, zukünftige Branchenentwicklungen zu antizipieren und mitzugestalten. Es versteht sich von selbst, dass einer Unternehmung in dieser Position wiederum eine Vielzahl von neuen Realoptionen zufallen.

Insofern muss die Bedeutung von Realoptionen immer auch unter einem strategischen Blickwinkel betrachtet werden, weil diese entscheidende Erfolgspotentiale sein können, wenn es darum geht, neue Kunden- oder Lieferantensegmente zu gewinnen, branchenweit die Kostenführerschaft zu erringen oder einen generellen Qualitätsstandard in einem neuen

Markt durchzusetzen - immer mit dem Ziel vor Augen, der Konkurrenz durch den Aufbau oder die Erhöhung von Markteintrittsschranken einen Schritt voraus zu sein.

Preisfaktor	Finanzoption	Realoption
Underlying	Spotpreis	Barwert aller künftigen Cash Inflows
Ausübungspreis	vereinbarter Strikepreis	(Ver-)kaufspreis des Projektes
Optionslaufzeit	vereinbarter Verfall	Dauer der Möglichkeit zur Investition
Risiko	Spotpreisvolatilität	Volatilität der Cash Flow-Barwerte
Zeitwert	risikoloser Zinssatz	risikoloser Zinssatz
Ausschüttungen	Dividenden, etc. bis Verfall	Investitionserträge vor Verfall
Exklusivität	---	shared vs. proprietary options

Tabelle 14.2: Preisfaktoren von Finanz- und Realoptionen.

Die in den vergangenen Abschnitten errechneten Preise verschiedener Realoptionen sind zweifelsohne von starken Vereinfachungen ausgegangen. Insbesondere die unterstellten Wertentwicklungen der erwarteten Cash Flows sind in Realität doch um einiges schwieriger zu prognostizieren. Zudem fallen die Erträge nicht wie angenommen gesamthaft nach Ablauf einer festen Zeitperiode, sondern permanent in veränderlichem Ausmass an. Diese Einschränkungen können aber gelockert werden, wenn man innerhalb einer fixen Zeitperiode nicht nur einen, sondern eine grosse Anzahl von Kurssprüngen zulässt, womit das in den Beispielen unterstellte Binomialverhalten des Underlyings in einen kontinuierlichen Prozess überführt werden kann. Damit lassen sich Realoptionen analog zu klassischen Optionen mit entsprechenden Modellen bewerten. Die sicherlich bekanntesten Aufsätze zum Pricing von (europäischen) Optionen stellen die Arbeiten von

Anpassungen an die Realität

BLACK/SCHOLES (1973) sowie jene von MERTON (1973) dar. Bei amerikanischen Optionen ist es leider nicht möglich, geschlossene Lösungsformeln im Falle vorzeitiger Ausschüttungen abzuleiten; vielmehr muss in solchen Fällen der Umweg über numerische Bewertungsverfahren eingeschlagen werden.

Doch nicht genug der Komplexität! Bei der Bewertung von Realoptionen muss zudem berücksichtigt werden, dass viele Optionen erst mit der Ausübung anderer Optionen entstehen. Damit entstehen unter Umständen vielfältige Wechselbeziehungen: So konnte im illustrierten Beispiel die Erweiterungsoption überhaupt erst dann entstehen, wenn die Erstinvestition durch Ausübung der entsprechenden Calloption bereits getätigt worden war. Insofern muss die Bemerkung wohl nicht näher unterstrichen werden, dass eine Bewertung unter Berücksichtigung aller in einem Projekt möglichen und sich gegenseitig beeinflussenden Optionen sehr schnell ein äusserst schwieriges Unterfangen wird.

Zusammen-fassung

Der Ansatz, den Wert eines sich über mehrere Perioden erstreckenden Projektes mittels des Net Present Value-Konzeptes zu ermitteln, geht implizit von der Annahme aus, dass das Investorenverhalten vollständig passiv ausgelegt ist. Damit wird jedoch die Tatsache vernachlässigt, dass Entscheidungsträger nicht nur vor Fällung eines Investitionsentscheides eine gewisse Handlungsflexibilität aufweisen, sondern meistens auch danach die Möglichkeit besitzen, einmal getroffene Entscheide aufgrund sich zwischenzeitlich geänderter Umweltbedingungen zu ihren Gunsten zu verändern. Diese Flexibilität besitzt zweifellos einen ökonomischen Wert, weil zukünftige Cash Inflow-Ströme verändert werden können, indem neu entstehende Gewinnmöglichkeiten ausgeschöpft oder drohende Verluste vermindert werden können.

Entsprechend bestand das Ziel dieses Kapitel darin, eine Möglichkeit aufzuzeigen, wie Investitionen alternativ zum Net Present Value-Verfahren aufgefasst werden können, weil die Flexibilität des Entscheidungsträgers im Sinne einer Realoption interpretiert und in derselben Weise wie klassische Optionen auf Finanzaktiva bewertet wird. Mit diesem Ansatz lässt sich auch die Tatsache nachvollziehen, dass Unternehmungen nicht selten Kapital in Projekte investieren, die unter dem NPV-Kriterium eigentlich abzulehnen wären; umgekehrt ist es auch möglich, dass mit der Realisation einer auf den ersten Blick lukrativen Investition zugewartet wird. Der Grund für dieses Verhalten liegt in der Existenz von Realoptionen, welche bei der herkömmlichen Nettobarwertbetrachtung unberücksichtigt bleiben.

Die aufgeführten Zahlenbeispiele bezweckten, verschiedene Facetten dieser Thematik zu beleuchten, wobei aus didaktischen Gründen starke Vereinfachungen unterstellt worden sind. In der Realität muss jedoch neben der Unzulänglichkeit dieser Annahmen zusätzlich beachtet werden, dass ein Investitionsprojekt unter Umständen mehrere Typen von Optionen beinhaltet, die in einer komplexen Wechselbeziehung zueinander stehen können.

Literaturhinweise

Einführende Literatur:

BREALEY, RICHARD A. und STEWART C. MYERS (1996): „Principles of Corporate Finance", 5. (internationale) Auflage, McGraw-Hill, New York, et. al.

DIXIT, AVINASH K. und ROBERT S. PINDYCK (1994): „Investment under Uncertainty", Princeton University Press.

KESTER, CARL W. (1984): „Today's options for tomorrow's growth", Harvard Business Review, March/April, pp. 153-160.

MEISE, FLORIAN (1998): „Realoptionen als Investitionskalkül - Bewertung von Investitionen unter Unsicherheit", Oldenbourg Verlag, München, et. al.

Weiterführende Literatur:

BLACK, FISCHER und MYRON S. SCHOLES (1973): „The pricing of options and corporate liabilities", Journal of Political Economy 81, May/June, pp. 633-654.

BRENNAN, MICHAEL J. und EDUARDO S. SCHWARTZ (1985): „A new approach to evaluating natural resource investments", Midland Corporate Finance Journal 3, Nr. 1, pp. 37-47.

BRENNAN, MICHAEL J. und EDUARDO S. SCHWARTZ (1985): „Evaluating natural resource investments", Journal of Business 58, Nr. 2, pp. 135-157.

INGERSOLL, JONATHAN E. JR. UND STEPHEN A. ROSS (1992): „Waiting to invest: investment and uncertainty", Journal of Business 65, Nr. 1, pp. 1-29.

MERTON, ROBERT C. (1973): „Theory of rational option pricing", Bell Journal of Economics and Management Science 4, Spring, pp. 141-183.

TRIGEORGIS, LENOS (1996): "Real Options", MIT Press, Cambridge, MA.

Bondportfoliomanagement

von Alfred Bühler und Felix Maag ·

Bis zu diesem Kapitel hat sich das vorliegende Buch hauptsächlich mit der Bewertung von risikobehafteten Investitionen und derivativen Produkten sowie der Analyse der mit diesen Instrumenten verbundenen Risiken beschäftigt. Die risikobehafteten Investitionen werden jedoch in der Regel nicht nur mit Eigenkapital (Aktien), sondern auch mit Fremdkapital (Bonds) finanziert. Bonds unterscheiden sich von den Aktien durch eine garantierte jährliche Zinszahlung (Coupon) und eine garantierte Rückzahlung des Nominalwertes bei Verfall. Bonds sind damit weniger risikobehaftet als Aktien, sie können jedoch nicht als risikolose Anlagen betrachtet werden.

Marktrisiko und Kreditrisiko

Bei Bonds kann zwischen dem Marktrisiko und dem Kreditrisiko unterschieden werden. Das Kreditrisiko wird oft auch als Bonitätsrisiko oder Ausfallrisiko bezeichnet. Damit ist das Risiko gemeint, dass der Schuldner seinen Verpflichtungen, d.h. der Bezahlung der Coupons und der Rückerstattung des Nominalwertes, nicht oder nicht fristgerecht nachkommen kann. Sinkt die Bonität des Schuldners, so steigt die Ausfallwahrscheinlichkeit und dies äussert sich in einem sinkenden Bondpreis. Das Kreditrisiko wird in diesem Kapitel nicht betrachtet. Die Analyse beschränkt sich auf das Marktrisiko, welches die Abhängigkeit der Bondpreise von den Marktbedingungen und damit den Marktzinssätzen beschreibt.

Die Fristenstruktur der Zinssätze

Ausgangslage für die Bewertung und das Risikomanagement von Bonds sind die Renditen von Zerobonds. Ein Zerobond ist ein Bond, der nur am Ende der Laufzeit den Nominalbetrag zurückbezahlt und somit keine Couponzahlungen aufweist. Die Renditen von Zerobonds mit unterschiedlicher Restlaufzeit werden als Zerobond-Renditen oder Spotrates bezeichnet. Die Spotrates s_T mit einer Restlaufzeit von T Jahren sind wie folgt definiert, wobei P_T der Preis des Zerobondes mit T Jahren Restlaufzeit und einem Nominalwert von 100 ist.

$$P_T = \frac{100}{\left(1+s_T\right)^T}$$

Zwischen dem Preis des Zerobonds P_T und der Spotrate s_T besteht somit eine eindeutige Beziehung. Je höher der Zerobondpreis, desto tiefer die Spotrate und umgekehrt. Die Spotrates für unterschiedliche Laufzeiten können als Fristenstruktur der Zinssätze dargestellt werden. Die Form dieser Fristenstruktur hängt stark von den ökonomischen Rahmenbedingungen ab. In *Abbildung 15.1* ist die Fristenstruktur vom 25. Januar 1990, vom 17. September 1992 und vom 2. April 1998 in der Schweiz dargestellt.

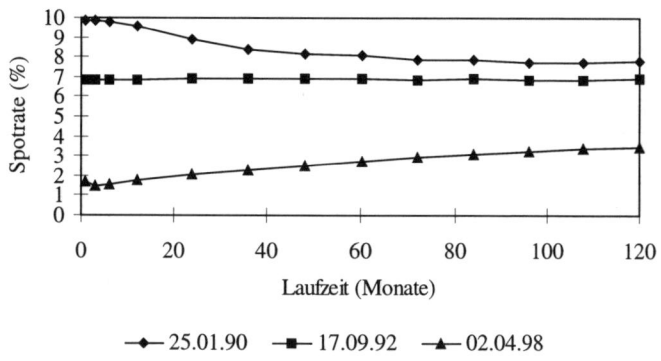

Abbildung 15.1: Normale, inverse und flache Fristenstruktur

Am 25. Januar 1990 war als Folge der restriktiven Geldpolitik, mit welcher die Nationalbank auf die expansive Geldpolitik Ende der 80'er Jahre reagierte, eine *inverse* Fristenstruktur der Zinssätze zu beobachten. Bei einer inversen Fristenstruktur der Zinssätze sind die kurzfristigen Zinssätze höher als die langfristigen Zinssätze. Normalerweise sind die kurzfristigen Zinssätze tiefer als die langfristigen Zinssätze. In diesem Fall spricht man von einer *normalen* Fristenstruktur. Eine solche war zum Beispiel am 2. April 1998 zu beobachten. Aufgrund der *Erwartungstheorie der Zinssätze* bedeutet eine steigende Fristenstruktur, dass die Wirtschaftssubjekte mit steigenden kurzfristigen Zinssätzen in der Zukunft rechnen. Am 17. September 1992 war eine *flache* Fristenstrukur der Zinssätze zu beobachten.

In den Beispielen dieses Kapitels werden drei verschiedene Fristenstrukturen betrachtet. Wie aus *Tabelle 15.1* ersichtlich ist, handelt es sich dabei um eine flache Fristenstruktur, eine normale (steigende) Fristenstruktur und eine inverse Fristenstruktur. Die Tabelle gibt ferner die entsprechenden Zerobondpreise wieder.

Fristenstrukturen	1 Jahr	2 Jahre	3 Jahre	4 Jahre	5 Jahre
a) Flache Fristenstruktur	8 %	8 %	8 %	8 %	8 %
b) Steigende Fristenstruktur	5 %	6 %	7 %	8 %	9 %
c) Fallende Fristenstruktur	9 %	8 %	7 %	6 %	5 %

Zerobondpreise	1 Jahr	2 Jahre	3 Jahre	4 Jahre	5 Jahre
a) Flache Fristenstruktur	92.59	85.73	79.38	73.50	68.06
b) Steigende Fristenstruktur	95.24	89.00	81.63	73.50	64.99
c) Fallende Fristenstruktur	91.74	85.73	81.63	79.21	78.35

Tabelle 15.1: Fristenstrukturen und Zerobondpreise

Die Bestimmung der Fristenstruktur

Die in *Abbildung 15.1* dargestellten Fristenstrukturen der Spotrates widerspiegeln die Zerobondpreise für beliebige Laufzeiten zu einem bestimmten Zeitpunkt. Die Fristenstruktur ist nicht nur für die Bewertung beliebiger Zahlungsströme von zentraler Bedeutung, sie ist vielmehr die fundamentale Grundlage zur Bewertung und zum Risikomanagement sämtlicher zinsderivativer Wertpapiere. Im letzten Abschnitt wurde gezeigt, wie die Fristenstruktur aus den Preisen von Zerobonds mit beliebiger Laufzeit berechnet werden kann. Leider werden am Kapitalmarkt nur sehr wenige und sehr illiquide Zerobonds gehandelt. Die Fristenstruktur muss deshalb aus den Preisen von liquiden Couponbonds derselben Bonitätsklasse geschätzt werden. Dazu wird die Fristenstruktur abschnittsweise anhand einer kubischen Funktion approximiert. Da dieses Verfahren recht aufwendig ist und auf dem schweizerischen Kapitalmarkt aufgrund der begrenzten Anzahl liquider Bundesanleihen nur schwierig implementiert werden kann, wird oft die folgende Alternative gewählt. Das liquideste Segment eines Kapitalmarktes ist meistens der Swapmarkt. In Kapitel 17 wird gezeigt, wie aus den Swapsätzen die Fristenstruktur der Spotrates berechnet werden kann. Dieses auch als Bootstrapping bezeichnete rekursive Verfahren kann relativ einfach implementiert werden. Es muss jedoch beachtet werden, dass zwischen den für den Swapmarkt und den Markt für Staatsanleihen relevanten Spotrates grössere Differenzen bestehen können.

Preis eines Couponbondes

Anhand der soeben besprochenen Spotrates kann nun der Preis eines Couponbondes bestimmt werden. Der Couponbond wird dabei als ein Portfolio von Zerobonds aufgefasst. Ein Couponbond mit 5 Jahren Restlaufzeit und einem Coupon von 4% (Bond A) kann beispielsweise in 5 Zerobonds mit Laufzeiten von 1 bis 5 Jahren zerlegt werden, wobei die Zerobonds mit einer Laufzeit von 1 bis 4 Jahren einen Nominalwert von 4 aufweisen und der Zerobond mit einer Laufzeit von 5 Jahren einen Nominalwert von 104 hat. Die Cash-Flows dieses Portfolios von Zerobonds entsprechen denjenigen des Couponbonds, und damit ist auch der Preis des Couponbondes gleich demjenigen des Portfolios bestehend aus Zerobonds. Für die steigende Fristenstruktur kann der Preis des Couponbonds somit wie folgt bestimmt werden:

$$P_A = \frac{4}{1+0.05} + \frac{4}{(1+0.06)^2} + \ldots + \frac{104}{(1+0.09)^5} = 81.168$$

Der Coupon von 4% ist tiefer als die Spotrates bis zu einer Laufzeit von 5 Jahren, deshalb wird der Couponbond auch *unter pari* gehandelt. Damit kann der Investor neben den Couponzahlungen auch noch einen Kapitalgewinn erwirtschaften. Liegt der Coupon über den Spotrates, dann wird der entsprechende Couponbond *über pari* gehandelt. Für einen

Couponbond mit 5 Jahren Restlaufzeit und einem Coupon von 10% (Bond B) gilt beispielsweise:

$$P_B = \frac{10}{1+0.05} + \frac{10}{(1+0.06)^2} + \ldots + \frac{110}{(1+0.09)^5} = 105.43$$

In diesem Fall erleidet der Investor einen Kapitalverlust, der jedoch durch den höheren Coupon ausgeglichen wird. Es muss beachtet werden, dass beide hier betrachteten Couponbonds korrekt bewertet sind, da die Preise dem Barwert der jeweiligen Cash-Flows entsprechen. Diese Erkenntnis wird in Bezug auf die folgenden Überlegungen wichtig sein.

Im Rahmen der Analyse von Bonds wird in der Praxis oft vom internen Zinssatz (y) resp. vom Yield to Maturity gesprochen. Der interne Zinssatz soll die Rendite wiedergeben, die mit einer Investition in den entsprechenden Bond über dessen Laufzeit erwirtschaftet werden kann. Dazu wird derjenige Zinssatz gesucht, mit dem sämtliche zukünftigen Cash Flows abdiskontiert werden müssen, damit der erhaltene Barwert gerade dem aktuellen Preis des Bonds entspricht. Für den internen Zinssatz (y) muss deshalb gelten:

Interner Zinssatz respektive Yield to Maturity

$$P = \frac{CF(1)}{(1+y)} + \frac{CF(2)}{(1+y)^2} + \ldots + \frac{CF(T)}{(1+y)^T}$$

P ist dabei der Preis des Couponbonds, T die Restlaufzeit und CF(t) sind die Cash-Flows zu den Zeitpunkten t, t = 1,...T. Der interne Zinssatz kann in der Regel nicht direkt bestimmt werden, sondern es muss ein iteratives Verfahren angewendet werden. Die meisten Finanz-Taschenrechner verfügen jedoch über eine entsprechende Routine. Der interne Zinssatz y der beiden betrachteten Bonds beträgt:

Bond A:

$$P_A = 81.168 = \sum_{t=1}^{5} \frac{CF(t)}{(1+y)^t} \qquad \Rightarrow \qquad y = 8.819\%$$

Bond B:

$$P_B = 105.43 = \sum_{t=1}^{5} \frac{CF(t)}{(1+y)^t} \quad \Rightarrow \quad y = 8.618\%$$

Der interne Zinssatz von Bond A ist höher als derjenige von Bond B. Bedeutet dies nun, dass Bond A dem Bond B vorgezogen werden sollte? Dieser Fragestellung wird im nächsten Abschnitt nachgegangen.

Der finanz-mathematische Couponeffekt

Bond A und Bond B unterscheiden sich nur durch einen unterschiedlich hohen Coupon. Bond A hat dabei einen Coupon von 4% und Bond B einen Coupon von 10%. Neben dem Coupon hat jedoch auch die Form der Fristenstruktur der Zinssätze einen Einfluss auf den internen Zinssatz. *Tabelle 15.2* gibt die Bondpreise und die internen Zinssätze für eine flache, eine steigende und eine fallende Fristenstruktur wieder (vergleiche auch *Tabelle 15.1*).

Preise	Zerobond	Bond A	Bond B
a) Flache Fristenstruktur	68.06	84.03	107.98
b) Steigende Fristenstruktur	64.99	81.17	105.43
c) Fallende Fristenstruktur	78.35	95.02	120.02

Interne Zinssätze (%)	Zerobond	Bond A	Bond B
a) Flache Fristenstruktur	8	8	8
b) Steigende Fristenstruktur	9	8.818	8.618
c) Fallende Fristenstruktur	5	5.155	5.333

Tabelle 15.2: Finanzmathematischer Couponeffekt

Bei einer flachen Fristenstruktur ist der interne Zinssatz unabhängig vom Coupon des betrachteten Bonds. Steigt jedoch die Fristenstruktur, so nimmt der interne Zinssatz mit zunehmendem Coupon ab und fällt die Fristenstruktur, so steigt der interne Zinssatz mit zunehmendem Coupon. Dieser Effekt wird als finanzmathematischer Couponeffekt bezeichnet. Er kann am einfachsten verstanden werden, wenn der interne Zinssatz als (barwert)-gewichtete Spotrate aufgefasst wird. Bei einem Bond mit hohem Coupon fällt beispielsweise relativ viel Cash-Flow vor Verfall des Bonds an. Damit werden bei der Berechnung des internen Zinssatzes die Spotrates mit kurzer Restlaufzeit stärker gewichtet als diejenigen mit langer Restlaufzeit, was wiederum zu einem höheren internen Zinssatz bei einer fallenden Fristenstruktur und einem tieferen internen Zinssatz bei einer steigenden Fristenstruktur führt.

Interner Zinssatz und Bondselektion

Da sämtliche Bonds in *Tabelle 15.2* korrekt bewertet sind, die internen Zinssätze jedoch stark variieren, kann der interne Zinssatz nicht als Selektionskriterium bei der Bondauswahl verwendet werden. Die relative Bewertung einzelner Bonds anhand des internen Zinssatzes ist also nicht möglich, da es sich beim internen Zinssatz um ein bondspezifisches und nicht um ein laufzeitspezifisches Mass handelt. Die Bondauswahl hängt vielmehr vom Investitionszeithorizont, von den Zinserwartungen und vom Risikoverhalten des jeweiligen Investors ab. Ferner muss beachtet werden, dass der interne Zinssatz als Mass für die Gesamtrendite eines Couponbonds nur unter der Annahme verwendet werden kann, dass die Couponzahlung zum internen Zinssatz reinvestiert werden können. Sinken beispielsweise die Zinssätze sämtlicher Laufzeiten für längere Zeit, dann können die Coupons nur zu einem tieferen Zinssatz reinvestiert werden, und die tatsächlich realisierte Rendite wird unter dem internen Zinssatz liegen.

Yieldkurve

Wird der interne Zinssatz (Yield) für unterschiedliche Laufzeiten eines Bondes mit vorgegebenem Coupon berechnet, so entsteht eine Yieldkurve. *Abbildung 15.2* gibt diese Yieldkurve für die beiden Bonds A und B wieder, wobei die Yieldkurve des Zerobonds die am Markt beobachtete Fristenstruktur der Spotrates wiedergibt. Es ist gut ersichtlich, dass die Yieldkurve bei einer steigenden Fristenstruktur in der Regel unter und bei einer fallenden Fristenstruktur über der entsprechenden Fristenstruktur der Spotrates liegt.

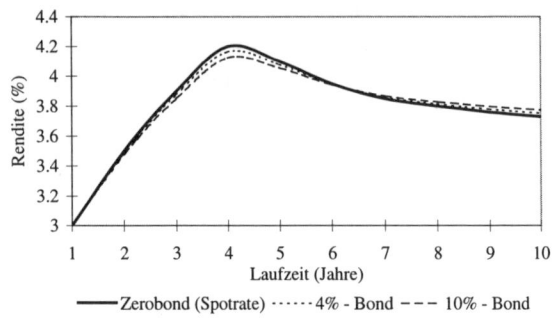

Abbildung 15.2: Yieldkurven für unterschiedliche Coupons

Wir haben gesehen, dass der interne Zinssatz (Yield) eines Bonds von der Höhe des jeweiligen Coupons abhängt, falls die Fristenstruktur der Spotrates nicht flach ist. Neben diesem *finanzmathematischen Couponeffekt* gibt es jedoch auch den sogenannten *präferenzinduzierten Couponeffekt*. Unterscheiden sich zwei Bonds nur bezüglich ihres Coupons, so zieht der private Investor jeweils den Bond mit dem tieferen Coupon vor. Dies kann im wesentlichen auf die unterschiedliche steuerliche Behandlung von Kapitalerträgen und Zinserträgen zurückgeführt werden. Der auf einem Bond mit tiefem Coupon anfallende Kapitalertrag muss von einem privaten Investor in der Regel nicht versteuert werden. Die Coupons müssen jedoch als Zinserträge dem Einkommen zugerechnet werden und sind damit steuerpflichtig. Die Vorliebe für tiefe Coupons beschränkt sich jedoch nicht nur auf Investoren, bei denen Kapitalerträge steuerlich günstiger behandelt werden als Zinserträge. Oft zwingen Rechnungslegungsvorschriften auch juristische Personen zu einer solchen Präferenz. Die durch solche Präferenzen induzierte Nachfrage nach Bonds mit tiefen Coupons erhöht deren Preise und senkt damit den internen Zinssatz. Der präferenzinduzierte Couponeffekt wird beispielsweise bei der Berechnung des deutschen Rentenindexes REX explizit berücksichtigt.

Fristenstruktur und Forwardrates

Die Fristenstruktur der Spotrates widerspiegelt die Preise sämtlicher Wertpapiere mit fixen Zahlungsströmen und derselben Bonitätsklasse zu einem bestimmten Zeitpunkt. Die

Fristenstruktur ist somit durch Marktpreise vorgegeben und enthält deshalb auch Informationen bezüglich den von den Marktteilnehmern erwarteten zukünftigen Zinssätzen. Eine steigende Fristenstruktur deutet beispielsweise darauf hin, dass die Marktteilnehmer in der Zukunft höhere kurzfristige Zinssätze erwarten. Wäre dem nicht so, so würden die Investoren eine langfristige Geldanlage einer überrollenden Strategie in kurzfristigen Anlagen vorziehen. Durch die steigende Nachfrage nach langfristigen Bonds würden deren Preise steigen, die entsprechenden Spotrates sinken und daraus würde eine flachere Fristenstruktur resultieren. Die am Markt beobachtete Fristenstruktur widerspiegelt deshalb die von den Marktteilnehmern in der Zukunft erwartete Zinsentwicklung.

Gemäss der bereits angesprochenen Überlegung muss die Forwardrate so bestimmt werden, dass eine überrollende Strategie in kurzfristigen Anlagen dieselbe Gesamtrendite abwirft wie eine längerfristige Anlage. Nehmen wir zum Beispiel an, ein Investor möchte eine Million CHF für ein Jahr anlegen. Es bestehen zwei mögliche Anlagevarianten: **Berechnung der Forwardrate**

Variante 1: Anlage des Kapitals am Euromarkt für 12 Monate zum 12-Monats-Euromarktsatz von $s_{12} = 4\%$.

Variante 2: Anlage des Kapitals am Euromarkt für 6 Monate ($s_6 = 3.75\%$) und in 6 Monaten für weitere 6 Monate.

Nehmen wir an, die Konditionen für die zweite Anlageperiode bei *Variante 2* können bereits heute festgelegt werden, wobei dieser Terminzinssatz der Forwardrate f_{6x12} entspricht. Wie hoch muss die Forwardrate gewählt werden, damit der Investor zwischen den *Varianten 1* und *2* indifferent ist? Um diese Frage zu beantworten, muss die folgende Gleichung nach f_{6x12} aufgelöst werden:

$$1\,\text{Mio} \times \left(1 + 0.04 \times \frac{360}{360}\right) =$$

$$= 1\,\text{Mio} \times \left(1 + 0.0375 \times \frac{180}{360}\right) \times \left(1 + f_{6x12} \times \frac{180}{360}\right)$$

Für die Forwardrate f_{6x12} erhalten wir nun:

$$f_{6x12} = \left(\frac{1.04}{1.01875} - 1\right) \times \frac{360}{180} = 4.17\%$$

Wird für die zweite Anlageperiode in *Variante 2* bereits heute ein Zinssatz von 4.17% vereinbart, dann erwirtschaftet der Investor mit beiden Anlagevarianten dieselbe Gesamtrendite.

Forwardrates und Arbitrage

Weicht der von einem Marktteilnehmer angebotene Terminzinssatz von der soeben berechneten Forwardrate ab, dann entstehen Arbitragemöglichkeiten. Arbitrage ist immer dann möglich, wenn durch eine gezielte Anlagestrategie ein risikoloser Gewinn ohne Kapitaleinsatz erwirtschaftet werden kann. Nehmen wir z.B. an, eine Bank offeriert im obigen Beispiel einen Terminzinssatz von $f^{*}_{6x12} = 4.5\%$. In dieser Situation lohnt es sich, 12-Monats-Geld auf dem Euromarkt aufzunehmen und das Kapital gemäss der überrollenden Strategie (*Variante 2*) anzulegen. Bei einem Nominalwert von 1 Mio CHF betragen die Kreditkosten 40'000 CHF. Der anhand der überrollenden Strategie erwirtschaftete Zins beträgt jedoch 41'672 CHF[1]. Es resultiert somit ein Arbitragegewinn von 1'672 CHF. Da sehr viele Marktteilnehmer diese Strategie verfolgen werden, wird die Bank den Terminzinssatz senken müssen, bis die Arbitragemöglichkeiten verschwinden.

Riding the yield curve

Riding the yield curve ist eine oft eingesetzte Bondportfoliostrategie. Voraussetzung ist eine in einem bestimmten Laufzeitsegment steile Fristenstruktur der Zinssätze oder Yieldkurve. Wird in dieser Situation ein Bond mit langer Restlaufzeit und hohem Yield gekauft, so kann eine über-

---

[1] $1\,\text{Mio} \times (1.01875) \times (1.0225) - 1\,\text{Mio.} = 41'672$

Kapitel 15

durchschnittliche Rendite erzielt werden, wenn sich die Yieldkurve während der nächsten Zeit nicht verändert. Ein Beispiel soll dies verdeutlichen. Nehmen wir an, die Spotrate für ein Jahr beträgt s_1 = 5% und diejenige für zwei Jahre s_2 = 6%. Ein Investor kauft einen zweijährigen Bond mit einem Coupon von 6%. Der Preis P und der Yield y des Bonds betragen:

$$P = \frac{6}{1.05} + \frac{106}{(1.06)^2} = 100.054 \qquad y = 5.971\%$$

Verändert sich die Fristenstruktur während dem nächsten Jahr nicht, dann beträgt der Preis des Bonds P* und die Yield y* in einem Jahr:

$$P^* = \frac{106}{1.05} = 100.952 \qquad y^* = 5\%$$

Wird der in einem Jahr bezahlte Coupon berücksichtigt, dann beträgt die in diesem Jahr erzielte Gesamtrendite:

$$\text{Gesamtrendite} = \frac{100.952 + 6}{100.054} - 1 = 6.895\%$$

Die während diesem Jahr erzielte Gesamtrendite liegt somit deutlich über dem ursprünglichen Yield des Bonds von y = 5.971%. Wie kann diese überdurchschnittliche Performance erklärt werden? Die hohe Gesamtrendite hängt mit der Annahme der sich nicht verändernden Fristenstruktur zusammen. Eine stark steigende Fristenstruktur impliziert nämlich stark steigende Zinserwartungen. So beträgt im Beispiel die Forwardrate f_{1x2} für den 1-Jahres-Zinssatz in einem Jahr:

$$f_{1x2} = \frac{(1+s_2)^2}{1+s_1} - 1 = \frac{(1.06)^2}{1.05} - 1 = 7.010\%$$

Wird eine sich nicht verändernde Fristenstruktur angenommen, dann handelt es sich im Vergleich zur neutralen Markterwartung (Forwardrate) um eine aktive Prognose bezüglich sinkender Zinsen. Trifft diese Prognose tatsächlich ein, dann kann eine überdurchschnittliche Gesamtrendite erwirtschaftet werden. Entspricht jedoch die 1-Jahres-Spotrate in einem Jahr der heutigen Forwardrate, dann beträgt der Preis P* des Couponbonds in einem Jahr:

$$P^* = \frac{106}{1.0701} = 99.057$$

Die Gesamtrendite ist damit gleich:

$$\text{Gesamtrendite} = \frac{99.057 + 6}{100.054} - 1 = 5\%$$

Entspricht die 1-Jahres-Spotrate in einem Jahr der Forwardrate, dann ist die Gesamtrendite gleich der 1-Jahres-Spotrate.

Duration und Bondvolatilität

Die bisherigen Erläuterungen in diesem Kapitel haben sich hauptsächlich mit Bewertungsfragen und der Bedeutung der Fristenstruktur der Spotrates auseinandergesetzt. Im letzten Teil dieses Kapitels sollen die Grundlagen des Risikomanagements von Bondportfolios erarbeitet werden. Es wurde gezeigt, dass die Preise von Couponbonds bestimmt werden, indem die zukünftigen Cash-Flows (Coupons und Nennwert) mit den periodenadäquaten Spotrates abdiskontiert werden. Da die Cash Flows fest vorgegeben sind, hängt der Bondpreis nur von den Spotrates ab. Bewegt sich die Fristenstruktur der Spotrates, so ändert sich demnach auch der Bondpreis. Die Fristenstruktur ist somit der den Bondpreisen zugrundeliegende Risikofaktor. Für eine einfache Darstellung des Risikos eines Bonds wird jedoch in der Regel der interne Zinssatz als der einzige Risikofaktor herangezogen.[2] Ändert sich der interne Zinssatz eines Bonds, dann bewegt sich auch dessen Preis. *Abbildung 15.3* gibt die Beziehung zwischen dem Preis und dem internen Zinssatz eines Couponbonds wieder. Es ist gut ersichtlich, dass es sich dabei um eine konvexe Beziehung handelt.

---

[2] Komplexere Zinsstrukturrisiken werden in Kapitel 16 näher betrachtet.

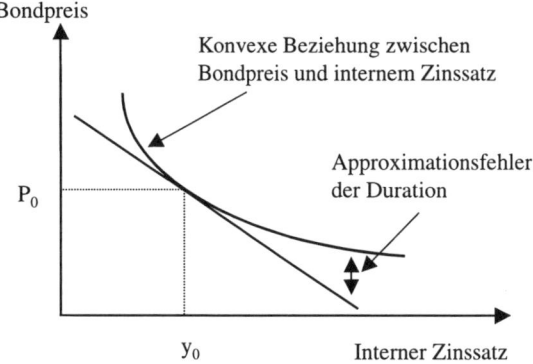

Bondpreis

Konvexe Beziehung zwischen
Bondpreis und internem Zinssatz

Approximationsfehler
der Duration

P_0

y_0 Interner Zinssatz

Abbildung 15.3: Beziehung Bondpreis - Interner Zinssatz

Das Risiko eines Bonds wird nun als Preissensitivität bezüglich des internen Zinssatzes y definiert. Dazu wird die Änderung des Preises dP bei einer sehr kleinen Änderung des internen Zinssatzes dy betrachtet. Mathematisch handelt es sich
bei dieser Preissensitivität um die erste Ableitung der Preisformel nach dem internen Zinssatz y. Die Preisformel lautet:

$$P = \sum_{t=1}^{T} \frac{CF(t)}{(1+y)^t}$$

Für die erste Ableitung dP/dy gilt damit:

$$\frac{dP}{dy} = \sum_{t=1}^{T} \frac{(-t) \times CF(t)}{(1+y)^{t+1}} = -\frac{1}{(1+y)} \times \sum_{t=1}^{T} \frac{t \times CF(t)}{(1+y)^t}$$

Diese erste Ableitung kann als lineare Approximation der
konvexen Beziehung zwischen dem Bondpreis und dem internen Zinssatz interpretiert werden (Vgl. *Abbildung 15.3*). Je
grösser die tatsächliche Änderung des internen Zinssatzes Δy,
desto ungenauer ist diese lineare Approximation. Wird diese
Gleichung auf beiden Seiten durch P dividiert, so erhält man
die prozentuale Änderung des Bondpreises dP/P bei einer Änderung des internen Zinssatzes um dy:

$$\frac{dP/P}{dy} = -\frac{1}{(1+y)} \times \sum_{t=1}^{T} \frac{t \times CF(t)}{(1+y)^t} \bigg/ P = -\underbrace{\frac{1}{(1+y)} \times D_{\text{Macaulay}}}_{\text{Modified Duration}}$$

Die Macaulay Duration D_{Macaulay} ist damit definiert als:

$$D_{\text{Macaulay}} = \frac{\sum_{t=1}^{T} \frac{t \times CF(t)}{(1+y)^t}}{P}$$

Je höher die Macaulay Duration, desto grösser ist die Bondvolatilität $\frac{dP/P}{dy}$. Für Bond B mit einer Restlaufzeit von 5 Jahren und einem Coupon von 10% beträgt die Macaulay Duration beispielsweise:

$$D_{\text{Mac}} = \frac{\frac{1 \times 10}{1.08618} + \frac{2 \times 10}{(1.08618)^2} + \ldots + \frac{5 \times 110}{(1.08618)^5}}{105.43} = 4.19$$

Die Macaulay Duration kann damit auch als barwertgewichtete Restlaufzeit eines Bonds interpretiert werden und ist eine Risikomasszahl mit der Einheit „Jahre". Die Modified Duration hingegen ist ein reines Sensitivitätsmass und hat deshalb auch die Einheit „Prozente". Die Macaulay Duration als barwertgewichtete Restlaufzeit wird oft in der in *Abbildung 15.4* wiedergegebenen „Waage"-Darstellung veranschaulicht. Konkret gibt die Macaulay Duration jenen Zeitpunkt an, zu welchem die Hälfte des Barwerts aller Zahlungsströme fällig geworden ist bzw. die andere Hälfte noch geschuldet wird.

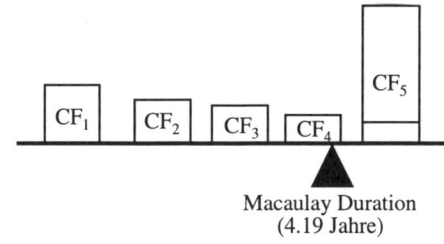

Macaulay Duration
(4.19 Jahre)

Abbildung 15.4: Macaulay Duration als barwertgewichtete Restlaufzeit

Bisher wurde gezeigt, dass die Macaulay Duration zur Berechnung der Zinssensitivität sowie als barwertgewichtete Restlaufzeit zur Bestimmung des Zeitpunktes, wo 50% der Schuld fällig geworden ist, Verwendung finden kann. Die Macaulay Duration kann aber auch zur Immunisierung eines vorgegebenen Endvermögens eingesetzt werden. Will ein Bondportfoliomanager zu einem bestimmten zukünftigen Zeitpunkt mit Sicherheit ein bestimmtes Vermögen (Rendite) erreichen, so muss er die Duration des Bonds (Bondportfolios) gleich dem Planungshorizont, das heisst dem Zeitpunkt, bis zu welchem das vorgegebene Vermögen erzielt werden soll, setzen. Diese Strategie schützt den Manager vor einer einmaligen Parallelverschiebung der Zinssätze.

Duration und Immunisierung

Unter der Annahme einer flachen Fristenstruktur bei 8% soll am Beispiel von Bond A (4% Coupon, 5 Jahre Restlaufzeit) diese Eigenschaft der Duration aufgezeigt werden. Bond A weist beim Vorliegen einer flachen Zinsstruktur bei 8% eine Macaulay Duration von 4.59 Jahren auf.

In *Tabelle 15.4* sind in der zweiten Spalte die Preise von Bond A bei einem Zinsniveau von 8% sowie bei einer Verschiebung des Zinsniveaus um +/- 1% dargestellt. In den Spalten drei bis acht sind die Vermögensstände nach den in der zweiten Zeile angegebenen Anzahl Jahre unter der Annahme, dass die erhaltenen Coupons jeweils zum herrschenden Marktzinssatz reinvestiert werden, angegeben. Steigt das Zinsniveau um 1% (y = 9%), so sinkt der Preis des Bonds auf 80.55 ab, die zukünftig anfallenden Coupons können aber zu einem höheren Zinssatz reinvestiert werden. Nach 4.59 Jahren ist der durch die Erhöhung des Zinsniveaus ausgelöste Kursverlust ausgeglichen. Bis zum Verfall von Bond A wird der anfängliche Verlust mit einem Endvermögen von 123.94 sogar überkompensiert. Dies bedeutet, dass der anfängliche Kursverlust von Bond A durch die höheren Reinvestitionserträge sogar übertroffen wurde. Fallen die Zinssätze über das gesamte Laufzeitspektrum um 1%, so steigt der Preis des Bonds auf 87.70. Wird wiederum angenommen, dass die Coupons zum Marktzinssatz (7%) reinvestiert werden, so bleibt der kumulierte Wert der durch Bond A generierten Cash-Flows vorerst über dem kumulierten Vermögen ohne Zinssatzveränderung. Nach 4.59 Jahren (= Duration) ist der Kursgewinn als Folge der geringeren Reinvestitionserträge der Coupons aufgezerrt und das Gesamtvermögen entspricht dem Vermögensstand unter beliebigen Zinsanpassungen zu Beginn des Planungshorizonts. Nach fünf Jahren resultiert aus dem ursprünglichen Kursgewinn sogar ein im Vergleich zu den alternativen Zinsszenarien tieferes Endvermögen.

Yield	**Vermögen**						
	heute	1 Jahr	2 Jahren	3 Jahren	4 Jahren	**4.59 Jahren**	5 Jahren
y = 9%	80.55	87.80	95.70	104.32	113.71	**119.64**	123.94
y = 8%	84.03	90.75	98.01	105.85	114.32	**119.64**	123.47
y = 7%	87.70	93.84	100.41	107.44	114.96	**119.64**	123.00

Tabelle 15.3: Macaulay Duration und Immunisierung

Wird also die Duration entsprechend dem Planungshorizont gewählt, so kann bereits heute bestimmt werden, welches Vermögen am Ende des Planungshorizonts mit Sicherheit vorliegen wird. Für Bond A kann mit Sicherheit gesagt werden, dass nach 4.59 Jahren ein Vermögen von 119.64 verfügbar sein wird. In der Praxis wird ein Bondportfolio gegenüber dem Zinsänderungsrisiko immunisiert, indem die Duration des Portfolios gemäss dem Planungshorizont angepasst wird.

Duration eines Portfolios

Bis jetzt haben wir die Duration eines einzelnen Bonds betrachtet. Wie wird jedoch die Duration eines ganzen Bondportfolios berechnet? Es kann gezeigt werden, dass die Modified Duration D_P^{Mod} eines Bondportfolios gleich der barwertgewichteten Summe der Modified Durations D_k^{Mod} der im jeweiligen Portfolio enthaltenen Wertpapiere ist. Es gilt somit:

$$D_P^{Mod} = \sum_{k=1}^{K} w_k \times D_k^{Mod}$$

w_k ist dabei der Barwertanteil der k-ten Position im Portfolio. Sind die Modified Durations der einzelnen Bonds des betrachteten Portfolios bekannt, so kann also die Modified Duration des Portfolios sehr einfach bestimmt werden.

Anhand von *Abbildung 15.3* wurde gezeigt, dass die Macaulay Duration die tatsächliche Beziehung zwischen den Bondpreisen und den internen Zinssätzen nur linear approximiert. Dabei wird die durch eine Senkung des internen Zinssatzes hervorgerufene Bondpreiserhöhung unterschätzt, währenddem die Reduktion der Bondpreise als Folge eines Zinsanstieges überschätzt wird. Die Approximation der Bondpreisveränderung kann verbessert werden, indem zusätzlich die sogenannte Konvexität K betrachtet wird. Die Konvexität K ist dabei wie folgt definiert:

Konvexität

$$K = \frac{\sum_{t=1}^{T} \dfrac{t \times (t+1) \times CF(t)}{(1+y)^t}}{P}$$

Die prozentuale Bondpreisänderung $\Delta P/P$ als Reaktion auf eine Änderung des internen Zinssatzes um Δy kann unter Berücksichtigung der Konvexität K genauer approximiert werden:

$$\frac{\Delta P}{P} \approx \underbrace{-\frac{1}{1+y} \times D_{Mac} \times \Delta y}_{\substack{\text{geschätzte Bondpreisände-}\\\text{rung aufgrund der Duration}}} + \underbrace{\frac{1}{2} \times \frac{1}{(1+y)^2} \times K \times (\Delta y)^2}_{\substack{\text{geschätzte Adjustierung}\\\text{unter Berücksichtigung der}\\\text{Konvexität}}}$$

Am Beispiel von Bond B (5 Jahre Restlaufzeit, 10% Coupon) soll nun gezeigt werden, wie exakt die Macaulay Duration und die Konvexität die durch eine Anhebung des internen

Zinssatzes y um 1% ausgelöste Bondpreisveränderung beschreiben können. Dazu wird in einem ersten Schritt die tatsächliche Bondpreisveränderung $\Delta P/P$ anhand des Barwertmodells berechnet:

$$\frac{\Delta P}{P} = \underbrace{\left(\frac{10}{1.09618} + \frac{10}{1.09618^2} + ... + \frac{110}{1.09618^5} \right) - 105.43}_{\substack{\text{Preis von Bond B nach Anstieg von y um 1\%}}}_{P_B}$$

Bond B weist folgende Konvexität auf:

$$K = \frac{\dfrac{1\times2\times10}{1.08618} + \dfrac{2\times3\times10}{1.08618^2} + \dfrac{3\times4\times10}{1.08618^3} + \dfrac{4\times5\times10}{1.08618^4} + \dfrac{5\times6\times110}{1.08618^5}}{105.43}$$

$$= 23.612$$

Werden nun die Duration sowie die Konvexität von Bond B zur Approximation der Preisveränderung $\Delta P/P$ berücksichtigt, so resultiert:

$$\frac{\Delta P}{P} = \underbrace{-\frac{1}{1.08618}\times 4.19 \times 0.01}_{3.861\%} + \underbrace{\frac{1}{2} \times \frac{1}{1.08618^2} \times 23.612 \times 0.01^2}_{0.0100\%}$$

$$= -3.761\%$$

Eine 1% Erhöhung des internen Zinssatzes y führt zu einer tatsächlichen Reduktion des Preises von Bond B um - 3.762%, was einem absoluten Wert von - 3.966 entspricht. Die lineare Approximation mittels Macaulay Duration überschätzt die tatsächliche Reduktion des Bondpreises P_B mit einem Wert von - 3.861% (absolut -4.070). Unter Berücksichtigung der Konvexität (+ 0.01%) ergibt sich eine Preisreduktion von - 3.761%, was der tatsächlichen Bondpreisreduktion sehr nahe kommt. Bei grösseren Verschiebungen des internen Zinssatzes muss deshalb die Konvexität stets berücksichtigt werden.

In der Praxis wird die Konvexität hauptsächlich im Zusammenhang mit der Absicherung von Bondportfolios verwendet. Als Absicherungsinstrument gegen Zinsänderungsrisiken von Bondportfolios setzt man in der Regel Bond-Futures ein, wie z.B. den CONF - oder den COMI - Future in der Schweiz. Wird eine perfekte Immunisierung gegenüber Veränderungen der Rendite eines Bondportfolios angestrebt, dann wird ein sogenannter Duration-Hedge implementiert. Der Duration-Hedge bewirkt, dass die aufgrund von Renditeverschiebungen ausgelösten Verluste/Gewinne des Bondportfolios durch entsprechende Verluste/Gewinne des Absicherungsinstrumentes kompensiert werden. Im Abschnitt zur Konvexität wurde jedoch gezeigt, dass die Duration die tatsächliche Preisänderung zinsabhängiger Wertpapiere/Derivate insbesondere bei grösseren Zinssatzveränderungen nicht korrekt wiedergibt. Bei grösseren Verschiebungen der Zinsstruktur weist deshalb auch ein bezüglich der Duration perfekt abgesichertes Bondportfolio ein Zinsänderungsrisiko auf. Wird die Konvexität des Absicherungsinstrumentes kleiner gewählt als diejenige des abzusichernden Bondportfolios, dann entsteht ein sogenannter *konvexer Hedge*, der eine auf den ersten Blick sehr interessante Eigenschaft aufweist: Positive wie auch negative Veränderungen des Yields führen stets zu einem Gewinn auf dem abgesicherten Portfolio. Ein vereinfachtes Beispiel soll diesen Effekt verdeutlichen.

Ein Bondportfolio besteht aus einer Long-Position in 1-jährigen sowie 10-jährigen Bonds mit einem Coupon von 4%. Dieses Portfolio wird mit einer Short-Position bestehend aus 5-jährigen Bonds mit einem Coupon von ebenfalls 4% abgesichert.[3] In der Ausgangslage besteht eine flache Fristenstruktur bei 4%. Sämtliche drei Bonds weisen deshalb einen Preis von 100 und einen Yield von 4% auf. Die Zusammensetzung des Portfolios ist in *Tabelle 15.4* wiedergegeben. Die Gewichte wurden so gewählt, dass sowohl der Marktwert wie auch die Macaulay Duration der Long-Position und der Short-Position übereinstimmen. Die Konvexität der Long-Position ist jedoch höher als diejenige der Short-Position.

---

[3] Diese Short-Position steht hier stellvertretend für eine Short-Position in einem Bond-Futures.

Laufzeit (Jahre)	Yield	Preis	Portfolio-gewicht	Bestand	Dura-tion	Kon-vexität
1	4%	100	1.000	100.000	1.000	2.000
10	4%	100	0.954	95.387	8.435	114.397
Long-Position				**195.387**	**4.630**	**56.872**
5	4%	100	1.954	-195.387	4.630	27.054
Short-Position				**-195.387**	**4.630**	**27.054**

Tabelle 15.4: Zusammensetzung des Beispielportfolios (Coupon = 4%)

Laufzeit (Jahre)	Yield	Preis	Bestand	Yield	Preis	Bestand
1	5%	99.048	99.048	3%	100.971	100.971
10	5%	92.278	88.021	3%	108.580	103.524
Long-Position			**187.069**			**204.495**
5	5%	95.671	-186.928	3%	104.580	-204.335
Short-Position			**-186.928**			**-204.335**
Gesamt-Position			**0.141**			**0.160**

Tabelle 15.5: Auswirkung von Zinsänderungen auf Portfoliowert

Es wird nun angenommen, dass sich die Fristenstruktur unmittelbar um 1% nach oben resp. nach unten bewegt. Damit verschiebt sich auch die Rendite der drei Bonds auf 5% resp. 3%. In Tabelle 15.4 sind die Auswirkungen dieser Zinsänderung auf die Bondpreise und den Wert der abgesicherten Position wiedergegeben. Interessant ist die Feststellung, dass der Wert der abgesicherten Position unabhängig vom Vorzeichen der Zinsänderung steigt. Es handelt sich deshalb um eine prognoseunabhängige Strategie.

Es muss jedoch beachtet werden, dass bei der soeben beschriebenen Absicherung stets von einer parallelen Verschiebung der Fristenstruktur ausgegangen wurde. Das abgesicherte Portfolio weist sowohl bei einer parallelen Verschiebung der Fristenstruktur nach oben wie auch nach unten eine positive Wertveränderung auf. Sinken jedoch beispielsweise die kurzfristigen Spotrates stärker als die langfristigen

Spotrates, dann ist ein Verlust auf der abgesicherten Position möglich. Insgesamt erwartet der Markt weder einen Verlust noch einen Gewinn, da sonst Arbitragetransaktionen möglich wären.[4] Insgesamt lohnt sich eine konvexe Absicherungsstrategie nur dann, wenn der jeweilige Portfoliomanager parallelen Zinsänderungen eine relativ zur Marktmeinung hohe Wahrscheinlichkeit zuordnet und sich diese aktive Marktprognose als korrekt herausstellt. Will ein Portfoliomanager keine aktiven Zinserwartungen umsetzen, dann weist ein konvexer Hedge gegenüber einem konkaven Hedge keine Vorteile auf.

Zusammenfassung

In diesem Kapitel wurden die Grundlagen des modernen Bondportfoliomanagements erarbeitet. Die Fristenstruktur der Spotrates bildet dabei die Ausgangslage für die Bewertung und das Risikomanagement zinsabhängiger Wertpapiere. Der interne Zinssatz eines Bonds ist als laufzeitspezifisches Anlagekriterium nicht geeignet. Anhand der Fristenstruktur können zukünftige Zinskonditionen festgelegt werden, indem die Forwardrates berechnet werden. Die Macaulay Duration kann als das wohl bekannteste Risikomass bezeichnet werden. Sie beschreibt die Preissensitivität eines Bonds bezüglich des internen Zinssatzes. Des weiteren kann die Macaulay Duration zur Immunisierung gegenüber dem Zinsänderungsrisiko eingesetzt werden. Unter Berücksichtigung der Konvexität kann die Beziehung zwischen dem Bondpreis und dem internen Zinssatz besser approximiert werden. Die Macaulay Duration und die Konvexität unterstellen jedoch sehr restriktive Annahmen bezüglich der Bewegung der Fristenstruktur. Diese Annahmen werden anhand des im nächsten Kapitel vorgestellten Key-Rate-Duration-Ansatzes gelockert.

---

[4] Diese Aussage gilt eigentlich nur in einer risikoneutralen Welt, d.h. wenn von Risikoüblegungen und Risikoprämien abstrahiert wird. Werden Risikoüberlegungen berücksichtigt, dann kann eine erwarteter Gewinn/Verlust auf Risikoprämien zurückgeführt werden.

Literaturhinweise

Einführende Literatur:

FABOZZI, FRANK J. (1996):"Bond Markets, Analysis and Strategies", Prentice Hall, Englewood, NJ.

HAWAWINI, GABRIEL (1986): „Controlling the Interest-Rate Risk of Bonds: Introduction to Duration Analysis and Immunization Strategies", Finanzmarkt und Portfolio Management 4, pp. 8-18.

UHLIR, HELMUT und PETER STEINER (1994): „Wertpapieranalyse", Physica-Verlag, Heidelberg.

Weiterführende Literatur:

AUCKENTHALER, CHRISTOPH (1994): „Theorie und Praxis des modernen Portfolio-Managements", Paul Haupt, Bern.

BIERWAG, GERALD O. (1987): „Duration Analysis: Managing Interest Rate Risk", Ballinger Publishing Company, Cambridge, MA.

FABOZZI, FRANK J. (1997): „Fixed Income Mathematics: Analytical and Statistical Techniques", McGraw Hill, New York.

Kapitel 15

Kapitel 16

Management komplexer Zinsänderungsrisiken

von Alfred Bühler

Im Kapitel 15 wurden der Barwert, der interne Zinssatz und die Macaulay Duration als grundlegende Grössen des modernen Bondportfoliomanagements vorgestellt. Diese Kennzahlen weisen den bedeutenden Vorteil auf, dass sie in prägnanter Weise die zentralen Charakteristika eines Bondportfolios zusammenfassen. Die Kennzahlen sind gut kommunizierbar und eignen sich aus dieser Sichtweise für einen Einsatz im Risikomanagement-Prozess. Es muss jedoch beachtet werden, dass das Risikomanagement anhand dieser Kennzahlen und insbesondere anhand der Macaulay Duration aufgrund der hohen Informationsaggregation problematisch ist. Diese Problematik wird anhand des folgenden Beispiels verdeutlicht.

Betrachten wir einen 4-jährigen Bond mit einem Coupon von 6% stellvertretend für ein ganzes Bondportfolio. Die am Markt beobachtete Fristenstruktur der Spotrates beträgt:

Kennzahlen

Laufzeit (Jahre)	1	2	3	4
Spotrate	5.1 %	5.3 %	5.4 %	5.45 %

Tabelle 16.1: Spotrates im Beispiel.

Die für die Bewertung und das Risikomanagement relevanten Grössen, nämlich die einzelnen Cash-Flows und die Fristenstruktur der Spotrates, sind in *Abbildung 16.1* graphisch dargestellt. Für die Analyse dieses einfachen Bonds müssen bereits acht Grössen, nämlich vier Cash-Flows und vier Spotrates, bekannt sein.

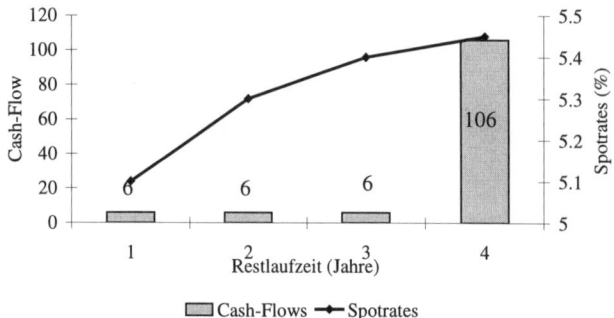

Abbildung 16.1: Cash-Flows des 6% - Couponbonds und Spotrates.

Nimmt die Anzahl Bonds im betrachteten Portfolio zu, dann steigt die für eine exakte Analyse des Portfolios benötigte Information stark an. Es wird sehr schnell nötig sein, die Charakteristika des Portfolios anhand von Kennzahlen abzubilden. Die drei wichtigsten Kennzahlen für den betrachteten Bond sind:

Barwert P:

$$P = \frac{6}{1.051} + \frac{6}{(1.053)^2} + \frac{6}{(1.054)^3} + \frac{106}{(1.0545)^4} = 101.97$$

Interner Zinssatz y: (Yield to Maturity)

$$P = 101.97 = \frac{6}{1+y} + \frac{6}{(1+y)^2} + \frac{6}{(1+y)^3} + \frac{106}{(1+y)^4}$$

→ $y = 5.44\%$

Macaulay Duration D:

$$D = \frac{\dfrac{6 \times 1}{1.0544} + \dfrac{6 \times 2}{(1.0544)^2} + \dfrac{6 \times 3}{(1.0544)^3} + \dfrac{106 \times 4}{(1.0544)^4}}{101.97} = 3.6757$$

Diese drei Kennzahlen enthalten Informationen über den Preis, die Rendite und das Risiko des betrachteten Portfolios. Wird jedoch das Risikomanagement anhand dieser Kennzahlen durchgeführt, dann wird implizit angenommen, dass das betrachtete Portfolio die in *Abbildung 16.2* wiedergegebenen Charakteristika aufweist. Erstens wird eine horizontale Fristenstruktur der Spotrates bei $y = 5.44\%$ unterstellt und zweitens wird angenommen, dass nur ein Cash-Flow zu dem mit der Duration identischen Zeitpunkt anfällt.

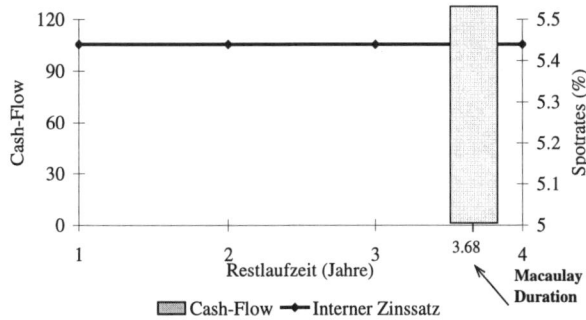

Abbildung 16.2: Interner Zinssatz und Macaulay Duration des 6%-Couponbonds.

Die vielseitige Struktur eines Bondporfolios bezüglich den Dimensionen „Fristenstruktur der Spotrates" und „Cash-Flow-Struktur" wird dabei auf zwei Werte, nämlich den internen Zinssatz und die Macaulay Duration projiziert. Dabei geht sehr viel Information verloren, was sich bereits bei dem in *Abbildungen 16.1* und *16.2* dargestellten einfachen Beispiel zeigt. Es ist prinzipiell eine unbegrenzte Anzahl Portfolios denkbar, welche genau denselben internen Zinssatz und dieselbe Duration aufweisen wie der betrachtete Bond. Diese Portfolios können jedoch sehr unterschiedlich strukturiert sein, und es ist deshalb intuitiv verständlich, dass ein Risikomanagement anhand der Kennzahlen zu ungenauen Ergebnissen führen muss.

Vorteile und Nachteile der Kennzahlen

Die Ausführungen im letzten Abschnitt sollten nicht in der Weise interpretiert werden, dass die Kennzahlen im Rahmen des Risikomanagements zinsabhängiger Instrumente unbrauchbar sind. Die Kennzahlen haben als Orientierungsgrössen durchaus ihre Berechtigung. Zusammengefasst können folgende Vorteile und Nachteile der Kennzahlen aufgeführt werden:

Die Vorteile sind:
- Barwert, interner Zinssatz und Macaulay Duration geben die Hauptcharakteristika einer Fixed-Income Position in prägnanter Weise wieder.
- Die Kennzahlen sind leicht verständlich und kommunizierbar.

Die Nachteile sind:
- Durch die Informationsaggregation geht sehr viel Information verloren (Fristenstruktur der Spotrates und zeitlicher Anfall der einzelnen Cash-Flows).
- Das Risikomanagement eines Fixed-Income Portfolios aufgrund dieser Kennzahlen ist deshalb in vielen Fällen sehr ungenau.
- Die Macaulay Duration unterstellt Annahmen, die in der Regel nicht erfüllt sind.

Die Annahmen der Macaulay Duration

Die Probleme bei der Steuerung des Risikos eines Bondportfolios anhand der Macaulay Duration können direkt anhand der restriktiven Annahmen des Duration-Konzeptes erläutert werden. Bei der Herleitung der Macaulay Duration im letzten Kapitel wurden die folgenden Annahmen getroffen:

- Es wird eine horizontale Fristenstruktur der Spotrates unterstellt.
- Es werden nur parallele Verschiebungen dieser Fristenstruktur zugelassen
- Es werden sehr kleine Änderungen des internen Zinssatzes Δy angenommen.

Die Annahme einer horizontalen Fristenstruktur der Spotrates ist für das Risikomanagement weniger bedeutend und kann anhand des im folgenden illustrierten Ansatzes der „Effective" - Duration gelockert werden. Die Annahme der Parallelverschiebung der Fristenstruktur ist jedoch sehr zentral und für das Risikomanagement von grosser Bedeutung. Da die Duration die Sensitivität des Bondpreises bezüglich den Änderungen des internen Zinssatzes misst, wird angenommen, dass sich die Fristenstruktur gleichmässig nach oben oder unten bewegt. Aus statistischer Sicht bedeutet dies, dass die Spotrates mit unterschiedlicher Laufzeit dieselbe Volatilität aufweisen und perfekt miteinander korreliert sind. Faktoranalysen zeigen jedoch, dass dies der Realität nicht entspricht.[1] Normalerweise bewegen sich die kurzfristigen Zinssätze stärker als die langfristigen Zinssätze, und oft kann auch eine Drehung der Fristenstruktur beobachtet werden. Der in diesem Kapitel vorgestellte Key-Rate-Duration-Ansatz erlaubt die Berücksichtigung von nicht parallelen Zinsbewegungen beim Risikomanagement. Die dritte Annahme wurde bereits im letzten Kapitel diskutiert, und es konnte gezeigt werden, dass durch die Berücksichtigung der Konvexität die Beziehung zwischen dem Bondpreis und dem internen Zinssatz besser approximiert werden kann.

Um die tatsächliche Fristenstruktur der Spotrates in die Berechnung der Duration einzubauen, müssen die mit den Laufzeiten gewichteten Cash-Flows mit den periodenadäquaten Spotrates s_t abdiskontiert werden:[2]

„Effective" Duration

$$D_{Effective} = \frac{\sum_{t=1}^{T} \frac{t \times CF(t)}{\left(1+s_t\right)^t}}{P}$$

---

1   Vergleiche BÜHLER, ALFRED UND HEINZ ZIMMERMANN: „A Statistical Analysis of the Term Structure of Interest Rates in Switzerland and Germany", Journal of Fixed Income 1996/12, pp. 55-68.

2   Aus analytischer Sicht muss beachtet werden, dass die „Effective" Duration nicht wie die Macaulay Duration eine Parallelverschiebung der Fristenstruktur, sondern eine proportionale Verschiebung in der Form $\frac{\Delta s_1}{1+s_1} = \frac{\Delta s_2}{1+s_2} = ... = \frac{\Delta s_T}{1+s_T}$ unterstellt.

Für das zu Beginn des Kapitels eingeführte Beispiel ergibt sich damit eine „Effective" Duration $D_{Effective}$ von:

$$D_{Eff} = \frac{\dfrac{6 \times 1}{1.051} + \dfrac{6 \times 2}{(1.053)^2} + \dfrac{6 \times 3}{(1.054)^3} + \dfrac{106 \times 4}{(1.0545)^4}}{101.97} = 3.6753$$

Der Unterschied zur Macaulay Duration ist sehr gering und kann insbesondere bei einer flachen Fristenstruktur und Instrumenten mit kurzer Restlaufzeit vernachlässigt werden.

Key-Rate-Duration als Kompromiss

Für ein exaktes Risikomanagement eines Bondportfolios müssen sämtliche Cash-Flows und die entsprechenden Spotrates direkt berücksichtigt werden. Ein Bondportfolio wird dabei als ein Portfolio von Zerobonds aufgefasst, und das Risiko jedes dieser Zerobonds muss einzelnen betrachtet und gesteuert werden. Dies erlaubt die Steuerung der Preissensitivität des Portfolios bezüglich beliebiger Bewegungen der Fristenstruktur der Spotrates. Eine solche Vorgehensweise wäre jedoch sehr aufwendig und bei einem grösseren Portfolio kaum praktikabel. Auf der anderen Seite ist jedoch das Risikomanagement anhand der Macaulay Duration ungenügend. Es muss also ein Kompromiss zwischen diesen zwei extremen Positionen gefunden werden. Wie in *Abbildung 16.3* dargestellt ist, kann der Key-Rate-Duration-Ansatz an beliebiger Stelle zwischen diesen zwei extremen Alternativen positioniert werden. Der Ansatz ist damit sehr flexibel und kann individuellen Bedürfnissen angepasst werden.

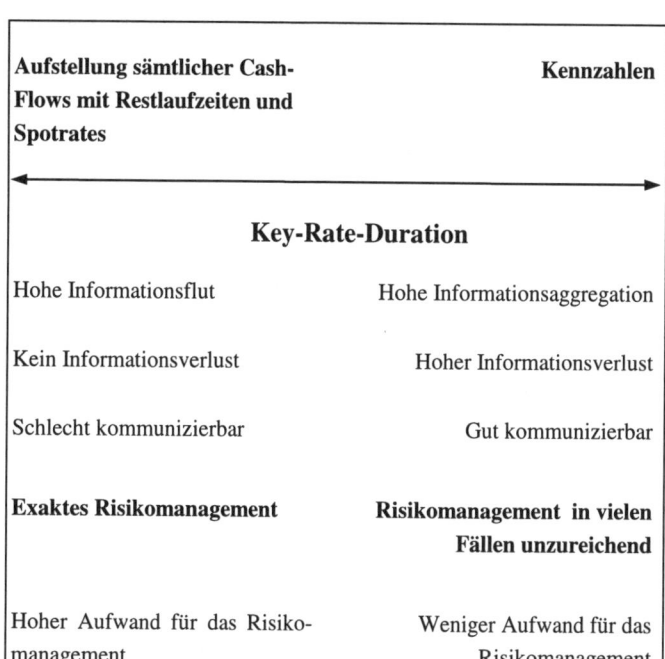

Aufstellung sämtlicher Cash-Flows mit Restlaufzeiten und Spotrates	Kennzahlen
◄──────────── **Key-Rate-Duration** ────────────►	
Hohe Informationsflut	Hohe Informationsaggregation
Kein Informationsverlust	Hoher Informationsverlust
Schlecht kommunizierbar	Gut kommunizierbar
Exaktes Risikomanagement	Risikomanagement in vielen Fällen unzureichend
Hoher Aufwand für das Risikomanagement	Weniger Aufwand für das Risikomanagement

Abbildung 16.3: Key-Rate-Duration als Kompromiss.

Für die Berechnung der Key-Rate-Durations (KRD's) eines zinsabhängigen Wertpapiers müssen zuerst die sogenannten Key-Rates und anschliessend die Key-Rate-Bewegungen definiert werden. Im betrachteten Beispiel werden die Key-Rates als 1-, 2-, 3-, und 4-Jahres-Spotrate festgelegt. Die Definition der Key-Rate-Bewegungen geht nun aus *Abbildung 16.4* hervor. Die ausgezogene Linie stellt die beobachtete Fristenstruktur und die gestrichelten Linien die Bewegungen der einzelnen Key-Rates um Δs_i dar. Die Anzahl und die Auswahl der Key-Rates ist beliebig wählbar und sollte aufgrund der Charakteristika des betrachteten Portfolios und unter Berücksichtigung des Steuerungsziels der Analyse erfolgen. Soll beispielsweise das Zinsänderungsrisiko eines Handelsportfolios exakt gesteuert werden, dann empfiehlt sich die Berücksichtigung einer grösseren Anzahl von Key-Rates. Soll hingegen ein KRD-Profil als Entscheidungsgrundlage für die Geschäftsleitung erstellt werden, so kann

Key-Rate-Bewegungen

die Zinssensitivität der betrachteten Positionen anhand einiger weniger Key-Rates anschaulich dargestellt werden. Allgemein sollten in denjenigen Laufzeitsegmenten mehr Key-Rates eingesetzt werden, in denen das Zinsrisiko der betrachteten Positionen gross ist.

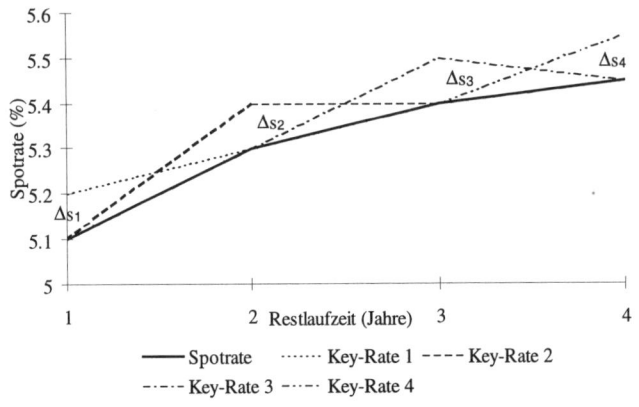

Abbildung 16.4: Bewegung der Key-Rates.

Berechnung der Key-Rate-Duration

Im Gegensatz zur Macaulay- und „Effective" Duration können die KRD's nur in speziellen Fällen anhand einer einfachen analytischen Formel bestimmt werden. Dies ist genau dann der Fall, wenn die Cash-Flows des jeweiligen Couponbonds zeitlich exakt mit den gewählten Key-Rates übereinstimmen. Die i-te Key-Rate-Duration KRD_i wird in diesem Spezialfall analog zur Modified Duration wie folgt definiert:[3]

$$KRD_i = -\frac{dP/P}{ds_i} = \frac{1}{1+s_i} \frac{i \times CF_i \dfrac{1}{\left(1+s_i\right)^i}}{P}$$

---

3 Vergleiche dazu HO (1992), p. 32.

Für den im Beispiel betrachteten 6%-Couponbond mit 4 Jahren Restlaufzeit gilt somit:

$$KRD_1 = \frac{1}{1.051} \frac{1 \times \dfrac{6}{1.051}}{101.97} = 0.0533$$

$$KRD_2 = \frac{1}{1.053} \frac{2 \times \dfrac{6}{(1.053)^2}}{101.97} = 0.1008$$

$$KRD_3 = \frac{1}{1.054} \frac{3 \times \dfrac{6}{(1.054)^3}}{101.97} = 0.1430$$

$$KRD_4 = \frac{1}{1.0545} \frac{4 \times \dfrac{106}{(1.0545)^4}}{101.97} = 3.1890$$

Werden diese KRD's graphisch dargestellt, dann entsteht ein KRD-Profil wie in *Abbildung 16.5*. Es gilt zu beachten, dass es sich bei den KRD's um Sensitivitäten mit der Einheit „Prozent" handelt. Die dritte KRD bedeutet beispielsweise, dass eine Verschiebung der dritten Key-Rate um 1% eine prozentuale Preisänderung des Bondpreises um 0.143% bewirkt.

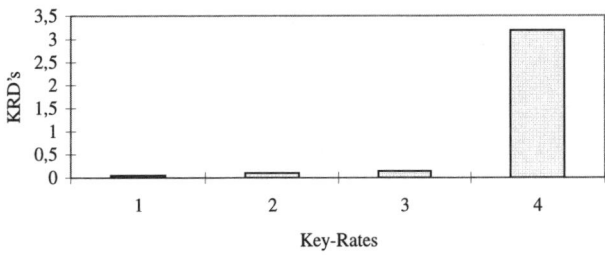

Abbildung 16.5: Key-Rate-Duration-Profil des 6%-Couponbonds.

Numerische	Für sämtliche Couponbonds, bei denen die Cash-Flows
Berechnung der	nicht mit den gewählten Key-Rates übereinstimmen, sowie
Key-Rate-	für komplizierte zinsabhängige Wertpapiere wie kündbare
Durations	Bonds, Caps, Floors oder Swaptions, müssen die KRD's nu-
	merisch bestimmt werden.

Die Vorgehensweise zur numerischen Berechnung der KRD's beginnt im Prinzip analog zu derjenigen zur Bestimmung des Preises einer Aktienoption im Black-Scholes-Modell. Im Black-Scholes-Modell wird die mutmassliche Entwicklung des Aktienpreises in der Zukunft modelliert, was die arbitragefreie Bewertung von Aktienoptionen erlaubt. Im Falle von zinsabhängigen Wertpapieren wird die mutmassliche Entwicklung des kurzfristigen Zinssatzes (z.B. des 1-Monats-Zinssatzes) modelliert. Die in der Zukunft möglichen kurzfristigen Zinssätze und deren Wahrscheinlichkeiten müssen nun so bestimmt werden, dass das Modell einerseits keine Arbitrage erlaubt und andererseits mit der heute beobachteten Fristenstruktur der Spotrates konsistent ist.[4] Damit können sämtliche zinsabhängigen Wertpapiere relativ zu einer vorgegebenen Fristenstruktur der Spotrates bewertet werden. Die i-te KRD entspricht nun dem negativen Wert der prozentualen Preisänderung des jeweiligen Wertpapiers als Reaktion auf eine Bewegung der i-ten Key-Rate (s_i). Zur numerischen Approximation müssen nun der Preis P des Wertpapiers vor und der Preis P_i nach der Bewegung der i-ten Key-Rate um Δs_i bestimmt und die entsprechenden Werte in folgende Formel eingesetzt werden:

$$KRD_i = -\frac{\dfrac{P_i - P}{P}}{\Delta s_i} = -\frac{\dfrac{\Delta P_i}{P}}{\Delta s_i}$$

In der *Tabelle 16.2* wird die numerische Berechnung der KRD's des 6%-Couponbonds schrittweise demonstriert. Die dritte KRD wird beispielsweise wie folgt berechnet:

---

4 Dies bedeutet, dass die anhand des Modells berechneten Preise von Couponbonds gleich den entsprechenden Marktpreisen sind.

$$KRD_3 = -\frac{\frac{P_3 - P}{P}}{\Delta s_3} = -\frac{\frac{101.957 - 101.972}{101.972}}{0.001} = 0.143$$

P_3 ist der Barwert des 6%-Couponbonds nach der Verschiebung der dritten Key-Rate um $\Delta s_3 = 0.1\%$ nach oben.

Shift 1: Key Rate 1 um 10 Basispunkte nach oben ($\Delta s_1 = 0.1\%$)
Shift 2: Key Rate 2 um 10 Basispunkte nach oben ($\Delta s_2 = 0.1\%$)

Periode	CF*	Spot	PV**	Shift 1	PV	Shift 2	PV
1	6	5.10	5.709	5.20	5.703	5.10	5.709
2	6	5.30	5.411	5.30	5.411	5.40	5.401
3	6	5.40	5.124	5.40	5.124	5.40	5.124
4	106	5.45	85.727	5.45	85.727	5.45	85.727
Preis			101.972		101.965		101.961
KRD					0.053		0.101

Shift 3: Key Rate 3 um 10 Basispunkte nach oben ($\Delta s_3 = 0.1\%$)
Shift 4: Key Rate 4 um 10 Basispunkte nach oben ($\Delta s_4 = 0.1\%$)

Periode	CV*	Spot	PV**	Shift 3	PV	Shift 4	PV
1	6	5.10	5.709	5.10	5.709	5.10	5.709
2	6	5.30	5.411	5.30	5.411	5.30	5.411
3	6	5.40	5.124	5.50	5.110	5.40	5.124
4	106	5.45	85.727	5.45	85.727	5.55	85.403
Preis			101.972		101.957		101.647
KRD					0.143		3.181

Tabelle 16.2: Numerische Berechnung der Key-Rate-Duration des 6%-Couponbonds (*CF = Cash Flow; ** Present Value (Barwert)).

Die analytisch berechneten KRD's stimmen somit mit den numerisch berechneten KRD's sehr gut überein.

**Zentrale
Eigenschaften**

Werden die Key-Rates in *Abbildung 16.4* jeweils um denselben Betrag Δs nach oben oder unten geschoben, so resultiert eine Parallelverschiebung der Fristenstruktur. Deshalb sollte die Summe der KRD's etwa der Modified Effective Duration entsprechen. Die Modified Effective Duration $D_{\text{Effective}}^{\text{Mod}}$ wird dabei wie folgt definiert:

$$D_{\text{Effective}}^{\text{Mod}} = \frac{1}{1+y} \times D_{\text{Effective}} = \frac{1}{1.0544} \times 3.6753 = 3.4857$$

Wie bereits bei der Macaulay Duration, so können auch die KRD eines Portfolios als barwertgewichtete Summe der KRD's der einzelnen Portfoliobestandteile bestimmt werden. Diese Eigenschaft der KRD's ist sehr wichtig, da damit die Bestimmung der KRD's eines Portfolios stark vereinfacht wird. Für die i-te KRD eines Portfolios bestehend aus K Positionen gilt somit:

$$KRD_{i,\text{Portf}} = \sum_{k=1}^{K} \frac{P_k}{P_{\text{Portf}}} \times KRD_{i,k} = \sum_{k=1}^{K} w_k \times KRD_{i,k}$$

w_k ist damit der Barwertanteil der k-ten Position des Portfolios.

**Key-Rate-
Duration
komplexer
Zinsinstrumente**

In diesem Abschnitt werden die KRD-Profile komplexerer Zinsinstrumente betrachtet. Ausgangslage ist dabei die in *Abbildung 16.6* wiedergegebene Fristenstruktur der Spotrates. Anhand dieser Fristenstruktur wurden die Preise verschiedener Zinsinstrumente bestimmt. Beim ersten Instrument handelt es sich um einen 8%-Couponbond mit einer Restlaufzeit von 5 Jahren. Neben diesem Straight-Bond wird ein kündbarer Bond betrachtet, der in zwei Jahren oder später zum Nominalwert kündbar ist, ansonsten aber dieselben Charakteristika wie der Straight-Bond aufweist. Ferner werden vier Optionen auf den Straight-Bond betrachtet. Es handelt sich dabei um eine europäische und eine amerikanische Call-Option sowie die entsprechenden Putoptionen. Alle Optionen verfallen in einem Jahr und haben einen Ausübungspreis von 100. Auf den Zinsmärkten ist der Umsatz von Caps, Floors, Collars oder Swaptions viel höher als derjenige in Bondoptionen. Es kann jedoch gezeigt werden, dass die Zinsoptionen als Portfolios von Bondoptionen dargestellt werden können. Damit können auch die KRD-Profile der Zinsoptionen direkt anhand der Bondoptionen bestimmt werden.

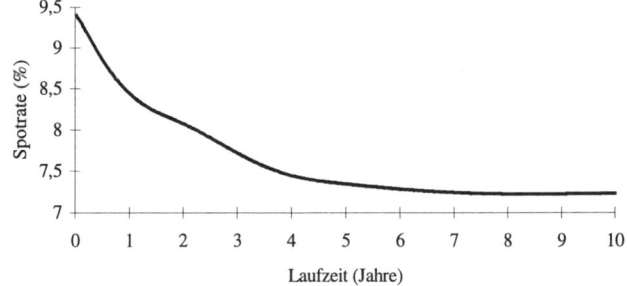

Abbildung 16.6: Fristenstruktur der Spotrates im Beispiel.

Für die Preise dieser 6 Instrumente können die folgenden Werte gefunden werden:[5]

8%	Straight-Bond mit 5 Jahren Restlaufzeit	P_S =	101.24
8%	Kündbarer Bond mit 5 Jahren Restlaufzeit	P_K =	98.40
	Kündbar in zwei Jahren (oder später) zu 100		

Optionen: Ausübungspreis 100, Verfall in einem Jahr

Europäische Calloption	C_E =	1.08
Amerikanische Calloption	C_A =	1.29
Europäische Putoption	P_E =	0.93
Amerikanische Putoption	P_A =	1.43

---

5 Für eine ausführliche Beschreibung des Modelles zur Berechnung der Preise und der Key-Rate-Durations des kündbaren Bonds und der Bondoptionen vgl.: BÜHLER, ALFRED: "Bewertung, Preischarakteristika und Risikomanagement von zinsderivativen Wertpapieren", Finanzmarkt und Portfolio Management 1994/4, pp. 468-498.

Die Preisdifferenz zwischen dem Straight-Bond und dem kündbaren Bond widerspiegelt den Preis des Kündigungsrechtes. In den *Abbildungen 16.7 a-c* sind die KRD-Profile dieser 6 Instrumente wiedergegeben. Die KRD's des Straight-Bonds sind relativ einfach zu interpretieren. Je weiter die Couponzahlungen in der Zukunft liegen, desto stärker reagiert der Bondpreis auf Bewegungen der entsprechenden Key-Rate. Der kündbare Bond wird vom Schuldner vorzeitig zurückbezahlt, wenn der Marktpreis des Bonds in zwei Jahren oder später über dem Nominalwert liegt. Der Marktpreis des Bonds hängt aber von der Fristenstruktur der Spotrates im jeweiligen Zeitpunkt ab. Die zukünftigen Fristenstrukturen sind zum heutigen Zeitpunkt nicht fix vorgegeben. Es kann deshalb nicht exakt angegeben werden, wann der Bond gekündigt wird. Die KRD's des kündbaren Bonds zeigen jedoch, dass der Bond möglicherweise frühzeitig zurückbezahlt wird. Es ist jedoch nicht sicher, dass er bereits nach zwei Jahren gekündigt wird. Wäre dies der Fall, dann wären die KRD's für drei Jahre und mehr gleich null, da zu diesen Zeitpunkten mit Sicherheit keine Cash-Flows mehr anfallen würden. Die KRD's widerspiegeln also die Wahrscheinlichkeiten der vorzeitigen Kündigung in den entsprechenden Laufzeitsegmenten.

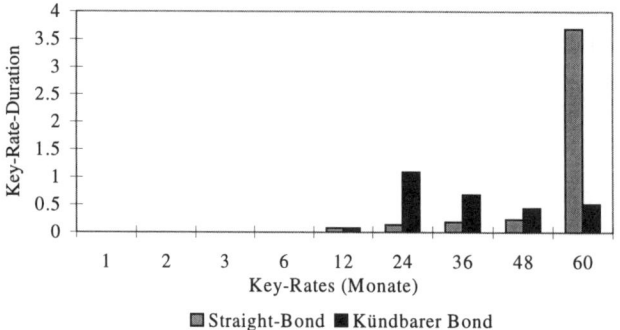

Abbildung 16.7a: Key-Rate-Duration-Profil des Straight-Bonds und des kündbaren Bonds.

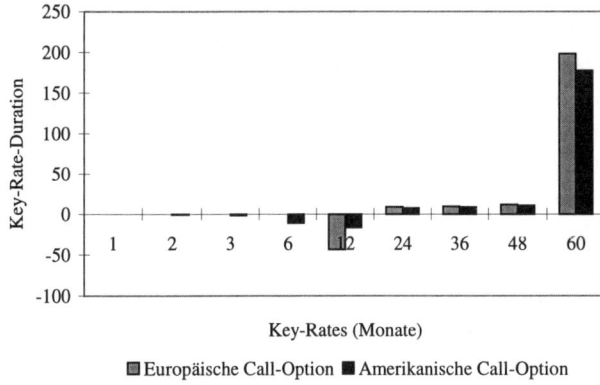

Key-Rates (Monate)

■ Europäische Call-Option ■ Amerikanische Call-Option

Abbildung 16.7b: Key-Rate-Duration-Profil der europäischen und der amerikanischen Call-Option.

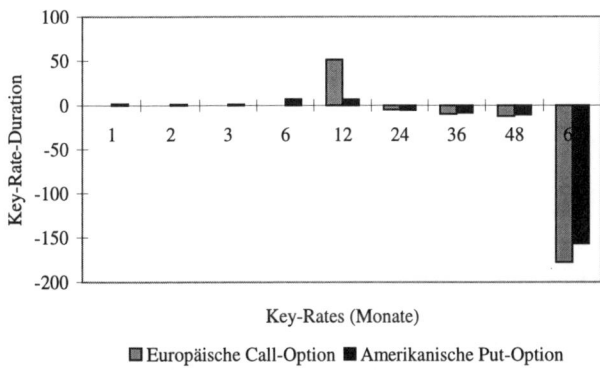

Key-Rates (Monate)

■ Europäische Call-Option ■ Amerikanische Put-Option

Abbildung 16.7c: Key-Rate-Duration-Profil der europäischen und der amerikanischen Put-Option.

Wie in Kapitel 17 gezeigt wird, ist bei der Preisbildung einer europäischen Bondoption der Forwardpreis des Bonds zum Zeitpunkt des Optionsverfalls von entscheidender Bedeutung. Steigt der Forwardpreis, so steigt der Preis der europäischen Call-Option und derjenige der europäischen Put-Option sinkt. Wichtig ist, dass der Forwardpreis nicht zwingend steigt, wenn die Spotrates mit einer beliebigen Laufzeit sinken. Der Zusammenhang zwischen dem Forwardpreis und den Spotrates verschiedener Laufzeiten ist in *Abbildung 16.8* dargestellt. Sinkt die Spotrate, deren Laufzeit mit derjenigen der Option übereinstimmt, dann sinkt auch der Forwardpreis. Sinken jedoch die Spotrates mit einer längeren Laufzeit, dann steigt der Forwardpreis. Diese Beziehung zwischen den Forwardpreisen und den Spotrates unterschiedlicher Laufzeit drückt sich direkt in den KRD-Profilen der Bond-Optionen aus.

$$s_{T^*<t<T} \uparrow \;\Rightarrow\; P(T)\downarrow \;\Rightarrow\; F(T^*,T)\downarrow \;\Rightarrow\; C_E \downarrow$$

$$F(T^*,T) = \frac{P(T)}{P(T^*)}$$

$$s_{t=T^*} \uparrow \;\Rightarrow\; P(T^*)\downarrow \;\Rightarrow\; F(T^*,T)\uparrow \;\Rightarrow\; C_E \uparrow$$

T*:	Verfallzeitpunkt der Option
T:	Verfall des Bonds
F(T*,T):	Forward Preis des Bonds
P(T):	Preis des Bonds
P(T*):	Preis eines Zerobonds mit Laufzeit T*
C_E:	Preis der europäischen Call-Option

Abbildung 16.8: Illustration der Beziehung zwischen dem Forwardpreis und den Spotrates.

Die 1-Jahres KRD der europäischen Call-Option ist negativ. Dies bedeutet, dass der Optionspreis bei einer Bewegung dieser Key-Rate nach unten sinkt. Bewegen sich jedoch die Key-Rates mit einer längeren Laufzeit nach unten, dann steigt der Forwardpreis und damit auch der Optionspreis. Eine analoge Überlegung gilt für die europäische Putoption. Bei den amerikanischen Optionen besteht stets die Möglichkeit der vorzeitigen Ausübung. Deshalb verlagern sich die kurzfristigen KRD's nach vorne und die langfristigen KRD's nehmen geringfügig ab.

Die KRD's geben die Sensitivität eines Portfolios bezüglich der Bewegung der jeweiligen Key-Rate wieder. Das KRD-Profil eines Portfolios kann nun gesteuert werden, indem Zinsderivate wie beispielsweise die soeben betrachteten Bondoptionen gekauft oder verkauft werden. Wird ein Portfolio gegenüber sämtlichen Key-Rates immunisiert, d.h. sind alle KRD's des gehedgten Portfolios gleich null, dann ist das Portfolio gegenüber sämtlichen Bewegungen der Fristenstruktur gehedgt, die anhand der Key-Rates abgebildet werden können. Für ein Beispiel zur Immunisierung eines Portfolios anhand der KRD's wird auf BÜHLER/HIES (1995) verwiesen.[6]

Risikosteuerung anhand der KRD's

In vielen Fällen soll jedoch ein Portfolio mit einem bestimmten IST-KRD-Profil so umstrukturiert werden, dass ein bestimmtes SOLL-KRD-Profil resultiert. Das SOLL-KRD-Profil kann beispielsweise bestimmte Zinserwartungen ausdrücken. Anhand verschiedener zinsderivativer Produkte kann nun das IST-Profil in das SOLL-Profil überführt werden. Ein Beispiel zu dieser Vorgehensweise wird im nächsten Abschnitt gegeben.

Ein Portfoliomanager bewirtschaftet ein Fixed-Income-Portfolio mit einem Gesamtwert von 1 Mio. DM. Das Portfolio weist das in der *Tabelle 16.3* wiedergegebene IST-KRD-Profil auf. Der Portfoliomanager erwartet steigende langfristige Zinssätze und unveränderte kurzfristige Zinssätze in der Zukunft. Er möchte deshalb das in der Tabelle wiedergegebene SOLL-KRD-Profil erreichen. Es stehen vier Hedge-Instrumente zur Verfügung, deren KRD-Profile ebenfalls aus der Tabelle ersichtlich sind. Es handelt sich dabei um zwei 3-Monats-Euromarkt-Futures (EU-DM-Futures) mit kurzer und langer Restlaufzeit (3 Monate resp. 12 Monate), den BOBL-und den BUND-Futures.[7]

Beispiel zur Zinsrisiko-steuerung

---

6 BÜHLER ALFRED UND MICHAEL HIES: „Key Rate Duration: Ein neues Instrument zur Messung des Zinsänderungsrisikos", Die Bank 95/2, 112-118.
7 Der BOBL- und der BUND-Future sind an der deutschen Terminbörse (DTB) gehandelte Futures auf mittelfristige (3.5 - 5 Jahre Restlaufzeit) und langfristige (8.5 - 10 Jahre Restlaufzeit) Bundesanleihen.

Key-Rates	IST-Profil	SOLL-Profil
3 Monate	-0.3	0.0
1 Jahr	-0.5	0.0
5 Jahre	2.5	-3.0
10 Jahre	5.8	-3.0

Key-Rates	EU-DM-Futures*	EU-DM-Futures**	BOBL-Futures	BUND-Futures
3 Monate	0.08	0	0	0
1 Jahr	0.17	0.16	0.85	0.19
5 Jahre	0	0.08	2.85	0.77
10 Jahre	0	0	0	7.39
Preis	96.4	96.3	108.2	113.8

* : Verfall in 3 Monaten
**: Verfall in 12 Monaten

Tabelle 16.3: KRD-Profile und Futures-Preise im Beispiel.

Es stellt sich nun die Frage, wie viele Kontrakte der Port-foliomanager vom jeweiligen Futures kaufen respektive ver-kaufen muss. Wir wissen, dass die i-te KRD eines Portfolios gleich der barwertgewichteten Summe der i-ten KRD's der einzelnen Positionen des Portfolios ist. Anhand dieser Eigen-schaft der KRD's kann das folgende Gleichungssystem aufge-stellt werden:

$$
\begin{aligned}
-0.3*1 \text{ Mio.} &+ 0.08x_1 && && && = 0 \\
-0.5*1 \text{ Mio.} &+ 0.17x_1 &+ 0.16x_2 &+ 0.85x_3 &+ 0.19x_4 &= 0 \\
2.5*1 \text{ Mio.} && + 0.08x_2 &+ 2.85x_3 &+ 0.77x_4 &= -3.0*1\text{Mio.} \\
5.8*1 \text{ Mio.} && && &+ 7.39x_4 &= -4.0*1\text{Mio.}
\end{aligned}
$$

Dieses Gleichungssystem hat die folgenden Lösungen:

$$x_1 = -3'750'000$$
$$x_2 = 12'672'740$$
$$x_3 = -1'927'270$$
$$x_4 = -1'326'120$$

x_1 , x_2 , x_3 und x_4 sind die „Barwerte" der zu kaufenden resp. zu verkaufenden Futures-Kontrakte. Die Anzahl Kontrakte erhalten wir, indem diese „Barwerte" durch die Preise der jeweiligen Kontrakte dividiert werden:

EU-Futures (Kurze Restlaufzeit): $x_1 / 964'000$ = -3.89 Kontrakte

EU-Futures (Lange Restlaufzeit): $x_2 / 963'000$ = 13.16 Kontrakte

BOBL - Futures: $x_3 / 108'200$ = -17.81 Kontrakte

BUND - Futures: $x_4 / 113'800$ = -11.65 Kontrakte

Kauft respektive verkauft der Portfoliomanager die so berechnete Anzahl Futures-Kontrakte, dann erreicht er das von ihm gewünschte SOLL-KRD-Profil.

Die Begriffe „Barwert", „interner Zinssatz" und „Macaulay Duration" sind in der Praxis weit verbreitet. Diese Kennzahlen charakterisieren ein Fixed-Income-Portfolio in prägnanter Weise. Das Risikomanagement anhand dieser Kennzahlen ist jedoch in den meisten Fällen sehr ungenau. Problematisch ist dabei vor allem die Annahme der Parallelverschiebung der Fristenstruktur bei der Macaulay Duration. Der Key-Rate-Duration-Ansatz erlaubt die Erfassung und die Steuerung komplexer Zinsstrukturrisiken. So kann anhand dieses Ansatzes beispielsweise ein Portfolio gegenüber einer Änderung der Steigung der Fristenstruktur immunisiert werden. Ferner erlaubt der Key-Rate-Duration-Ansatz die Umsetzung von unterschiedlichen Erwartungen bezüglich der Entwicklung von Zinssätzen verschiedener Laufzeit. Der Key-Rate-Duration-

Zusammen-fassung

Ansatz ist sehr flexibel und kann an die jeweiligen Bedürfnisse leicht angepasst werden. Die Anzahl und die Auswahl der Key-Rates ist beliebig. Ein weiterer Vorteil des Ansatzes besteht darin, dass die Zinssensitivität komplexer zinsderivativer Produkte verständlich und in standardisierter Form dargestellt werden kann. Dies erleichtert die Kommunikation im Risikomanagement-Prozess und trägt deshalb zu einer effizienteren Kontrolle und Steuerung der Marktzinsrisiken bei.

Literaturhinweise

Einführende Literatur:

BÜHLER, ALFRED und MICHAEL HIES (1995): „Key Rate Duration: Ein neues Instrument zur Messung des Zinsänderungsrisikos", Die Bank 2, pp. 112-118.

HO, THOMAS S.Y. (1992): „Key Rate Durations: Measures of Interest Rate Risks", Journal of Fixed Income 9, pp. 29 - 44.

Weiterführende Literatur:

BÜHLER, ALFRED (1994): „Bewertung, Preischarakteristika und Risikomanagement von zinsderivativen Wertpapieren im Rahmen eines Einfaktormodelles", Finanzmarkt und Portfolio Management 4, pp. 468 - 498.

DAHL, HENRIK (1993): „A Flexible Approach to Interest-Rate Risk Management", In: STAVROS A. ZENIOS (Hrsg.): „Financial Optimization", Cambridge University Press, Cambridge, pp. 189-209.

Kapitel 17

Zinsderivate:
Einsatz und Bewertung

von Patrick Wegmann

Das Management von Zinsrisiken, das bedeutet die Kontrolle und Steuerung von Wertveränderungen zukünftiger Cash-Flow-Ströme aufgrund von Veränderungen der Zinsen, ist wohl eine der grössten Herausforderungen im Risikomanagement. Die dafür zur Verfügung stehende Palette an *zinsderivativen Instrumenten* ist mittlerweile sehr breit. Die gestiegene Bedeutung von Zinsderivaten zeigt sich in der enormen Zunahme der Handelsvolumina in den letzten Jahren, die in *Abbildung 17.1* verdeutlicht wird. Der grösste Teil der Aktivität fällt dabei auf *over-the-counter* Instrumente, die etwa zwei Drittel des Volumens ausmachen.

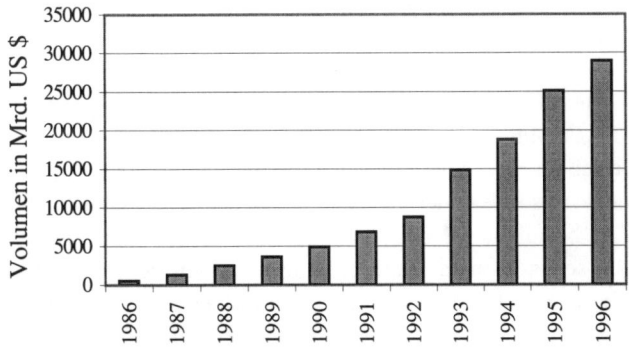

Abbildung 17.1: Volumenentwicklung der Zinsderivate. Darunter fallen börsengehandelte Zinsfutures und Zinsoptionen sowie nicht börsengehandelte Zinsswaps und Zinsoptionen. (Quelle: Bank für Internationalen Zahlungsausgleich)

Parallel zur praktischen Bedeutung wurden in der Theorie enorme Anstrengungen unternommen, Modelle zur Bewertung und zum Hedging von Zinsderivaten zu entwickeln. Können Instrumente mit ähnlichen Payoffs wie Bonds noch relativ einfach bewertet werden, so schaffen die optionsähnlichen Instrumente mit nicht-linearen Payoffs, wie z.B. Optionen auf Bonds, grössere Bewertungsprobleme. Frühe Bewertungsansätze stellten leichte Modifikationen der klassischen BLACK/SCHOLES-Formel dar (Vergleiche dazu *Kapitel 12*). In den letzten 20 Jahren wurden dann eigentliche *Zinsstrukturmodelle* zur Bewertung und zum Hedging entwickelt. Die Modellierung der Zinsstruktur wurde zu einem der grössten Erfolge in der Anwendung der Finanzmarkttheorie auf Probleme des Tagesgeschäfts. Dieses Kapitel beschreibt ausgewählte Zinsderivate und stellt kurz einige Bewertungsansätze vor.

Was sind Zinsderivate?

Zinsderivate sind grundsätzlich alle Wertpapiere, deren Wertveränderung ausschliesslich von den zukünftigen Zinssätzen abhängt. Unter diese Definition fallen so einfache Wertpapiere wie *Zerobonds* und *Couponbonds*, daneben aber auch die mehr oder weniger komplexen Instrumente *Caps, Floors, Swaps, Bondoptionen, Swaptions, Bondfutures, Callable Bonds* (kündbare Anleihen), *Convertible Bonds* (Wandelanleihen) und viele mehr.

Caps und Floors

Besteht über einen längeren Zeitraum eine periodische Zinszahlungsverpflichtung aufgrund eines Kredits zu einem variablen Satz[1] und will man sich gegen steigende Zinsen absichern, so stellt der *Cap* ein mögliches Instrument dar. Der Cap bezahlt an den Zeitpunkten der Zinszahlung, also z.B. alle sechs Monate, die Differenz zwischen dem vereinbarten Zinssatz und der *Cap Rate*, wenn der Zinssatz die Cap Rate überschreitet und beschränkt die zu bezahlenden Zinsen somit nach oben. Wird der Cap auf den Kredit und der Kredit selbst von derselben Institution ausgegeben, so werden die Kosten

---

[1] Ein einfaches Beispiel für einen Kredit dieser Art ist eine variable Hypothek.

des Caps oftmals mit dem zu bezahlenden Zins verrechnet. Es resultiert dann ein Zinsaufschlag.

Abbildung 17.2 soll die Funktion des Caps verdeutlichen. Der Cap bewirkt, dass die Zinszahlung nur in Höhe des vorherrschenden Zinssatzes erfolgt, wenn dieser unterhalb der Cap Rate liegt. Ansonsten bezahlt man die Cap Rate. Wird bei einem Kredit mit halbjährlich zu zahlenden Zinsen in Höhe des jeweils vorherrschenden *LIBOR*-Satzes[2] von der Finanzinstitution ein Cap ausgegeben, so bezahlt die Finanzinstitution dem Schuldner am Ende jedes halben Jahres

0.5 * Nominalbetrag * max (LIBOR - Cap Rate, 0).

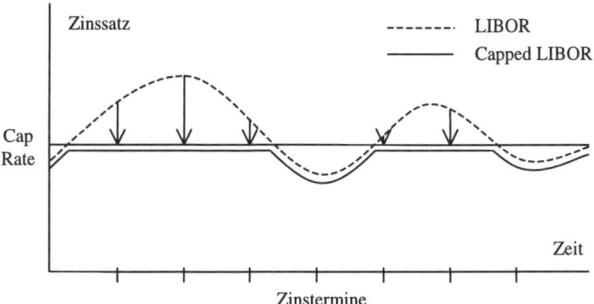

Abbildung 17.2: Effektiver Zinssatz des Schuldners mit einer variabel verzinsten Schuld und einem Cap. Die Pfeile zeigen die Zahlungen durch den Cap an.

Der Ausdruck max (LIBOR - Cap Rate, 0) ist der Payoff einer Calloption auf den LIBOR-Satz. Der Cap ist somit ein Portfolio von over-the-counter Zinsoptionen mit verschiedenen Ausübungszeitpunkten. Eine einzelne dieser Optionen nennt man auch *Caplet*. Abbildung 17.3 zeigt den Payoff eines Caplets bei Fälligkeit einer Zinszahlung.

---

[2] London Interbank Offer Rate. Dieser Satz wird im Interbankengeschäft für aufzunehmendes Geld angeboten.

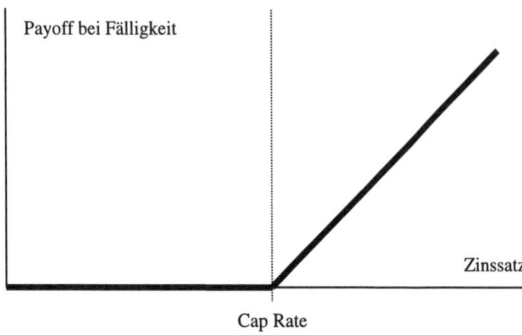

Payoff bei Fälligkeit

Zinssatz

Cap Rate

Abbildung 17.3: Payoff eines Caplets bei Fälligkeit einer Zinszahlung.
Ein Caplet entspricht einer Calloption auf den Zins mit einem Aus-
übungspreis in Höhe der Cap Rate.

Ein *Floor* ist analog zum Cap definiert und beschränkt die
Zinszahlungen nach unten. Ein *Collar* ist die Kombination
einer Longposition (Kauf) in einem Cap und einer Shortposition (Verkauf) in einem Floor. Er legt damit eine obere und
eine untere Grenze für Zinszahlungen fest. Der Collar wird
normalerweise so konstruiert, dass der Wert des Caps dem
Wert des Floors entspricht. Die Nettokosten des Collars betragen dann null.

Sind Caps und Floors relativ einfach definiert, so gestaltet
sich ihre Bewertung aufgrund der nicht-linearen Payoffs dennoch als schwierig. Auf die Bewertung von Optionen und optionsähnlichen Instrumenten wird daher erst weiter unten eingegangen.

Zinsswaps   Ein „plain vanilla" *Zinsswap* ist eine Vereinbarung zwischen zwei Parteien über den Austausch einer fixen Zinszah-
lung gegen eine variable, wieder z.b. LIBOR, über einen gewissen Zeitraum. Der *Payer* verpflichtet sich, die fixen
Zinszahlungen zu leisten und erhält dafür die variablen zu den
jeweils vorherrschenden Marktbedingungen. Der *Receiver*
erhält die fixen Zinszahlungen und leistet die variablen. *Ab-*
bildung 17.4 verdeutlicht die Zahlungsströme eines Zinsswaps.

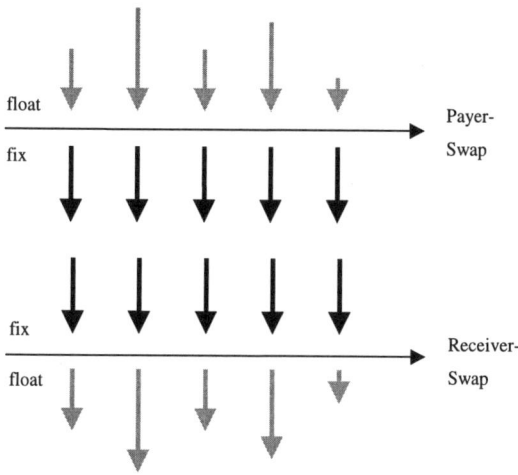

Abbildung 17.4: Zahlungsströme eines Zinsswaps. *Der Payer bezahlt die fixen Zinszahlungen, der Receiver erhält die fixen Zinszahlungen. Die Ausdrücke Payer-Swap und Receiver-Swap stehen somit für dasselbe Geschäft, nur aus verschiedenen Sichtweisen.*

Was ist der Sinn einer Swapvereinbarung? Ein Grund sind *komparative Vorteile* auf verschiedenen Märkten. Einige Unternehmungen haben komparative Vorteile in Märkten mit festen Zinsen, andere in solchen mit variablen. Will eine Unternehmung einen neuen Kredit aufnehmen, so nimmt sie diesen zu den Konditionen auf, wo sie den komparativen Vorteil hat. Dies kann dann zur Folge haben, dass die Unternehmung den Kredit zu fixem Zins aufnimmt, auch wenn sie variablen Zins vorziehen würde. Durch den Swap hat sie nun die Möglichkeit, effektiv variable Zinsen zu bezahlen und die komparativen Vorteile dennoch zu nützen.

Einsatz von Zinsswaps

Ein Beispiel soll die komparativen Vorteile verdeutlichen. Zwei Unternehmungen A und B wollen sich verschulden, A bevorzugt variable Zinszahlungen und B fixe. Sie stehen den folgenden Konditionen für die Geldaufnahme gegenüber:

- A: fix zu 5% oder variabel zu LIBOR +0.3%
- B: fix zu 6.5% oder variabel zu LIBOR +1.0%

Zinsderivate: Einsatz und Bewertung

Man beachte, dass Unternehmung A einen absoluten Finan-
zierungsvorteil in beiden Märkten aufweist. Der Abstand ist
im variablen Markt aber geringer als im fixen, so dass Unternehmung B einen komparativen Vorteil im variablen Markt
aufweist. Ein möglicher Swap wäre:

- A zahlt B LIBOR.
- B zahlt A 4.95% fix.

Die Zahlungsströme der Swapvereinbarung mit externer Finanzierung sehen dann folgendermassen aus:

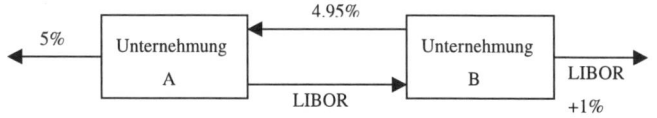

*Abbildung 17.5: Zahlungsströme einer Swapvereinbarung mit exter-
ner Finanzierung.*

Der Nettoeffekt des Swaps ist:

- A zahlt variabel LIBOR +0.05% anstatt LIBOR +0.3%.
- B zahlt fix 5.95% anstatt 6.5%.

Das zweite wichtige Anwendungsgebiet ist das Risikomanagement bei Banken. Da die Duration[3] der Passivseite einer
Bankbilanz typischerweise tiefer ist als diejenige der Aktivseite, verliert das Eigenkapital einer Bank bei einem allgemeinen Zinsanstieg an Wert. Mit einem Payer-Swap kann die
Bank dieses Risiko teilweise absichern. Da die variablen
Zahlungseingänge zunehmen und die fixen konstant bleiben,
nimmt der Payer netto mehr ein und der Payer-Swap gewinnt
an Wert.

Swaps sind typische over-the-counter Instrumente. Die
Londoner Futuresbörse *Liffe* hat nun aber einen Finanzkon-
trakt entwickelt, der die Preisentwicklung von Zinsswaps

---

[3] Das Konzept der Duration wird in den Kapiteln 15 und 16 beschrieben.

nachbildet. Es handelt sich dabei um einen *Swap-Future*, der als *börsengehandeltes* Instrument über eine hohe Liquidität verfügen sollte.

Bewertung von
Zinsswaps

Wenn man die Möglichkeit eines Ausfalls der Gegenpartei ausser acht lässt, kann der Swap wie eine Longposition in einem Couponbond und eine Shortposition in einem anderen Couponbond bewertet werden.[4] Da beim Abschluss eines Swaps keine Zahlungen geleistet werden, ist der Wert zu Beginn null.

Der Wert eines Receiver-Swaps entspricht dem Wert eines Bonds mit fixem Coupon minus dem Wert eines Bonds mit variablem Coupon:

$$V = B_f - B_v.$$

V bezeichnet den Wert des Swaps, B_f und B_v stehen für den Wert des Bonds mit fixem beziehungsweise mit variablem Zinssatz. Wenn man zur Abdiskontierung den variablen Zinssatz verwendet, dann entspricht der Wert des Bonds mit variablem Coupon dem Nominalwert. Da der Anfangswert des Swaps null ist, muss auch der Wert des Bonds mit fixem Coupon zu Beginn dem Nominalwert Q entsprechen:

$$B_v = B_f = Q.$$

Der *Swapsatz* ist demnach der fixe Coupon eines Bonds, der genau zu seinem Nominalwert bewertet ist.[5]

Eigenheiten
von Zinsswaps

Die häufig genannten Zahlen über das Swapgeschäft sind mit Vorsicht zu interpretieren. Die publizierten Volumina erreichen astronomische Höhen. Dabei handelt es sich aber nur um die Nominalbeträge, die ja bei „plain vanilla" Zinsswaps gar nicht ausgetauscht werden.[6] Sie spielen nur zur Bestimmung der absoluten Höhe der Zinszahlungen eine Rolle. Das

---

[4] Die Bewertung von Couponbonds wird in Kapitel 15 dargelegt.
[5] Solche Bonds bezeichnet man auch als *Par Yield Bonds*.
[6] Bei anderen Swapformen, wie z.B. dem sogenannten „plain deal" Währungsswap, werden die Nominalbeträge ausgetauscht.

Gegenparteirisiko eines Zinsswaps beläuft sich somit ausschliesslich auf die noch zu leistenden Nettozahlungen, die
einen Bruchteil des Nominalbetrages ausmachen.

Die Duration eines Swaps berechnet sich analog zur Bewertung als die Duration des einen Bonds minus die Duration
des anderen. Dabei ist zu beachten, dass der Bond mit variablem Coupon näherungsweise eine Duration von null aufweist.[7]

Bondfutures
    Ein weiteres populäres Zinsderivat sind börsengehandelte
Bondfutures.[8] In der Schweiz wird der *CONF-Future* auf eine
fiktive, langfristige 6%-Anleihe der Eidgenossenschaft an der
EUREX (vormals an der SOFFEX) gehandelt, wobei die
Kontraktgrösse auf nominal Fr. 100'000.- festgelegt ist. Der
Verkäufer verpflichtet sich, das entsprechende Anleihevolu-
men bei Fälligkeit zu liefern, das der Käufer dann übernehmen
muss. Der Verkäufer hat bei der physischen Lieferung
ein Wahlrecht, welchen real existierenden Bond er tatsächlich
liefern will. Dazu steht ihm eine genau definierte Palette von
Obligationen mit 8 bis 13 Jahren Restlaufzeit zur Verfügung.
Aus diesen Bonds wird der Verkäufer den billigsten – den
sogenannten *cheapest to deliver* (CTD) auswählen. Dieses
Wahlrecht ist eine Option des Verkäufers. Um die zur Verfügung stehenden Bonds miteinander vergleichbar zu machen,
werden sie mit einem *Umrechnungsfaktor* oder *conversion
factor* umgerechnet. Der Preis, den der Käufer bei der Lieferung der Bonds zu bezahlen hat, der sogenannte *Andienungs-
preis,* wird somit über den Umrechnungsfaktor aus dem letzten Tagesendbewertungskurs des betreffenden Bonds berechnet.

    Ein Bondfuture kann, ähnlich wie ein Zinsswap, zur Absi-
cherung von Zinsrisiken verwendet werden. Gegen steigende
Zinsen schützt man sich mit einer Position als Verkäufer von
Bondfutureskontrakten. Da Bonds bei steigenden Zinsen an

---

[7] Dies stimmt nur näherungsweise, da der Bond mit variablem Zinssatz
zwischen den Couponzahlungen einen vom Nennwert verschiedenen
Wert aufweisen kann.

[8] Für die allgemeine Definition eines Futures-Kontrakts siehe Kapitel
10.

Wert einbüssen, werden auch die zu liefernden Bonds billiger. Der Futureskurs sinkt somit, was der Shortposition, d.h. dem Verkäufer, nützt. Im Unterschied zu Swaps ist aber die Laufzeit von Futures eher gering, so dass sie sich vor allem für kurzfristige Absicherungsbedürfnisse eignen. Der grosse Vorteil der Bondfutures besteht in ihrer höheren Liquidität und der Absenz des Gegenparteirisikos, da sie börsenmässig gehandelt werden.

Eine genaue Bewertung des CONF-Futures ist schwierig aufgrund des Wahlrechts des Verkäufers, das Optionscharakter hat. Wenn man annimmt, der cheapest to deliver Bond und das Fälligkeitsdatum seien bekannt, so ist der CONF-Future ein Kontrakt auf ein Wertpapier, das dem Käufer ein genau bestimmtes Einkommen verschafft. Der Futurespreis des Bonds kann dann aus dem Spotpreis (Kassakurs) berechnet werden als

Die Bewertung des CONF-Futures

$$F = (B - I)e^{r\tau}.$$

F ist dabei der Futurespreis des cheapest to deliver Bonds, B ist der Spotpreis des Bonds, I ist der Gegenwartswert der Couponzahlungen bis zum Futuresverfall, r ist der anwendbare Zinssatz für die Periode und τ die Restlaufzeit des CONF-Futures. Aus dem Futurespreis F des Bonds kann dann über den Umrechnungsfaktor der CONF-Futurespreis berechnet werden.

Eine *Bondoption* bezieht sich auf eine Obligation, beispielsweise auf eine Anleihe der Eidgenossenschaft. Ein *Call* gibt dem Käufer das Recht, die Obligation bei Optionsverfall zum Ausübungspreis zu kaufen. Ein *Put* beinhaltet das Recht, die Obligation zu verkaufen. Eine *Receiver-Swaption* gibt dem Käufer das Recht, bei Verfall einen Swap als Receiver zu einem festgelegten Zinssatz zu eröffnen. Eine *Payer-Swaption* ist analog für einen Payer-Swap definiert.

Bondoptionen, Swaptions

Wie verhalten sich nun die Optionen bei Veränderungen der Zinsen? Steigen die Zinsen, so wird der Bond weniger wert, womit der Call auf den Bond auch an Wert einbüsst.

Analog verhält sich die Receiver-Swaption. Der Put auf den Bond und die Payer-Swaption nehmen dagegen an Wert zu. Man schützt sich demnach gegen steigende Zinsen mit Bond-puts oder Payer-Swaptions. Bondoptionen und Swaptions sind typische over-the-counter Instrumente, die von Banken oftmals für die spezifischen Bedürfnisse ihrer Grosskunden gestaltet werden.

Probleme mit dem BLACK/SCHOLES Modell

Für die Bewertung von Bondoptionen könnte man einfach das BLACK/SCHOLES-Modell verwenden und den Bondpreis anstatt den Aktienpreis einsetzen. Leider gibt es aber mit der Anwendung von BLACK/SCHOLES auf Bonds einige ernstzunehmende Probleme. Das Modell nimmt eine konstante Volatilität des Bondpreises an. In der Realität ist die Volatilität eines Bonds aber ungefähr proportional zu seiner Duration. Wenn die Laufzeit der Option im Vergleich zur Restlaufzeit des Bonds sehr kurz ist, wird diese Tatsache keine allzu grossen Probleme schaffen. Für länger laufende Optionen ist die Annahme einer konstanten Volatilität aber nicht haltbar.

Pricing mit dem BLACK-Modell

Eine einfache Modifikation des BLACK/SCHOLES-Modells zur Bewertung von Bondoptionen mit längerer Laufzeit stellt das BLACK-Modell dar, das ursprünglich zur Bewertung von Optionen auf Futures entwickelt wurde. Um das Modell anwenden zu können, nimmt man an, die Europäische Option sei auf den Forwardpreis (Terminkurs) des Bonds bei Optionsverfall geschrieben. Bei der Ausübung der Option entspricht dann der Forwardpreis dem Spotpreis, womit die Option auf den Forwardpreis des Bonds der ursprünglichen Option auf den Bond entspricht.

Die Formeln für die Bewertung von Europäischen Calls und Puts lauten:

$$C = e^{-rt}\left(FN(d_1) - XN(d_2)\right)$$

$$P = e^{-rt}\left(XN(-d_2) - FN(-d_1)\right)$$

$$d_1 = \frac{\ln\left(\frac{F}{X}\right) + \frac{1}{2}\sigma^2\tau}{\sigma\sqrt{\tau}}, \qquad d_2 = d_1 - \sigma\sqrt{\tau}$$

$$F = (B - I)e^{r\tau}.$$

C bezeichnet den Callpreis, P den Putpreis, F steht für den Forwardpreis des Bonds, der aus dem Spotpreis B mit derselben Formel berechnet wird wie der Futurespreis. Die übrigen Variablen sind definiert wie im BLACK/SCHOLES-Modell: X ist der Ausübungspreis, σ die Volatilität, r der Zinssatz, τ die Restlaufzeit und N(x) die Wahrscheinlichkeit, dass eine standardnormalverteilte Zufallsvariable kleiner ist als x.

Die Annahme des BLACK/SCHOLES-Modells, dass das Underlying einem geometrischen Wienerprozess folgt, wurde beibehalten. Diese Annahme trifft für Bondpreise sicher nicht zu, konvergiert der Wert des Bonds bei Verfall doch gegen seinen Nennwert.[9]

Probleme des BLACK-Modells

Der in der Formel verwendete Zinssatz ist konstant. Da die Bondpreise aber direkt von den Zinsen abhängen, ist eine von den Zinsen unabhängige Bewegung des Bondpreises inkonsistent.

Das BLACK-Modell kann nur für Europäische Optionen verwendet werden, da der Bondpreis nur bei Optionsverfall betrachtet wird. Für Amerikanische Optionen müsste man die Bewegungen des Underlying in jedem Zeitpunkt während der Laufzeit der Option modellieren.

Trotz der Unzulänglichkeiten des BLACK-Modells wird es in der Praxis aufgrund seiner einfachen Handhabbarkeit auch heute noch rege für die Bewertung von Caps, Floors und Europäischen Bondoptionen verwendet.

Da die Preise von Zinsderivaten von der *gesamten Zinsstruktur* von ganz kurzen bis zu ganz langen Laufzeiten abhängen können, muss zur theoretisch richtigen Bewertung auch die gesamte Zinsstruktur modelliert werden. Genau dies

Zinsstrukturmodelle

---

[9] Diese Eigenschaft nennt man auch *Pull-to-Par.*

versuchen die *Zinsstrukturmodelle*, die in den letzten 20 Jahren sehr zahlreich entwickelt wurden. Leider hat sich bis heute kein absoluter Marktstandard bei den Modellen eingestellt, so dass in der Praxis meist eine Kombination von gängigen Modellen und eigenen Entwicklungen verwendet wird.

Grundsätzlich kann man bei der Zinsstrukturmodellierung zwei Probleme betrachten. Das erste Problem ist die Berechnung der gesamten Zinsstruktur aus den Zinssätzen und Bondpreisen, die im Markt gehandelt werden und für die ein Preis existiert. Das zweite Problem ist dann die eigentliche Bewertung von Zinsderivaten, wenn man die Zinsstruktur als gegeben annimmt. Während das erste Problem eher historisch und theoretisch interessant war und meist durch numerische *Interpolationsverfahren* gelöst wird, geht es beim zweiten unmittelbar um die Anwendung in der Praxis des täglichen Bankgeschäfts. Die Derivatebewertung wird heute normalerweise mit sogenannten *reinen Arbitragemodellen*[10] durchgeführt. Diese Modelle beginnen mit der am Markt beobachteten Zinsstruktur und modellieren deren arbitragefreie Bewegung.[11] Es werden somit nur mögliche Veränderungen der Zinsstruktur betrachtet, die keine Arbitrage zulassen. Damit entspricht die Modellierungstechnik von der Idee her dem BLACK/SCHOLES-Modell, das auch vom am Markt beobachteten Aktienkurs ausgeht und seine Bewegungen modelliert. *Abbildung 17.6* zeigt die Vorgehensweise ausgehend von der im Zeitpunkt 0 am Markt beobachteten Zinsstruktur.

---

[10] Andere Modelltypen sind Gleichgewichtsmodelle und Modelle mit impliziter Gleichgewichtsannahme. Diese Typen haben aber den in der Praxis entscheidenden Nachteil, dass sie die am Markt beobachtbare Zinsstruktur nicht exakt nachbilden können. Der daraus entstehende Fehler bei der Derivatebewertung kann beträchtlich sein.

[11] Dieser Ansatz wurde in HO und LEE (1986) eingeführt und in HEATH, JARROW und MORTON (1992) stark verallgemeinert.

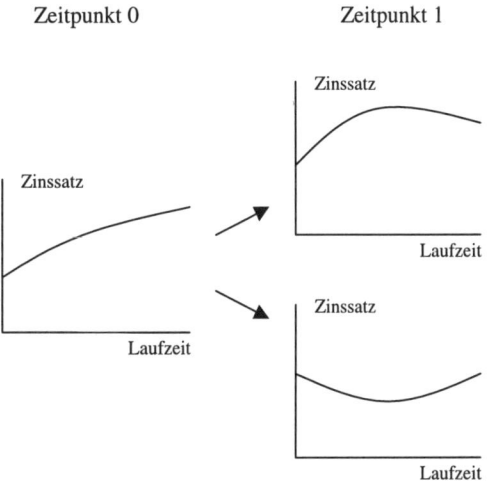

Zeitpunkt 0   Zeitpunkt 1

Zinssatz

Laufzeit

Zinssatz

Laufzeit

Zinssatz

Laufzeit

Abbildung 17.6: Modellierung der möglichen arbitragefreien Verän-
derungen der Zinsstruktur mit einem reinen Arbitragemodell.

Zinsstrukturmodelle sind in verschiedener Hinsicht wesentlich anspruchsvoller als das BLACK/SCHOLES-Modell:

- Der Zinsprozess folgt nicht dem einfach zu handhabenden
  geometrischen Wienerprozess.
- Man muss in jedem Zeitpunkt nicht nur eine Variable modellieren, sondern die gesamte Zinsstruktur.
- Die Volatilitäten von Zinsen verschiedener Laufzeiten
  sind nicht gleich.
- Die modellierten Zinsen müssen auch zum *Abdiskontieren*
  verwendet werden.

Das HO/LEE-Modell ist das einfachste reine Arbitragemo-   **Das HO/LEE-**
dell der Zinsstruktur und soll hier die Technik dieser Modell-   **Modell**
klasse illustrieren. Es geht von der beobachteten Zinsstruktur
aus und nimmt an, dass die Volatilitäten der Zinsen über alle
Laufzeiten gleich sind. Diese Vereinfachung führt zur sehr
angenehmen Eigenschaft, dass sämtliche Zerobondpreise und
aus diesen die gesamte Zinsstruktur aus dem Zinssatz mit der

kürzesten Laufzeit, der sogenannten *Short-Rate*[12] berechnet werden können. Aus diesem Grund muss man lediglich die Bewegungen der Short-Rate modellieren, deren genaue Prozessspezifikation durch die anfänglich beobachtete Zinsstruktur berechnet werden kann. Das Modell kommt demnach dem BLACK/SCHOLES-Modell sehr nahe, man ersetzt einfach den Aktienkurs durch die Short-Rate. Die Eigenschaften der Bewegung der Zinssätze hat allerdings zur Folge, dass das simple Binomialmodell[13] nicht direkt auf die Short-Rate angewendet werden kann. Man verwendet deshalb meist eine kleine Erweiterung, den sogenannten *Trinomialbaum*. Die Preise von Zinsderivaten können dann aus der modellierten Short-Rate berechnet werden. Zusammengefasst modelliert man in folgenden Schritten:

- Aufstellen des Trinomialbaums für die Short-Rate bis zum Verfall des Derivats.
- Berechnung der Preise der benötigten Zerobonds beim Derivatverfall.
- Berechnen des Preises des Zinsderivats bei Verfall.
- Rekursives Berechnen des Derivatpreises bis zum Zeitpunkt 0. Zum Abdiskontieren verwendet man die modellierten Short-Rates.

Zerobonds im HO/LEE-Modell

Der Ausdruck für Zerobonds in Abhängigkeit der Short-Rate lautet:

$$P(t,T) = A(t,T)e^{-r(T-t)}$$

$$\ln A(t,T) = \ln \frac{P(0,T)}{P(0,t)} - (T-t)\frac{\partial \ln P(0,t)}{\partial t} - \frac{1}{2}\sigma^2 t(T-t)^2.$$

P(t,T) ist dabei der Preis eines Zerobonds zum Zeitpunkt t mit Laufzeit bis T, P(0,T) und P(0,t) sind die anfänglich beobachteten Preise für Zerobonds mit Laufzeit T resp. t, r be-

---

[12] Genaugenommen ist die Short-Rate der Zins für einen Kontrakt mit infinitesimal kurzer Restlaufzeit.
[13] Das Binomialmodell wird im Kapitel 12 vorgestellt.

zeichnet die Short-Rate im Zeitpunkt t und σ die Volatilität der Zinsen. Der Ausdruck $\partial \ln P(0,t)/\partial t$ steht für die Steigung der zu Beginn beobachteten Zerobondkurve im Zeitpunkt t. Zur Modellierung benötigt man demnach die Zerobonds für sämtliche Zeitpunkte und die Steigung der daraus resultierenden Funktion.

Aufgrund der angenehmen Eigenschaften des Prozesses – die Short-Rate ist nämlich *normalverteilt* – kann man mit ähnlichen Techniken wie beim Auffinden der BLACK/ SCHOLES-Formel geschlossene Lösungen für Europäische Calls und Puts auf Zerobonds herleiten. Der Preis eines Europäischen Calls mit Verfallszeitpunkt T auf einen Zerobond mit Laufzeit bis s lässt sich aus den Zerobonds berechnen als:

Bondoptionen im HO/LEE-Modell

$$C = QP(0,s)N(h) - XP(0,T)N(h - \sigma_p)$$

$$h = \frac{1}{\sigma_p}\ln\frac{QP(0,s)}{P(0,T)X} + \frac{\sigma_p}{2}$$

$$\sigma_p = \sigma(s - T)\sqrt{T}.$$

Q bezeichnet den Nennwert des Zerobonds, die übrigen Variablen sind gleich definiert wie bei der Formel für Zerobonds und bei der BLACK/SCHOLES-Formel. Man beachte die Volatilität eines Zerobonds σ_p, die mit abnehmender Restlaufzeit abnimmt und bei Verfall null wird. Damit wird der Tatsache Rechnung getragen, dass der Bond bei Verfall genau seinen Nennwert kosten muss. Den Preis für den entsprechenden Put erhält man wie immer über die Put-Call-Parität:[14]

$$Put = XP(0,T)N(-h + \sigma_p) - LP(0,s)N(-h).$$

Europäische Optionen auf Couponbonds kann man bewerten, indem man sie in ein Portfolio von Optionen auf Zerobonds aufspaltet.

---

[14] Siehe Kapitel 12.

Beurteilung von HO/LEE und anderen Modellen

Das HO/LEE-Modell ist ein Instrument zur Bewertung von Zinsderivaten, das ähnlich einfach zu verwenden ist wie das BLACK/SCHOLES-Modell zur Bewertung von Aktienderivaten. Der wohl grösste theoretische Nachteil ist die Annahme derselben Volatilität für alle Zinssätze. Empirisch ist es belegt, dass die Zinsen mit kurzen Laufzeiten stärker schwanken als diejenigen mit langen. Ein zweiter, damit zusammenhängender Nachteil ist das fehlen einer sogenannten *Mean-Reversion*. Dies bedeutet, dass die erwartete Bewegung der Short-Rate unabhängig von ihrer Höhe ist. Es ist wohl in der Realität der Fall, dass sich die Zinsen auf einem sehr hohen Niveau eher wieder nach unten und auf einem sehr tiefen Niveau eher wieder nach oben bewegen. Schliesslich sei noch die Möglichkeit erwähnt, dass im Modell mit den numerischen Verfahren negative Zinsen generiert werden können, was ökonomisch keinen Sinn macht. Dieser Fall ist vor allem bei längeren Laufzeiten relevant und spielt bei den handelsüblichen Optionen mit eher kürzerer Laufzeit kaum eine Rolle.

Es wurden in der Folge reine Arbitragemodelle entwickelt, die die Nachteile von HO/LEE überwinden. Leider geht damit aber gleichzeitig auch die Einfachheit verloren und es besteht zumeist ein Zielkonflikt zwischen der Genauigkeit der Nachbildung empirischer Tatsachen und der Anwendbarkeit. Man wird demnach aufgrund von verschiedenen Kriterien, die von der Anwendung im Einzelfall abhängen, das Modell oder die Modellkombination wählen. Dabei ist es entscheidend, dass der Anwender die Möglichkeiten und Grenzen jedes seiner Modelle kennt, da Modellrisiken wohl eines der grössten Gefahrenpotentiale im Risikomanagement darstellen, wie es der Verlust im Jahr 1996 eines britischen Derivatehändlers in Höhe von 85 Millionen Pfund aufgrund einer falschen Bewertung von Zinsoptionen exemplarisch belegt.

Literaturhinweise

Einführende Literatur:

FABOZZI, FRANK J. (1997): „Handbook of Fixed Income Securities", 5. Auflage, McGraw-Hill, New York, et. al.

HULL, JOHN (1997): „Options, Futures, and other Derivatives", 3. Auflage, Prentice Hall, Englewood, NJ.

LEIPPOLD, MARKUS und THOMAS HEINZL (1997): „Zinsstrukturmodelle", in: OTTO BRUDERER und KONRAD HUMMLER (Hrsg.): „Value at Risk im Vermögensverwaltungsgeschäft", Stämpfli Verlag, Bern.

Weiterführende Literatur:

FABOZZI, FRANK J. (Hrsg.) (1997): „Advances in Fixed Income Valuation Modeling and Risk Management", Frank J. Fabozzi Associates.

HEATH, DAVID, ROBERT JARROW und ANDREW MORTON (1992): „Bond Pricing and the Term Structure of Interest Rates: A New Methodology for Contingent Claims Valuation", Econometrica 60, pp. 77-105.

HO, THOMAS S.Y. und SANG-BIN LEE (1986): „Term Structure Movements and Pricing Interest Rate Contingent Claims", Journal of Finance 41, pp. 1011-1029.

JARROW, ROBERT A. (1996): „Modelling Fixed Income Securities and Interest Rate Options", McGraw-Hill, New York, et. al.

REBONATO, RICCARDO (1996): „Interest Rate Option Models", John Wiley & Sons, New York.

Kreditrisikomanagement

von Jacqueline Henn

Das Kreditrisikomanagement der Banken steht in den letzten Jahren völlig neuen Herausforderungen gegenüber. Ausgelöst wurden diese durch in den Industrienationen Anfang der neunziger Jahre bislang unbekannte Kreditverluste, die insbesondere durch ein überhöhtes Volumendenken und eine entsprechende Kreditpolitik hervorgerufen wurden. Gleichzeitig verengten sich die Margen in traditionellen Zinsproduktbereichen durch erhöhten Wettbewerb und höhere Effizienzen auf den Märkten. Zusätzlich führen die sich auf den europäischen Währungsmärkten weiter einschränkenden Investitionsmöglichkeiten sowie die aktuell tiefe Zinslandschaft in Mitteleuropa - die risikolose Festzinsanlagen unattraktiv macht - dazu, dass sich Investoren zunehmend Märkten zuwenden, in denen sie nicht nur Zinsänderungs- oder Währungsrisiken, sondern vermehrt auch Kreditrisiken ausgesetzt sind. Ein Beispiel dafür ist der rapide wachsende Markt für Junk Bonds.

Die Quantifizierung und das Management von Kreditrisiken ist somit zu einer globalen Herausforderung geworden. Gesucht ist ein geeignetes Instrumentarium, mit dem Kreditrisiken effizient gemessen und gesteuert werden können.

Bei dem Begriff Kreditrisiko fällt einem spontan das *Ausfallrisiko* ein, also das Risiko, dass ein Schuldner seinen Verpflichtungen nicht mehr nachkommen kann. Doch betrachtet man beispielsweise ein Bondportfolio, so existiert ebenfalls das *Kredit-Spread Risiko*. Dabei handelt es sich um den finanziellen Verlust, der bei einer Mark-to-Market Bewertung auf die Änderung des Kredit-Spreads zurückzuführen ist. Dies entsteht beispielsweise beim Downgrading eines Bonds. Durch das Absinken des Bonds in eine tiefere Ratingkategorie verlangen die Investoren eine höhere Entschädigung, d.h.

Warum Kreditrisikomanagement

Definition des Kreditrisikos

---

der Zins steigt und damit sinkt der Preis resp. der Wert des Bonds.

Erwartete vs. unerwartete Verluste

Häufiges Missverständnis im Zusammenhang mit dem Begriff des Kreditrisikos entsteht in der Abgrenzung zwischen erwarteten und unerwarteten Kreditverlusten. Der erwartete Verlust eines Kredites ergibt sich aus der Multiplikation der ausgenützten, unbesicherten Kreditlinien mit der Ausfallwahrscheinlichkeit des Schuldners abzüglich der erwarteten Recovery Rate. In der Literatur wird der erwartete Verlust manchmal nicht als Risiko im eigentlichen Sinn betrachtet, wir wollen hier jedoch unter dem Begriff „Kreditrisiko" sowohl erwartete wie auch unerwartete Kreditverluste subsumieren, wobei die unerwarteten Verluste die Abweichungen von den Ausfallerwartungen, also die Volatilität der Verluste darstellen.

Wo treten Kreditrisiken auf?

Kreditrisiken treten nicht nur im traditionellen Kreditgeschäft auf, sondern bei all jenen Geschäften, bei denen die Bank als Gläubiger einer Gegenpartei ohne Erfüllungsgarantie gegenüber steht, also auch bei Bonds (insbesondere Junk Bonds), Garantien, Akkreditiven oder Kreditkartenforderungen. Häufig unterschätzt werden zudem Kreditrisiken im Derivatebereich, seien diese bei Optionen, Swaps oder Forwards. Gegenparteirisiken bei Derivaten treten jedoch nur bei ausserbörslich[1] gehandelten Produkten, die am Fälligkeitstag einen positiven Wert besitzen, auf. Betrachtet man beispielsweise eine OTC-Calloption auf eine Aktie, so trägt der Käufer der Option nur dann ein Kreditrisiko, falls die Option im Geld ist, der Wert der Aktie bei Fälligkeit also über dem Strikepreis liegt. Ist der Wert der Aktie geringer als der Strikepreis, so ist die Option wertlos und somit existiert auch kein Kreditrisiko.

Wird die Calloption an einer Börse gehandelt, so nimmt nicht mehr der Verkäufer sondern die Börse selbst die Position der Gegenpartei ein. Durch die Sicherheiten der Börsen geht man davon aus, dass in diesem Fall kein Kreditrisiko besteht.

---

[1] sogenannte over-the-counter (OTC) gehandelte Produkte.

Das Kreditrisikomanagement erhielt in den vergangenen Jahren durch die Übertragung der Erkenntnisse der Finanzmarkttheorie auf das Kreditgeschäft eine völlig neue Ausrichtung. Spezielle Eigenschaften von Kreditrisiken lassen aber eine 1:1 Anwendung des Instrumentariums der Finanzmarkttheorie nicht zu.

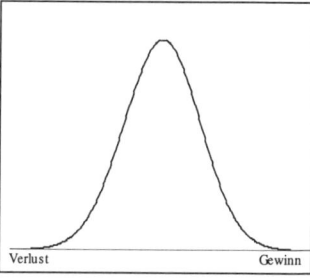 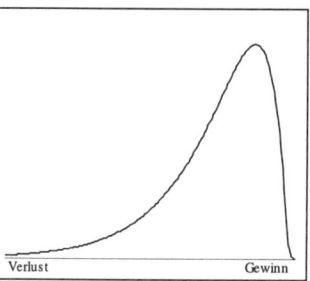

Abbildung 18.1: Marktreturns (linke Abb.) versus Kreditreturns

Wie man aus *Abbildung 18.1* erkennt, sind Aktienreturns relativ symmetrisch und können durch eine Normalverteilung approximiert werden. D.h. mit den statistischen Massen Erwartungswert und Standardabweichung lassen sie sich hinreichend gut beschreiben.

Im Gegensatz dazu sind zur Beschreibung der Verteilung der Kreditreturns aufgrund deren asymmetrischen Verteilung weitere Informationen wie die Schiefe (3. Moment) und die Kurtosis (4. Moment) nötig. Kreditrisiken sind linksschief und „fat-tailed". Diese Verteilungseigenschaft resultiert aus der Tatsache, dass Krediterlöse dadurch gekennzeichnet sind, dass sie relativ kleine Gewinne mit einer grossen Wahrscheinlichkeit erzielen und grosse Verluste mit einer geringen Wahrscheinlichkeit erleiden. Das Gewinnpotential beschränkt sich also im allgemeinen auf den Zinsgewinn, das Verlustpotential besteht hingegen aus dem gesamten Investitionsbetrag. Bei der Untersuchung des Verlustpotentials kommt den Verteilungsquantilen eine wichtige Rolle zu. Dabei gibt ein *Quantil* den Wert an, unter den ein Kredit bzw. ein Portfolio mit einer vorgegebenen Wahrscheinlichkeit (z.B. 95% oder 99%) im betrachteten Zeithorizont *nicht* fällt. D.h. man erhält durch das Quantil den maximalen Verlust, den man in 95 resp. 99 von 100 Fällen maximal erleidet.

Messung von Kreditrisiken: Ratingsysteme

Basis eines jeden Kreditrisikomanagements ist die Messung der Ausfallwahrscheinlichkeit auf Einzelkreditebene. Es wäre unrealistisch anzunehmen, jeder einzelnen Kreditposition eine exakte Ausfallwahrscheinlichkeit zuzuordnen. Ein gangbarer Weg führt über die Einteilung in sogenannte *Ratingklassen* (in Analogie zu den bekannten Rating-Systemen), die bezüglich Ausfallwahrscheinlichkeiten in sich möglichst homogen sind und sich gegeneinander möglichst heterogen abgrenzen lassen.

Eine Hauptproblematik bei der Generierung von Ratingkonzeptionen im Kreditgeschäft ist zur Zeit die fehlende historische Erfassung der Ausfälle und damit das Fehlen von Ausfallwahrscheinlichkeiten, die den einzelnen Ratingkategorien zugeordnet werden können. Verlässliche Daten stehen lediglich von den führenden Ratingagenturen, wie z.B. Standard and Poors (S&P) oder Moody's, zur Verfügung[2]. In der Praxis lässt sich aufgrund dieser Problematik die Tendenz erkennen, in den Ratingkonzeptionen die Ratingkategorien der führenden Agenturen nachzubilden.

Exkurs: Rating Agenturen

Das professionelle Rating von Unternehmen und speziell Bonds wird von Ratingagenturen vorgenommen. Die bekanntesten sind Standard & Poor's und Moody's, aber auch andere Agenturen wie Fitch IBCA oder Duff & Phelps spielen zunehmend eine bedeutendere Rolle.

Grundsätzlich unterscheidet man long term Ratings im Investment-Grade und Speculative-Grade Bereich. Die einzelnen Ratings mit ihren Bedeutungen finden sich in der *Tabelle 18.1.*

---

[2] andere, zukunftsorientierte Methoden zur Bestimmung der Ausfallwahrscheinlichkeiten bestehen in der Verwendung von Optionspreis- und Fristenstrukturmodellen, die aktuelle Markteinschätzungen über Verluste aus den gehandelten Bondpreisen der verschiedenen Ratingkategorien herausfiltern (für weitere Ausführungen vgl. z. B. VARNHOLT (1997), S. 125 ff).

Investment-Grade Rating		
S&P and others	**Moody's**	**Interpretation**
AAA	Aaa	Höchste Qualität
AA+	Aa1	
AA	Aa2	Hohe Qualität
AA-	Aa3	
A+	A1	Starke Zahlungs-
A	A2	fähigkeit
A-	A3	
BBB+	Baa1	Ausreichende
BBB	Baa2	Zahlungsfähigkeit
BBB-	Baa3	

Speculative-Grade Rating		
S&P and others	**Moody's**	**Interpretation**
BB+	Ba1	Spekulative Anlage,
BB	Ba2	mässige Zahlungs-
BB-	Ba3	fähigkeit
B+	B1	Risikoreiche
B	B2	Verpflichtungen
B-	B3	
CCC+		In Zahlungsverzug
CCC	Caa	sowie
CCC-		Insolvenzgefahr
CC	Ca	Sehr hoher Spekula-
C	C	tionsgrad
D	D	Insolvenz/Default

Tabelle 18.1: Skala der long term Ratings.

Basierend auf historischen Ausfällen erstellen die Rating-agenturen Statistiken über Ausfallraten in den einzelnen Kategorien über verschiedene Laufzeiten. In *Abbildung 18.3* sind die durchschnittlichen kumulierten Ausfallraten von Moody´s in verschiedenen Ratingkategorien für 1, 5, 10 und 20 Jahre Laufzeit dargestellt.

Kreditrisikomanagement

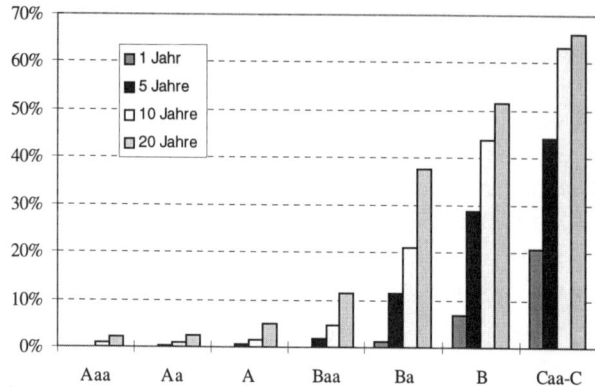

Abbildung 18.3: Durchschnittliche kumulierte Ausfallraten. Quelle: Moody's Investors Service, Global Credit Research, February 1998

Ratingfaktoren

Kernpunkt eines jeden Ratingsystems ist die Generierung von unterschiedlich gewichteten Faktoren, aufgrund derer Kreditpositionen analysiert, beurteilt und den entsprechenden Ratingkategorien zugeordnet werden. Einigkeit herrscht heute darüber, dass neben quantitativen auch qualitative Komponenten herbeigezogen werden sollen.

Bei der Bestimmung der quantitativen Faktoren kann beispielsweise auf die Erkenntnisse aus Diskriminanzanalysen oder neuronalen Netzen zurückgegriffen werden. Die umfangreiche, jahrzehntelange Forschung auf diesem Gebiet führte zu Tage, dass mit nur wenigen Kennzahlen - zumeist in irgendeiner Form eine Liquiditäts-, Bilanzstruktur- und Rentabilitätskennzahl – eine hinreichend gute Separation erzielt werden kann.

Bei der Festlegung der qualitativen Faktoren stellen sich Fragen nach dem Einfluss von Managementqualität, Finanz- und Produktstrategien, oder Branchenentwicklungen auf den Unternehmenserfolg – ein traditionelles Forschungsgebiet der Betriebswirtschaftslehre, deren neueste Erkenntnisse laufend in die Rating-Systeme einfliessen sollten.

Kapitel 18

Ein Ratingsystem, das sich nur auf quantitative Faktoren stützt, wurde von Prof. EDWARD ALTMAN von der New York University entwickelt. Mittels Diskriminanzanalyse hat er relevante Diskriminanzfaktoren bestimmt. Die Kombination der Faktoren mit gewissen Gewichtungen führt zu Diskriminanzwerten (den sogenannten Z-Scores). Je nachdem, wie dieser Diskriminanzwert ausfällt, kann man es in die Kategorie „Safe Zone" (Z > 2.99), „Grey Zone" (1.8 < Z < 2.99) oder „Distress Zone" (Z < 1.8) einteilen. Im folgenden ist die Berechnung des Z-Scores im „Bankruptcy-Modell" dargestellt.[3]

Beispiel: Z-Scores

$$Z = 1.2 \frac{\text{Working Capital}}{\text{Total Assets}} + 1.4 \frac{\text{Retained Earnings}}{\text{Total Assets}} + 3.3 \frac{\text{EBIT}}{\text{Total Assets}}$$

$$+ 0.6 \frac{\text{Market Value of Equity}}{\text{Book Value of Total Liabilities}} + 0.999 \frac{\text{Sales}}{\text{Total Assets}}$$

Ein Vergleich der Ergebnisse von Altman mit den entsprechenden Ratings der Ratingagenturen zeigt, dass Ratingentwicklungen zum Teil relativ gut prognostiziert werden können. *Abbildung 18.2* zeigt die Entwicklung der Z-Scores von IBM zwischen 1980 und 1996. Es ist sehr interessant, diese Entwicklung mit dem Rating von IBM zu vergleichen, da sich dieses im Juli 1993 von AA zu A verschlechterte.

Abbildung 18.2: Z-Score Beispiel: IBM Corporation (1980-1996).
Quelle: ALTMAN, Kursunterlagen.

---

[3] EBIT steht für Earnings before interest and tax.

Kreditrisikomanagement

Recovery Rate

Ist die Ausfallwahrscheinlichkeit der Gegenpartei geschätzt, stellt sich in einem nächsten Schritt die Frage nach der Verlustintensität im Verzugfall bzw. dem Anteil, der bei einem Ausfall durch Liquidationserlöse und Realisierung allfälliger Sicherheiten zurückerhalten wird (der sogenannten Recovery Rate).

Betrachtet man beispielsweise eine Hypothek auf ein Haus, das nur zu 40% belehnt ist, so entsteht der kreditgebenden Bank voraussichtlich kein Schaden, auch wenn die Schuldner zahlungsunfähig werden, da eine Liquidation des Hauses die Schulden voll abdeckt. In diesem Fall trägt die Bank auf dieser Position also kein - oder nur ein sehr geringes – Kreditrisiko und man kann somit von einer Recovery Rate von nahezu 100% ausgehen.

Problemfelder von Ratingsystemen

Das erwähnte Vorgehen über Ratingsysteme bringt auch Problemfelder mit sich.

Neben der fehlenden Datenbasis steht jede Ratingkonzeption im Spannungsfeld zwischen Standardisierung und Individualisierung. Unbestritten ist, dass beispielsweise unterschiedliche Branchen oder unterschiedliche Unternehmensgrössen unterschiedlichen Gesetzen unterliegen und demnach andere quantitative und qualitative Aspekte erfolgsrelevant sind. Wo eine sinnvolle Trennlinie bei der Anzahl Untersysteme einer Ratingkonzeption zu ziehen ist, kann jedoch erst aufgrund des konkreten Kreditportfolios beantwortet werden.

Desweiteren ist es in der aktuellen "Einführungsphase" von Ratingkonzeptionen noch weitgehend offen, inwieweit die Übertragbarkeit von Risikoprämien von Ratingkategorien aus dem internationalen Kapitalmarkt überhaupt auf einen nationalen kommerziellen Kreditmarkt gegeben ist. Aus den unzähligen Fragestellungen sei hier beispielhaft der Einfluss von regulatorischen Rahmenbedingungen auf die Renditen im Trennbereich Investment-Grade und Non-Investment-Grade angeführt. Erst eine ausreichende Datenhistorie nationaler Systeme wird auf diese Fragestellunge eine Klärung bringen.

Und last but not least liegt eine bedeutende Schwierigkeit in der fehlenden Konstanz zwischen Rating und Ausfallwahrscheinlichkeit. *Abbildung 18.3* zeigt, dass die Durchschnittswerte insbesondere auf Grund makroökonomischer Einflüsse über die Zeit sehr grossen Schwankungen unterworfen sind. Die durchschnittliche einjährige Ausfallwahrscheinlichkeit in der Ratingkategorie B von ca. 7.5% entsteht aus dem Mittelwert von Ausfallraten zwischen knapp 2% und über 16%.

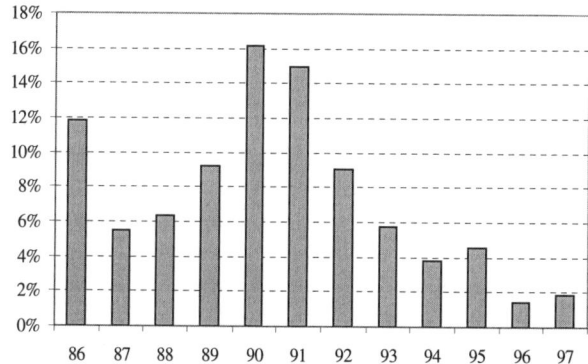

Abbildung 18.4: Einjährige Ausfallraten für die Ratingkategorie B. Quelle: Moody's Investors Service, Global Credit Research, February 1998.

Die laufende Anpassung der Ratingsysteme an die makroökonomischen Veränderungen (sog. Kalibrierungsprozess) stellt eine besondere Herausforderung für jede Ratingkonzeption dar.

In der bisherigen Einzelgeschäftsbetrachtung wurden Ausfallraten und Abweichungen unabhängig vom Kreditportfolio betrachtet. Zur Optimierung und zum Managen von Kreditportfolios spielt die Zusammensetzung des Portfolios jedoch eine entscheidende Rolle – analog zur Asset Diversifikation[4].

Einzelgeschäfts- versus Portfoliobetrachtung

Für die Kreditrisikomessung auf Portfolioebene wurden durch die Entwicklung entsprechender Tools in den vergangenen Jahren ganz neue Voraussetzungen geschaffen. Sie erlauben es, die Vorteile der Diversifikation und die Kosten der Konzentration auch im Kreditgeschäft zu quantifizieren.

Nicht zuletzt werden derartige Systeme von Banken auch propagiert, um das regulatorisch notwendige Eigenkapital auf

---

[4] Vgl. Kapitel 3.

Kreditrisikomanagement

eine die ökonomischen Risiken besser reflektierende Basis zu stellen. Anstelle der heutigen, produktbezogenen Kapitalunterlegungsstandards sollen Diversifikationseffekte, die das Risiko vermindern, in die Berechnung des erforderlichen Eigenkapitals einfliessen. Einen ersten Schritt in Richtung Akzeptanz derartiger Konzeptionen hat die EBK durch die Möglichkeit, eine Schwankungsreserve für Kreditrisiken als oberes ergänzendes Eigenkapital anrechnen zu lassen, getan. Voraussetzung für die Anrechenbarkeit einer derartigen Reserve ist jedoch das Vorhandensein eines Kreditrisikomodells mit genau spezifizierten Anforderungen.

CreditMetrics
CreditRisk⁺
CreditPortfolioView

Zur Messung des Kreditrisikos auf Einzelgeschäfts- und Portfolioebene sind 1997 und 1998 verschiedene Module auf den Markt gekommen. Die bekanntesten sind *CreditMetrics™* von J.P.Morgan, *CreditRisk⁺* von Credit Suisse Financial Products und *CreditPortfolioView™* von McKinsey&Company. Daneben gibt es Portfolio Manager *™* von KMV Corporation, Loan Analysis System (LAS) von KPMG und andere. Wir wollen uns bei der näheren Betrachtung auf die ersten drei Systeme beschränken.

Die Module verfolgen unterschiedliche Ziele. Während CreditRisk+ sich ausschliesslich auf die Modellierung und das Managen des Ausfallrisikos konzentriert, modellieren CreditMetrics und CreditPortfolioView auch die Wertentwicklung, die sich auf Grund von Ratingmigrationen ergeben. Als Datenbasis kann auch hier auf regelmässige Informationen der Ratingagenturen zurückgegriffen werden. Sie bieten neben historischen Ausfallwahrscheinlichkeiten pro Ratingkategorie auch Statistiken über Ratingmigrationen, sogenannte Migrations- oder Übergangsmatrizen an. Diese geben - ebenfalls basierend auf historischen Entwicklungen - an, mit welcher Wahrscheinlichkeit ein Unternehmen oder ein einzelnes Produkt, zum Beispiel ein Bond, unter Berücksichtigung des aktuellen Ratings am Ende des betrachteten Zeithorizontes in der gleichen oder einer anderen Ratingkategorie befindet oder ausfällt.

Rating von	Rating nach Aaa	Aa	A	Baa	Ba	B	Caa-C	Default
Aaa	92.18%	6.51%	1.04%	0.25%	0.02%	0.00%.	0.00%	0.00%
Aa	1.29%	91.62%	6.11%	0.70%	0.18%	0.03%	0.00%	0.07%
A	0.08%	2.50%	91.36%	5.11%	0.69%	0.11%	0.02%	0.14%
Baa	0.04%	0.27%	4.22%	89.16%	5.25%	0.68%	0.07%	0.31%
Ba	0.02%	0.09%	0.44%	5.11%	87.08%	5.57%	0.46%	1.25%
B	0.00%	0.04%	0.14%	0.69%	6.52%	85.20%	3.54%	3.87%
Caa-C	0.00%	0.02%	0.04%	0.37%	1.45%	6.00%	78.30%	13.81%

Tabelle 18.2: Durchschnittliche einjährige Rating Transition Matrix.
Quelle: Moodys Investores Service, Moody's Rating Migration and Credit Quality Correlation, 1920-1996, July 1997.

Gemeinsam ist jedoch allen Systemen, dass sie zum einen ein Rating der Einzelpositionen als Eingabeparameter benötigen und zum zweiten eine Portfoliobetrachtung vornehmen, die es erlaubt, Fragen der Risikokonzentration und der Diversifikation zu untersuchen.

Die Methodik von CreditMetrics besteht aus drei Schritten. In einem ersten Schritt wird die Exposure (mögliches Verlustpotential einer Kreditposition bei einem Ausfall) jedes betrachteten Instrumentes berechnet. Im zweiten Schritt wird für jede einzelne Exposure die Preisverteilung zum betrachteten Zeithorizont - basierend auf den Ratingmigrationen - berechnet und in einem dritten Schritt wird die Wertverteilung über das gesamte Portfolio unter Einbezug der Korrelationen zwischen den einzelnen Ratingmigrationen berechnet.

CreditMetrics

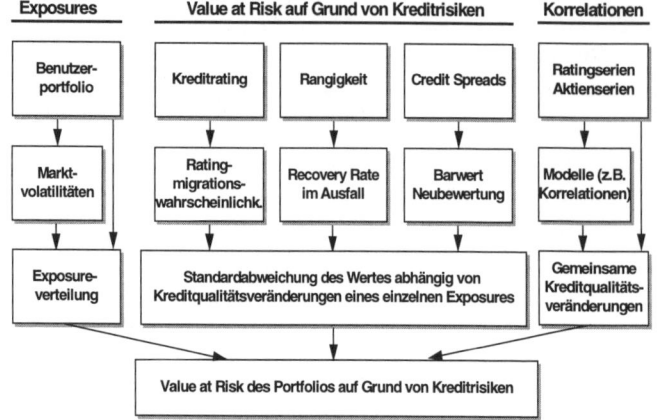

Exposures	Value at Risk auf Grund von Kreditrisiken			Korrelationen
Benutzer-portfolio	Kreditrating	Rangigkeit	Credit Spreads	Ratingserien Aktienserien
Markt-volatilitäten	Rating-migrations-wahrscheinlichk.	Recovery Rate im Ausfall	Barwert Neubewertung	Modelle (z.B. Korrelationen)
Exposure-verteilung	Standardabweichung des Wertes abhängig von Kreditqualitätsveränderungen eines einzelnen Exposures			Gemeinsame Kreditqualitäts-veränderungen

Value at Risk des Portfolios auf Grund von Kreditrisiken

Tabelle 18.2. Vorgehensweise von CreditMetrics. Quelle: Credit-Metrics-Technical Document.

CreditMetrics ist grundsätzlich auf beliebige Kreditarten anwendbar, seien dies Anleihen, Kredite bzw. Darlehen, Debitorenforderungen, Bereitstellungskredite, Akkreditive oder marktorientierte Instrumente wie Swaps oder Forwards. Die Exposures werden in Abhängigkeit vom jeweiligen Produkt berechnet. Bei marktorientierten Instrumenten mit Optionscharakter sind Techniken erforderlich, die die Marktrisiken berücksichtigen, da bei diesen Instrumenten ein Kreditrisiko nur in bestimmten Marktsituationen entsteht.

Bei der Einzelgeschäftsbetrachtung ist der erste Eingabeparameter das ermittelte Kreditrating und damit die mit dem Rating verbundenen Ratingmigrationswahrscheinlichkeiten, die für die Berücksichtigung der durch Up- und Downgrades verursachten Wertveränderungen benötigt werden. Neben den Wahrscheinlichkeiten für die einzelnen Zustände ist im folgenden der Wert der Anleihe am Ende des betrachteten Zeithorizontes für diese einzelnen Zustände zu berechnen. Simuliert man einen Ausfall, ist der Wert der betrachteten Anleihe von der Recovery Rate abhängig, die wiederum von der Rangigkeit der Anleihe beeinflusst wird, die als Input in das Modell einfliesst.

Für die Bewertung der Anleihe in den einzelnen Ratingkategorien verwendet man die Forwardratekurven (Terminzinskurven) der entsprechenden Ratingkategorien und diskontiert die erwarteten ausstehenden Cash-Flows der Anleihe damit ab. Darauf werden die erwarteten Preise in den einzelnen Ratingkategorien mit den Migrationswahrscheinlichkeiten (die sich aus der Transitionmatrix ablesen lassen) gewichtet, um die Volatilität und die Verteilung des Preises, die auf den Ratingmigrationen beruhen, im Zeithorizont zu berechnen.

Im letzten Schritt wird die Einzelgeschäftsbetrachtung auf das Portfolio erweitert. Um hier die Diversifikationseffekte zu berücksichtigen, müssen auch die Korrelationen zwischen den Ratingmigrationen einbezogen werden. Da diese nicht direkt am Markt zu beobachten sind, nimmt man sie im einfachsten Fall als konstant an oder schätzt sie über Assetkorrelationen mit mathematischen Modellen.

Als Output liefert CreditMetrics den erwarteten Verlust des Portfolios, sowie als Risikomasse die Standardabweichung und Quantile des erwarteten Portfoliowertes. Für die Berechnung der Quantile ist die Wertverteilung des gesamten Kreditportfolios mittels einer Monte-Carlo Simulation zu berechnen. Zusätzlich lassen sich auf Portfoliobasis die marginalen Risikostatistiken auf Basis der Standardabweichung oder der Quantile berechnen, d.h. die Veränderung des gesamten Portfoliorisikos auf Grund der Hinzunahme einer neuen Transaktion.

Das Modell von McKinsey unterscheidet sich in zwei wesentlichen Punkten von CreditMetrics. Es verbindet explizit Kreditausfälle und Kreditmigrationen mit den makroökonomischen Faktoren, die den Grossteil des systematischen Risikos[5] eines jeden Kreditportfolios bestimmen. Und zweitens unterscheidet es Kreditexposures, die nicht liquidiert werden können (wie die meisten kommerziellen Kredite oder OTC Handelsgeschäfte), von denen, die vor Beendigung ihrer Laufzeit liquidiert werden können (z. B. gehandelte Bonds). Erstere werden auf einer diskontierten Ausfallbasis bewertet, letztere auf einer mark-to-market Basis.

CreditPortfolioView

---

[5] Systematisches Risiko ist der Teil des Risikos, der nicht wegdiversifiziert werden kann und damit bewertungsrelevant ist.

CreditRisk[+]

CreditRisk[+] berücksichtigt, im Gegensatz zu den oben erwähnten Konzepten, lediglich Verluste, die auf Kreditausfällen beruhen. Aus den Eingabedaten Nettoexposure (Exposure abzüglich der Recovery Rate), Ausfallwahrscheinlichkeit, Standardabweichung der Ausfallwahrscheinlichkeit und einer Sektorenaufteilung berechnet das Modell analytisch die gesamte Verlustverteilung. Daraus können dann die entscheidungsrelevanten Risikomasse sowie der erwartete Verlust und gewisse Verlustquantile berechnet werden.

Durch die Verwendung von versichungsmathematischen Methoden zur analytischen Berechnung der Verlustverteilungen unterscheidet sich CreditRisk[+] wesentlich von den oben besprochenen Modellen, die die Verlustverteilungen mittels Monte-Carlo-Simulationen berechnen.

Ziele der Kreditrisikomessung

Mit welchem Modell man auch die Kreditrisikomessung vornimmt – seien es die dargestellten, öffentlich verfügbaren oder die hauseigenen Modelle – Ziel muss es letztlich sein, die risikoreichsten Positionen zu eruieren, d.h. Positionen, bei denen das Produkt aus Exposure und Ausfallwahrscheinlichkeit besonders hoch ist. Dies kann auf Einzelgeschäftsebene, branchenorientiert oder z.B. geographisch vorgenommen werden. Ein Exposure von Fiat würde beispielsweise in die Kategorien Autoindustrie und Italien fallen und entsprechende Limiten beanspruchen. So können die risikoreichsten Positionen besonders überwacht werden und gegebenenfalls mittels Kreditsteuerungsinstrumenten abgesichert werden.

Kreditrisikosteuerung

Neben den traditionellen Kreditrisikosteuerungsinstrumenten wie Sicherheitenstellung oder Garantien, die grundsätzlich bei allen Krediten angewendet werden, hat sich in den letzten Jahren ein Markt für moderne Instrumente wie *Securitisation* und *Kreditderivate* gebildet, die es ermöglichen, auf Portfolioebene die Risikostruktur zu verändern. In der Folge soll eine Übersicht über die Technik dieser Instrumente gegeben werden.

Securitisation

Eine kurze und eindringliche Definition einer Asset Securitisation findet sich bei BÄR (1998): „Der Begriff der ‚Asset

Securitisation' steht für eine neue Finanzierungstechnik, die vor allem in den USA und nun zunehmend auch in Europa grossen Erfolg hat. Dabei werden Finanzaktiven[6] (Assets) aus der Bilanz eines Unternehmens (Originator) ausgegliedert und getrennt vom restlichen Unternehmen durch einen eigens zum Zwecke der Finanzierung gegründeten Finanzintermediär, durch das *Special Purpose Vehicle* (SPV), über die internationalen Geld- und Kapitalmärkte refinanziert. Diese Finanzierung erfolgt (...) durch die Ausgabe von Wertschriften (Asset-Backed Securities) (...)".

Die Finanzaktiven sollten dabei möglichst homogene Vermögenswerte sein, seien dies Hypotheken, kommerzielle Kredite, Kreditkartenforderungen oder Leasing-Forderungen, um nur einige wichtige zu nennen.

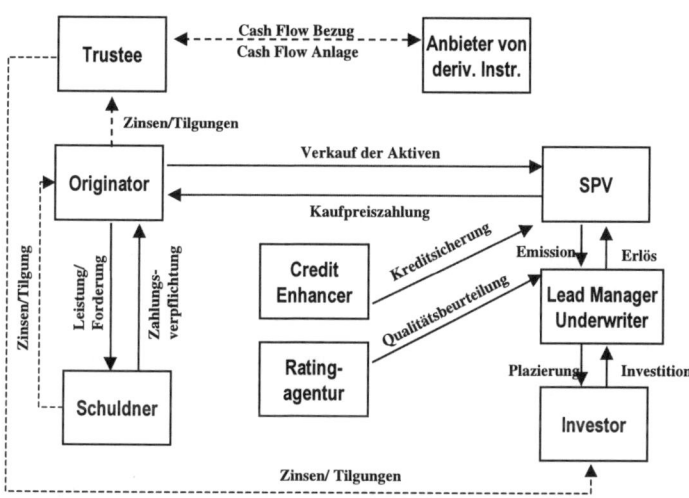

Abbildung 18.5: Grundstruktur einer Asset Securitisation. Quelle: BÄR (1998).

Die Aktiven des Originators werden dazu meist mit bilanzbefreiender Wirkung (Off-Balance-Sheet) an eine eigens

---

[6] Finanzaktiven steht für alle Arten von Aktiven, welche regelmässig Cash Flow-Ströme in Form von Zins- und/oder Tilgungszahlungen generieren. Dabei handelt es sich meist um Forderungen aus Kreditvergaben oder Forderungen aus Lieferungen und Leistungen.

---

zu diesem Zweck gegründete, rechtlich selbständige Unternehmenseinheit, dem Special Purpose Vehicle (SPV), verkauft. Dieses SPV finanziert den Asset-Kauf meistens über die Ausgabe von Wertschriften. Durch die Übertragung werden diese Aktiven rechtlich in einem Fonds verselbständigt und damit vom Geschäftsrisiko des Originators losgelöst. Gegen den Fonds werden Wertpapiere emittiert, für deren Bedienung grundsätzlich nur die Cash Flows der zugrundeliegenden Aktiven zur Verfügung stehen. Die Zins- und Tilgungszahlungen zur Bedienung dieser Wertpapiere erfolgen direkt aus den laufend generierten Cash Flows der dazu bestimmten Assets. Der Asset Pool inklusive allfälliger Sicherheiten dient dabei als Haftungsmasse für die Wertpapiere.

Zur Überwachung der Forderungen, zur Verbuchung, zum Inkasso und Mahnwesen wird ein *Servicer* bestimmt, der in der Regel mit dem Originator übereinstimmt, da dieser schon in der Vergangenheit die Bestände verwaltet hat.

Zur Überwachung der Transaktion wird ein *Treuhänder* engagiert, dem ein prioritäres Zugriffsrecht auf die Aktiven des SPVs zukommt und der als Zahlstelle für die Asset-Backed Securities fungiert.

Zur Sicherstellung der Plazierbarkeit der Wertpapiere und zum Schutz der Investoren vor Verlusten werden zusätzliche sogenannte Credit- und Liquidity Enhancements eingebaut. Durch spezielle Kredit- und Liquiditätsgarantien werden Zahlungsverzüge oder Insolvenzen der Schuldner abgedeckt. Um die unterschiedlichen Zinsstrukturen, Laufzeiten und Währungen den Bedürfnissen der Investoren anzupassen werden Derivate, wie Zins- oder Währungsswaps, eingesetzt.

Da ein einzelner Investor die Qualität dieser komplexen Transaktionen nicht einschätzen kann, werden Asset Backed Securities (ABS) von Ratingagenturen analysiert und beurteilt. So unterliegen sie einem objektiven Urteil und stellen für die breite Öffentlichkeit eine Investitionsalternative dar. Durch die zusätzlichen Sicherungsmassnahmen werden die meisten Asset-Backed-Emissionen mit erstklassigen Ratings versehen.

Während Securitisation in Amerika und weiten Teilen Europas bereits seit einigen Jahren praktiziert wird, wurde die erste öffentliche Asset-Backed Securities Emission im kom-

merziellen Kreditgeschäft in der Schweiz im Mai 1998 von
der UBS durchgeführt.

Im Bereich der Kreditsicherung hat sich neben dem Markt **Kreditderivate**
für Asset Securitisation seit Anfang der neunziger Jahre ein
Markt für *Kreditderivate* - erst in Amerika und später auch in
Europa, insbesondere London - gebildet.

Versucht man Kreditderivate mit einem Satz zu erklären,
so kann man die folgende grobe Definition abgeben: Ein Kre-
ditderivat ist ein bilateraler Finanz-Kontrakt, der es erlaubt,
das Kreditrisiko von anderen Risken und von dem Instrument,
mit dem es verbunden ist, zu *isolieren* und es von einer Gegenpartei zu einer anderen zu *transferieren*.

Kreditderivate in ihrer modernen Ausprägung sind sehr
junge Produkte. 1992 wurde das Konzept auf einer Konferenz
der Swap Dealers Association vorgestellt. Die ersten gehandelten Produkte gab es 1991.

Grundsätzlich unterscheidet man - wie auch bei sonstigen **Arten von**
Derivaten - Swaps, Optionen und Forwards sowie Structured **Kreditderivaten**
Notes (Credit linked notes). Im Bereich der Optionen treten
am häufigsten die Credit Default Puts (auch Credit Default
Swaps genannt), Basket Optionen und Credit Spread Optionen auf. Volumenmässig kommt dem Total Return Swap eine
grosse Bedeutung zu.

Am Beispiel des Credit Default Put (auch Credit Default **Credit Default**
Swap genannt), dem einfachsten Vertreter der Kreditderivate, **Swap**
wollen wir uns einigen zentralen Fragen widmen, die sich bei
allen Formen der Kreditderivate stellen.

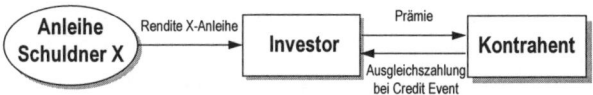

Abbildung 18.6: Credit Default Put (bzw. Credit Default Swap).

Beim Credit Default Put bzw. Swap hält der Investor eine
Anleihe oder einen Kredit und möchte sich gegen einen Verlust absichern, der aus der Zahlungsunfähigkeit des Schuldners entstehen könnte. Diese „Versicherung" schliesst er mit

einem Kontrahenten ab, indem er dem Kontrahenten eine Prämie bezahlt und dieser ihm im Schadensfall eine Ausgleichszahlung leistet. Die Prämie kann entweder periodisch oder im Voraus bezahlt werden.

An diesem einfachen Beispiel können wir die wesentlichen auftreten Fragen betrachten:

- Was ist ein Credit Event?
- Wie erfolgt die Ausgleichszahlung?
- Welche Faktoren beeinflussen die Prämie, das heisst den Preis des Kreditderivates?

Credit Event

Widmen wir uns der ersten Frage: Was ist ein Credit Event? Wie lässt er sich definieren? Grundsätzlich lassen sich drei wichtige Gruppen festlegen: als erstes kann es sich um einen Konkurs, eine Insolvenz oder einen Zahlungsverzug handeln, zweitens kann das Reference Asset unter einen bestimmten Preis fallen, d.h. der Credit Spread zwischen dem Reference Asset und einem risikolosen Vergleichsasset steigt über einen vorher bestimmten Wert und drittens kann das Downgrading des Assets durch eine oder mehrere grosse Ratingagenturen als Credit Event definiert werden.

Ausgleichs-zahlung

Auch bei der Ausgleichszahlung unterscheidet man drei wichtige Formen. Im einfachsten Fall erhält der Investor einen vorher definierten Betrag, dessen Höhe im Hinblick auf die Besicherungsquote des Schuldtitels oder den geschätzten Payoff im Konkursfall festgelegt wird.

Die zweite Möglichkeit ist das Cash Settlement. Hier wird dem Investor die Differenz zwischen dem Marktwert des Underlyings (ohne Credit Event) und dem Marktwert, der sich nach Ablauf einer bestimmten Frist einstellt, ausbezahlt. Die Vorgabe einer Frist beim Cash Settlement beruht auf der Erkenntnis, dass der Markt einige Zeit benötigt, um den entstandenen Schaden einzuschätzen und den neuen Gleichgewichtspreis (die Recovery Rate) zu bestimmen.

Als dritte Alternative nimmt der Kontrahent den Schuldtitel zum Nennwert entgegen. Damit hat er die Chance bei einer

Erholung des Preises des Schuldtitels wieder einen Teil seines Verlustes zu kompensieren.

Die Prämie eines Kreditderivates ist abhängig von der Laufzeit des Kontraktes, der Wahrscheinlichkeit, dass das Reference Asset ausfällt, der Recovery Rate und dem Kreditrating des Kontrahenten.

Grundsätzlich steigt das Ausfallrisiko mit der Laufzeit des Kontraktes. Wie man aus *Abbildung 18.3* entnehmen kann, ist sogar im AAA-Bereich bei Laufzeiten ab zehn Jahren mit Ausfällen zu rechnen. Dies ist intuitiv nachvollziehbar, da die Ratings vorwiegend aus historischem Zahlenmaterial erstellt werden und daher die Aussagekraft abnimmt, je weiter man in die Zukunft geht.

Der Preis der Anlage ist negativ mit der Recovery Rate korreliert, d.h. je höher die Recovery Rate, desto niedriger fällt die Prämie aus. Betrachtet man eine Hypothek auf ein Einfamilienhaus, das nur zu 40% belehnt ist, so führt die Zahlungsunfähigkeit des Eigentümers ziemlich sicher zu keinem Verlust für die Bank, da der ausstehende Betrag durch den Verkauf des Hauses gedeckt werden kann. Doch auch hier ist die Entwicklung des Hypothekarmarktes zu beachten. Eine Belehnung von nur 40% gibt der Bank zwar für die nächsten ein bis zwei Jahre eine Sicherheit, aber wie sieht die Besicherung nach einem Crash am Hypothekarmarkt wie Anfang der neunziger Jahre aus?

Die letzte wichtige Komponente des Pricing ist das Rating der Gegenpartei. Der Preis oder die Prämie des Kreditderivates steigt mit der Bonität des Kontrahenten, denn man muss sich bewusst sein, dass man sich bei jedem Geschäft zwar eigentlich gegen den Ausfall des ursprünglichen Schuldners absichert, aber gleichzeitig ein Gegenparteirisiko mit dem Kontrahenten eingeht. Allerdings ist nicht nur die Bonität der Gegenpartei von Bedeutung sondern auch die Korrelation der Gegenpartei mit dem Schuldner. Bei einer geringen Korrelation ist die Wahrscheinlichkeit, dass sowohl der Schuldner wie auch der Kontrahent ausfällt, vernachlässigbar.

Betrachtet man die Volumina in den einzelnen Produktklassen, so kommt dem Total Return Swap eine grosse Bedeutung zu. Schätzungen aus dem Jahr 1998 gehen davon aus, dass ein Drittel des Volumens mit Total Return Swaps umgesetzt wird.

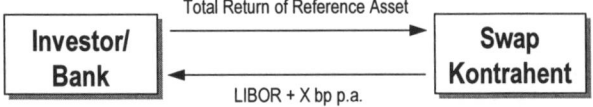

Abbildung 18.7: Total Return Swap.

Beim Total Return Swap wird die gesamte Performance eines risikobehafteten Schuldinstrumentes durch die Rendite eines anderen Aktivums auf nicht bilanzwirksame Weise substituiert. Wir wollen betrachten, wie sich die Cash Flows dieses Geschäftes entwickeln.

Zum Zeitpunkt des Abschlusses t = 0 wird ein *Reference Asset* definiert und sein Anfangswert (P_0), sowie eine *Reference Rate* (z.B. Libor + Marge) bestimmt.

In der Zeit vom Abschluss bis zum Laufzeitende des Kontraktes erhält der Asset Receiver (Swap Kontrahent) die Cash Flows, die durch das Reference Asset generiert werden und zahlt den Betrag, der durch die Reference Rate bestimmt ist.

Bei Fälligkeit wird das Reference Asset neubewertet (P_T). Falls sich der Wert des Reference Assets erhöht hat, erhält der Asset Receiver eine Zahlung in Höhe von (P_T - P_0), falls der Wert des Reference Asset abgenommen hat, muss der Asset Receiver eine Zahlung in Höhe von (P_0 - P_T) leisten. Durch diese Ausgleichszahlung ist gewährleistet, dass der Swap Kontrahent von der gesamten Performance des Reference Assets während der Laufzeit des Swaps profitiert resp. die Qualitätsverschlechterung des Reference Assets zu tragen hat.

Marktvolumen   Verlässliche Zahlen über das Volumen des Kreditderivatemarktes zu erhalten ist sehr schwierig. Die ersten effektiven Zahlen werden seit 1997 vom „Office of the Comptroller of the Currrency (OCC)" bei den US-amerikanischen kommerziellen Banken erhoben. Sonstige publizierte Zahlen beruhen im allgemeinen auf Marktschätzungen.

Wie man aus der *Abbildung 18.8* erkennt, ist seit Erfassung der Daten vom OCC ein stetiger und starker Volumenanstieg zu verzeichnen. Ende 1998 beträgt das Marktvolumen für

Kreditderivate unter den amerikanischen kommerziellen Banken 144 Mrd. USD, wovon 135 Mrd. USD auf die sieben grössten Banken fällt. Allein JP Morgan besitzt 63,6 Mrd. USD und gilt somit als der Marktführer. Ebenfalls sehr aktiv in diesem Bereich sind Chase Manhattan, Citibank NA und Bankers Trust.

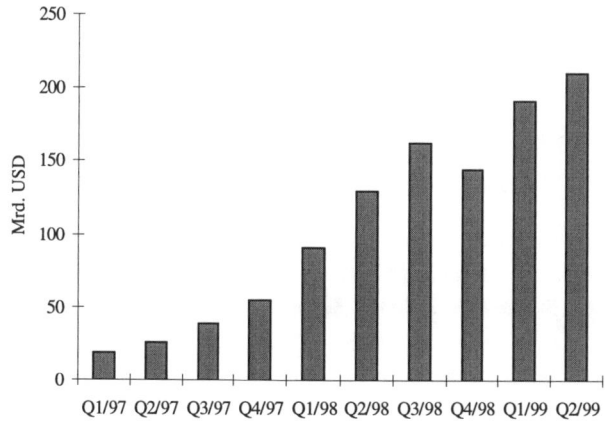

Abbildung 18.8: Marktvolumen der US-amerikanischen Banken für Kreditderivate. Quelle: Office of the the Comptroller of the Currency (OCC).

Schluss-betrachtung

Mit der wachsenden Notwendigkeit eines effizienten Kreditrisikomanagements hat sich in Theorie und Praxis weitestgehend eine Konzeption durchgesetzt, die von Ratingkonzeptionen in Analogie zu den von den führenden Ratingagenturen entwickelten, ausgeht. Ratings fliessen, als Output dieser Systeme als Inputs in Module ein, die Risikomasse auf Portfolioebene generieren, welche es erlauben werden, moderne Steuerungsinstrumente gezielt einzusetzen.

Auch wenn viele Fragen noch in den Kinderschuhen stekken, seien dies z.B. die Portfolioansätze oder der Umgang und Einsatz mit Kreditderivaten, so bieten sich doch auch für den europäischen Markt viele neue Perspektiven.

Literaturhinweise

Einführende Literatur:

HENN, JACQUELINE und PATRICK WEGMANN (1998): „Aktuell in wissenschaftlichen Zeitschriften: Kreditrisikomanagement", Finanzmarkt und Portfoliomanagement 12, pp. 95-101.

INTERNATIONAL SECURITIES MARKET ASSOCIATION (1998): „The Impact of Credit Derivatives on Securities Markets".

SCHMID, CHRISTIAN und BURKHART VARNHOLT (1997): "Kreditgeschäft im Wandel", in Schmid, Christian und Burkhart Varnholt (Hrsg): Finanzplatz Schweiz, NZZ Verlag, Zürich.

VARNHOLT, BURKHART (1997): „Modernes Kreditrisiko-Management", NZZ Verlag, Zürich.

Weiterführende Literatur:

BÄR, HANS PETER (1997): „Asset Securitisation", Verlag Paul Haupt, Bern.

J.P. MORGAN (1997): CreditMetrics – Technical Document.

Kapitel 19

Asset- & Liability Management

von Heinz Zimmermann

In der Fristentransformation wird typischerweise eine Grundfunktion des Bankensystems gesehen. Darunter versteht man die Transformation kurzfristiger Einlagen (Depositen, Kontokorrente, Festgelder) in langfristige Ausleihungen (Hypotheken, Kredite)[1]. Man sagt, dass das Bankensystem auf diese Weise „Liquidität" erzeuge: Einerseits verfügen die Einleger über die jederzeitige Möglichkeit, die Einlagen zurückzuziehen, während die Kreditnehmer über eine langfristige Finanzierung verfügen. Aufgrund der so definierten Fristenpräferenzen wurde der in der Zinsstruktur beobachtete Terminabschlag als *Liquiditätsprämie* bezeichnet. Damit die Einleger entgegen ihren eigentlichen Präferenzen bereit sind, den Unternehmungen langfristiges Kapital zur Verfügung zu stellen, müssen sie mit einer Prämie entschädigt werden. Wenn diese Fristentransformation durch die Intermediäre (Banken) vorgenommen wird, so fließt diese Prämie als Entgelt für die Intermediationsleistung den Banken zu.

Fristentransformation

Dieser Refinanzierungspraxis steht die sogenannte Goldene Finanzierungsregel (oder Bankregel) als Maxime des Bankgeschäfts, wonach eine Bank eine fristenkongruente Refinanzierung ihrer Ausleihungen anzustreben hat, gegenüber. Dies schliesst offensichtlich eine Fristentransformation aus. Damit stehen sich zwei widersprüchliche normative Konzepte

Goldene Bankregel

---

[1] Kurz- und langfristig hat im vorliegenden Kontext ausschliesslich mit den *Zinsbindungsfristen* zu tun. Als Kriterium gilt die Zeitperiode, innerhalb derer die einmal gewährten Zinskonditionen den Marktverhältnissen angepasst werden können. Eine zehnjährige, variabel verzinsliche Hypothek (z.b. mit quartalsweiser Zinsanpassung) ist in diesem Sinne eine kurzfristige Ausleihung.

Asset- & Liability Management

gegenüber. Beide Sichtweisen bilden eine unzweckmässige Grundlage sowohl für die bankbetriebliche Praxis wie auch für die ökonomische Analyse des Bankensystems. Es ist vielmehr so, dass Art und Umfang der Fristentransformation das Vorzeichen und das Ausmass der Zinsrisikoexposition einer Bank respektive des Bankensystems als ganzes bestimmt. Bei vollkommenen Kapitalmärkten kann eine einzelne Bank (womöglich aber nicht das gesamte Bankensystem) das Zinsänderungsrisiko auf das für sie tragbare Ausmaß zurückbinden oder ausdehnen. Die Abstimmung der Fälligkeitsstruktur der Aktiven und Passiven respektive die Steuerung des damit verbundenen Zinsänderungsrisikos (und bei einer international tätigen Bank der damit verbundenen Währungsrisiken) versteht man als Asset- & Liability Management (ALM).

Zinsrisiko-prämien

ALM darf jedoch nicht nur unter Risikogesichtspunkten betrachtet werden. Zinsänderungsrisiken sind systematische Risiken: sie sind mit aggregierten volkswirtschaftlichen Variablen korreliert und beeinflussen damit die Wohlfahrt der Wirtschaftssubjekte nachhaltig. Zinsänderungsrisiken werden deshalb vom Kapitalmarkt mit einer Risikoprämie entschädigt. Damit ist für eine einzelne Bank die vollständige Absicherung des Zinsänderungsrisiko in den wenigsten Fällen optimal. Umgekehrt bedeutet dies, dass die Übernahme von Zinsänderungsrisiken mit einer Risikoprämie entschädigt wird und damit für die Banken eine potentielle Ertragsquelle darstellt. Eine Nutzung dieser Ertragsquelle setzt jedoch voraus, dass die damit verbundenen Risiken erkannt und in eine tragbare Relation zur Risikofähigkeit der Bank gesetzt werden können. Banken können so auf unterschiedlichste Weise ihren komparativen Vorteil bei der Übernahme von Zinsänderungsrisiken (etwa durch ein gutes Rating) kapitalisieren.

Zinsbindung und Fristen-transformation

Richtung und Ausmass der Fristentransformation respektive -inkongruenz bestimmen das Vorzeichen und die Sensitivität des zukünftigen Zinseinkommens beziehungsweise der Eigenmittel einer Bank gegenüber Zinssatzveränderungen. Typischerweise werden Richtung und Ausmass der Fristentransformation mit der durchschnittlichen Zinsbindungsdauer (Duration) der Bilanzpositionen beurteilt[2]. Die Duration hat folgende Interpretation:

- sie zeigt die durchschnittliche Zinsbindungsdauer;
- sie zeigt (ungefähr) die prozentuale Veränderung des Barwerts einer Position gegenüber einer gleichzeitigen Veränderung sämtlicher Zinssätze um 1% (siehe Kapitel 15 und 17).

Als unentbehrliche, aber nicht immer hinreichende[3] Grundlage zur Berechnung der Duration erweist sich eine Zinsbindungsbilanz. Mit ihr kann eine Duration für die Aktivseite (Anlagen) und eine Duration für die Passivseite (Verbindlichkeiten) ermittelt werden.

In *Tabelle 18.1* findet man eine Zinsbindungsbilanz, welche drei Aktiv- und zwei Passivpositionen umfasst. Einfachheitshalber werden nur fünf Zinsbindungsfristen angenommen.

Zinsbindungsbilanz

| | Zinsbindungsfristen | | | | |
	1 M	1 J	2 J	3 J	5 J
Liquidität	200	0	0	0	0
Darlehen	100	100	400	700	300
Hypotheken	200	400	500	200	300
Aktiva	500	500	900	900	600
Spargelder	600	0	0	0	0
Kassenobligationen	100	800	600	500	500

---

[2] Als Einführung in die Duration-basierte Analyse des Zinsänderungsrisikos einer Bankbilanz eignen sich: GEIGER (1994) und ZIMMERMANN/JAEGER/STAUB (1995).

[3] Für Bilanzpositionen mit Zahlungsströmen, welche sich bezüglich Umfang und Zeitpunkt nicht in Repricing-Fristen einordnen lassen, wie etwa Optionsgeschäfte oder Verträge mit Optionskomponenten, stösst das Konzept an Grenzen.

Passiva	700	800	600	500	500
Gap	-200	-300	+300	+400	+100

Tabelle 18.1: Fiktive Zinsbindungsbilanz über fünf Fristenbänder.

Die liquiden Mittel befinden sich in den kürzestmöglichen Zinsbindungsfrist, weil sie bei einer Zinsveränderung „sofort" zu den neuen Konditionen verzinst werden. Bei den Darlehen und Hypotheken ist der überwiegende Teil des Kapitals längerfristig zu den bestehenden Zinskonditionen gebunden. Die variabel verzinslichen Hypotheken befinden sich in der tiefstmöglichen Zinsbindungsfrist. Dasselbe gilt auf der Passivseite für die Spargelder, bei denen eine unmittelbare Anpassung der Verzinsung unterstellt wird.

Eine vollständig fristenkongruente Refinanzierung (wie es die Goldene Bankregel verlangt) würde vorliegen, wenn der Gap in sämtlichen Zinsbindungsfristen Null wäre. Bei einem negativen Gap liegt ein Überhang von Passiva in der betreffenden Zinsbindungsfrist vor, d.h. ein Überhang an Zinsverpflichtungen. Ein positiver Gap bedeutet ein Überhang an Zinsguthaben. Bei steigenden Zinsen bewirkt ein positiver Gap ein zusätzliches Zinseinkommen, während ein negativer Gap das Zinseinkommen reduziert. Durch die Multiplikation des Gaps mit einem subjektiv unterstellten Zinsszenario lässt sich deshalb der sogenannte Einkommenseffekt einfach ableiten; ein Zinsszenario findet man in *Tabelle 18.2.*

	Zinsbindungsfristen				
	1 M	1 J	2 J	3 J	5 J
Gap	- 200	- 300	+ 300	+ 400	+ 100
Zinsszenario	+1%	+ 0.5 %	+ 0.5 %	+ 0.25 %	+ 0.25 %
Einkommens-Effekt	*- 2.0*	*- 1.5*	*+ 1.5*	*+1.0*	*+ 0.25*

Tabelle 18.2: Einkommenseffekt eines nicht-parallelen Zinsanstiegs auf eine fiktive Bankbilanz.

Um die durchschnittliche Zinsbindungsdauer (Duration) der Aktiv- und Passivseite zu ermitteln, ist eine Abdiskontierung der Zahlungsströme erforderlich. Dazu wird ein einheitlicher Zinssatz (flache Zinsstruktur) von 5% angenommen. Es resultieren die in *Tabelle 18.3* ausgewiesenen Werte:

	Barwert	Duration	Duration gewichtet
Liquidität	199.2	0.08	
Darlehen	1397.4	2.73	
Hypotheken	1441.4	2.08	
Aktiva	*3038.0*		*2.25*
Spargelder	498.0	0.08	
Kassenobligationen	2229.4	2.29	
Passiva	*2727.4*		*1.89*
Eigenkapital	*310.6*		*5.40*

Tabelle 18.3: Marktwerte und Duration-Analyse.

Man erkennt die positive Fristentransformation daran, dass die Duration der Passivseite (1.89) unter dem entsprechenden Wert der Aktivseite (2.25) liegt. Die Fristeninkongruenz misst man mit dem Duration-Gap (dieser beträgt hier + 0.55) respektive mit der Duration des Eigenkapitals (hier 5.40). Letztere zeigt, in welchem prozentualen Umfang der Marktwert des Eigenkapitals auf eine einprozentige Zinsänderung reagiert. Diese Konzepte werden weiter unten genauer erklärt. Vorerst sollen die wichtigsten Erkenntnisse zusammenfasst werden.

Positive Fristentransformation: Die Duration der Anlagen ist größer als jene der Verbindlichkeiten, d.h. die Bank transformiert „kurzes" Geld in „langes". Dies ist der Fall der „klassischen" Bank, welche - wie oben erwähnt - Liquidität schafft. Bezüglich des Zinsänderungsrisikos folgt, dass höhe-

Positive Transformation: Problem steigender Zinsen

re Zinssätze schneller an die Einleger weitergegeben werden müssen, als sie den Schuldnern belastet werden können. Die höheren Zinssätze werden also früher aufwands- als ertragswirksam. Oder: Der Barwert der Aktiv-Positionen reagiert in Prozenten stärker auf Zinsveränderungen als der Barwert der Passiv-Positionen. Bei höheren Zinssätzen nimmt also der Barwert der Ausleihungen stärker ab als der Barwert der Verbindlichkeiten, was sich negativ auf den Wert des Eigenkapitals auswirkt. Dieser Zusammenhang wurde erstmals von SAMUELSON (1945) beschrieben.

Negative Transformation: Problem fallender Zinsen

Negative Fristentransformation: Die Duration der Anlagen ist kleiner als jene der Verbindlichkeiten, d.h. die Bank transformiert langes Geld in kurzes. Es ist ein in der Praxis nicht untypischer Fall; bei vielen Schweizer Banken hat in der Hochzinsphase der frühen neunziger Jahre eine Substitution von Spargeldern durch Kassenobligationen und von Festhypotheken durch Hypotheken mit variabler Verzinsung stattgefunden - so dass im schweizerischen Bankensystem eine negative Fristentransformation seither eher die Regel als die Ausnahme darstellt.

Bezüglich des Zinsänderungsrisikos folgt, dass tiefere Zinssätze schneller an die Schuldner weitergegeben werden müssen als sie den Einlegern überwälzt werden können. Die tieferen Zinssätze werden also früher ertrags- als aufwandswirksam. Oder: Der Barwert der Passiv-Positionen reagiert in Prozenten stärker auf Zinsveränderungen als der Barwert der Aktiv-Positionen. Bei sinkenden Zinssätzen nimmt also der Barwert der Ausleihungen weniger stark zu als der Barwert der Verpflichtungen, was sich wiederum negativ auf den Wert des Eigenkapitals auswirkt.

Zusammenfassend können die vorangehenden Ausführungen wie folgt festgehalten werden:

	Positive Fristen-transformation		Negative Fristen-transformation	
Bilanz	A	P	A	P
	lang	kurz	kurz	lang
Zinsanstieg	A sinkt stark	P sinkt	A sinkt	P sinkt stark
	EK sinkt		*EK steigt*	
Zinsreduktion	A steigt stark	P steigt	A steigt	P steigt stark
	EK steigt		*EK sinkt*	

Tabelle 18.4: Fristentransformation und Risikoexposition. A bezeichnet den Barwert der Anlagen, P den Barwert der Verbindlichkeiten. EK bezeichnet die Differenz, also den Barwert des Eigenkapitals.

Im Hinblick auf die Analyse der Absicherungseffekte von Derivaten lässt sich dies auch durch eine Grafik darstellen:

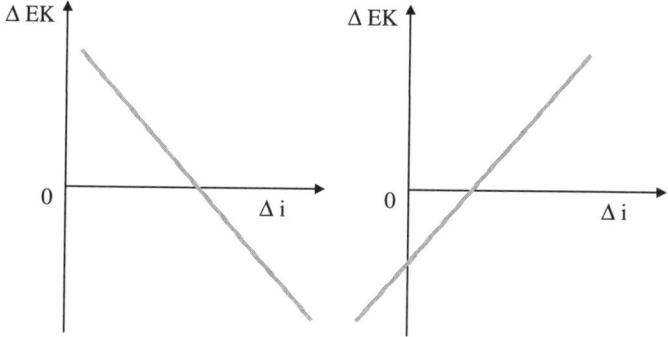

Abbildung 18.1: Risikoexposition des Eigenkapitals bei positiver (links) und negativer Fristentransformation (rechts). Δ EK beziehungsweise Δi bezeichnen Veränderungen des Eigenkapitals und des zugrundeliegenden Zinssatzes. Es wird einfachheitshalber ein linearer Zusammenhang angenommen.

Die Diskussion zeigt deutlich, dass die Bank mit der Richtung der Fristentransformation, ob explizit oder implizit, eine Entscheidung *über Umfang und Richtung der Zinssatzexposition* trifft. Bei positiver Fristentransformation spekuliert die Bank auf fallende Zinssätze, während sie bei negativer Fristentransformation steigende Zinssätze erwartet. Insofern entspricht die Risikoexposition jener eines Zinsterminkontraktes (*interest rate future*, Swap, etc.): Bei steigenden Zinssätzen verliert man Geld auf einer long-Position im Zinstermingeschäft und gewinnt Geld auf einer short-Position. Insofern entspricht die positive (negative) Fristentransformation einer long (short)-Position in Zinsterminkontrakten. Diese Analogie ist im Zusammenhang mit der Absicherung des Zinsänderungsrisikos, welches sich aus der Fristentransformation ergibt, nützlich (siehe Abschnitt 3).

Zahlenbeispiel zur Duration-Gap-Analyse

Ein Zahlenbeispiel soll diesen Abschnitt abrunden. Die Marktwert-Bilanz der betrachteten Bank weist die folgenden Merkmale auf:

Bilanz zu Marktwerten

Aktiva (A)	100.0	Passiva (P)	92.5
Duration	*1.5*	*Duration*	*0.5*
		Eigenmittel (EK)	7.5
		Duration	*13.8*

Abbildung 18.2: Zahlenbeispiel zum Duration-Gap-Management.

Die Duration der Aktivseite beträgt 1.5, jene der Passivseite 0.5. Die Bank betreibt also positive Fristentransformation. Die Fristeninkongruenz wird durch den Duration-Gap gemessen, der definiert ist als

$$Gap = D_A - D_P \frac{P}{A} \frac{1 + r_A}{1 + r_P}$$

worin r_A die Durchschnittsverzinsung der Anlagen und r_P jene der Einlagen bezeichnet; zur Vereinfachung wird $r_A = r_P$ gesetzt und der Quotient weggelassen. Im vorliegenden Beispiel berechnet man einen Duration-Gap von

$$Gap = 1.5 - 0.5 \times \frac{92.5}{100} = 1.0375 > 0$$

Der positive Wert deutet auf die positive Fristentransformation hin[4]. Daraus berechnet man die Duration des Eigenkapitals mit

$$D_{EK} = Gap \times \frac{A}{EK} = Gap \times \frac{1}{1-\ell} \qquad \text{mit } \ell = \frac{P}{A}$$

worin ℓ den Fremdfinanzierungsanteil (*Leverage*) bezeichnet. Im Beispiel berechnet man eine Duration des Eigenkapitals von

$$D_{EK} = 1.0375 \times \frac{1}{1-0.925} = 13.83$$

Dieser Wert bedeutet, dass der Marktwert des Eigenkapitals auf eine einprozentige Veränderung der Zinssätze im Ausmass von etwa 14% reagiert - was natürlich beträchtlich ist[5]. Auf dieser Grundlage können nun insbesondere auch Entscheidungen zur Absicherung des Zinsänderungsrisikos getroffen werden.

Eine Bank kann ihren Duration-Gap prinzipiell über zwei Wege steuern: über die aktive Gestaltung der Zinskonditionen auf Einlagen und Ausleihungen sowie über den Einsatz von Kapitalmarktinstrumenten. Den Möglichkeiten der Gestaltung von Zinskonditionen sind bei zunehmendem Wettbewerb zwischen den Banken gewisse Grenzen gesetzt; diese sind insbesondere auch von der Marktstellung der betrachteten Institution sowie vom spezifischen Kundensegment abhängig. Immer mehr werden in den letzten Jahren deshalb derivative Instrumente zur Steuerung der Fristeninkongruenz und den damit einhergehenden Zinsänderungsrisiken eingesetzt. Diese Möglichkeiten sollen in der Folge aufgezeigt werden.

Duration-Gap-Management

---

[4] Man beachte, dass infolge des wertmässigen Unterschieds der Aktiv- und Passivpositionen eine Übereinstimmung der Duration der Aktiv- und Passivseite *nicht* zu einem Gap von Null führt.

[5] Für die Berechnung der Volatilität des Eigenkapitals müsste die EK-Duration zusätzlich durch $1+r_{EK}$, also Eins plus die Eigenkaptialrendite, dividiert werden; dies wird nachfolgend zur Vereinfachung vernachlässigt.

Asset- & Liability Management

Absicherungs- **instrumente**

Die gebräuchlichsten Kapitalmarktinstrumente zur Steuerung von Zinsänderungsrisiken können in zwei Gruppen unterteilt werden:

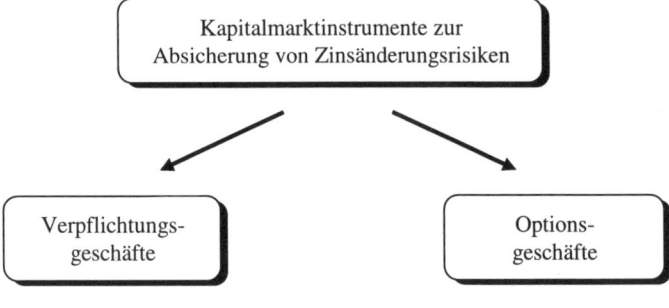

Verpflichtungs-geschäfte	Options-geschäfte
• Forward Rate Agreement • Zinssatz-Futureskontrakte • Zinssatz-Swap	• Zinssatzoptionen • Bondoptionen • Caps, Floors • Swaptions • Collars, Corridors

Abbildung 18.3: Absicherungsinstrumente für Zinsänderungsrisiken lassen sich in solche mit symmetrischen (Verpflichtungsgeschäfte) und in solche mit asymmetrischen Payoffs (Optionsgeschäfte) untergliedern.

Bei den *Verpflichtungsgeschäften* gehen beide Seiten der Transaktion (d.h. der Käufer und der Verkäufer) eine Verpflichtung zu einer späteren Leistungserbringung ein (etwa einen zinsabhängigen Geldbetrag zu bezahlen respektive entgegenzunehmen), während bei den *Optionsgeschäften* eine der beiden Parteien das Recht aber nicht die Verpflichtung hat, eine bestimmte Transaktion vorzunehmen.

Im Rahmen der Steuerung des Zinsänderungsrisikos, welches sich aus der Fristentransformation ergibt, nehmen *Swaps* und *Futures-Kontrakte* einen besonders wichtigen Stellenwert ein. Den beiden ist gemeinsam, dass es sich um spezielle Formen eines Termingeschäfts handelt, d.h. dass beim Abschluß des Geschäfts keine Zahlungen stattfinden, sondern dass lediglich eine verbindliche Vereinbarung über Umfang, Zeitpunkt und Konditionen einer späteren Leistung getroffen wird. Während diese beim Zinsswap sehr konkret ausfällt, ist der Zinssatz-Future ein eher abstraktes Termingeschäft (vergleiche Kapitel 17).

Bei einem *Zinssatz-Swap* verpflichten sich zwei Parteien zum Tausch von variablen gegen feste Zinszahlungen, bezogen auf einen bestimmten Nominalwert, in regelmäßigen zeitlichen Abständen (beispielsweise halbjährlich) während einer bestimmten Laufzeit (beispielsweise 5 Jahre). Die variablen Zinszahlungen basieren meistens auf den LIBOR-Sätzen[6]; die festen Zinszahlungen ergeben sich aus dem Swapsatz. Der Swapsatz lässt sich also als Termin-Zinssatz (*forward rate*) mit mehreren Erfüllungszeitpunkten charakterisieren.

Partei *A* bezahlt variable Zinszahlungen und erhält feste Zinszahlungen: Dies bezeichnet man als Receiver-Swap:

Zinsswaps

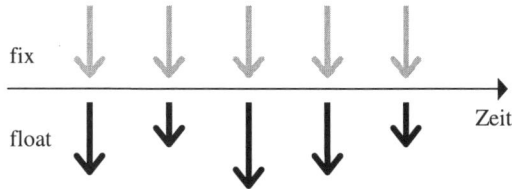

Abbildung 18.4a: Receiver-Swap

Die Gegenpartei *B* bezahlt feste Zinszahlungen und erhält variable: Man bezeichnet dies als Payer-Swap:

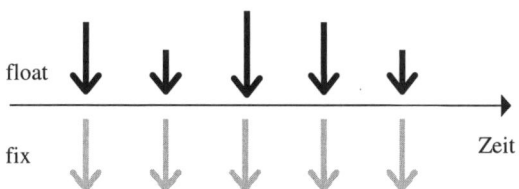

Abbildung 18.4b: Payer-Swap

---

[6]   LIBOR: **L**ondon **I**nterbank **O**ffered **R**ate; dabei handelt es sich um Geldmarktsätze, welche von Londoner Banken gestellt werden.

Die Abbildungen zeigen, dass der Käufer eines Receiver-Swaps von fallenden Zinssätzen profitiert, während der Käufer eines Payer-Swaps von steigenden Zinssätzen profitiert. Im Rahmen des Bilanzstrukturmanagement eignet sich demzufolge ein Receiver-Swap als Absicherung gegenüber steigenden Zinssätzen für eine Bank mit negativer Fristentransformation (also einem negativen Duration-Gap), während eine Bank mit positiver Fristentransformation das Risiko steigender Zinssätze durch einen Payer-Swap absichern kann. Dies wird durch das folgende Schema zusammengefaßt:

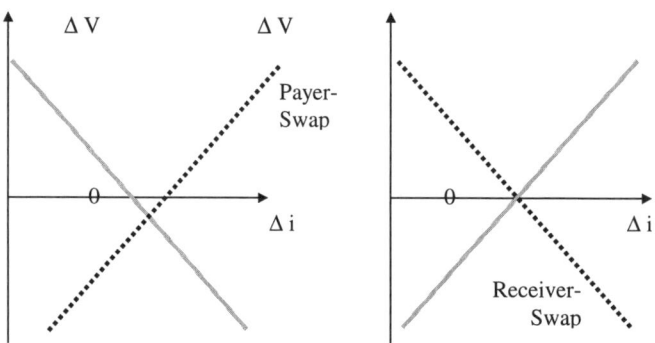

Abbildung 18.5: Absicherungseffekt eines Payer-Swaps bei positiver Fristentransformation (links) respektive eines Receiver-Swaps (rechts) bei negativer Fristentransformation (rechts). Δ V bezeichnet die Wertveränderungen des Eigenkapitals (grau) respektive des Swaps (gestrichelt). Δi steht wiederum für die Zinssatzänderung.

Mit anderen Worten: Interpretiert man bei negativer Fristentransformation die kurzen Zinsbindungsfristen der Aktivseite als Überhang variabler Zinseinkünfte, so werden durch den Receiver-Swap die variablen Zinserträge gegen feste ausgetauscht. Ebenso: Interpretiert man bei positiver Fristentransformation die kurzen Zinsbindungsfristen der Passivseite als Überhang variabler Zinsaufwendungen, so werden durch den Payer-Swap die variablen Zinsleistungen gegen feste ausgetauscht.

Prinzipiell kann jede Geschäftsbank durch Zinsswaps eine völlig fristenkongruente Refinanzierung ihrer Zahlungsströme erreichen: Das Angebot und die Nachfrage nach Swaps würde über den Swapsatz ausgeglichen, welcher demzufolge die aggregierte Fristentransformation des Bankensystems widerspiegeln müsste. Da sich nicht sämtliche Institute eines Bankensystems gegenüber gleichgerichteten Zinsänderungen absichern können, muss die Preisbildung der Swapkontrakte (konkret die Festlegung des Swapsatzes im Sinne eines Termin-Zinssatzes) genügend Anreize bieten, dass die Banken oder andere Marktteilnehmer spekulative Gegenpositionen einnehmen:

Swapsätze und Terminprämien

- Besteht eine *hedging-pressure* von Banken mit positiver Fristentransformation (im Sinne einer Übernachfrage nach Payer-Swaps), so wird sich dies in höheren Swap-Sätzen niederschlagen: Es entsteht eine positive Terminprämie, welche den Anreiz zum Erwerb von Receiver-Swaps erhöht, weil die (festen) Zinserträge über dem Erwartungswert der variablen Zinsleistungen liegen[7].

- Besteht hingegen eine *hedging-pressure* von Banken mit negativer Fristentransformation (im Sinne einer Übernachfrage nach Receiver-Swaps), so wird sich dies *ceteris paribus* in tieferen Swap-Sätzen äußern: Es entsteht eine negative Terminprämie, welche den Anreiz zum Erwerb von Payer-Swaps erhöht, weil der Erwartungswert der variablen Zinserträge über den (festen) Zinsleistungen liegt[8].

Welcher Effekt dominiert nun? Es dürfte unmittelbar einleuchten, dass der Kapitalmarkt ein zu komplexes Gebilde ist und die Marktteilnehmer zu heterogen sind, um die Absicherungsbedürfnisse (d.h. die Richtung und Umfang der *hedging-pressure*) von Banken, Versicherungen, Unternehmungen, Pensionskassen, öffentlich-rechtlichen Körperschaften etc.

---

[7] Dieser Fall entspricht in Commodity-Märkten der Keynesianischen *Backwardation*, wonach bei einer hedging-pressure seitens der Produzenten der Futures-Kurs unter dem erwarteten Kassakurs liegt.

[8] Dieser Fall entspricht in Commodity-Märkten dem Keynesianischen *Contango*, wonach bei einer hedging-pressure seitens der Konsumenten der Futures-Kurs über dem erwarteten Kassakurs liegt.

genau feststellen zu können. Hingegen steht fest, dass sich die Absicherungsbedürfnisse gegenseitig *nicht* aufheben können; wäre dies der Fall, so wären Zinsänderungsrisiken *keine* systematischen Risiken. *Es ist das Merkmal systematischer Risiken, dass die Nettonachfrage nach Absicherung dieser Risiken nicht Null ist.* Dies führt auch zur diskutierten Terminprämie, welche in dieser Perspektive eine Prämie zur Übernahme systematischen Risikos darstellt. Die Richtung der Nettonachfrage (*hedging pressure*) bestimmt lediglich das Vorzeichen dieser Prämie.

Im allgemeinen kann davon ausgegangen werden, dass Zinssatzveränderungen negativ mit dem systematischen Risiko, wie es durch die Rendite auf dem Marktportfolio gemessen wird, korreliert ist. Dies bedeutet, dass eine Bank mit positiver Fristentransformation, welche zur Absicherung Payer-Swaps einsetzt und dadurch die Duration respektive Volatilität des Eigenkapitals reduziert, eine *Einbusse* auf der Eigenkapitalrendite erzielt. D.h. sie gibt einen Teil der Termin- (Risiko-) prämie des Kapitalmarktes auf. Dies deckt sich mit dem empirischen Befund, dass Terminzinssätze systematisch die erwarteten (oder tatsächlichen) zukünftigen Zinssätze übertreffen und eine positive Terminprämie generieren[9]. Somit ist die Hypothese einer *positiven hedging-pressure* bei Zinsänderungsrisiken naheliegend.

Futures-Kontrakte

Dieselben Überlegungen, wie sie hier mit Swaps angestellt wurden, lassen sich selbstverständlich auf die übrigen Instrumente zur Absicherung von Zinsänderungsrisiken übertragen. Ein Futures-Kontrakt verkörpert (rechtlich) die Verpflichtung, zu einem bestimmten zukünftigen Termin eine bestimmte Menge einer zinsabhängigen Anlage, meistens eines Bonds oder eines entsprechenden Gegenwerts, zu einem heute festgesetzten Kurs, dem Futures-Kurs, zu kaufen (long-Position) oder zu verkaufen (short-Position). *Faktisch* handelt es sich allerdings um einen börsengehandelten Finanzkon-

---

[9] Siehe FAMA (1984), MANKIW/MIRON (1986), und andere. Eine positive Terminprämie bedeutet insbesondere, dass der langfristige Zinssatz höher ausfällt als der gewogene Durchschnitt der erwarteten, kurzfristigen Zinssätze über denselben Zeitabstand.

trakt, dessen Marktwertveränderungen täglich gutgeschrieben oder belastet werden. Bei einer long-Position erfolgt bei steigenden Zinssätzen eine Belastung, während bei fallenden Zinssätzen eine Gutschrift vorgenommen wird. Bei einer short-Position verhält es sich genau umgekehrt: bei steigenden Zinssätzen erfolgt eine Gutschrift, bei fallenden Zinssätzen eine Belastung.

Ein Futures-Kontrakt stellt eine einfache und kostengünstige Möglichkeit dar, an den täglichen Zinsveränderungen monetär zu partizipieren. Während bei Swaps die Zahlungsströme, d.h. der periodische Ausgleich der Zinszahlungen, im Vordergrund steht, so sind es bei Futures-Kontrakten die zinsinduzierten Marktwertveränderungen eines Finanzkontrakts. Eine Bank mit *positiver* Fristentransformation benötigt eine Absicherung gegenüber den Zinsverlusten aufgrund steigender Zinssätze; sie muss deshalb Futures-Kontrakte verkaufen, d.h. eine short-Position beziehen. Besteht in der Wirtschaft eine *hedging-pressure*, welche zu einem *Überangebot* an Futures-Kontrakten (short-Positionen) führt, wird der Futures-Kurs zur Aufrechterhaltung des Gleichgewichts so stark sinken, dass dieser im Durchschnitt unter den erwarteten Bond-Preis fällt. Diese Prämie ist erforderlich, damit das ungedeckte (spekulative) Kaufen von Futures-Kontrakten (long-Positionen) hinreichend attraktiv wird, d.h. auf den long-Positionen eine Risikoprämie anfällt. Ein Futures-Kurs, der unter dem erwarteten Kassakurs liegt, ist äquivalent mit einem Terminzinssatz (oder Swap-Satz[10]), der über dem erwarteten zukünftigen Zinssatz liegt. Der verbleibende Gedankengang ist analog, wie er vorher im Zusammenhang mit den Swaps umrissen wurde.

Ein *Zahlenbeispiel* soll die vorangehende Diskussion abrunden. Es wird angenommen, dass die im letzten Abschnitt betrachtete Bank (Duration des Eigenkapitals ungefähr 13.83) zur Absicherung des Zinsänderungsrisikos einen Payer-Swap einsetzt. In der Zinsbindungsbilanz werden die festen Zinsauszahlungen der Passivseite und die variablen Zinseinnah-

Gap-Management mit Zinsswaps

---

[10] Ein Swapsatz kann als gewichteter Durchschnitt von Terminzinssätzen verstanden werden; siehe GALITZ (1995), p. 171.

---

men der Aktivseite zugerechnet. Dadurch erhöht sich die Duration der Passivseite und es reduziert sich die Duration der Aktivseite - und insgesamt verkleinert sich der Duration-Gap und damit die Volatilität des Eigenkapitals. Die Bilanz könnte nach eingesetztem Swap (Annahme: Barwert der variablen respektive fixen Zinszahlungen jeweils 10 Geldeinheiten) etwa folgendermassen aussehen[11]:

Bilanz zu Marktwerten

Aktiva (A)	100.0	Passiva (P)	92.5
Duration	1.5	Duration	0.5
Swap (variabel)	10.0	Swap (fix)	10.0
Duration	- 3.0	Duration	1.2
		Eigenmittel (EK)	7.5
		Duration	4.13

Abbildung 18.6: Einsatz eines Payer-Swaps zur Steuerung der Zinssensitivität des Eigenkapitals einer Bank. Die Duration desselben reduziert sich von 13.83 auf 4.13.

Die Duration des Eigenkapitals inklusive Swap ergibt sich einerseits aus der modifizierten Duration der Aktivseite

$$D_A = \frac{100}{110} \times 1.5 + \frac{10}{110} \times (-3) = 0.82$$

und anderseits aus der modifizierten Duration der Passivseite

$$D_P = \frac{92.5}{102.5} \times 0.5 + \frac{10}{102.5} \times 1.2 = 0.57$$

als

$$D_{EK} = GAP \times \frac{1}{1-\ell} = \left(0.82 - 0.57 \times \frac{102.5}{110}\right) \times \frac{1}{1-0.93} = 4.2$$

---

[11] Die hier verwendeten Duration-Werte des Swaps sind fiktiv; sie dürften ungefähr einem dreijährigen Swap entsprechen. ZIMMERMANN/JAEGER/STAUB (1995) zeigen, wie Swaps in eine Zinsbindungsbilanz integriert werden können und die Duration der festen und variablen Komponente bestimmt werden können.

Damit ist das Zinsänderungsrisiko für die Aktionäre beträchtlich gefallen (D_{EK} ist von 13.83 auf 4.2 gesunken). Für eine Bank mit positiver Fristentransformation sinkt damit die Korrelation (respektive das Beta) der Eigenkapitalrendite gegenüber dem Marktportfolio. Die erwartete Rendite auf den Aktien sinkt, d.h. die Aktionäre fordern eine tiefere Eigenkapitalrendite.

Man beachte, dass damit nicht argumentiert wird, dass die Bank das Zinsänderungsrisiko in die eine oder andere Richtung beeinflussen *soll*. Letztlich ist dafür die Frage entscheidend, ob durch die Absicherungsentscheidung, oder allgemeiner: das Risikomanagement, der Aktionärswert (*shareholder value*) gesteigert oder die Ansprüche anderer *stakeholders* sichergestellt werden können. Was den ersten Punkt betrifft, so gilt in perfekten Kapitalmärkten das MODIGLIANI/MILLER-Theorem, wonach die Struktur der Passivseite (und damit das Marktrisiko der Anteile) für den Wohlstand der Aktionäre irrelevant ist. Diese Aussage lässt sich für das Engagement und die Absicherung beliebiger Marktrisiken verallgemeinern. Dies ist weiters nicht überraschend, denn A*ktionen des Managements, welche die Aktionäre (kostenlos) neutralisieren oder replizieren können, generieren keinen Aktionärswert.* Hingegen gibt es eine Reihe von Argumenten, welche dem Risikomanagement einen wertschaffenden Beitrag zugestehen[12].

Als Leitlinie finanzwirtschaftlicher Entscheidungen hat sich in den letzten Jahren zunehmend der Aktionärswert (*shareholder value*) etabliert. Danach soll das Management einer börsenkotierten Unternehmung jene Aktionen und Investitionen unternehmen, welche zu einer Erhöhung des Aktionärswerts führen. Dies ist dann der Fall, wenn durch eine Transaktion eine Eigenkapitalrendite erwirtschaftet werden kann, welche über der Renditeerwartung liegt, welche die Aktionäre durch eine risikoäquivalente Transaktion auf dem Kapitalmarkt erreichen können. Aktionärswert wird also geschaffen,

Schafft ALM Shareholder Value?

---

[12] Siehe ZIMMERMANN (1994) für eine Diskussion dieser Gesichtspunkte.

wenn die risikogerechte Rendite des eingesetzten Kapitals über den Kapitalkosten der Unternehmung liegt. Erzeugt ALM Aktionärswert?

Irrelevanz

Eine erste Antwort verneint diese Frage. In Anlehnung an das MODIGLIANI/MILLER-Theorem der Unternehmungsfinanzierung, welche die Irrelevanz der Kapitalstruktur (konkret: des Fremdfinanzierungsanteils) postuliert, kann für das ALM das folgende Irrelevanztheorem formuliert werden: Verfügen die Aktionäre einer Bank über denselben Zugriff zum Kapitalmarkt wie die Bank selbst, insbesondere

- über dieselben Diversifikationsmöglichkeiten

- über dieselben Risikoabsicherungsmöglichkeiten

und gelten dieselben Rahmenbedingungen (Steuern, Informationen, etc.) wie für die Bank, so entsteht durch die Übernahme oder die Absicherung von Risiken durch die Bank kein Aktionärswert.

Wertsteigernde Faktoren des ALM

Natürlich wird man sogleich Gründe finden, weshalb diese Voraussetzungen in der Realität nicht erfüllt sind. Welches sind also die relevanten Faktoren, welche ALM zu einem aktionärswertsteigernden Faktor werden lassen? Mindestens vier sind von Bedeutung:

- ALM bildet die Grundlage zum gezielten Aufbau strategischer Risikopositionen: Die Bank weist einen komparativen Vorteil bei der Überwachung und Bewirtschaftung, sowie der Diversifikation und Absicherung von Risiken auf (grössere Professionalität, Skaleneffekte, etc.).

- ALM verhindert die Zahlungsunfähigkeit der Bank, stärkt ihre Solvenz und ermöglicht ihr Weiterbestehen respektive die Wahrung ihrer Unabhängigkeit. Dadurch werden zudem externe Kosten für das Bankensystem vermieden (*bank run*, Reputationsprobleme, etc.).

- ALM verbessert die Schuldenkapazität einer Unternehmung (Bank), was sich in günstigen Fremdmittelkosten und

einem erhöhten Potential für wertsteigernde Investitionen
auswirkt.

- ALM erhöht die Flexibilität einer Bank bei der Bereitstellung ihrer Produktepalette und vermag dadurch Wettbewerbsvorteile gegenüber der Konkurrenz zu schaffen.

Gerade der letzte Aspekt verdient im stets komplexer werdenden Prozess des Financial Engineering, also der Konstruktion bedürfnisnaher Finanzprodukte, besondere Beachtung. Risikomanagement (ALM) wird hier zur selektiven Wahrnehmung produktiver Wertschöpfungspotentiale eingesetzt, also jener produktiven Opportunitäten, welche den Aktionären selbst nicht offenstehen. Neben den hier summarisch zusammengefaßten Argumenten führt ALM zu Vorteilen im Planungs- und Budgetierungsprozess der Banken. Eine eingehendere Diskussion dieser Gesichtspunkte findet man bei UYEMURA/VAN DEVENTER (1993).

Asset- und Liability-Management (ALM) wurde in den letzten Jahren zu einem zentralen Führungsinstrument für Finanzinstitutionen, namentlich Banken, Pensionskassen und vermehrt auch für Versicherungen. Im vorliegenden Kapitel wurden einige Grundtatbestände des ALM am Beispiel der Zinsänderungsrisiken von Banken dargestellt. Grundlage bildeten relativ einfache Instrumente: Zinsbindungsbilanz, Duration und Duration-Gap und Swaps. In der Praxis treten eine Reihe von Schwierigkeiten auf: Die Bestimmung der Fälligkeitsstruktur von gewissen Bilanzpositionen (Sparkapitalien, Hypotheken mit vorzeitigen Rückzahlungsoptionen, u.a.) ist nicht immer einfach. Zudem verschieben Zinsveränderungen immer auch die Nachfrage nach Bankprodukten: Wenn die Zinsen substantiell steigen, verschieben die Sparer ihre Guthaben weg von den unattraktiven Sparheften hin zu höherverzinslichen Kassenobligationen, und festverzinsliche Hypotheken werden nach Möglichkeit durch variabel verzinsliche substituiert. Diese *Struktureffekte* sind schwer zu quantifizieren und erschweren das ALM in der Praxis. Weiter: Ein wie hoher Gap kann noch toleriert werden, bevor Massnahmen ergriffen werden sollen? Und wenn ja: Welche? Über die

**Schluss-
folgerungen
und Ausblick**

Konditionengestaltung der Produkte, oder durch den Einsatz von Kapitalmarktinstrumenten? Und wenn man sich für letzteres entscheidet? Welches Instrument? Neben Swaps bieten die Kapitalmärkte ein sehr breites Spektrum von alternativen Instrumenten an (siehe Kapitel 17). ALM für Pensionskassen ist noch schwieriger als für Banken: Die Passivseite ist - rein strukturell - viel komplexer als bei Banken. Die Leistungsverpflichtungen und versicherungstechnischen Leistungen sind in der Erfassung komplizierter und weisen oftmals einen langen Zeithorizont auf. Nichts desto weniger ist das ALM bei Pensionskassen eine unentbehrliche Grundlage für eine risikogerechte Anlagepolitik, die den subjektiven Charakteristika der Kassen (Deckungsgrad, Risikofähigkeit, etc.) Rechnung trägt. Als Führungsinstrument ist ALM auch hier unentbehrlich.

Literaturhinweise

Einführende Literatur:

UYEMURA, DENNIS und DONALD R. VAN DEVENTER (1993): „Financial risk management in banking", Bankers Publishing Company & Probus.

ZIMMERMANN, HEINZ, STEFAN JAEGER und ZENO STAUB (1996): „Asset- und Liability Management, Erfolgsstrategie für Banken", NZZ Verlag, Zürich, 1995; 2. Auflage.

Weiterführende Literatur:

FAMA, EUGENE (1984): „The information in the term structure", Journal of Financial Economics 13, pp. 509-528.

GALITZ, LAWRENCE (1995): „Financial Engineering. Tools and Techniques to Manage Financial Risk", Financial Times/Pitman Publishing, London.

GEIGER, HANS (1994): „Die Bilanz als Zukunftsrechnung und die Zukunft der Banken", Finanzmarkt und Portfolio Management 8, pp. 15-40.

MANKIW, GREGORY und JEFFREY MIRON (1986): „The changing behavior of the term structure of interest rates", Quarterly Journal of Economics 101, pp. 211-228.

SAMUELSON, PAUL A. (1945): „The effect of interest rate increases on the banking system", American Economic Review 35, pp. 16-27.

ZIMMERMANN, HEINZ (1994): „Die Steuerung der Risiken im Bankgeschäft. Corporate hedging: Shareholder value durch Asset- und Liability Management?", Schweizer Treuhänder, Nr. 7/8, pp. 539-547.

Kapitel 20

Corporate Finance und Financial Engineering

von Heinz Zimmermann

In den vorangehenden Kapiteln wurden die verschiedenen Problemstellungen der Finance fast ausnahmslos aus der Sicht der Kapital*anlage* betrachtet[1]. Es wurde beispielsweise die Frage gestellt, wie sich die Marktrisiken für einen Anleger diversifizieren lassen, wie hoch die verlangte Rendite aufgrund des systematischen Risikos angesetzt wird oder wie die Performance eines Anlagefonds oder einer Aktie zu beurteilen ist.

Investition und Finanzierung

Dieselben Betrachtungen finden in der Perspektive der Kapital*beschaffung*, also der Unternehmungsfinanzierung (Corporate Finance), ein natürliches Pendant. Die Überlegungen sind weitgehend symmetrisch: Risiken, die sich für den Anleger diversifizieren lassen, müssen dem Kapitalgeber nicht entschädigt werden. Die vom Investor verlangte („erwartete") Rendite zur Übernahme des Risikos entspricht - aus der Sicht der Unternehmung - den bei der Kapitalbeschaffung anfallenden Finanzierungskosten, den sogenannten Kapitalkosten.

Tatsächlich ist es so, dass viele Grundkonzepte der Finance, oftmals unbemerkt oder nicht ausdrücklich, in der Theorie zur Unternehmungsfinanzierung entwickelt worden sind. Das gilt gerade auch für die grundlegenden Theoreme von MODIGLIANI und MILLER zur Kapitalstruktur- und Dividendenirrelevanz.[2] Die beiden Arbeiten bildeten nicht nur den

---

1 Eine Ausnahme bildet Kapitel 18 über Asset- & Liability Management, wo auch Finanzierungsaspekte eine Rolle spielen.
2 Siehe MODIGLIANI/MILLER (1958) sowie MILLER/MODIGLIANI (1961).

Corporate Finance und Financial Engineering

Anstoss für die gesamte moderne Forschung zur Unternehmungsfinanzierung, sondern stellten eine Vorwegnahme grundlegender Konzepte der Finanzmarkttheorie dar. Dies soll am Beispiel des Kapitalstrukturirrelevanztheorems gezeigt werden.

Leverage und Kapitalkosten

Im vorliegenden Beispiel wird angenommen, dass eine Unternehmung ALPHA Aktiva in einem Gesamtwert von 100 Mio. aufweist. Der systematische Risikofaktor (Beta) der Aktiva respektive der damit erwirtschafteten Netto-Cash-Flows beträgt 0.3. Die Unternehmung weist gegenwärtig einen Verschuldungsgrad (Leverage) von 60%, d.h. ein ausstehendes, festverzinsliches Fremdkapital von 60 Mio. auf. Der risikolose Zinssatz beträgt 4% und die Risikoprämie des Aktienmarktes (μ_M -R) beträgt 5%. Die verlangte Rendite auf dem Eigenkapital (return on equity, ROE) entspricht den Kapitalkosten der Unternehmung. Der systematische Risikofaktor der Aktien beträgt[3]

$$\beta_E = \frac{1}{1-L}\beta_A = \frac{1}{1-0.4} \times 0.3 = 0.75$$

worin L den Leverage-Faktor (Fremdfinanzierungsanteil) und β_A das Risiko der Aktiva respektive der Aktien einer vollständig eigenfinanzierten Unternehmung[4] bezeichnen. Die Kapitalkosten betragen aufgrund des CAPM demzufolge

---

[3] Die Formel beruht auf der Additivität wertgewichteter Betafaktoren: Wenn A den Marktwert der Aktiva, L jenen des Fremdkapitals und E jener des Eigenkapitals bezeichnen, so gilt aufgrund der Bilanzgleichung: $A\beta_A = F\beta_F + E\beta_E$. Wird der Risikofaktor des Fremdkapitals gleich Null gesetzt (β_F =0) und der Ausdruck nach β_E aufgelöst, so folgt die im Text dargestellte Formel, worin L den Leveragefaktor bezeichnet und mit F/A definiert ist.

[4] Man erkennt in der Formel, dass bei vollständiger Eigenfinanzierung (L=0) der Betafaktor der Aktien exakt mit dem Betafaktor der Aktiva übereinstimmt.

$$ROE = \mu_E = R + \beta_E \left(\mu_M - R \right)$$
$$= 4\% + 0.75 \times \left(9\% - 4\% \right) = 7.75\%$$

Es wird eine zweite Unternehmung BETA betrachtet, welche bezüglich Geschäftstätigkeit identisch ist mit der Firma AL-PHA. Der einzige an dieser Stelle relevante Unterschied besteht darin, dass der Anteil der Fremdmittel sehr viel höher ist, nämlich 80%. Welche Konsequenzen hat dies für den ROE der Aktionäre von BETA? Der systematische Risikofaktor der Aktien beträgt

$$\beta_E = \frac{1}{1-L} \beta_A = \frac{1}{1-0.8} \times 0.3 = 1.5$$

und die erwartete Aktienrendite beträgt

$$ROE = \mu_E = R + \beta_E \left(\mu_M - R \right)$$
$$= 4\% + 1.5 \times \left(9\% - 4\% \right) = 11.5\%$$

und liegt um 3.75% höher als bei der Unternehmung ALPHA. Bedeutet dies, dass die Unternehmung ALPHA durch eine Umgestaltung ihrer Kapitalstruktur für die Aktionäre eine Zusatzrendite generieren könnte? Doch bestimmt, aber diese (erwartete) Zusatzrendite ist ja erforderlich, um das höhere systematische Aktienrisiko, welches durch den höheren Fremdfinanzierungsgrad hervorgerufen wird, zu entschädigen. Wird durch die Umstrukturierung der Passivseite ein Aktionärsmehrwert (*shareholder value*) erzeugt? Der Begriff wird unterschiedlich definiert.

Als Leitlinie finanzwirtschaftlicher Entscheidungen hat sich in den letzten Jahren der sog. Aktionärswert etabliert. Dieser wird im Werk von RAPPAPORT (1986) als generelle Maxime der Unternehmensstrategie dargestellt. In der betriebswirtschaftlichen Literatur wird auch vom wertorientierten Management gesprochen. In vorliegenden, finanzmarkttheoretischen Kontext schlagen wir vor, von einem Aktionärs(mehr)wert zu sprechen, wenn durch eine Transaktion eine Eigenkapitalrendite erwartet werden kann, welche über

Shareholder Value

der Renditeerwartung liegt, welche die Aktionäre durch eine risikoäquivalente Transaktion auf dem Kapitalmarkt erreichen können.

Es wird unmittelbar klar, dass bei dieser Definition eine Veränderung der Kapitalstruktur keinen Aktionärswert zu erzeugen vermag. Denn die Wahl der Kapitalstruktur (also die Festlegung des Verschuldungsgrades) bestimmt lediglich das systematische Risiko, welches mit dem Besitz der Aktien verbunden ist. Aber letztendlich bestimmt jeder Aktionär selbst den Umfang des Risikos seines Aktienportfolios.

„Homemade Leverage"

Dies lässt sich auf unterschiedliche Weise demonstrieren: Jeder Aktionär, der eine ALPHA-Aktie besitzt, kann durch individuelle Verschuldung das Risiko der Aktie BETA generieren. Da BETA ein doppelt so hohes systematisches Risiko (Beta) aufweist wie ALPHA (1.5 gegenüber 0.75), muss ein Aktionär von ALPHA den Kauf jeder Aktie zu fünfzig Prozent mit einem Kredit fremdfinanzieren. Diese individuelle Verschuldung (*„homemade" leverage*) ist für den Aktionär risikomässig völlig gleichbedeutend wie die Verdoppelung der Fremdfinanzierung durch die Unternehmung.

Umgekehrt kann jeder Aktionär von BETA den Aktienbestand in seinem Portfolio auf die Hälfte reduzieren und die andere Hälfte risikolos anlegen: Dadurch sinkt das Portfoliorisiko (Beta) von 1.5 auf 0.75 - womit dasselbe systematische Risiko vorliegt, wie wenn das gesamte Kapital in ALPHA investiert würde.

So entscheidet letztendlich der Aktionär über das systematische Risiko seines Portfolios - und kann die Risikocharakteristika der darin enthaltenen Papiere durch individuelle Geldaufnahme und -ausleihung auf die eigenen Risikopräferenzen abstimmen.

Arbitrage

Die Renditekonsequenzen, die sich aus den vorangehenden Überlegungen ergeben, liegen nun auf der Hand: Wäre die Veränderung der Kapitalstruktur mit der Schaffung eines Aktionärs(mehr)werts verbunden, so würde dies eine *Arbitragemöglichkeit* eröffnen: Zwei Anlagen mit demselben systematischen Risiko hätten eine unterschiedliche Renditeerwartung. Und dies lässt sich durch eine risikolose Strategie gewinnbringend ausnützen. Dies soll am vorangehenden Beispiel gezeigt werden. Angenommen, die Aktie BETA hätte eine Renditeerwartung von 12%.[5] Der höhere Verschuldungsgrad würde also mit einer zusätzlichen Prämie von 0.5% entschädigt: es wird Shareholder Value geschaffen, weil die Aktionäre durch individuelle Verschuldung (50prozentige Fremdfinanzierung von ALPHA-Aktien) nur eine Rendite von 11.5% erreichen können. Dass dies eine direkte *Arbitrage*möglichkeit eröffnen würde, erkennt man wie folgt:

- ALPHA: Beta = 0.75, μ = 7.75%
- BETA: Beta = 1.5, μ = 12%

Wenn auf dem Aktienmarkt diese Bewertung vorherrscht, lässt sich durch

- den Kauf *einer* Aktie BETA;
- den (Leer-) Verkauf von *zwei* ALPHA-Aktien
- der risikolosen Anlage in der Höhe des Preises der BETA-Aktie (zu 4%)

ein risikoloser Gewinn erwirtschaften. Das resultierende Portfoliobeta ist nämlich Null und die Position demzufolge risikolos.[6] Die erwartete Rendite des Arbitrageportfolios beträgt

$$\mu_P = 12\% - 2 \times 7.75\% + 4\% = 0.5\%$$

ohne dass dafür irgendein Kapitaleinsatz erforderlich wäre. Deshalb lässt sich die Transaktion auch mit einem beliebig vielfachen Betrag wiederholen: Es würde eine unbegrenzte Gewinnmöglichkeit ohne Kapitaleinsatz entstehen. Dieser

---

[5] Natürlich lässt sich eine Renditeerwartung nicht direkt beobachten, sondern nur indirekt aufgrund eines Aktien-Bewertungsmodells, wie etwa dem im Kapitel 6 dargestellten DDM, ermitteln. Eine zu hohe Renditeerwartung entspricht also einem zu tiefen Aktienkurs. Lässt sich eine Aktie zu einem zu tiefen Preis erwerben, erzielt man eine zu hohe Rendite.

[6] Da oben unterstellt wurde, dass die beiden Firmen bis auf den Verschuldungsgrad identisch sind, ist auch die Volatilität des Portfolios Null (die beiden Aktienkurse sind perfekt miteinander korreliert).

Arbitragegewinn verschwindet nur dann, wenn die beiden Papiere die adäquate Bewertung gemäß dem CAPM (7.75% und 11.5%) erfahren.

Eine wichtige Voraussetzung für die vorher beschriebene Kapitalstrukturirrelevanz ist, dass den Aktionären dieselben Finanztransaktionen offenstehen wie der Unternehmung selbst, und dass dabei dieselben Rahmenbedingungen (Steuern, Informationen, Transaktions- und Insolvenzkosten) gelten. Unter diesen Voraussetzungen erreicht die Unternehmung durch Veränderungen des Verschuldungsgrades keinen Aktionärsmehrwert. Diese Feststellung ist auch intuitiv einleuchtend: Unternehmerische Aktionen, welche auch den Aktionären offenstehen respektive durch die Aktionäre neutralisiert (rückgängig gemacht) werden können, können keinen Mehrwert für die Aktionäre erzeugen.

Die vorangehende Argumentation entspricht - in etwas „moderneren" Worten gefaßt - dem Kapitalstrukturirrelevanztheorem[7] von MODIGLIANI und MILLER, kurz „MM-1-Theorem" genannt. Der Kern der Aussage beruht, wie vorher gezeigt, auf einem Arbitrageargument - auch wenn dieser Begriff von MODIGLIANI und MILLER selbst nicht verwendet wird. Ebensowenig können sie die Formulierung ihrer Erkenntnis auf das CAPM oder das Beta der Aktien abstützen - beide Konzepte wurden erst in den sechziger Jahren entwickelt, während das Theorem bereits 1958 in der renommierten *American Economic Review* publiziert wurde. Doch zeigt gerade dieser Umstand, dass MODIGLIANI und MILLER mit ihrem Kapitalstrukturirrelevanztheorem einige zentrale, finanzmarktökonomische Konzepte vorweggenommen haben.

Die Publikation des Theorems führte nach seiner Publikation zu heftigen Diskussionen, sowohl in der betrieblichen Praxis der Unternehmungsfinanzierung als auch in der wissenschaftlichen Literatur. Die Aussage, dass sich durch die Wahl des Verschuldungsgrades das Aktionärsvermögen nicht beeinflussen lässt, widersprach sowohl der klassischen Lehre

---

[7] Unter einem „Theorem" versteht man einen besonders wichtigen „Lehrsatz", also eine sehr zentrale, wichtige wissenschaftliche Erkenntnis - häufig in Gestalt einer Formel.

zur Unternehmungsfinanzierung, wo die „Optimierung der Kapitalstruktur" ein zentrales Thema darstellt, als auch dem sichtbaren Verhalten von Unternehmungen und ganzen Branchen, wo die Wahl der Kapitalstruktur alles andere als arbiträr zu erfolgen scheint. Vielmehr scheint die Finanzierungs- und Ausschüttungspolitik darauf abzuzielen, bestimmte Zielwerte der Verschuldungsstruktur sicherzustellen.

Natürlich hatte man bald unzählige Gründe gefunden, warum das Theorem mit seinen restriktiven Annahmen nicht gelten kann:

Verletzte Annahmen

- *Steuern:* Die meisten Steuersysteme begünstigen das Fremdkapital gegenüber dem Eigenkapital, indem die Fremdkapitalzinsen den steuerbaren Reingewinn reduzieren, was für die Dividendenzahlungen nicht zutrifft. In bezug auf die Unternehmungssteuern wäre demzufolge ein möglichst hoher Fremdkapitalanteil im Interesse der Aktionäre (wobei der Widerspruch offensichtlich ist: Im Steueroptimum gibt es keine Aktionäre mehr ...).

- *Konkurskosten:* Mit zunehmendem Fremdkapitalanteil steigt die Wahrscheinlichkeit eines Konkurses und damit die erwarteten Konkurskosten. Während die direkten Insolvenzkosten (Honorare für Rechtsanwälte und Auditors, Bankkommissionen, Reorganisationskosten, etc.) im allgemeinen als relativ tief eingestuft werden, dürften die indirekten Kosten eine wichtigere Rolle spielen (Reputationsverlust, Ausfall von Kunden und Lieferanten, tieferes Rating und höhere Finanzierungskosten etc.).

- *Agency-Kosten:* Mit zunehmender Komplexität der Kapitalstruktur und mit der Delegation von Managementfunktionen entstehen Anspruchsgruppen mit unterschiedlicher Interessenlage. Diese Interessenkonflikte haben in unterschiedlicher Weise reale Kosten. Einige Beispiele: Die Überwachung des Managements durch die Aktionäre ist mit Kosten verbunden und ist deshalb stets unvollständig. Deshalb werden sich verschiedene Entscheidungen des Managements nicht mit den Interessen der Aktionäre decken und für diese einen Vermögensverlust bedeuten.[8] Oder: Fremdkapitalgeber sind an Projekten mit tiefem Unternehmungsrisiko interessiert (da sie feste Ansprüche besitzen und bei einer schlechten Ertragslage mehr verlieren als bei extrem guten Erträgen gewinnen), während Aktionäre typischerweise eine Präferenz für hohe Risiken haben. Der letzte Punkt ist nicht auf den ersten Blick ersichtlich, so dass er einer näheren Betrachtung bedarf.

Unternehmensanteile als Optionen

Unternehmungsanteile (Aktien, Anleihen, nachrangige Anleihen, Wandelanleihen, etc.) werden im Konkursfall unterschiedlich - d.h. in unterschiedlicher Priorität - bedient. Dies hat unmittelbare Auswirkungen auf den Marktwert der Anteile. Die Preis- und Risikocharakteristika von Unternehmensanteilen (*corporate claims*) werden aus diesem Grund immer mehr mit den Methoden der Optionspreistheorie analysiert.[9]

In *Abbildung 20.1* findet man den Wert des Fremd- und Eigenkapitals (*D* respektive *E*) einer Unternehmung in Abhängigkeit des Firmenwerts (*A*) im Zeitpunkt der Fälligkeit des Fremdkapitals. Der Nennwert des Fremdkapitals beträgt *F*. Es wird also angenommen, dass das gesamte Fremdkapital zu einem einzigen Zeitpunkt fällig ist.

---

[8] Dieser Fall wird von JENSEN/MECKLING (1976) eingehend analysiert.
[9] Dies erkennt man bereits in den klassischen Arbeit zur Optionspreistheorie von BLACK/SCHOLES (1973), wo ausdrücklich ein Preisbildungsmodell für Optionen und corporate liabilities vorgestellt wird.

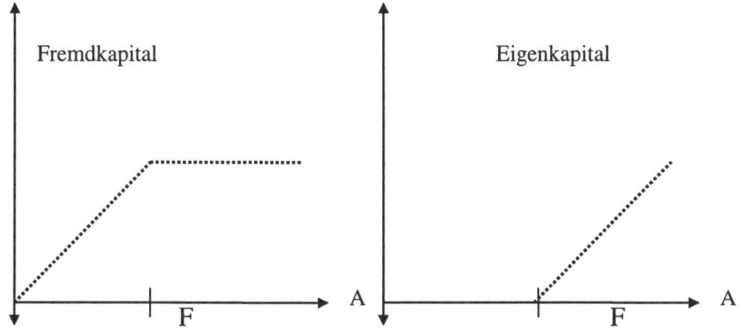

Abbildung 20.1: Unternehmensanteile als Optionen.

Die Interpretation der Abbildungen ist wie folgt: Liegt der Firmenwert *über* dem Nennwert des Fremdkapitals, so wird der gesamte Nennwert der Schuld zurückbezahlt. Die Differenz zwischen Firmenwert und Nennwert geht zugunsten des Aktionäre. Liegt der Firmenwert *unter* dem Nennwert des Fremdkapitals, so ist die Firma im Konkurs, und die Gläubiger erhalten nur den verfügbaren Firmenwert zurückbezahlt, während die Aktionäre leer ausgehen.

Man erkennt, dass die Auszahlungsstruktur des Fremdkapitals jener einer *covered-call* Strategie entspricht, und der Wert des Eigenkapitals lässt sich durch eine Calloption auf den Firmenwert beschreiben. Dies bedeutet, dass die Unternehmung quasi den Fremdkapitalgebern gehört, die allerdings den Aktionären eine Calloption verkauft haben, um die Firma im Zeitpunkt der Fälligkeit des Fremdkapitals zum Preis dessen Nennwerts zu kaufen. Diese Interpretation mag ungewohnt erscheinen, sie faßt aber die Charakteristika der Forderungsrechte respektive Auszahlungsstrukturen der Kapitalgeber treffend zusammen.

Die Analyse der Interessenkonflikte zwischen Eigen- und Fremdkapitalgebern ist auf dieser Grundlage einfach möglich. Die Fremdkapitalgeber sind also *short* in Calloptionen auf die Firma, die Eigenkapitalgeber sind *long*. Im Kapitel 12 wurden

Interessens-konflikte

die Bestimmungsfaktoren von Calloptionspreisen diskutiert. So steigt der Wert einer Calloption mit dem Risiko der zugrundeliegenden Anlage und sinkt bei einer Dividendenzahlung. Und eine Wertveränderung der zugrundeliegenden Anlage um eine Geldeinheit führt zu einer Optionswertveränderung im Umfang des Options*deltas* (Δ). Dies ermöglicht die Analyse folgender Interessenskonflikte:

*   *Projektrisiken*: Fremdkapitalgeber (mit festen Forderungen) sind an Projekten interessiert, deren Erträge eine kleine Volatilität aufweisen, während der Wert des Eigenkapitals mit zunehmender Volatilität steigt.[10] Wie immer sich das Management bezüglich der Risiken der geplanten Projekte entscheidet, werden die Fremd- und Eigenkapitalgeber vermögensmäßig in unterschiedlichem Maß davon profitieren. Es ist deshalb entscheidend, wie die Entlohnungsstruktur und damit die Anreize des Managements ausgestaltet sind: Bei einer fixen Entlohnung bestehen bezüglich Risikoübernahme völlig andere Anreize also bei einer erfolgs- und aktienkursabhängigen Struktur (etwa in Form von Aktien und Aktienoptionen).

*   *Ausschüttungen*: Fremdkapitalgeber sind an tiefen Ausschüttungen interessiert (hohe Ausschüttungen gefährden die Leistung des Schuldendienstes), während die Aktionäre naheliegenderweise hohe Ausschüttungen präferieren[11] respektive indifferent sind. So können sich die Aktionäre durch eine exzessive Dividendenpolitik auf Kosten der Fremdkapitalgeber vermögensmäßig besserstellen.

*   *Investitionen*: An Investitionen mit positivem Nettobarwert (Barwert der Erträge > Investitionskosten) sollten Eigen- wie Fremdkapitalgeber eigentlich gleichermaßen in-

---

[10] Die Sensitivität des Optionspreises bezüglich der Volatilität ist bei "at-the-money"-Optionen am höchsten. Dies bedeutet, dass wenn der Firmenwert nur knapp über dem Fremdkapital liegt, der beschriebene Effekt am ausgeprägtesten ist.

[11] Der Wert der Aktien sinkt für jeden Franken ausgeschütteter Dividende nur im Umfang des Optionsdeltas, während die Aktionäre den ganzen Dividendenfranken kassieren.

teressiert sein. Es können sich aber durchaus Situationen ergeben, in denen es nicht im Interesse sämtlicher Kapitalgeber ist, solche Investitionen durchzuführen. Der Grund liegt darin, dass ein Teil der Erträge aus der Investition immer teilweise auch den Fremdkapitalgebern zugute kommt. Dies bedeutet, dass eine Investition das Aktionärsvermögen *weniger* stark als den Barwert der Investition erhöht.[12] Damit ist es durchaus möglich, dass der Vermögenszuwachs für die Aktionäre relativ zu den Investitionskosten zu gering ist, so dass sie - im Gegensatz zu den Fremdkapitalgebern - an einer Investition nicht interessiert sind, obwohl der Nettobarwert für die Unternehmung als ganzes positiv wäre. Dieser Fall wird als *underinvestment problem* bezeichnet; er widerspiegelt in sehr direkter Weise, dass die Existenz mehrerer Gruppen von Kapitalgebern mit widersprechenden Interessen direkte reale Kosten, hier in Form nicht durchgeführter, wertvermehrender Investitionen, aufweist.

Steuern, Bankrottkosten, Agency-Kosten etc. liefern Argumente für einen statischen Tradeoff zwischen einem hohen respektive tiefen optimalen Verschuldungsgrad von Unternehmungen. Wenig Erklärungsgehalt haben diese Theorien zur Erklärung typischer *Finanzierungsmuster*, wie sie innerhalb von Branchen oder Ländern beobachtet werden können, sowie *komplexer Finanzierungsinstrumente*, beispielsweise in Form strukturierter Finanzierungen mit Derivaten.

Finanzierungsprozesse werden seit Mitte der achtziger Jahre deshalb vermehrt unter dem Aspekt asymmetrischer Information zwischen Management und unterschiedlichen Kapitalgebergruppen betrachtet. Es wird also davon ausgegangen, dass nicht sämtliche Individuen, welche in Unternehmungen und am Kapitalmarkt tätig sind, über dieselbe Informationsbasis bei ihren Entscheidungen verfügen. Es gibt besser und schlechter Informierte. Dies hat sehr unterschiedliche Konsequenzen. Es kann bedeuten, dass die Aktionen der besser In-

Informationsasymmetrien

---

[12] Für jeden Franken Barwert, der durch die Investition erzeugt wird, profitiert der Aktionär im Umfang des Optionsdeltas.

formierten, so diese als solche bekannt sind, als *Signale* interpretiert werden und damit als kostenlose Information jedermann zur Verfügung steht. Solche Signale können beabsich-
tigt sein, oder auch nicht. Dies soll am Beispiel der Kapitalbeschaffung illustriert werden.

Lange Zeit hat man sich darüber gewundert, dass in den
USA am Tag der Ankündigung einer Aktienemission der Aktienkurs der jeweiligen Gesellschaften signifikant sinkt[13] (siehe etwa SMITH (1986)). Dies erscheint auf den ersten Blick
widersprüchlich, denn es kann davon ausgegangen werden,
dass mit dem neu verfügbaren Kapital gewinnbringende Investitionen unternommen werden. MYERS (1984) liefert die
folgende Erklärung. Das Management ist über die Rentabilität
und Erfolgschancen der möglichen Projekte besser informiert
als die Kapitalgeber (Banken, Kapitalmarkt, etc.). Verfügt die
Unternehmung über „gute" Projekte, so liegt es im Interesse
der Aktionäre, diese durch *interne* Finanzquellen zu finanzieren. Eine externe Finanzierung erfordert nämlich, dass den
potentiellen Kapitalgebern Informationen über die Projekte,
die Finanzlage, u.a. offengelegt werden. Im Falle einer Kapitalerhöhung partizipieren die neuen Aktionäre natürlich an
den Erträgen der neuen Projekte - woran die alten Aktionäre
überhaupt kein Interesse haben. Das mag die Bedeutung sein,
wenn in der Praxis die externe Finanzierung als im Vergleich
zur internen Finanzierung als *teuer* bezeichnet wird.

„Pecking Order" Theorie

Die vorangehende Argumentation bedeutet, dass eine Unternehmung wenn immer möglich neue Projekte durch *interne*
Finanzquellen finanziert - dadurch erspart sie sich den Weg
an den Kapitalmarkt oder zu den Kapitalgebern (z.B. Banken). Wenn schon *externe* Finanzierung benötigt wird, so
werden festverzinsliche Anlagen vorgezogen, weil die Kapitalgeber an den Erträgen der Projekte nicht partizipieren, sondern eine fixe Zinszahlung erhalten. Nur wenn diese beiden
Möglichkeiten nicht bestehen, werden Projekte mit zusätzli-
chem Eigenkapital finanziert. Es scheint also, dass es eine
optimale „Packordnung" für die Deckung der Finanzbedürf-

---

[13] Demgegenüber beobachtet man bei Bond-Emissionen einen signifikant *positiven* Ankündigungspreiseffekt.

nisse von Unternehmungen gibt. Dies hat der Theorie ihren Namen gegeben (*pecking order theory*); siehe MYERS (1984). Diese *dynamische* Sichtweise der Unternehmungsfinanzierung unterscheidet sich von der vorangehenden, statischen Analyse und eröffnet, wie die folgenden Überlegungen zeigen, ein viel breiteres Spektrum von Erklärungsansätzen für die tatsächlich beobachtete Finanzpolitik von Unternehmungen.

Die vorangehenden Überlegungen bedeuten ferner, dass die Art der Finanzierung ein bewertungsrelevantes *Signal* für den Aktienmarkt darstellt. Angenommen, es gibt Firmen mit „guten" und „schlechten" Projekten; diese Information hat jedoch nur das Management, nicht jedoch der Kapitalmarkt. Dieser wird die Anteile der beiden Firmen mit demselben Kurs bewerten (einem risikoadjustierten Durchschnittskurs). Dadurch findet die „schlechte" Unternehmung ihre Anteile überbewertet, und sie wird ihr Projekt in Folge dessen mit der Emission von Aktienkapital finanzieren, während die „gute" Unternehmung ihren Finanzbedarf durch Fremdkapital deckt - oder eben, wenn sie über entsprechende Liquiditätsreserven verfügt, überhaupt nicht an den Kapitalmarkt gelangen muss. Die Art der gewählten Finanzierung wird damit zu einem Signal über die Qualität der zu finanzierenden Projekte respektive über das Vorhandensein von Finanzierungsreserven. Naheliegenderweise wird der Aktienmarkt auf die Ankündigung einer Aktienemission nicht positiv reagieren.[14]

Signalisierung

Liquiditätsreserven haben bei Informationsvorteilen des Managements gegenüber dem Kapitalmarkt eine wertvermehrende Funktion für die Aktionäre einer Firma. Sie erlauben es, mehr gewinnbringende Projekte zu realisieren, als wenn das Geld am Kapitalmarkt beschafft werden muss. Dies hängt nicht nur mit dem vorher beschriebenen Signaleffekt zusam-

Liquiditäts-reserven

---

[14] Interssanterweise scheint dieser negative Ankündigungseffekt auch von der *Art* des gewählten Emissionsverfahrens abhängig zu sein; werden beispielsweise Bezugsrechte verwendet, scheint der Effekt nicht negativ zu sein. Siehe LODERER/ZIMMERMANN (1988) für eine Analyse schweizerischer Bezugsrechtsemissionen.

---

men, sondern auch mit der Tatsache, dass die Finanzierung von Investitionen, Akquisitionen u.a. oftmals *schnell* erfolgen muss, damit rentable Opportunitäten unter dem Konkurrenzdruck nicht verschwinden.[15] Die Mittelbeschaffung am Kapitalmarkt ist demgegenüber kompliziert (Dokumentation, Prospekt, Druck, etc.), teuer (Transaktions- und Emissionskosten) und von den Kapitalmarktverhältnissen abhängig. Der letzte Punkt scheint für viele Unternehmungen besonders wichtig zu sein. Verbreitet ist etwa das Argument, dass man sich das Geld nicht dann beschafft, wenn es benötigt wird, sondern wenn es am Kapitalmarkt „günstig" zu haben ist (tiefe Zinssätze, Aktienhausse, etc.). Dies wird durch die Beobachtung bestätigt, dass bei der externen Kapitalbeschaffung das Timing der Emissionen eine ausgesprochen wichtige Rolle spielt. Eine Kapitalerhöhung in einem ungünstigen Marktumfeld wird als ausgesprochen negatives Signal interpretiert.

Man erkennt damit, dass Liquiditätsreserven (*financial slack*) eine enorm wichtige *strategische* Bedeutung haben. Auf den ersten Blick mag es wenig rational erscheinen, wenn Firmen wie Roche über Liquiditätsreserven in der Höhe von über 10 Mrd. CHF verfügen.[16] Führt man sich jedoch sämtliche Kosten einer u.U. kurzfristig erforderlichen Mittelbeschaffung auf dem Kapitalmarkt vor Augen, so erkennt man leicht die wichtige Bedeutung solcher Finanzierungsreserven.

Selbst-
finanzierung

Die vorangehenden Ausführungen legen nahe, dass Kapitalstruktur, Mittelbeschaffung und Ausschüttungspolitik eng miteinander verknüpft sind und nicht losgelöst voneinander betrachtet werden dürfen. Darin liegt möglicherweise ein Schwachpunkt der traditionellen Betrachtungsweise von Finanzierungsprozessen; die *pecking order* Theorie liefert die Grundlage für eine vermehrt integrierte Sichtweise dieser

---

[15] Man spricht deshalb in diesem Zusammenhang von der „Kriegskasse".

[16] Im Jahre 1993 stehen flüssige Mitteln von 3.6 Mrd und ein Wertschriftenportfolio im Wert von 11 Mrd. CHF zur Verfügung (Quelle: Aktienführer Schweiz 1995/96 der Finanz & Wirtschaft, p. 281).

Prozesse. Konkret liefert sie eine Erklärung für die ausgeprägte Präferenz vieler Unternehmungen zur Selbstfinanzierung von Projekten und Neuinvestitionen. Eine hohe Selbstfinanzierung kann nur über eine „vorsichtige" Ausschüttungspolitik erreicht werden. Mit Dividendenentscheidungen befassen sich die nachfolgenden Überlegungen.[17]

Was bestimmt die Höhe von Dividendenzahlungen? Mit dieser Frage haben sich schon sehr viele Autoren auseinandergesetzt. Man kann die Frage *normativ* verstehen: Wieviel Dividenden sollen vom Jahresgewinn ausgeschüttet werden? Gibt es eine optimale Dividendenzahlung? Die Beantwortung dieser Frage ist bis zum heutigen Tag kontrovers geblieben. JOHN LINTNER hat in den fünfziger Jahren einen anderen Ansatz gewählt (vgl. LINTNER 1956): Er hat aufgrund einer breitangelegten Umfrage bei amerikanischen Unternehmungen eine Reihe von Faktoren identifiziert, welche das *tatsächliche* Verhalten von Dividendenzahlungen charakterisieren:

LINTNER's Dividenden-modell

- Unternehmungen streben bestimmte Dividenden-Ziele an; z.B. streben ein langfristig festes Verhältnis zwischen Dividende und Jahresgewinn an.

- Unternehmungen „glätten" ihre Dividendenzahlungen gegenüber der Gewinnentwicklung.

- Unternehmungen sind sehr zurückhaltend, Dividendenzahlungen gegenüber den Vorjahren zu reduzieren.

Diese drei stilisierten Merkmale werden von LINTNER durch zwei Gleichungen charakterisiert:

$$D(t) = D(t-1) + a \times [D*(t) - D(t-1)]$$

und

---

[17] Die Interaktion von Finanzierungs- und Ausschüttungsentscheidungen wird in LODERER (1989) hervorragend aufgezeigt.

$$D*(t) = k * \times E(t)$$

Die erste Gleichung besagt folgendes: Die Höhe der Dividendenzahlung im Jahr 1990 (*t*) entspricht genau dann jener des Vorjahres 1989 (*t-1*), wenn diese Dividendenzahlung der langfristigen Zieldividende *D*(t)* exakt entspricht. Es gibt also keinen Grund, die laufende Dividende in Richtung dieses Zielwerts anzupassen. Liegt hingegen die Dividende des Vorjahres *unter* dem langfristigen Zielwert, so erfolgt eine Anpassung im Umfang des Bruchteils *a* (<1) der Zielabweichung nach oben. Liegt die Dividende des Vorjahres *über* dem langfristigen Zielwert, so erfolgt eine Anpassung der Dividende nach unten. Die Gleichung beschreibt also, in welchem Umfang die gegenwärtige Dividende dem langfristigen Zielwert entgegengeführt wird. Der langfristige Dividendenzielwert ist in keiner Weise konstant; Die zweite Gleichung zeigt, dass die langfristige Zieldividende stets den Teil *k** des laufenden Gewinns, *E(t)*, entspricht und sich mit diesem verändert.

Dividenden-politik in Deutschland

Für 27 grosse, börsenkapitalisierte Industrie- und Dienstleistungsunternehmungen der BRD berechnen BEHM/-ZIMMERMANN (1993) über die Zeitperiode 1962-88 die folgende LINTNER-Gleichung:

$$\tilde{D}(t) = D(t-1) + 0.155 \times [D*(t) - D(t-1)] + \tilde{u}(t)$$
$$R^2 = 50\%$$

und

$$D*(t) = 0.52 \times E(t)$$

Die analysierten Gesellschaften streben also eine langfristige Zieldividende von 52% der laufenden Gewinne an und passen die jährliche Dividende im Umfang von 16% (der laufenden Abweichung) diesem Zielwert an. Das Modell erklärt 50% der jährlichen Dividendenschwankungen (Erklärungsgehalt, R^2-Wert). Deutlich hervorgehoben werden muss, dass das LINTNER-Modell keine Theorie des optimalen, sondern des tatsächlich beobachteten Dividendenverhaltens darstellt. Was bringt es für Erkenntnisse hinsichtlich einer *optimalen* Dividendenpolitik?

Sucht man die Bestimmungsfaktoren einer *optimalen* Dividendenpolitik, so muss zunächst einmal ein Zielkriterium festgelegt werden. Naheliegenderweise wird man das Vermögen der Aktionäre, den Aktionärswert, als oberstes Zielkriterium wählen. Lässt man die Unsicherheit über die zukünftigen Dividendenzahlungen ausser Betracht, so wird durch folgende Dividendenpolitik Aktionärs(mehr)wert erzeugt: Gewinne werden so lange in der Unternehmung reinvestiert, als die damit erwirtschafteten Erträge *über* der Rendite liegt, welche die Aktionäre durch eine risikoäquivalente Investition am Kapitalmarkt selbst erwirtschaften können. Mit steigendem Investitionsvolumen sinkt der auf den reinvestierten Mitteln erwirtschaftete Grenzertrag. Ist dieser auf das Niveau der risikoäquivalenten Kapitalmarktrendite gefallen, spielt es keine Rolle mehr, ob der Gewinn ausgeschüttet wird oder in der Unternehmung zurückbehalten (reinvestiert) wird. In dieser Situation ist die Höhe der Dividendenzahlung irrelevant für das Aktionärsvermögen: Die Dividendenpolitik erzeugt keinen *shareholder value*, weil der Aktionär durch eine Kapitalmarktanlage genau dieselbe Rendite erzielen kann wie die Firma durch Reinvestition des Kapitals.

Optimale Dividendenpolitik

Der vorher beschriebene Sachverhalt stellt den Kern des zweiten Theorems von MILLER und MODIGLIANI dar (siehe MILLER/MODIGLIANI (1961)). Es hat im Zeitpunkt seiner Veröffentlichung eine mindestens ebenso grosse Kontroverse ausgelöst wie das drei Jahre vorher postulierte Kapitalstrukturirrelevanztheorem. Insbesondere muss man sich vergegenwärtigen, dass es eine jahrzehntelange Tradition der fundamentalen Aktienbewertung in Frage zu stellen schien: Widerspiegeln nicht Aktienkurse den Barwert der abdiskontierten Dividendenzahlungen? Was nun, wenn die Höhe der Dividendenzahlungen irrelevant ist?

MM-2: Dividendenirrelevanz

Dieser scheinbare Widerspruch lässt sich anhand des im Kapitel 6 diskutierten Dividend Discount Models (DDM) mit konstantem Dividendenwachstum (GORDON-Modell) auflösen. *R* bezeichnet dort den Abdiskontierungssatz (also den Zinssatz, zu dem die Aktionäre ihre Dividenden am Kapitalmarkt zum gleichen Risiko investieren können), *g* die Wachstumsrate der Dividenden und *Div₁* die erstmals bevorstehende Dividendenzahlung (bevor das Wachstum einsetzt). Die Wachstumsrate der Dividenden ergibt sich unter den Annahmen des DDM aus der Reinvestitionsquote *k* (Anteil der reinvestierten Gewinne, z.B. 40%: *k*=0.4) und dem internen Ertragssatz *r*, zu dem sich die reinvestierten Gewinne in der Unternehmung verzinsen (z.B. 10%: *r*=0.1):

$$g = kr$$

Die erstmalige Dividendenzahlung lässt sich mit

$$Div_1 = E \times (1 - k)$$

ausdrücken, worin *E* der unmittelbar bevorstehende (und als konstant angenommene) operative Gewinn der Unternehmung, der unabhängig von den bevorstehenden Investitionen (also durch Reinvestition) anfällt, bezeichnet. Der Aktienkurs aufgrund des Gordon-Modells wird so zu

$$P = \frac{Div_1}{R - w} = \frac{E \times (1 - k)}{R - rk}$$

Wenn nun aber angenommen wird, dass die Unternehmungsleitung sämtliche Investitionsprojekte ausgeschöpft hat, die einen Aktionärs(mehr)wert erzeugen, d.h. deren interner Ertrag über dem Kapitalmarktzins liegen, dann ist

$$r = R$$

und der Aktienwert wird zu

$$P = \frac{Div_1}{R - w} = \frac{E \times (1 - k)}{R - rk}$$
$$= \frac{E \times (1 - k)}{R - Rk} = \frac{E \times (1 - k)}{R \times (1 - k)} = \frac{E}{R}$$

was besagt: Der Aktienwert berechnet sich aus dem Barwert der ewigen Rente der operativen Erträge. Die Charakteristika der Dividendenpolitik (ausgedrückt durch k und w) spielen keine Rolle! Worauf die Finanzanalysten bei der Bewertung der Gesellschaften zu achten haben: Das langfristige, reale Ertragspotential der Gesellschaft unter der Annahme, dass sämtliche Investitionsmöglichkeiten, welche einen Aktionärsnutzen erzeugen, ausgeschöpft sind. Wer auf die Dividenden schaut, unterstellt implizit, dass diese Möglichkeiten nicht ausgeschöpft sind.

Der vorangehende Abschnitt hat gezeigt, dass die Dividendenpolitik unter bestimmten Voraussetzungen für das Vermögens der Aktionäre irrelevant ist: Erscheinen ihnen die Dividenden - gemessen an ihren Konsumplänen - als zu hoch, so können sie den Überschuss wieder am Kapitalmarkt investieren (allenfalls in die Aktien derselben Unternehmung); sind sie zu tief, so können sie durch den Verkauf von Aktien der betreffenden Gesellschaft ihren individuellen Dividendenstrom selbst generieren. Die Gemeinsamkeit mit dem Kapitalstrukturirrelevanztheorem besteht darin, dass wiederum gilt, dass Aktionen, die Aktionäre replizieren oder neutralisieren können, keinen Aktionärs(mehr)wert erzeugen.

Dividenden und Kapitalgewinne

Trotzdem gibt es gegenüber dem Dividendenirrelevanztheorem eine Reihe von Vorbehalten.[18] Ein Einwand besteht beispielsweise darin, dass die meisten Steuergesetze Dividenden für den Investor als *steuerbares Einkommen* behandeln, währenddessen Kapitalgewinne nicht steuerbar sind. Es ist deshalb höchst unwahrscheinlich, dass Investoren Dividenden und Kapitalgewinne als perfekte Substitute betrachten, was den Kern des Irrelevanztheorems darstellt. Wenn Unternehmungen die Einkommensteuer ihrer Aktionäre minimieren möchten, so sollten sie auf die Ausschüttung von Dividenden generell verzichten. Weltweit schütten Unternehmungen je-

---

[18] BLACK (1976) diskutiert die Argumente für und gegen Dividendenzahlungen. MILLER (1987) diskutiert den Informationsgehalt von Dividendenzahlungen.

---

doch Dividenden aus - was kompensiert also die steuerlichen Nachteile?

Dividenden als Signale

Ein Hauptargument dafür ist die *Signalfunktion* von Dividenden: Hohe Dividenden signalisieren eine gute Ertragslage der Unternehmung. Dividenden werden als glaubwürdiges Signal interpretiert, weil es von schlechten Firmen nicht - oder nur mit sehr grossen Kosten - imitiert werden kann. Mit diesem Argument ist auch LINTNER's Beobachtung konsistent, dass Firmen eine ausgeprägte Aversion haben, Dividenden zu reduzieren. Dies bedeutet, dass Dividenden nur dann erhöht werden, wenn eine hohe Gewißheit besteht, aufgrund der erwarteten Ertragslage die höhere Dividende auch in Zukunft aufrechterhalten zu können. Im Fachjargon bedeutet dies, dass Dividendenzahlungen auf den permanenten Teil der zukünftigen Gewinnerwartungen ausgerichtet werden. Vorübergehende Gewinnschwankungen bilden keinen Anlaß, die Dividende zu verändern. Dividenden werden damit zu einem passiven Signal über den permanenten Teil der Gewinnerwartungen.

„Smoothing"

Weder das Dividendenirrelevanztheorem noch die dagegen vorgebrachten Argumente vermögen überzeugend zu erklären, weshalb die Dividendenpolitik von Firmen ausgesprochen klare Regelmäßigkeiten aufweist (siehe oben) und innerhalb des betrieblichen Finanzmanagements eine herausragende Rolle spielt - und weder vom Management noch von den Aktionären als irrelevant betrachtet wird. Die Beobachtung, dass Dividenden nur dann erhöht werden, wenn die Firmen aufgrund ihrer Ertragslage die erhöhte Dividende auch in Zukunft aufrechtzuerhalten glauben, kann als Ausgangspunkt für einen weitergehenden Erklärungsansatz gesehen werden. Er hängt mit der Beobachtung zusammen, dass die Leute eine ausgesprochene Abneigung haben, Vermögensgegenstände (Aktien, Gold, Grundstücke, Briefmarken) zu liquidieren, um damit die laufenden (also nicht bloß einmaligen) Konsumbedürfnisse zu befriedigen. Dies bedeutet, dass sie völlig losgelöst von steuerlichen Überlegungen und Transaktionskosten Ausschüttungen und Kapitalgewinne *nicht* als gleichwertig betrachten.

Die Argumentation liegt also darin, dass die Unternehmungen ihre Dividendenpolitik auf die Konsumpläne ihrer Aktionäre ausrichten: sie versuchen, die Dividendenausschüttungen zu stabilisieren, damit die Aktionäre über ein „möglichst kalkulierbares" Einkommen verfügen, mit dem sie ihre laufenden Konsumbedürfnisse befriedigen können. Mit dem Signalisierungsargument konsistent ist der Punkt, dass Unternehmungen mit ihrer Dividendenpolitik keine falschen Signale zur Revision der Konsumpläne ihrer Aktionäre setzen wollen. Die ökonomische Begründung für diese Erklärung liegt in der Präferenz der Haushalte für stetige Konsumströme (*consumption smoothing*): Risikoaverse Individuen ziehen einen ausgeglichenen Konsumstrom einem stark volatilen vor, und sind bereit, dafür einen tieferen Durchschnittskonsum in Kauf zu nehmen.

Konsum aus Dividenden

Es gibt schließlich weitere, sehr naheliegende Gründe für die Präferenz der Aktionäre für ausgeglichene Dividendenströme. Unter progressiven Einkommenssteuern verzeichnet man bei einem stabilen Einkommen Steuerersparnisse. Mit einer stabilen Ausschüttungsquote ermöglicht sich die Firma zudem die Herausbildung eines stabilen Aktionärskreises. Stabile Beteiligungsverhältnisse können sowohl für die Firma als auch für die Aktionäre vorteilhaft sein. Für das Management liegen die Vorteile in stabilen Stimmrechtsverhältnissen. Die Vorteile für die Aktionäre liegen in einer verbesserten Finanzplanung. Dies gilt insbesondere für institutionelle Investoren[19], wo die Einkommens- und Steuerplanung bei der Vermögensdisposition eine womöglich noch größere Rolle spielt als bei den privaten Haushalten.

---

[19] Versicherungen, Pensionskassen, Banken, Anlagefonds, öffentliche Hand, u.a.

	Dividen- den- Rendite in %	P/E-Ratio	Impliziter Payout- Ratio in %
	(1)	(2)	(1) × (2)
Dienstleistungen	*2.5*	*11.5*	*28.8*
Bank	3.1	11.7	36.3
Versicherung	1.7	10.7	18.2
Transport	1.1	12.0	13.2
Detailhandel	2.9	9.7	28.1
Übrige	1.8	12.8	23.0
Industrie	*1.4*	*13.9*	*19.5*
Maschinen	1.7	11.1	18.9
Energie	2.3	11.6	26.7
Pharma	1.1	15.7	17.3
Nahrung	2.1	13.8	29.0
Elektro	1.7	12.5	21.2
Bau	2.1	10.4	21.8
Übrige	1.6	8.1	13.0

*Tabelle 20.1: **Implizite Payout-Ratios schweizerischer Gesellschaften, in Prozent** (Quelle: Bank Julius Bär, Marktübersicht Schweiz, Januar 1996. Dividendenrendite: 1995, P/E-Ratio: Schätzung 1997).*

Payout-Ratios

Das tatsächliche Ausschüttungsverhalten von Publikums-gesellschaften ist relativ wenig dokumentiert. Offensichtlich ist das Bestreben, die nominellen Dividendenzahlungen konstant zu halten respektive konstant zu erhöhen. Interessanter ist der Payout Ratio, also jener Teil des Jahresgewinns, der an die Aktionäre ausgeschüttet wird. Unterstellt man das oben dargestellte Gordon-Modell der Aktienbewertung, so lassen sich die folgenden impliziten Ausschüttungsquoten berechnen (vergleiche *Tabelle 20.1*).[20]

---

[20] Der implizite Payout-Ratio ergibt sich aus der Mulitplikation der Dividendenrendite mit dem P/E-Ratio. Man erkennt dies aus der folgenden Umformung:

Die tatsächlich ausgewiesenen Payout-Ratios einiger schweizerischer Gesellschaften über die Jahre 1989-94 sind in *Tabelle 20.2* ausgewiesen. Man erkennt, dass die Ausschüttungsstrukturen im allgemeinen eine recht grosse Stabilität aufweisen. Besonders augenfällig ist diese in der Pharma (namentlich bei Roche), bei Zürich und Nestlé.

	1989	1990	1991	1992	1993	1994
SBG	59	70	51	51	35	50
SBV	52	60	48	49	43	75
SKA	52	66	48	48	47	53
Roche	18	18	16	16	16	17
Ciba	23	32	28	27	25	26
Sandoz	22	22	24	24	26	26
Rück	35	45	39	41	26	30
Winterthur	39	46	43	49	43	40
Zürich	33	33	32	32	30	31
Nestlé	31	32	32	32	33	32
BBC	17	15	14	22	2	20
Sulzer	36	32	38	30	32	36

Tabelle 20.2: Payout-Ratios schweizerischer Gesellschaften, in %
(Quelle: Jahrbuch der Schweizer Aktien, 1995/96, Finanz & Wirtschaft).

Die beiden MODIGLIANI-MILLER Theoreme zur Kapitalstruktur- und Dividendenirrelevanz (1958 und 1961), so kontrovers sie sein mögen, bilden den inhaltlichen Ausgangspunkt für die Beurteilung von *zwei* aktuellen und ebenso zentralen Fragestellungen des modernen Finanzmanagements: Erzeugen M&A's (*mergers und acquisitions*) aufgrund finanzieller Synergien Shareholder Value? Häufig werden Übernahmen mit namhaften Diversifikationseffekten begründet (die Sonnenschirm-AG übernimmt die Regenschirm-AG).

Allgemeine Irrelvanztheoreme im Finanzmanagment

$$P = \frac{Div_1}{R - rk} \Rightarrow \frac{Div_1}{P} = R - rk \ (Dividendenrendite)$$

$$P = \frac{E \times (1 - k)}{R - rk} \Rightarrow \frac{P}{E} = \frac{1 - k}{R - rk} \ (P / E - Ratio)$$

$$\Rightarrow (R - rk) \times \frac{1 - k}{R - rk} = 1 - k = Payout - Ratio$$

Und: Erzeugt unternehmerisches Risikomanagement (*corporate hedging*) Shareholder Value? Die beiden Fragen möglichen auf den ersten Blick etwas naiv erscheinen. Doch dasselbe gilt auch für die Fragestellungen, welche den beiden MM-Theorem zugrundeliegen. Und genau dieselbe Annahmen, welche den MM-Theoremen zugrundeliegen, können auch als Ausgangspunkt für die Beantwortung der vorangehenden Fragen herangezogen werden:

- *Finanzielle Synergien:* Verfügen die Aktionäre über dieselben Diversifikationsmöglichkeiten wie die Unternehmung, so erzeugen M&A's, welche finanzielle Synergien (Diversifikationseffekte) erzeugen, keinen Aktionärs-(mehr)wert.

- *Risikomanagement:* Verfügen die Aktionäre über dieselben Möglichkeiten und Voraussetzungen (insbesondere dieselben Informationen) zur Absicherung von Risiken wie die Unternehmung, so erzeugt Risikomanagement auf der Ebene von Unternehmungen keinen Aktionärs(mehr)wert.

Synergien

Synergien sind beispielsweise dann ein gültiges Argument für Zusammenschlüsse, wenn sie *operativer* Natur sind: Wenn dadurch die Produktionsabläufe effizienter gestaltet werden können; oder Einsparungen (sog. Skaleneffekte) bei der Administration, beim Vertrieb oder Marketing auftreten. Finanzielle Synergien sind andererseits dann ein gültiges Argument, wenn steuerliche Ersparnisse möglich sind. Oder wenn die beteiligten Firmen nicht börsenkotiert sind, also eine Diversifikation durch die Aktionäre nicht ohne weiteres möglich ist. In abgeschwächter Form trifft dies natürlich auch für Firmen zu, deren Anteile keinen sehr liquiden Handel aufweisen oder deren Erwerb für bestimmte Aktionärskreise ausgeschlossen ist. Man sieht, dass die Argumente für Synergien bei M&A sehr sorgfältig gewählt werden müssen und nicht immer so naheliegend sind, wie sie auf den ersten Blick erscheinen mögen. Aktionärs(mehr)wert wird auf alle Fälle nur dann erzeugt, wenn die Unternehmung mit dem Zusammenschluß etwas tut respektive erreicht, was die Aktionäre selbst nicht erreichen oder neutralisieren können.

Dasselbe gilt prinzipiell für das Risikomanagement. Warum sollen Zinsrisiken durch die Bank abgesichert werden, wenn den Aktionären dieselben Absicherungsinstrumente zur Verfügung stehen? *Für* die Absicherung von Risiken auf der Ebene der Unternehmung sprechen folgende Gründe:[21]

• Risikomanagement liegt im Interesse des Managements oder anderer Anspruchsgruppen (Arbeitnehmer, Lieferanten, Kunden). Im Unterschied zum Aktionariat sind diese im Aktienmarkt schlecht diversifiziert.

• Eine stabile Gewinnentwicklung liegt im Interesse der Anspruchsgruppen mit festen Ansprüchen (Kreditoren, Obligationäre) auf Kosten der Aktionäre. Der Wert des Aktienkapitals fällt mit abnehmender Volatilität der Aktiva (siehe vorne). Risikomanagement führt also zu einer Vermögensreallokation zwischen den verschiedenen Kapitalgebern.

• Ausgeglichene Zahlungsströme aufgrund von Absicherungsstrategien führen bei progressiven Steuern zu Steuerersparnissen. Dies ist jedoch entscheidend von der steuerlichen Behandlung der Gewinne und Verluste auf den Absicherungstransaktionen abhängig - eine Neutralisierung der operativen Gewinne und Verluste ist nicht immer möglich.

• Eine stabile Gewinnentwicklung vereinfacht die Einschätzung der Leistungen des Managements, was die Chancen der Unternehmung auf dem Arbeitsmarkt verbessert.

• Eine stabile Gewinnentwicklung reduziert die Wahrscheinlichkeit einen Konkurses und damit die erwarteten (direkten und indirekten) Konkurskosten.

• Das Management verfügt über mehr Informationen über die Bedeutung der unterschiedlichen unternehmerischen Risiken und die Möglichkeiten deren Absicherung als die Aktionäre.

---

[21] Eine nützliche Diskussion findet man in MASON (1995), pp. 176-183.

Corporate Finance und Financial Engineering

- Eine stabile Entwicklung der selbstgenerierten Mittel reduziert die Wahrscheinlichkeit von Finanzierungsausfällen und damit die Wahrscheinlichkeit, dass „teure", externe Finanzmittel (vorübergehend oder dauernd) beschafft werden müssen.[22]

**Risiko-
management
bei Finanz-
institutionen**

Die vorangehenden Bemerkungen sind von allgemeiner Gültigkeit. Bei Finanzinstitutionen (v.a. Banken, Vorsorgeeinrichtungen, Versicherungen) sind darüber hinaus *spezielle* Argumente zu beachten. Sie wurden bereits im Zusammenhang mit dem Management von Zinsänderungsrisiken beim ALM von Banken in Kapitel 19 kurz umrissen. Vorauszuschicken sind zwei Umstände, welche dem Risikomanagement bei Finanzinstitutionen eine besondere Bedeutung zukommen lassen:

Besonderheiten

1. Zunächst nehmen Finanzinstitute im Produktionsprozeß von Finanzdienstleistungen zentrale gesamtwirtschaftliche Funktionen wahr, auf welche sie spezialisiert sind und darin einen komparativen Vorteil aufweisen. Zu diesen Funktionen gehört neben der Absicherung von Risiken auch das Gegenteil, nämlich die *Übernahme* von Risiken. Die Übernahme von Zinsänderungsrisiken oder die laufende Überprüfung von Schuldnerqualitäten sind Grundfunktionen und wesentliche Ertragsquellen des Bankensystems. Risiken sind also bei Finanzdienstleistungsunternehmungen nicht primär unter dem Aspekt des „Unerwünschten" zu betrachten, sondern als Ertragsquelle und Existenzgrundlage. Daraus ergibt sich, dass das Risikomanagement bei Finanzdienstleistungsunternehmungen eine existentielle Rolle spielen muss.

2. Anders als bei anderen Unternehmungen halten Kunden (Sparer, andere Einleger) signifikant größere, längerfristige und teils illiquide (d.h. nicht sofort greifbare) Ansprüche

---

[22] Warum externe Mittel „teuer" zu betrachten sind, wurde weiter vorne im Zusammenhang mit asymmetrischer Information zwischen Management und externen Kapitalgebern diskutiert.

gegenüber Banken, Lebensversicherungen, Pensionskassen, etc. Es handelt sich zudem um Ansprüche, die kaum Teil eines diversifizierten Portfolios bilden. Bankkunden wollen in der Regel kein firmenspezifisches Risiko tragen - anders als Investoren, welches dieses diversifizieren können. „A customer who purchases property insurance wants a financial claim that pays off if their house is destroyed by fire, not a financial claim that pays off if her house burns *and* the insurance company is solvent" (MASON 1995, p.182). Insolvenzrisiken werden in diesen Fällen deshalb - neben dem unternehmerischen Risikomanagement - häufig durch Garantien dritter Hand abgesichert.

Neben diesen beiden Vorbemerkungen, welche auf die besondere Rolle des Risikomanagements bei Finanzinstitutionen (nachfolgend mit *FI* abgekürzt) hinweisen sollten, seien vier spezifische Gründe für die Nicht-Irrelevanz des Risikomanagments hervorgehoben:[23]

FI verfügen über komparative Vorteile beim Aufbau, der Überwachung und Bewirtschaftung strategischer Risikopositionen. Diese können im Know-how, in Steuern/Transaktionskosten und Skaleneffekten begründet sein. Naheliegend ist, dass die Umsetzung von Absicherungsstrategien mit Größenvorteilen verbunden ist; diese werden hervorgerufen durch Transaktionskostenersparnisse, aber vor allem auch durch vorteilhaftere Konditionen im globalen Wettbewerb der Finanzinstitute. Mit grossen Kapitalbeträgen stehen vor allem attraktivere Marktsegmente und Absicherungsprodukte zur Verfügung. Zu beachten ist in diesem Zusammenhang, dass die Reputation als Gegenpartei (ausgedrückt im Rating) gerade im Derivativgeschäft eine zentrale Rolle spielt. Dass den Aktionären dieselben Möglichkeiten offenstehen, ist unter diesen Gesichtspunkten unwahrscheinlich. Schließlich ist zu beachten, dass mit der Übernahme von Risiken stets eine Bewirtschaftung von Risikopositionen verbunden ist: Risikomanagement ist ein dynamischer Prozess, weil z.B. die Schuld-

Komparative Vorteile im Risk Management

---

[23] Die folgenden Punkte sind in Anlehnung an ZIMMERMANN (1994).

nerqualitäten Veränderungen unterworfen sind und laufend überprüft werden müssen, weil Margenerfordernisse gegenüber Kunden oder der Börse laufend angepasst werden müssen, oder weil durch die Einschätzung kurzfristiger Kapitalmarktbewegungen zusätzliche Erträge erwirtschaftet werden können. Hier zeigen sich klare Vorteile für professionell tätige Institutionen.

Solvenz-
sicherung

Risikomanagement verhindert die Zahlungsunfähigkeit von FI, stärkt ihre Solvenz und ermöglicht deren Weiterbestehen oder deren Unabhängigkeit. Diesem Argument liegt die Annahme zugrunde, dass die Eigenständigkeit respektive der Fortbestand einer FI ein ökonomisches Gut an und für sich darstellt. Dies kann tatsächlich der Fall sein (siehe den Punkt 1 der Vorbemerkungen): Der Konkurs einer Bank vermag das Image oder Vertrauen in das Bankensystem als ganzes zu beeinträchtigen, was mit negativen volkswirtschaftlichen Konsequenzen verbunden ist. Gerade in solchen externen Kosten liegt letztlich die Rechtfertigung für Eigenkapitalanforderungen oder aufsichtsrechtlich geforderte Minimalstandards im Risikomanagement. Daneben rechtfertigen die direkten (Anwälte, Banken, Steuern) und indirekten Kosten (Imageverlust, abgebrochene Kundenbeziehungen, Gewinnausfälle, etc.), welche mit dem Konkurs oder mit der Reorganisation einer Bank verbunden sind und direkt von den Kapitalgebern getragen werden, das Risikomanagement auf Unternehmungsebene. Der wohl wichtigste Aspekt der Solvenzsicherung liegt zweifellos in der gesicherten Schuldenkapazität der FI, was direkt zum nächsten Punkt führt.

Schulden-
kapazität und
Finanzierung

Risikomanagement verbessert die Schuldenkapazität einer FI, was sich in günstigen Fremdmitteln und einem erhöhten Potential für wertsteigernde Investitionen äussert. Beim Rating von Banken und Versicherungen spielt das Risikomanagement eine immer wichtigere Rolle. Ein besseres Rating erleichtert den Zugriff auf den Kapitalmarkt und attraktivere Konditionen. Die Reputation durch ein gutes Rating stärkt nicht nur das Finanzierungspotential am internationalen Kapitalmarkt, sondern auch beim Sparer. Da ein wesentlicher Wettbewerbsvorteil von Banken durch die günstige Mittelbeschaffung in Form „billiger" Spargelder zustande kommt, muss dieser Aspekt als wesentlich eingestuft werden. Ein weiterer Aspekt besteht darin, dass ein gutes Risikomanagement eine bessere Koordination von Zahlungsströmen (Zu- und Abflüsse) und damit eine stetigere Verfügbarkeit interner Finanzmittel (Liquiditätsreserven, *financial slack*) bewirkt. Dadurch ist man zur Überbrückung von Liquiditätsengpässen oder zur Finanzierung kurzfristig verfügbarer Investitionen (Akquisitionen) weniger stark von teuren, externen Finanzierungsquellen abhängig:[24] die Verfügbarkeit interner Mittel bewirkt einen substantiellen, strategischen Vorteil (siehe FROOT, SCHARFSTEIN und STEIN (1993)).

Risikomanagement erhöht die Flexibilität einer FI bei der Bereitstellung ihrer Produktepalette und vermag dadurch Wettbewerbsvorteile gegenüber der Konkurrenz zu schaffen. In dieser Hinsicht funktioniert eine Bank, eine Versicherung o.a. genau gleich wie eine andere Industrie- oder Dienstleistungsunternehmung. Eine Unternehmung produziert jene Güter, bei denen sie sich die besten Verkaufschancen verspricht, und sie produziert diese mit dem kostengünstigsten Einsatz ihrer Produktionsfaktoren und sichert sich gegebenenfalls gegenüber den Produkte- oder Faktorpreisrisiken ab. Wenn beispielsweise der Bezug einer Vorleistung in einer Fremdwährung erfolgt und die Unternehmung ihre Stärke nicht in der Prognose von Wechselkursen sieht, sondern in der kostengünstigen Produktion oder im geschickten Vertrieb, wird sie sich gegenüber den Währungsschwankungen absichern. Die Absicherung erzeugt in diesem Fall Aktionärs(mehr)wert, weil sie die Voraussetzung dafür schafft, dass die *produktiven* komparativen Vorteile gegenüber der Konkurrenz ausgenutzt werden können. Die Erbringung von Finanzdienstleistungen ist unter denselben Gesichtspunkten zu betrachten. Wenn sich eine Bank einen Konkurrenzvorteil verspricht, indem sie in einer Phase hoher Zinssätze anstelle

Produktentwicklung und Wettbewerbsvorteile

---

[24] Für bonitätsmässig hervorragende Institute sind heute eine Vielzahl liquider Instrumente für das Liquiditätsmanagement über den Kapitalmarkt verfügbar.

---

von Festhypotheken solche mit variabler Verzinsung ausgibt, so wird sie diesen Wettbewerbsvorteil unter Umständen losgelöst vom Zinsrisiko, welches sie damit eingeht, ausnützen. Sie erkennt also ihr Wertschöpfungspotential primär in der Einschätzung eines Kundenbedürfnisses und dem Vertrieb eines entsprechenden, innovativen Produkts, aber nicht in der Übernahme des damit verbundenen Risikos.

Das letzte Beispiel zeigt, dass Risikomanagement zur selektiven Wahrnehmung produktiver Wertschöpfungspotentiale eingesetzt werden kann - also jener produktiven Möglichkeiten, welche den Aktionären selbst nicht offenstehen.

Financial Engineering

In den letzten Abschnitten wurden die Argumente und Voraussetzungen diskutiert, unter welchen Kapitalstrukturplanung, Dividendenpolitik oder das Risikomanagement das Aktionärsvermögen direkt tangiert. Der Nutzen vieler Finanzinnovationen ist unter genau denselben Kriterien zu beurteilen: Steuern, Liquiditätsplanung, Transaktionskosten, Informationsasymmetrien etc. In den letzten beiden Jahrzehnten haben sich immer komplexere, besser: differenziertere Finanzinstrumente entwickelt, welche auf Unternehmens- und anlegerspezifische Finanzbedürfnisse zugeschnitten sind. Diese nehmen häufig die Gestalt *exotischer* Derivate (*exotics*) an.[25] Andererseits sind Finanzinnovationen in Form von Derivaten in der Unternehmungsfinanzierung keine Erfindung unserer Zeit. Die folgenden Derivate haben sich etabliert:

Bezugsrechte

Bezugsrechte (preemptive rights): Häufig haben Unternehmungen eine Präferenz, bei Kapitalerhöhungen die jungen Papiere zu einem Preis unter dem Börsenwert der alten Papiere zu emittieren. Die diesbezüglichen Gründe sind mannigfaltig und werden bei ZIMMERMANN (1986) eingehend diskutiert. Verfügen die alten Aktionäre über Bezugsrechte für die neuen Anteile entsprechend ihrem bisherigen Kapitalbesitz, und werden diese Bezugsrechte an der Börse frei gehandelt, sollte die Höhe des Emissionspreises für das Vermögen der alten

---

[25] Eine Charakterisierung von exotischen Deivaten mit vielen Anwendungsbeispielen aus dem Risikomanagement der Unternehmung findet man bei: GALITZ (1995), Kapitel 11; oder KÖBELI (1994).

und neuen Aktionäre natürlich keine Rolle spielen. Die jahrzehntelange Praxis schweizerischer Unternehmungen, den
Emissionspreis regelmässig und massiv unter dem Börsenkurs
festzusetzen, um den Bezugsrechten dadurch einen substantiellen Börsenwert zuzumessen, widerspricht jedoch dieser
„Irrelevanz". Unter Kapitalmarktimperfektionen (Liquiditäts-
restriktionen für die Aktionäre, Nicht-Besteuerung von Be-
zugsrechtserlösen, Emissionspreis als Signal für den Kapitalmarkt, u.a.) kann das beobachtete Verhalten jedoch teilweise
erklärt werden.

Nachrangige Anleihen (subordinated debt): Nachrangiges
Fremdkapital hat in den letzten Jahren, als Substitut für Kapitalerhöhungen, eine Renaissance erlebt. Von der ökonomischen Funktion her ist es zwischen dem normalen Fremdkapital und dem Eigenkapital einzureihen, was aus der nachfolgenden Darstellung hervorgeht. Es wird angenommen, dass
die betrachtete Firma im Umfang von D gewöhnliches und im
Umfang von D_N nachrangiges Fremdkapital aufweist.

**Nachrangige
Anleihen**

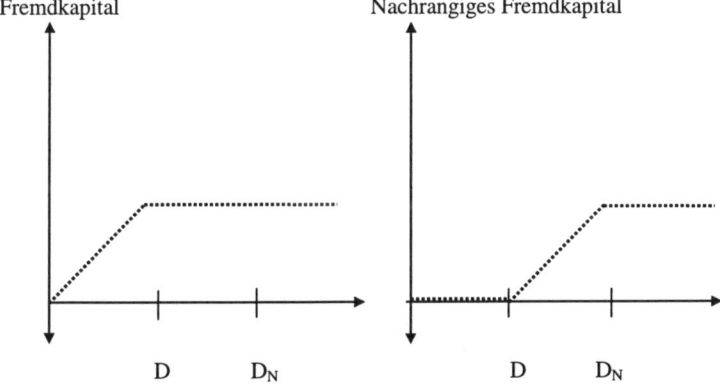

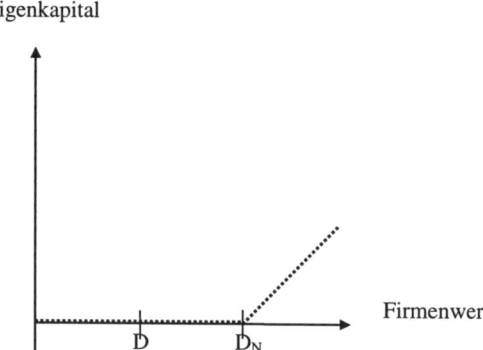

Eigenkapital

Firmenwert

D D_N

Abbildung 20.2: Charakteristika des nachrangigen Fremdkapitals.

Man erkennt, dass nachrangige Anleihen tatsächlich eine Zwitterstellung zwischen Aktien und Anleihen aufweisen: Liegt der Firmenwert nahe bei D, so überwiegt der Charakter als Aktie - steigt der Firmenwert nach D_N, so verschiebt sich der Charakter Richtung Anleihe. In der Sprache des Optionsgeschäfts entspricht die Auszahlungsstruktur einer nachrangigen Anleihe im übrigen einem (*bull*) *spread*.

Options- und Wandelanleihen

Options- und Wandelanleihen gehören zu den frühesten innovativen Finanzierungsformen. Auf den ersten Blick ist kaum zu verstehen, worin ein Zusatznutzen für die Unternehmung respektive den Kapitalgeber liegt, wenn eine Anleihe mit einem zusätzlichen Optionsrecht ausgestattet wird: Der Wert dieses Rechts fließt natürlich in die Bewertung der Anleihe oder in die Höhe der Couponzahlungen ein. Warum sollte dieses „Paket" attraktiver sein als die Summe seiner Bestandteile? Man hat festgestellt, dass in den USA, Japan und teilweise auch in der Schweiz vor allem junge, mittelgroße, eher weniger bekannte Firmen zu diesem Finanzierungsinstrument greifen - oder Firmen mit einem mittelmäßigen oder keinem Rating. Für solche Unternehmen ist es relativ schwierig, sich am Kapitalmarkt zu attraktiven Konditionen mit einer gewöhnlichen, festverzinslichen Anleihe zu verschulden. Vielleicht ist der Zugriff auf den Kapitalmarkt sogar unmöglich - die Bereitschaft, einen hohen, risikoadäquaten Zins zu bezahlen, würde die zweifelhafte Bonität für jedermann offen signalisieren.[26] Es besteht bei diesen Firmen für die Kapitalgeber das Risiko, dass nach der Zeichnung der Anleihe risikoreichere Projekte unternommen werden, was einer Vermögensumverteilung von den Gläubigern hin zu den Aktionären entspricht - ohne dass sie über nennenswerte Mittel verfügen, dieses Verhalten zu erkennen (*monitoring*) und zu beeinflussen. Die Unternehmung kann die Fremdkapitalbeschaffung dadurch „retten", indem sie den potentiellen Kapitalgebern eine Absicherung für den vorher erwähnten Tatbestand anbietet: nämlich das Recht, Aktien der Firma zu erwerben.

Natürlich gibt es weitere Erklärungsansätze: Der Zinssatz (Coupon) ist bei dieser Finanzierungsform deutlich tiefer, was - rein optisch - eine tiefere Zinsenlast bedeutet und im Budgetierungsprozess Vorteile bringt. Zudem werden die Options und Wandelrechte bei steigenden Kursen ausgeübt, d.h. die Eigenkapitalbasis wird in einem „günstigen" Marktumfeld verstärkt. Das Timing der Emission wird auf diese Weise berechenbar - insbesondere auch der Emissionspreis (gleich Ausübungs- oder Wandelpreis plus Zuschlag). Letzteres erleichtert die Finanzplanung.

Zinsswaps haben sich zu einem verbreiteten, ergänzenden Instrument bei der Unternehmungsfinanzierung entwickelt. Der Swapmarkt ist entsprechend stark gewachsen und hinsichtlich der verfügbaren Instrumente vielfältig geworden (GALITZ 1995, pp. 141ff). Bereit in früheren Kapiteln (Kapitel 17, 18) wurde gezeigt, dass durch Zinsswaps variabel- in festverzinsliche Anleihen transformiert werden können (und umgekehrt) - und zwar ohne nennenswerte Transaktionskosten und *market impact*. Sehr viel wichtiger ist jedoch die Tatsache, dass Swaps für fremdkapitalsuchende Unternehmungen substantielle Einsparungen ihrer Finanzierungskosten bewirken können. Nachfolgend sind die Emissionskonditionen von zwei Firmen A und B dargestellt:

Zinsswaps

---

[26] Diesen Fall bezeichnet man als 'Kapitalrationierung'.

	S&P-Rating	festverzinslich	variabelverzinslich
A	AAA	5%	LIBOR+1.5%
B	BBB	6%	LIBOR+2%

Schattiert bezeichnet die Präferenz der Unternehmung

Tabelle 20.3: Zahlenbeispiel zu den Finanzierungskonditionen von zwei Unternehmungen.

Dank ihres besseren Ratings verfügt die Firma A in beiden relevanten Marktsegmenten über bessere Zinskonditionen bei der Fremdmittelbeschaffung. Sie möchte infolge fallender Zinserwartungen eine variabelverzinsliche Anleihe. Firma B möchte aufgrund ihrer steigenden Zinsprognose eine festverzinsliche Anleihe. Anstatt die entsprechende Mittelbeschaffung zu LIBOR+1.5% und 6% direkt vorzunehmen, emittieren die beiden Unternehmungen gerade das *Gegenteil* dessen, was sie eigentlich möchten, und schließen dafür unter sich - unter Vermittlung einer Bank - einen Zinsswap ab, der folgende Konditionen aufweist: A bezahlt B LIBOR+2%, und im Gegenzug bezahlt B an A 5.8% fest:

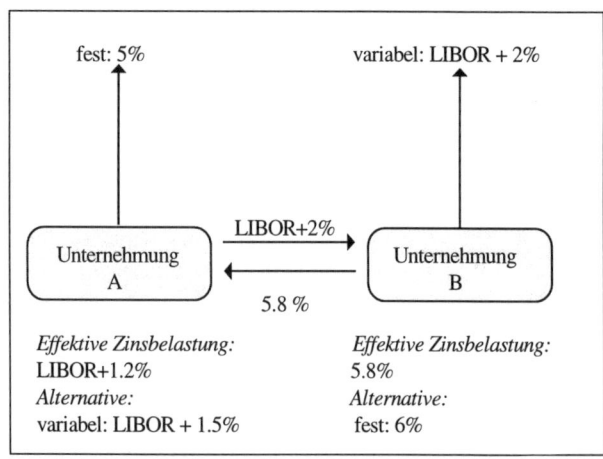

Abbildung 20.3: Beispiel zu den veränderten Finanzierungskosten durch einen Zinsswap.

Was erreichen die beiden Firmen durch den Swap? Firma A erreicht effektiv die gewünschte variable Zinsbelastung, und zwar im Umfang von (LIBOR+2%)-(5.8%-5%) = LIBOR +1.2%. Dies ist eine Ersparnis von 0.3% gegenüber der direkten variabelverzinslichen Emission zu LIBOR+1.5%. Firma B erreicht effektiv die gewünschte feste Zinsbelastung, und zwar im Umfang von 5.8%. Dies ist eine Ersparnis von 0.2% gegenüber der direkten festverzinslichen Emission zu 6%. *Beide* Firmen ersparen sich also Finanzierungskosten im Vergleich zu einer direkten Finanzierung am Kapitalmarkt! Die Swapkonditionen sind so gewählt, dass die Firma A etwas mehr einspart als die Firma B; dies ist darauf zurückzuführen, dass A aufgrund des schlechteren Ratings von B ein größeres Gegenparteirisiko eingeht und dafür eine Entschädigung in Form einer Risikoprämie verlangt.

Die ökonomische Schlußfolgerung ist die folgende: der Swap erlaubt beiden Unternehmungen, das Kapital auf jenem Marktsegment zu beschaffen, wo sie *komparative* Emissionskostenvorteile aufweisen (siehe ZIMMERMANN 1987). Die Fremdmittelaufnahme sollte also stets losgelöst von den tatsächlichen Finanzierungspräferenzen der Firmen erfolgen - das, was sie effektiv benötigen, können sie durch einen adäquaten Swap erreichen.

Viele Finanzinnovationen sind gerade mit der Absicht entwickelt worden, eine größere Vielfalt und Differenzierung im Bereich der Risikoabsicherung herbeizuführen. Dies soll in den folgenden Abschnitten am Beispiel der Absicherung von *Währungsrisiken* illustriert werden. Welchen Nutzen stiften diese sehr vielfältigen Instrumente? Warum genügt das klassische Termingeschäft als Absicherungsmöglichkeit nicht (mehr)?

Beispiel: Währungs-absicherung

Bei der Beurteilung und Wahl von Absicherungsinstrumenten besteht ein ausgesprochenes Bedürfnis nach *Flexibilität in der Leistung von Absicherungskosten*. Schon nur diesem Umstand sind eine Reihe unterschiedlicher Absicherungsprodukte zuzuschreiben. Wir gehen in den folgenden Beispielen davon aus, dass ein schweizerischer Maschinenexporteur in drei Monaten einen Geldbetrag von 1 Mio. USD erhalten wird. Der heutige Wechselkurs sei 1.20 CHF/USD, der Terminkurs ebenso. Die Unternehmung könnte das Wechselkursrisiko absichern, indem sie die erforderlichen USD auf Termin verkaufen würde; damit würde der Geldbetrag von 1.2 Mio CHF eingefroren. Sinkt der Wechselkurs, dann wird die Unternehmung über die Absicherung rückblickend froh sein; steigt der Dollar, so wäre die Unternehmung froh, wenn keine Absicherung implementiert worden wäre. Dieses Problem lässt sich dadurch lösen, dass die Unternehmung anstelle des Termingeschäfts eine Absicherung mit einer Putoption durchführt und dafür eine Prämie bezahlt. Wird der Ausübungspreis des Puts gleich dem Terminkurs gesetzt (aus Vergleichszwecken), so dürfte die Absicherung ungefähr 28'150 CHF kosten. Ein Vergleich der beiden Absicherungen ist in *Abbildung 20.4* zu finden.

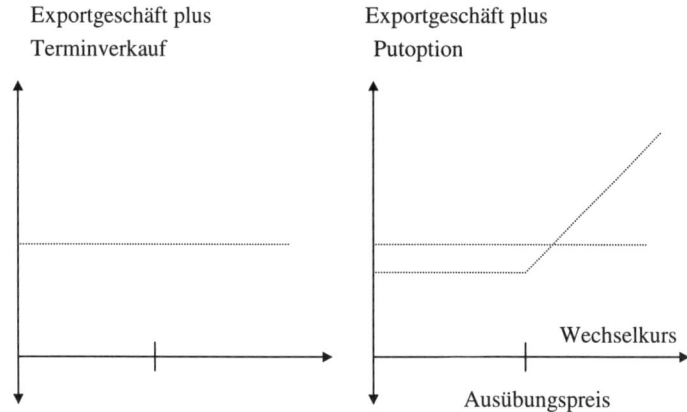

Exportgeschäft plus
Terminverkauf

Exportgeschäft plus
Putoption

Wechselkurs

Ausübungspreis

Abbildung 20.4: Absicherung von Währungsrisiken, mit Terminverkauf und Putoption.

**„Verbilligung"
einer
Absicherung**

Unternehmungen betrachten die beiden Absicherungsformen in der Regel nicht als gleichwertig: Die Absicherung mit der Calloption „kostet etwas". Da sowohl der Terminkurs als auch der Optionspreis (annahmegemäss) arbitragefrei berechnet sind, liegt nicht auf der Hand, weshalb die eine Variante vorteilhafter sein sollte als die andere - der induzierte Aktionärswert ist auf alle Fälle in beiden Fällen derselbe. Tatsächlich werden Absicherungsformen als teurer eingeschätzt, wenn sie *bei Abschluss, vollumfänglich* und *bar* bezahlt werden müssen, ohne dass ihnen ein unmittelbar ersichtlicher Nutzen gegenübersteht. Es sind in der Praxis deshalb sehr viele Varianten entwickelt worden, um bezüglich

• Abschlußzeitpunkt
• Umfang der Absicherung
• Kompensation des Absicherungsschutzes

eine größere Flexibilität zu erreichen, welche die Implementation der Absicherung im unternehmerischen Planungs- und Budgetierungsprozess vereinfacht. Einige verbreitete Beispiele sollen aufgezeigt werden. Die einfachste „Variante" ist ganz einfach die Bezahlung der Optionsprämie (erhöht um die Verzinsung) *bei Verfall* statt beim Abschluß des Optionsgeschäfts. Was bringt dies? Liegt die Option *im* Gelde, so ist der Absicherungseffekt offensichtlich, und der Käufer der Option erkennt den unmittelbaren Nutzen der Absicherung. Liegt die Option *außerhalb* des Geldes, so hat sich die Kassaposition kursmäßig günstig entwickelt und die Leistung der Prämie (trotz der nicht gebrauchten Absicherung) lässt sich in der Regel problemlos rechtfertigen. Zugegebenermassen beruht das Hinausschieben der Prämienzahlung auf einem rein psychologischen Effekt - doch ist seine Wirkung in der Praxis häufig nicht zu unterschätzen.

Break Forwards (oder: *F*orward Contract with *O*ptional E*x*it: FOX): Es handelt sich um ein Termingeschäft mit einer Austrittsoption im Falle einer günstigen Kursentwicklung, ausübbar im Zeitpunkt der Fälligkeit des Termingeschäfts. Nun wird für dieses Austrittsrecht keine explizite Prämie verlangt, sondern der Terminkurs wird adjustiert, d.h. es wird ein Terminkurs zu Nicht-Marktkonditionen (*off-market forward rate*) festgesetzt. Konkret wird ein bestimmtes *break*-Niveau festgesetzt, bei dem der Ausstieg möglich sein soll. Im vorangehenden Beispiel hat der Exporteur die Möglichkeit, die Devisen auf Termin zu 1.20 CHF/USD zu verkaufen. Mit dem Erwerb eines FOX mit einem angenommenen *break*-Niveau von 1.20 CHF/USD hat er die Möglichkeit, auf den

Break Forwards (FOX)

Terminverkauf zu verzichten, falls der Dollarkurs über 1.20 ansteigen würde. So kann er von der positiven Entwicklung der ausländischen Währung profitieren. Diese Partizipationsmöglichkeit muss er in Form eines „schlechteren" (bei einem Terminverkauf: tieferen) Terminkurses bezahlen. Wie wird dieser Kurs berechnet?

Mit dem Erwerb eines FOX auf die Kassaposition (Dollars) erreicht der Exporteur letztlich genau denselben Effekt, wie wenn er die Kassaposition durch eine Putoption absichern würde (siehe *Abbildung 20.5*). Den gesuchten, adjustierten Terminkurs findet man einfach als Schnittpunkt F^* in der erwähnten Abbildung: Dieser liegt im Umfang des Calloptionspreises (erhöht um den Zeitwert, da die Prämie erst bei der Leistung des Terminkurses fällig ist) unter dem Terminkurs F:

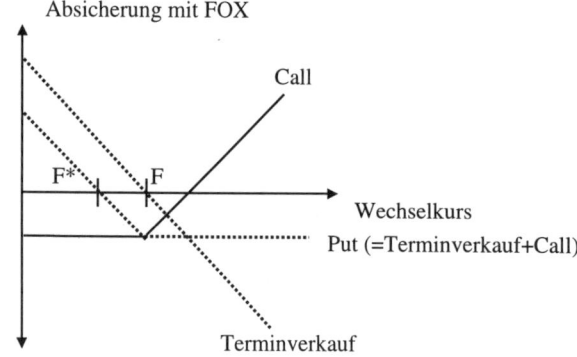

Abbildung 20.5: Auszahlungsstruktur eine Break Forward.

Angenommen, es wird ein *break*-Niveau von 1.20 CHF/USD (= Terminkurs) festgesetzt. Eine 90-tägige Calloption mit Ausübungspreis 1.20 kostet unter vernünftigen Annahmen[27] 0.0281 CHF/USD, was unter Berücksichtigung des Zeitwerts (3 Monate zu 5% Zins) 0.0285 beträgt. Der adjustierte Terminkurs beträgt damit 1.20-0.0285=1.1715. Dies bedeutet, dass ein Mindesteinkommen von 1'171'500 CHF sicherge-

---

[27] Es wird ein in- und ausländischer Zinssatz von 5% und eine Wechselkurs-Volatilität von 12% angenommen.

stellt ist mit einer Partizipationsmöglichkeit an einer positiven Wechselkursentwicklung, wenn der Kurs über 1.20 steigt. So lässt sich für ein beliebiges *break*-Niveau ein adjustierter Terminkurs bestimmen:

Bei einem Break-Niveau von 1.15 verpflichtet sich die Unternehmung, Devisen zum Kurs 1.1402 zu verkaufen, hat aber das Recht, diese Verpflichtung aufzulösen und die USD zum Marktpreis zu verkaufen, sofern der Kurs bei Verfall über 1.15 gestiegen ist. Der Unterschied zum direkten Erwerb einer Putoption auf die Währung besteht darin, dass die Prämie nicht sofort bezahlt werden muss, sondern als Bestandteil des angepaßten Terminkurses erst bei Verfall geleistet wird.

Break-Niveau	Terminkurs	Calloptions-preis	Calloptions-preis adj.	Adjustierter Terminkurs
1.30	1.2000	0.0030	0.0031	1.1969
1.25	1.2000	0.0105	0.0107	1.1893
1.20	1.2000	0.0281	0.0285	1.1715
1.15	1.2000	0.0590	0.0598	1.1402
1.10	1.2000	0.1009	0.1022	1.0978
1.05	1.2000	0.1484	0.1503	1.0497
1.00	1.2000	0.1975	0.1999	1.0001

Tabelle 20.4: Zahlenbeispiel zu Forward Contracts with Optional Exit (FOX). Anmerkung: Der Ausübungspreis des Calls entspricht dem break-Niveau.

Pay-Later Options

Pay-Later-Option: Der Käufer der Option leistet die Optionsprämie bei Verfall, und zwar nur dann, wenn es zur Ausübung kommt. Der Käufer ist zur Ausübung verpflichtet, sofern die Option *im Gelde* liegt. Dies scheint auf den ersten Blick selbstverständlich zu sein - ist es aber nicht: der Ausübungswert der Option könnte unter der Optionsprämie liegen, wodurch eine Ausübung unattraktiv wird (siehe *Abbildung 20.6*):

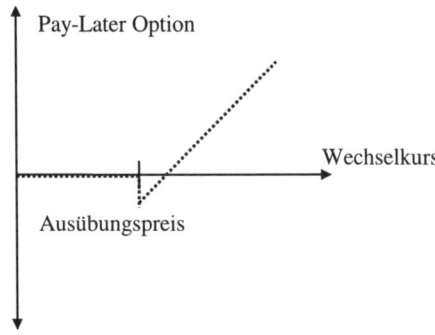

Abbildung 20.6: Auszahlungsstruktur einer Pay-Later Option.

Compound Options

Auch in diesem Fall liegt der Haupteffekt der Absicherung in einer verzögerten und bedingten Leistung der Optionsprämie. Dies ist auch beim nächsten Instrument der Fall:

Mit einer *Compound Option* wird eine Option *auf eine Option* erworben. Man versichert damit gegenüber einer Veränderung des Marktpreises der Absicherung. Um das Risiko eines Absinkens der Währung abzusichern, wird heute (T_1) nicht direkt eine Putoption auf die Währung erworben, sondern lediglich das Recht, in einem späteren Zeitpunkt (T_2) eine solche Putoption zu einem bestimmten Preis kaufen zu dürfen. Das Recht, eine Putoption zu kaufen, ist natürlich billiger als die Putoption selbst - so spart man sich Kosten - und man erwirbt die Option erst dann, wenn sich ein Absicherungsanlaß herausstellt. Dies soll an einem Beispiel gezeigt werden. Es wird das Recht analysiert, nach 10 Tagen eine Putoption zum Preis von 0.0281 zu kaufen:

	Option	Laufzeit	Ausübungs-preis	Optionspreis
Zugrundelie-gende Option	Put [Verfall in T_3]	$T_3 = 90$ Tage	1.2000	0.0281
Compound Option	Call auf Put [Verfall in T_2]	$T_2 = 10$ Tage	0.0281*	0.0070

at-the-money

Tabelle 20.5: Zahlenbeispiel zu Basisoption und Compound Option.

Eine direkte Absicherung mit der Putoption würde, bezogen auf eine Kontraktsumme von 1 Mio CHF, 28'100 CHF kosten. Der Erwerb der Compound Option ist demgegenüber viel billiger, nämlich lediglich 7'000 CHF. Wie sieht jedoch das Hedge-Ergebnis unter drei möglichen Wechselkursen bei Verfall der Compound Option (T_2) aus?

a. *Wechselkurs bleibt unverändert* (1.20): Der Preis der zugrundeliegenden Option ist (in T_2) auf 0.0265 gefallen (Verlust an Zeitwert), und die Compound Option wird nicht ausgeübt. Damit entfällt die Absicherung, und die bereits geleisteten Kosten von 7'000 CHF müssen abgeschrieben werden. Immerhin ist dieser Verlust geringer, als wenn die Putoption direkt erworben worden wäre (28'100 CHF).

b. *Wechselkurs sinkt auf 1.15:* Der Preis der zugrundeliegenden Putoption steigt auf 0.0579, womit die Compound Option ausgeübt wird (Putoptionen werden zum Preis von 0.0281CHF pro USD erworben), was weitere 28'100 CHF kostet. Insgesamt wurden also Absicherungskosten von 7'000 + 28'100 = 35'100 CHF bezahlt. Verglichen mit dem Betrag, der zum Zeitpunkt T_2 für die Putoptionen bezahlt werden müsste, 57'900 CHF, ist dieser Betrag deutlich tiefer. Im Vergleich zum heutigen Erwerb der Putoption (T_1) ist der Weg über die Compound Option hingegen teurer.

c. *Der Wechselkurs steigt auf 1.25:* Der Preis der zugrundeliegenden Putoption sinkt auf 0.0093, und die Compound Option wird nicht ausgeübt. Die geleisteten Absicherungskosten von 7'000 CHF müssen als Verlust abgeschrieben werden. Auch wie oben, ist dieser Verlust natürlich geringer, als wenn heute direkt eine Putoption erworben worden wäre.

Zusammenfassend erkennt man, dass wenn die Option nicht zur Ausübung gelangt, die Absicherung über eine Compound Option (d.h. das Recht, eine Option zu erwerben) billiger kommt als über den direkten Erwerb einer Option. Wenn die Compound Option zur Ausübung gelangt, kann im betreffenden Zeitpunkt die Putoption billiger erworben werden als sie zu diesem Zeitpunkt am Markt kosten würde. Man erkennt, dass auch dieses Instrument es der Unternehmung in einem gewissen Sinn erlaubt, eine Absicherung „billiger" (aber trotzdem unter Marktbedingungen) durchzuführen. Man muss jedoch beachten, dass bei einem Absinken des Kurses unter den Ausübungspreis bei der Compound Option keine Absicherung vorliegt, während beim direkten Erwerb einer Putoption die Absicherung in jedem Fall gewährleistet ist. Die Compound Option ist im wesentlichen eine Absicherung gegen steigende Absicherungskosten im Falle, dass sich der Aktienkurs in den nächsten 10 Tagen (zwischen T_1 und T_2) unvorteilhaft entwickelt.

Barrier Options

Barrier Options (Knock-in und Knock-out Optionen): Bei diesen Instrumenten entsteht oder verschwindet die Option dann, wenn der Wechselkurs ein bestimmtes Niveau (*barrier*) über- oder unterschreitet. Bei der Putoption des vorangehenden Beispiels würde man beispielsweise eine Knock-in Putoption mit einer Barriere bei 1.10 erwerben. Dies bedeutet, dass die Option erst dann entsteht, wenn der Wechselkurs unter 1.10 gesunken ist, d.h. der äussere Absicherungsdruck akut ist. Oder man könnte eine Knock-out Putoption mit einer Barriere bei 1.30 erwerben; hier würde die Putoption verschwinden, wenn der Wechselkurs über 1.30 steigt, d.h. der Absicherungsanlaß weniger akut geworden ist. Barrier Options sind natürlich billiger als die entsprechenden Optionen ohne Barrieren.

Den vorangehenden Beispielen ist gemeinsam, dass innovative Derivat-Konstruktionen dazu eingesetzt werden, um die Absicherungskosten in der einen oder anderen Weise attraktiver oder tragbarer erscheinen zu lassen. Andere Innovationen werden verwendet, weil es bestimmte Absicherungsanlässe gibt, bei denen „gewöhnliche" Optionen einen unzweckmässigen oder unzulänglichen Dienst erweisen. Zwei Beispiele sollen dies aufzeigen:

Asiatische Optionen

Asiatische Optionen (*average rate options*): Bei diesen Optionen wird der Ausübungswert bei Verfall aufgrund eines durchschnittlichen Aktienkurses, und nicht des Aktienkurses im Verfallzeitpunkt, bestimmt. Über welche Zeitspanne der Durchschnitt bestimmt wird, und um welche Art von Durchschnittswert es sich handelt, kann spezifiziert werden. Wann werden diese Instrumente verwendet? Zunächst einmal ist der Ausübungswert dieser Optionen weniger stark von kurzfristigen, zufälligen Schwankungen des zugrundeliegenden Kurses abhängig, sondern vielmehr vom generellen Kurstrend während der Laufzeit. Dies ist etwa in folgenden Situationen wünschenswert: Ein Produzent einer Ware hat starke Konkurrenz eines amerikanischen Anbieters. Wenn sich der Dollarkurs gegenüber dem Schweizerfranken abwertet, entsteht ein wichtiger Konkurrenzvorteil für den amerikanischen Exporteur. Dem gegenüber kann sich der inländische Produzent mit einer Putoption auf den USD absichern: Die Preisabschläge kann er durch die Erträge aus der Option finanzieren. Eine gewöhnliche Option würde in diesem Fall einen möglicherweise schlechten Dienst erweisen: Wenn die Ertragsausfälle infolge eines sich stetig verschlechternden Wechselkurses eintreten, so kann der Wechselkurs *am* Verfalltag ziemlich unrepräsentativ sein für den Wechselkursverlauf *während* der Laufzeit. Deshalb: Dienen Optionen zum Ausgleich von Preisrisiken, welche über eine bestimmte Zeitperiode hinweg anfallen, so sind asiatische Optionen zweckmäßig.

Swaptions: Bei einem Zinsswap werden feste gegen variable Zinszahlungen ausgetauscht. An früherer Stelle wurde gezeigt, dass Zinsswaps zum Ausgleich von Zinszahlungen bei der Fremdmittelbeschaffung von Unternehmungen auftreten. Angenommen, die festverzinsliche Anlage der Unternehmung A ist mit einer vorzeitigen Kündigungsoption zugunsten des Schuldners ausgestattet. Sollte die Unternehmung die Anleihe tatsächlich vorzeitig kündigen, so verbleibt ihr eine nun überflüssige Verpflichtung aus dem Swapgeschäft. Es wäre vorteilhaft, wenn sie das Recht hätte, den Swap ebenfalls zu „kündigen" respektive zu verkaufen. Eine solche Option wird durch eine Swaption verkörpert (im vorliegenden Fall eine Receiver-Swaption, weil die Unternehmung A feste Zinszahlungen entgegennimmt). Wer ist bereit, Swaptions zu

Swaptions

schreiben? Neben dem Asset- & Liability Management gibt es eine Reihe von Strategien im Portfoliomanagement, wo das gedeckte Schreiben von Swaptions (als Alternative zu anderen Zinsderivaten) Verbreitung findet.

Schluss-
·folgerungen

In den vorangehenden Abschnitten wurde am Beispiel der Währungsabsicherung die Vielzahl der heute verwendeten Instrumente aufgezeigt - und viele weitere Möglichkeiten blieben unerwähnt. Auf den Einsatz derivativer Instrumente kann im Liquditätsmanagement[28], bei der Kapitalbeschaffung und dem Risikomanagement heute kaum mehr verzichtet werden. Die *strukturierte Finanzierung* bildet heute demzufolge ein wertschöpfungsträchtiges Segment im modernen Investment Banking[29]. Ausgangspunkt der Diskussion bildete die Frage, ob durch komplexe Konstruktionen im Finanzmanagement (*financial engineering*) tatsächlich Wert für die Aktionäre erzeugt wird. Die Frage lässt sich in allgemeiner Form kaum beantworten. Der Finanzdienstleistungsprozess spielt sich heute zwischen zwei Extremen ab: Auf der einen Seite der Skala befinden sich die komplexen Instrumente und Dienstleistungen, welche Unternehmungen und Anlegern eine sehr differenzierte Bewirtschaftung ihrer finanziellen Ressourcen zulassen. Auf der anderen Seite der Skala befinden sich die standardisierten, börsengehandelten Instrumente ohne kundenspezifische Merkmale. Welche Instrumente sind „besser", erzeugen einen größeren Nutzen für den Verwender und die Volkswirtschaft?

Die Frage ist falsch gestellt. Das Management finanzieller Ressourcen mit all den damit verbundenen Entscheidungen (Liquidität, Selbstfinanzierung und Ausschüttung, Kapitalstruktur, Kapitalbeschaffung, Risikomanagement) lässt sich in vielem mit dem Steuern eines modernen Passagierjets vergleichen. Einsatzzweck und Design einer solchen Maschine erfordern eine äusserst differenzierte Funktionalität, mit einer Vielzahl von Informationen über die Umweltzustände und adäquate Möglichkeiten, darauf zu reagieren. Die kostengünstige Produktion eines solchen Jets setzt voraus, dass die ein-

---

[28] Siehe dazu SCHEUENSTUHL/ ZIMMERMANN (1994).
[29] GALITZ (1995), Kapitel 18, liefert eine Übersicht.

zelnen Komponenten möglichst standardisiert produziert und zusammengebaut werden können. Wann erzeugt der Jet einen Nutzen für die Passagiere? Offensichtlich dann, wenn diese denselben Komfort und Sicherheit nicht durch ein anderes Verkehrsmittel erreichen können!? Diese Antwort erscheint vielleicht etwas grotesk - aber sie soll die Analogie mit den MM-Theoremen aufzeigen. Auch diese wirken, auf die moderne Publikumsgesellschaft angewandt, vielleicht etwas realitätsfern. Die moderne Grossunternehmung mit komplexen Führungsstrukturen, ihren vielfältigen vertraglichen Außenbeziehungen und Anspruchsgruppen, Hunderten oder Tausenden von Aktionären, etc. scheint den einfachen Annahmen, unter denen die MM-Theoreme gelten, kaum zu entsprechen. Das unternehmerische Finanzmanagement muss stets auf *diesem* Hintergrund betrachtet werden - es erfordert den Einsatz von Führungsinstrumenten, welche naheliegenderweise für einen einzelnen Aktionär nicht von direkter Relevanz sind. So kann der Nutzen eines neuen, komplexen Autopiloten für die Passagiere auch nur im Rahmen der gesamten funktionalen Struktur der Maschine verstanden und beurteilt werden. Ebenso entspringen viele komplexe Finanzierungsstrukturen *der spezifischen organisatorischen Struktur* der Unternehmung und können nur in diesem Zusammenhang beurteilt werden. Weshalb haben viele Unternehmungen eine grosse Präferenz, stabile Gewinne auszuweisen - und verstehen unter „Hedging" vor allem den Einsatz von Instrumenten zum zeitlichen Ausgleich der Gewinnentwicklung? Eine hauptsächliche Schwierigkeit bei der Analyse vieler Fragen - und eine von der Finanzmarktforschung lange vernachlässigte Tatsache - besteht darin, dass die verschiedenen Aspekte des Finanzmanagements wie Liquiditätsplanung, Kapitalbeschaffung, Kapitalstruktur, Ausschüttung, Hedging voneinander abhängig sind, und unabhängig voneinander nicht verstanden werden können.

Die vorangehende Argumentation geht in dieselbe Richtung wie die Theorie von ROSS (1989), der den Ursprung vieler moderner Finanzinnovationen in den (z.T. organisatorisch bestimmten) Anlagezielsetzungen *institutioneller Anle-*

**Institutionali-
sierung der
Vermögens-
anlage als
Megatrend**

ger sieht: von Pensionskassen, Lebensversicherungen, Fonds, etc. Dass die Institutionalisierung der Vermögensanlage eine zentrale Triebfeder für innovative Finanzprodukte, aber auch den Strukturwandel an den Börsen darstellt, dürfte in diesem Buch an verschiedenen Stellen gezeigt worden sein. Sie erklärt jedoch nicht, weshalb Derivate im Rahmen der *Unternehmungsfinanzierung* eine stets wachsende Rolle spielen. Im Gegenteil: Mit wachsender Institutionalisierung und Professionalisierung des Aktionariats von Unternehmungen dürften die restriktiv erscheinende Voraussetzungen der MM-Theoreme dahinfallen und es für die Unternehmungen schwieriger werden, durch Finanzmanagement einen Aktionärsmehrwert zu erzeugen. Dies hängt nicht zuletzt mit einer intensivierten Informationspolitik und dem direkten Druck auf das Management zusammen, wie aktuelle Beispiele hinreichend zu illustrieren vermögen.

Literaturhinweise

Einführende Literatur:

MASON, SCOTT (1995): „The allocation of risk", in Robert C. Merton (Hrsg.): „The Global Financial System. A Functional Perspective", Harvard Business School Press, Cambridge, MA., pp. 153-195.

MYERS, STEWART C. (1984): „The capital structure puzzle", Journal of Finance 39, pp. 575-592.

WELCH, IVO I.A. (1995): „A primer on capital structure", Finanzmarkt und Portfolio Management 9, pp. 232-249.

ZIMMERMANN, HEINZ (1994): „Die Steuerung der Risiken im Bankgeschäft. Corporate Hedging: Shareholder Value durch ALM?", Schweizer Treuhänder, Nr. 7/8, pp. 3-8.

Weiterführende Literatur:

BEHM, ULRICH und HEINZ, ZIMMERMANN (1993): „The empirical relationship between dividends and earnings in Germany", Zeitschrift für Wirtschafts- und Sozialwissenschaften 113, pp. 225-254.

BLACK, FISCHER (1976): „The dividend puzzle", Journal of Portfolio Management 2, pp. 5-8.

BLACK, FISCHER und MYRON SCHOLES (1973): „The pricing of options and corporate liabilities", Journal of Political Economy 81, pp. 637-654.

FROOT, KENNETH A., DAVID SCHARFSTEIN und JEREMY C. STEIN (1993): „Risk management: Coordinating corporate investment and financing policies", Journal of Finance 48, pp. 1629-1658.

GALITZ, LAWRENCE (1995): „Financial engineering. Tools and techniques to manage financial risk", Financial Times/Pitman Publishing.

Corporate Finance und Financial Engineering

JENSEN, MICHAEL C. und WILLIAM MECKLING (1976): „Theory of the firm: Management behavior, agency costs, and ownership structure", Journal of Financial Economics 3, pp. 305-360.

KÖBELI, MARCEL (1994): „Risikomanagement von Exotischen Optionen und ihr Einsatz als Instrumente des Risikomanagements des Unternehmens", Diplomarbeit, Universität St. Gallen.

LINTNER, JOHN (1956): „The distribution of incomes of corporations among dividends, retained earnings, and taxes", American Economic Review 46, pp. 97-113.

LODERER, CLAUDIO F. (1989): „The residual decision: Dividend payments or outside financing?", Finanzmarkt und Portfolio Management 3, pp. 301-312.

LODERER, CLAUDIO F. und HEINZ ZIMMERMANN (1988): „Stock issues in a different institutional setting: The Swiss case", Journal of Banking and Finance 11, pp. 353-378.

MILLER, MERTON H. (1987): „The informational content of dividends", in Dornbusch, Rudiger et al.: „Macroeconomics and Finance. Essays in Honor of Franco MODIGLIANI", MIT-Press, Cambridge, MA., pp. 37-58.

MILLER, MERTON H. und FRANCO MODIGLIANI (1961): „Dividend policy, growth and the valuation of shares", Journal of Business 34, pp. 411-433.

MODIGLIANI, FRANCO and MERTON H. MILLER (1958): „The cost of capital, corporation finance, and the theory of investment", American Economic Review 48, pp. 261-297.

RAPPAPORT, ALFRED (1986): „Creating shareholder value. The new standard for business performance", The Free Press, New York.

ROSS, STEPHEN A. : „Institutional markets, financial marketing, and financial innovation", Journal of Finance 44, pp. 541-556.

SCHEUENSTUHL, GERHARD UND HEINZ ZIMMERMANN (1993): „Der Einsatz von Finanzinnovationen im Liquiditätsmanagement", in Hans Siegwart et al. (Hrsg.): „Meilensteine im Management. Finanzielle Führung, Finanzinnovation & Financial Engineering", Schäffer-Poeschel, Stuttgart, pp. 641-666.

SMITH, CLIFFORD W., JR. (1986): „Investment banking and the capital acquisition process", Journal of Financial Economics 15, pp. 3-29.

ZIMMERMANN, HEINZ (1986): „Kapitalerhöhungen und Aktienmarkt", Untersuchungen zur Wirtschaftspolitik, Band 69, Universität Köln.

ZIMMERMANN, HEINZ (1987): „Zur ökonomischen Bedeutung von Finanzmarkt-innovationen", Aussenwirtschaft 42, pp. 163-198.

Weiterführende Literatur

von Heinz Zimmermann

Das vorliegende Buch ist eine Einführung in einige zentrale Themen der modernen Finance. Es soll die Leserschaft insbesondere auch stimulieren, sich vertiefter in die Materie – zumindest in das eine oder andere Thema – einzuarbeiten. Hierfür steht eine breite Auswahl an Literatur zur Verfügung. Dazu gehören insbesondere verschiedene Fachzeitschriften, welche den aktuellen Stand der Forschung aufzeigen. Bei der nachfolgenden Übersicht werden nur einige wenige zusätzliche Literaturquellen herausgegriffen und kurz kommentiert.

Das beste Buch über die Ideengeschichte und die praktische Relevanz der modernen Finance ist unbestrittenermassen:

Einführungen

BERNSTEIN, PETER (1993): „Capital Ideas", Free Press, New York.

Eine ebenso unterhaltende Einführung in die modernen Prinzipien der Kapitalanlage bietet:

MALKIEL, BURTON (1996): „A Random Walk Down Wall Street", 6. Auflage, Norton.

Explizit an Praktiker richten sich:

BERNSTEIN, PETER L. und ASWATH, DAMODARAN (1998): „Investment Management", Wiley, New York.

HERI, ERWIN (1996): „Was Anleger auch noch wissen sollten", Helbing & Lichtenhahn, Basel/Frankfurt a. Main.

KRITZMAN, MARK (1995): „The Portable Financial Analyst. What Practitioners Need to Know", Irwin, Burr Ridge, IL.

LOFTHOUSE, STEPHEN (1994): „Equity Investment Management", Wiley, New York.

MAGINN, JOHN L. und DONALD L. TUTTLE (1990): „Managing Investment Portfolios. A Dynamic Process", The Institute of Chartered Financial Analysts, Warren, Gorham & Lamont.

Eine Einführung in die wirtschaftliche Bedeutung von Finanzmärkten und Finnazmarktinstrumenten, mit Bezug zur Schweiz (allerdings nicht mehr ganz aktuell), bietet:

BILL, MARKUS, RENÉ DUBACHER UND HEINZ ZIMMERMANN (1989): „Finanzmarkt Schweiz: Strukturen im Wandel", Zürcher Kantonalbank (Reihe Wirtschaft und Gesellschaft).

Ein provokativer Text, der das Paradigma effizienter Finanzmärkte auf's Korn nimmt, ist:

HAUGEN, ROBERT (1995): „The new Finance. The Case Against Efficient Markets", Prentice-Hall, Englewood, NJ.

Handbücher und Übersichten

Gute Stichworte zu Einzelthemen findet man im:

„The New Palgrave. Finance", Hrsg. von JOHN EATWELL et al. (1987/89), Norton.

In deutscher Sprache sei insbesondere auf die Neuauflage des folgenden Buches verwiesen:

„Handwörterbuch des Bank- und Finanzwesens", Hrsg. von WOLFGANG GERKE und MANFRED STEINER (1995), 2. Auflage, Schäffer-Poeschel, Stuttgart.

Eine vertiefte Behandlung der wirtschaftlichen Funktionen von Finanzmärkten inklusive einer didaktisch aufbereiteten Einführung in die Finanzmarkttheorie findet man in:

HAAKE, SVEN und HEINZ ZIMMERMANN (1997): „Finanzmärkte im Umfeld der Banken", in: KURT AEBERHARD und RENÉ KÄSTLI (Hrsg.): „Die Bank. Unternehmung im Spannungsfeld ihrer Märkte", Band 1 - 2. Auflage, Schweiz. Kommission für Bankfachprüfungen, 3. Kapitel.

Eine Übersicht über moderne Finance findet man bei:

ROSS, STEPHEN: „Finance", in: The New Palgrave. Finance, pp. 1-34.

Eine Gesamtübersicht über den Stand der Finanzmarktforschung bietet das folgende Handbuch:

JARROW, ROBERT A., V. MAKSIMOVIC und WILLIAM T. ZIEMBA (1995): „Finance", North-Holland, Amsterdam.

Klassische, heute nicht mehr sehr verbreitete, aber nichtsdestoweniger hervorragende Lehrbücher zur „Theory of Finance sind:

Klassiker

MARKOWITZ, HARRY M. (1959, Nachdruck 1991): „Portfolio Selection", Blackwell, Oxford, UK.

SHARPE, WILLIAM F. (1970): „Portfolio Theory and Capital Markets", McGraw Hill, New York.

FAMA, EUGENE F. und MERTON H. MILLER (1972): „The Theory of Finance", Dryden Press, Hinsdale, IL.

FAMA, EUGENE F. (1976): „Foundations of Finance", Basic Books, New York.

Lehrbücher: Allgemein

Verbreitete Lehrbücher zur Finance, mit Schwergewicht auf Investitions- und Bewertungsfragen, sind:

BODIE, ZVI, ALEX KANE und ALLAN MARCUS (1989): „Investments", Irwin, Burr Ridge, IL.

ELTON, EDWIN und MARTIN GRUBER (1995): „Modern Portfolio Theory and Investment Analysis", 5. Auflage, Wiley, New York.

UHLIR, HELMUT und PETER STEINER (1994): „Wertpapieranalyse", 3. Auflage, Physica, Heidelberg.

Internationale Gesichtspunkte finden besonders Beachtung bei:

GRABBE, J. ORLIN (1991): „International Financial Markets", 2. Auflage, Prentice-Hall, Engelwood, NJ.

SOLNIK, BRUNO (1996): „International Investments", 3. Auflage, Addison-Wesley, Reading, MA.

Lehrbücher: Corporate Finance

Mit Fragen der Corporate Finance befassen sich:

BREALEY, RICHARD und STEWART MYERS (1991): „Principles of Corporate Finance", 4. Auflage, McGraw-Hill, New York.

COPELAND, THOMAS und FRED WESTON (1988): „Financial Theory and Corporate Policy", 3. Auflage, Addison-Wesley, Reading, MA.

FISCHER, EDWIN O. (1996): „Finanzwirtschaft für Anfänger", Oldenbourg, München; sowie „Finanzwirtschaft für Fortgeschrittene", Oldenbourg, München.

FRANKE, GÜNTER und HERBERT HAX (1994): „Finanzwirtschaft des Unternehmens und Kapitalmarkt", 3. Auflage, Springer, Heidelberg.

ROSS, STEPHEN A., RANDOLPH W. WESTERFIELD und JEFFREY F. JAFFEE (1993): „Corporate Finance", 3. Auflage, Irwin, Burr Ridge, IL.

SPREMANN KLAUS (1996): „Wirtschaft, Investition und Finanzierung", 5. Auflage, Oldenbourg, München.

Aktienanalyse oder Fragen zum „Shareholder Value" finden vertiefte Behandlung in:

DOPELAND, TOM, TIM KOLLER und JACK MURRIN (1998): „Valuation. Measuring and Managing the Value of Companies", 2. Auflage, Wiley, New York.

DAMODARAN, ASWATH (1994): „Damodaran on Valuation. Security Analysis for Investment and Corporate Finance", Wiley, New York.

GRAHAM, BENJAMIN und DAVID L. DODD (1988) (überarbeitet von SIDNEY COTTLE, ROGER F. MURRAY und FRANK I. BLOCK): „Security Analysis", 5. Auflage, McGraw Hill, New York.

RAPPAPORT, ALFRED (1986): „Creating Shareholder Value. The New Standard for Business Performance", The Free Press, New York.

Lehrbücher:
Aktien

Weiterführende Literatur

473

Im Bereich der Fixed Income Analyse sind zu empfehlen:

FABOZZI, FRANK J. (1993): „Fixed Income Mathematics. Analytical and Statistical Techniques", 3. Auflage, Irwin, Chicago, IL.

HO, THOMAS S. Y. (1990): „Strategic Fixed Income Investment", Irwin, Burr Ridge, IL.

MIRON, PAUL und PHILIP SWANNELL (1991): „Pricing and Hedging Swaps", Euromoney Books.

Mit Derivaten befassen sich:

COX, JOHN C. und MARK RUBINSTEIN (1985): „Options Markets", Prentice-Hall, Engelwood, NJ.

DUFFIE, DARRELL (1989): „Futures Markets", Prentice-Hall, Engelwood, NJ.

FIGLEWSKI, STEPHEN, WILLIAM L. SILBER und MARTI G. SUBRAHMANYAM (1990): „Financial Options. From Theory to Practice", Business One Irwin, Burr Ridge IL.

HULL, JOHN (1997): „Options, Futures and Other Derivative Securities", 3. Auflage, Prentice-Hall, Engelwood, NJ.

Über Risikomanagement, Financial Engineering und Innovation findet man:

DEMBO, RON S. und ANDREW FREEMAN (1998): „Seeing tomorrow. Rewriting the rules of risk", Wiley, New York.

GALITZ, LAWRENCE (1995): „Financial Engineering", revidierte 1. Auflage, Financial Times / Pitman Publishing, London.

MASIN, SCOTT, ROBERT MERTON, ANDRÉ PEROLD und PETER
TUFANO (1995): „Cases in Financial Engineering", Prentice-
Hall, Engelwood, NJ.

SMITH, CLIFFORD W. JR., CHARLES W. SMITHSON und SYKES
WILFORD (1995): „Managing Financial Risk", 2. Auflage,
Harper & Row, New York.

FABOZZI, FRANK J., FRANKCO MODIGLIANI und MICHAEL G.
FERRI (1994): „Foundations of Financial Markets and Institutions", Prentice-Hall, Engelwood, NJ.

**Lehrbücher:
Finanzsystem,
Banken und
Institutionen**

MISHKIN, FREDERIC S. (1992): „The Economics of Money,
Banking, and Financial Markets", 3. Auflage, Harper Collins.

SAUNDERS, ANTHONY (1994): „Financial Institutions Management. A Modern Perspective", Irwin, Burr Ridge IL.

SCHMID, HANS (1997): „Geld, Kredit und Banken", 3. Auflage, Paul Haupt, Bern.

SMITH, ROY C. und INGO WALTER (1990): „Global Financial
Services", Harper Business.

ZIMMERMANN, HEINZ, STEFAN JAEGER und ZENO STAUB
(1995): „Asset- und Liability-Management. Erfolgsstrategie
für Banken", Verlag Neue Zürcher Zeitung, Zürich.

*Bei den nachfolgend erwähnten Zeitschriften handelt es
sich um eine Auswahl. Eher an ein praxisorientiertes Publikum richten sich:*

**Praxis-
orientierte
Zeitschriften**

FINANCIAL ANALYSTS JOURNAL, (zweimonatlich); Hrsg. Association for Investment Management and Research (AIMR),
P.O. Box 3668, Charlottesville, Virginia 22903.

JOURNAL OF PORTFOLIO MANAGEMENT, (quartalsweise); Hrsg. Institutional Investor Inc., 488 Madison Ave., New York NY 10126-0796.

JOURNAL OF FINANCIAL SERVICES RESEARCH, (quartalsweise); Hrsg. Kluwer Academic Publishers Group, P.O. Box 322, 3300 Dodrecht, The Netherlands.

FINANCIAL MANAGEMENT, (quartalsweise); Hrsg. Financial Managmenet Association, University of South Florida, College fo Business Administration, Tampa FL 33620-5500.

JOURNAL OF INVESTING, (quartalsweise); Hrsg. Institutional Invester Inc., 488 Madison Ave., New York NY 10126-0796.

JOURNAL OF FIXED INCOME, (quartalsweise); Hrsg. Institutional Invester Inc., 488 Madison Ave., New York NY 10126-0796.

JOURNAL OF APPLIED CORPORATE FINANCE, (quartalsweise); Hrsg. The Continental Bank und Stern Stewart Management Services, Inc., 450 Park Ave., New York NY 10022.

FINANZMARKT UND PORTFOLIO MANAGEMENT, (quartalsweise); Hrsg. Schweizerische Gesellschaft für Finanzmarktforschung, Polygrafica-Verlag, Giselistrasse 2, 6006 Luzern, Schweiz und Schweizerisches Institut für Banken und Finanzen, Universität St. Gallen, Merkurstrasse 1, 9000 St. Gallen, Schweiz.

DIE BANK. ZEITSCHRIFT FÜR BANKPOLITIK UND BANKPRAXIS, (monatlich); Hrsg. Bundesverband Deutscher Banken, Köln; Bank-Verlag GmbH, Postfach 300191, D-50771 Köln.

ZEITSCHRIFT FÜR BANKRECHT UND BANKWIRTSCHAFT (ZBB), (quartalsweise); RWS Verlag Kommunikationsforum GmbH, Postfach 27 01 25, D-50508 Köln.

Auf den Bereich der derivativen Instrumente haben sich unter den praxisorientierten Zeitschriften spezialisiert:

JOURNAL OF DERIVATIVES, (quartalsweise); Hrsg. Institutional Invester Inc., 488 Madison Ave., New York NY 10126-0796.

DERIVATIVES QUARTERLY, (quartalsweise); Hrsg. Institutional Invester Inc., 488 Madison Ave., New York NY 10126-0796.

JOURNAL OF FUTURES MARKETS, (8 Ausgaben pro Jahr); Hrsg. John Wiley & Sons Inc., 605 Third Ave., New York NY 10158.

RISK MAGAZINE, (monatlich); Hrsg. Financial Engineering Ltd., 103-112 Marylebone Lane, London W1M 5FU, UK.

Die grundlegenden, wissenschaftlich ausgerichteten Zeitschriften sind:

Akademische Zeitschriften

JOURNAL OF FINANCE, (5 Ausgaben pro Jahr); Hrsg. The American Finance Association; 44 West Fourth Street, Suite 9-190, New York NY 10012.

JOURNAL OF FINANCIAL ECONOMICS, (unterschiedliche Anzahl Ausgaben pro Jahr); North-Holland, Elsevier Science S.A., Postfach 564, 1001 Lausanne, Schweiz.

REVIEW OF FINANCIAL STUDIES, (quartalsweise); Hrsg. The Society for Financial Studies; Oxford University Press, 2001 Evans Road, Cary NC 27513.

JOURNAL OF FINANCIAL AND QUANTITATIVE ANALYSIS (quartalsweise); Hrsg. University of Washington, School of Business Administration, DJ-10, Seattle, Washington 98195.

JOURNAL OF BUSINESS, (quartalsweise); Hrsg. The Graduate School of Business of the University of Chicago; University of Chicago Press, 5270 South Woodlawn Ave., Chicago Il 60637.

JOURNAL OF INTERNATIONAL MONEY AND FINANCE, (6 Ausgaben pro Jahr); Butterworth-Heinemann, Elsevier Science Ltd., The Boulevard, Langfrod Lane, Kidlington, Oxford OX51GB, UK.

JOURNAL OF BANKING AND FINANCE, (8 Ausgaben pro Jahr); North-Holland, Elsevier Science Publishers, Molenwerf 1, Postbus 211, 1000 AE Amsterdam, The Netherlands.

JOURNAL FO CORPORATE FINANCE, (ca. 3 Ausgaben pro Jahr); North-Holland, Elsevier Science B.V., P.O. Box 1991, 1000 BZ Amsterdam, The Netherlands.

JOURNAL OF FINANCIAL RESEARCH, (quartalsweise); Southern & Southwestern Finance Association; Departement of Finance, 1016 Pamplin Hall, Virginia Tech, Blacksburg, Virginia 24061-0221.

Index

S

Index   **485**

Die Autoren

HEINZ ZIMMERMANN ist ordent-
licher Professor für Volkswirtschaftslehre mit Schwerpunkt
Finanzmarkttheorie an der Universität St. Gallen (HSG) und
Direktor am Schweizerischen Institut für Banken und Finanzen.
Zudem ist er Gastdozent für Finanzmarktforschung an der Universität Basel. In der Forschung
beschäftigt er sich mit der Be-
wertung von Kapitalanlagen, namentlich Derivaten sowie dem
Management finanzieller Risiken. Er ist Mitglied verschiedener
Verwaltungsräte von Unternehmungen im Bereich der Finanz-
beratung und Redaktionsleiter der Zeitschrift „Finanzmarkt und
Portfoliomanagement" sowie Associate Editor international renommierter wissenschaftlicher Journals (Journal of Derivatives,
Operations Research, Journal of Banking and Finance). Zudem
ist er Mitglied des European Shadow Financial Regulatory
Commitee.

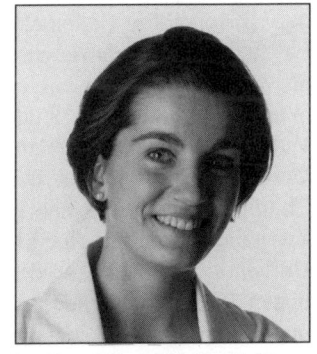

STÉPHANIE BILO arbeitet als
Assistentin am Schweizerischen
Institut für Banken und Finanzen
und ist Doktorandin an der Universität St. Gallen. Sie absolvierte das Studium der Betriebswirtschaftslehre mit Schwerpunkt in
Finanzmarkttheorie. Nach For-
schungs- und Studienaufenthalten in Tokyo und an der University of Western Ontario, Ka-
nada, war sie in einer Privatbank im Bereich des Fixed Income tätig, wo sie sich mit der Bewertung von zinsderivativen
Instrumenten und Konzepten des Risikomanagements beschäf-
tigte. Ihre Forschungsinteressen gelten der Optionspreisbewertung und dem Management von Kapitalmarktrisiken.

ALFRED BÜHLER ist geschäftsführender Partner der PPCmetrics AG, Zürich, die Beratungsdienstleistungen und Ausbildung für Finanz- und Vorsorgeinstitutionen anbietet. Er promovierte an der Universität St. Gallen (HSG) über empirische und theoretische Aspekte des Zinsrisikomanagements. Während seiner wissenschaftlichen Tätigkeit  am s/bf-HSG und einem einjährigen Forschungsaufenthalt an der UCLA, Los Angeles, veröffentlichte er mehrere wissenschaftliche und praxisorientierte Arbeiten. Zur Zeit liegen seine Forschungsinteressen hauptsächlich auf dem Gebiet der Umsetzung moderner Konzepte und Modelle des Risikomanagements in die Praxis. Neben seiner Tätigkeit bei der PPCmetrics AG verfügt Alfred Bühler über einen Lehrauftrag an der HSG.

WOLFGANG DROBETZ arbeitet als Assistent von Prof. Dr. Heinz Zimmermann am Schweizerischen Institut für Banken und Finanzen und ist Doktorand an der Universität St.Gallen (HSG). Er studierte Handelswissenschaft an der Wirtschaftsuniversität Wien. Während seines Studiums verbrachte er ein Jahr an der University of Illinois at Urbana  Champaign, wo er Kurse in Finance und Economics belegte. Zusätzlich erwarb er eine Master's Degree in Economics an der University of Virginia in den USA. Seine Forschungsinteressen liegen in den Bereichen Asset Pricing, internationale Kapitalmarkttheorie sowie Kapitalmarktanomalien. In seiner Dissertation beschäftigt er sich mit Modellen zur Bewertung von Aktien und Bonds auf den internationalen Kapitalmärkten.

JACQUELINE HENN arbeitet als Assistentin von Prof. Dr. Heinz Zimmermann am Schweizerischen Institut für Banken und Finanzen und ist Doktorandin an der Universität St. Gallen (HSG). Nach dem Abschluss des Studiums der Wirtschaftsmathematik an der Universität Karlsruhe war sie zwei Jahre bei der Deutschen Genossenschaftsbank (DG Bank) in Hong Kong und der St. Gallischen Kantonalbank in St. Gallen tätig. Ihr wissenschaftliches Interesse gilt dem Bereich des Kreditrisikomanagements, wobei Sie Ihre Dissertation zum Thema Kreditderivate und kreditrisikobehaftete Derivate verfasst.

THOMAS KRAUS. Nach einer Lehre bei der Schweizerischen Volksbank studierte Thomas Kraus allgemeine Volkswirtschaftslehre an der Universität St. Gallen mit Schwerpunkt Finanzmarkttheorie. Im Anschluss daran war er als Assistent von Prof. Dr. Heinz Zimmermann am Schweizerischen Institut für Banken und Finanzen tätig. In dieser Zeit promovierte er mit einer Dissertation über die Preisbildung an der schweizerischen Optionsbörse SOFFEX. Während seiner Studien- und Doktoratszeit hatte er Gelegenheit zu Studienaufenthalten in San Diego, Paris und New York. Seit Anfang 1998 ist Thomas Kraus Managing Partner der Investment Consulting Group, St. Gallen. Im Rahmen der Firmentätigkeit befasst er sich dabei mit der Umsetzung von quantitativen Methoden der modernen Finance im Asset Management.

FELIX MAAG ist wissenschaftlicher Mitarbeiter von Prof. Dr. Heinz Zimmermann am Schweizerischen Institut für Banken und Finanzen und Doktorand an der Universität St. Gallen. Er studierte allgemeine Volkswirtschaftslehre mit Schwerpunkten in Finanzmarkttheorie und Ökonometrie. Während seines Studiums verbrachte er ein Semester an der Norwegian School of Management in Oslo und absolvierte Praktika bei der Crédit Lyonnais in Angers (Frankreich) sowie bei der Zürcher Kantonalbank. Sein wissenschaftliches Interesse liegt im Bereich der Performance-Messung von Bondfonds, womit er sich auch in seiner Dissertation beschäftigt.

PETER OERTMANN ist Managing Partner der Investment Consulting Group in St. Gallen sowie Lehrbeauftragter für Finanzmarkttheorie an der Universität St. Gallen. Er besitzt ein Diplom in Betriebswirtschaftslehre der Universität Bielefeld, einen Master's Degree in Economics der University of Georgia und wurde mit einer Arbeit über die Risikoprämien auf Kapitalmärkten an der Universität St. Gallen promoviert. Seine Forschungsinteressen liegen schwerpunktlich in Bereichen der internationalen Finanzmärkte sowie des quantitativen Portfoliomanagements. Zu diesen Themen veröffentlichte er zahlreiche praxisorientierte und wissenschaftliche Aufsätze. Im Rahmen eines Habilitationsvorhabens sowie von Beratungsprojekten arbeitet er an innovativen Konzepten für das taktische Management global diversifizierter Portfolios.

THOMAS PORTMANN ist seit seinem Lizentiatsabschluss der volkswirtschaftlichen Studienrichtung mit Vertiefung „Finanzen und Kapitalmärkte" an der Universität St. Gallen im Herbst 1995 als wissenschaftlicher Assistent am Schweizerischen Institut für Banken und Finanzen (s/bf) tätig. In seiner Dissertation beschäftigt er sich mit den soge-nannten Lower-Partial-Moment-Massen zur asymmetrischen Erfassung von Portfoliorisiken. Insbesondere untersucht er deren Einfluss auf Investitionsentscheidungen, wenn unterschiedliche Anlagehorizonte unterstellt werden. Weitere wissenschaftliche Interessen liegen in der Verknüpfung des Ausfallrisiko-Konzeptes mit Fragen des Risiko-Managements sowie in der empirischen Untersuchung von Bewertunganomalien an Finanzmärkten.

MARKUS RUDOLF ist Inhaber des Dresdner Bank Stiftungslehrstuhls „Financial Intermediaries and Capital Markets" an der WHU-Koblenz Otto-Beisheim-Universität. Zwischen 1995 und 1998 war er als Vollamtlicher Dozent für Finanzmarkttheorie an der Universität St. Gallen (HSG). Nach Forschungsaufent-halten an der University of California at Los Angeles (UCLA) und der University of British Columbia (UBC) in Vancouver hat er seine Habilitationsschrift zum Thema "Zinsstrukturmodelle" fertiggestellt. Er ist Lehrbeauftragter der Universitäten Köln und Greifswald sowie Mitherausgeber der Zeitschrift "Finanzmarkt und Portfolio Management".

PATRICK WEGMANN ist Assistent von Prof. Heinz Zimmermann am Schweizerischen Institut für Banken und Finanzen und Doktorand an der Universität St. Gallen (HSG). 1997 schloss er das Studium der Volkswirtschaftslehre mit Vertiefung Finanzen und Kapitalmärkte an der HSG ab. Er absolvierte das Schweizerische Doktorandenprogramm in Volkswirtschaftslehre am Studienzentrum Gerzensee. Seine Forschungsinteressen liegen in den Bereichen Implementierung von Zinsstrukturmodellen zur Derivatbewertung, Anwendung von Portfoliomodellen im Kreditrisikomanagement, Finanzmarktökonometrie und internationales Asset Pricing mit Gleichgewichtsmodellen unter unvollständigen Märkten und heterogenen Akteuren.